# 朝鮮前期商業史研究

朴 平 植

지식산업사

저자 **박평식**(朴平植, PARK Pyeong-Sik)

　서울대학교 사범대학 역사교육과 졸업
　연세대학교 대학원 사학과 졸업(석사·박사)
　현재 서울대학교 사범대학 역사교육과 교수

　논저　《朝鮮前期商業史硏究》(지식산업사, 1999)
　　　　《朝鮮前期 交換經濟와 商人 硏究》(지식산업사, 2009)
　　　　《朝鮮前期 對外貿易과 貨幣 硏究》(지식산업사, 2018)

　　　　〈高麗時期의 開京市廛〉
　　　　〈高麗後期의 開京商業〉
　　　　〈朝鮮初期의 檀君과 古朝鮮 認識〉 등

# 朝鮮前期商業史硏究

초판 제 1 쇄 발행　1999. 10.　9.
초판 제 2 쇄 발행　2019.　8. 12.

지 은 이　박 평 식
펴 낸 이　김 경 희
펴 낸 곳　㈜지식산업사
　　　　　파주본사 10881, 경기도 파주시 광인사길 53 (문발동)
　　　　　전화 (031)955-4226~7　　팩스 (031)955-4228
　　　　　서울사무소 03044, 서울특별시 종로구 자하문로6길 18-7(통의동)
　　　　　전화 (02)734-1978,1958　　　팩스 (02)720-7900
등록번호　1-363
등록날짜　1969. 5. 8.
누리집　　www.jisik.co.kr
전자우편　jsp@jisik.co.kr

ISBN 89-423-1049-4　93910

책값은 뒤표지에 있습니다.
이 책에 대한 문의는 지식산업사로 해 주시기 바랍니다.

# 머리말



이 책은 朝鮮前期 商業史에 대한 연구의 일부로, 우리나라 15~16세기의 상업을 정부의 商業認識과 政策 그리고 이와 연관하여 진전되고 있던 국내상업의 展開·發達相과 그 變動을 중심으로 검토한 것이다.

中世 우리나라는 農業 중심의 사회였다. 일반 民人의 생계와 그 유지를 위한 經濟活動은 土地와 이를 이용한 農業經營에서 대부분 이루어졌으며, 이들 농민과 토지를 장악·지배하고 있던 兩班 地主層의 經理 역시 농업과 토지에 그 중점을 두고 있었다. 국가의 경제정책이 勸農과 力農을 독려하는 農業振興策의 형태로 일관되게 추진되던 사정 또한 이런 처지에서 나오는 바였다. 농업이 本業으로 파악되는 것이고 따라서 국가정책상에서 그 안정과 발전이 盡力으로 추구되었다. 농업에 대한 이와 같은 강조와 배려는 그 발전을 저해하는 所業으로 여겨지는 末業, 곧 手工業과 商業 특히 후자에 대한 국가적인 관리와 통제 정책으로 연결되게 마련이었다. 이른바 '抑末'政策의 수립이었다.

朝鮮前期는 이와 같은 抑末政策이 集權的인 國家體制의 수립문제와 연관되면서 가장 두드러지게 추진되었던 시기로 이해되고 있다. 그리하

여 高麗朝 이래의 상업전통이 위축되고 商人의 활동 또한 현저한 제약
을 받았던 시기로 파악되고 있다. 또 이 같은 상업·상인에 대한 경시와
천대는 당시 國定敎學으로서 기능하던 儒敎 性理學의 이념과도 상응하
는 것으로 여겨져 왔다. 조선전기를 自給自足의 自然經濟라는 도식으로
처리하고 상업이 침체된 시기로 간주하였던 停滯性·他律性論에 입각
한 朝鮮史 인식을 극복하지 못한 결과였다. 따라서 前近代의 사회구성
과 그 변동 및 진전 방향을 추구하는 작업은, 그간 상업분야에서는 주
로 朝鮮後期의 변동 양상을 강조하고 그 변화의 양적 질적인 성격을
검출하는 데 노력이 집중될 수밖에 없었다. 이 과정에서 조선전기 경제
정책의 이념으로 표방되던 '務本抑末'論은 그 實際와는 달리 더욱 강조
되었고, 경제구성에서 차지하던 상업의 비중 또한 矮小한 것으로 평가
되어 왔다.

그러나 전근대의 여타 시기와 마찬가지로 조선전기에도 상업은 經濟
構成의 주요 領域으로 확고히 자리 잡고 있었다. 物物交換의 單純商品交
換의 형태로부터 계절적 지역적인 物貨의 偏在에 따른 상품의 교환에
이르기까지 물화의 交換과 流通은 필수로 요구되었고, 이는 소농민·수
공업자층만이 아니라, 양반·지주층의 經理에서도 마찬가지였다. 이에
따라 商人層이 성장하고 교역기구·유통체계가 정비되어 갔음은 물론이
다. 정부 또한 財政運營이나 賦稅收納과 관련하여 유통에 적극 간여하
고 있었다. 더욱이 集權的 國家體制를 지향하던 조선 국가의 처지에서
상업과 상인에 대한 정책은 당대 政治社會體制의 編制나 構成 문제와도
연관하여 중요한 事案이 아닐 수 없었다.

이러한 견지에서 필자는 조선전기 상업을, 상업의 實狀 곧 交易機構,
流通體系, 商人의 활동, 商品의 교역실태만이 아니라, 이 시기 官人·儒者
들이 가지고 있던 商業認識과 국가의 商業政策 등을 통해서 체계적으로
검토하고 정리할 필요성을 절감하였다. 이는 농업 중심으로 이루어진
조선전기 경제사 연구의 미비점을 보완하여 이 시기 경제구성에서 상업
이 가지던 位置와 比重을 밝히는 작업이 될 뿐만 아니라, 이를 통해 조선

전기 國家權力의 성격과 특성 또한 규명해 낼 수 있을 것이라 생각했기 때문이다. 중세 우리나라의 상업을 정치·사회체제와 관련하여 유기적으로 파악함으로써, 이 시기 社會經濟構成의 구조 및 원리, 나아가 그 변동을 역사적으로 파악할 수 있으리라는 전망에서였다.

그간 필자는 이 작업을 조선전기의 상업인식과 정책, 그리고 상업의 실상 규명이라는 두 측면에서 진행해 왔다. 구체 작업은 상업의 실태를 파악하는 분야, 곧 市廛과 都城商業, 行商과 地方交易, 그리고 개별 商品의 交易樣相을 추적하는 데에서 먼저 이루어졌고, 최근 麗末鮮初 관인·유자들의 商業論과 조선 국가의 商業政策을 그 理念과 實際에서 정리함으로써 일단 작업을 완료하였다. 이 과정에서 그때그때의 성과를 학술지에 발표하기도 하였으며, 이를 묶어 博士學位論文으로도 제출한 바 있다. 이 책은 필자의 학위논문을 기초로 하고, 여기에 그 동안 작업한 두 편의 논문을 보태어 엮은 것이다. 단행본으로 묶는 과정에서 기왕의 글들을 손질하여 몇몇 군데 錯誤와 文脈을 바로잡고 자료와 내용을 보완하는 등 일부 改稿를 하였으나, 論旨에 변경을 가하지는 않았다.

건국 이후 조선 정부는 '務本抑末', '利權在上'의 경제이념 상업론에 따라 고려 이래의 상업을 재편하고 정비해 갔다. 농업 중심의 사회경제 구조를 유지하고 보전하기 위해 末業을 국가에서 관장하고 통제하려는 구상이었고, 이들 말업을 국가에서 장악함으로써 그 운용과정에서 파생하는 利益을 국가권력과 그 실체인 양반 사대부 위주로 편제시키려는 방침이었다. 이와 같은 抑末策은 고려말기 性理學에 투철한 관인·유자들의 대두와 新王朝의 開創 과정에서 모색되어 이후 조선 건국과 함께 각종 상업정책으로 본격 구현되고 있었다. 市廛의 조성과 시전상인의 육성, 상인 및 상품유통에 대한 파악과 통제, 지방상업에 대한 관리 등은 바로 이러한 억말정책의 방침에 따라 이루어지고 있었다. 그러므로 조선전기 상업사 연구는 그 實狀에 대한 糾明 작업을 국가의 商業論과 商業政策에 대한 분석으로부터 시작하지 않으면 안 된다.

이런 시각에서 필자는 이 책을 다음과 같은 내용으로 배치하여 정리하였다. 우선 제1장에서는 高麗末의 商業問題를 파악하여 抑末論이 대두하는 배경을 검토하고, 건국 이후 조선 국가가 표방한 商業論과 商業政策을 분석하였다. 조선 국가의 상업정책에 따라 형성되는 交易機構와 商人의 활동에 대한 정리는 제2장과 제3장에서 다루었다. 제4장에서는 商品의 交易實態와 그 특징을 穀物과 鹽을 중심으로 살펴보았다. 마지막으로 제5장에서는 國初에 설정된 商業論과 商業政策이 15~16세기를 경과하면서 진행된 商業發達에 조응하여 변동해 가는 사정과 그 의의를 정리하고, 조선후기 상업과의 연계도 전망해 보았다. 그러나 이 작업만으로 조선전기 상업의 全貌를 파악할 수 없음은 물론이다. 이 시기 상업의 실체와 그 성격을 社會經濟構成의 측면에서 규명하기 위해서는 아직적지 않은 과제가 남아 있다. 특히 국가의 상업정책과 관련한 貨幣 및交換手段, 對外貿易의 문제 등은 반드시 穿鑿하여야 할 과제이다. 그러나 이는 商業史에 대한 연구의 진전을 바탕으로 별도의 검토가 필요한주제이기에 앞으로의 숙제로 남기기로 한다.

學問世界에 들어온 이후의 작업 결과를 이와 같이 단행본 형태로 정리하고 보니, 부족한 식견과 짧은 안목으로 인해 많은 未備點을 갖는연구가 되고 말았다. 어느 정도의 성과가 있다면 이는 이제까지 필자를지도·편달하고 조언을 아끼지 않으신 여러 恩師·先輩님들 덕택이다. 학위 과정에서 지도교수를 맡아서 공부의 방향과 함께 균형 있는 학문태도를 일깨워 주신 河炫綱 선생님과 故 李鍾英 선생님, 한국사 전체의體系와 이를 內的 發展의 시각에 입각해 파악하는 방법을 일러 주시고학문의 자세에서 늘 師表로 서 계신 金容燮 선생님, 학부시절 이래 필자를 학문으로 이끌어 주시고 본 작업의 큰 얼개와 세세한 내용까지 일일이 바로잡아 주신 李景植 선생님, 작업과정에서 부족한 부분을 지적하고 방향을 제시해 주신 黃元九·李熙德·金駿錫 선생님께 충심으로 감사의 말씀을 올린다. 또한 필자가 공부에 열중할 수 있도록 평소 학문과일상에서 자상한 배려를 베풀어 주신 李元淳 선생님과 尹世哲·金光洙선생님께 감사를 드린다. 내외적으로 어려운 경제 형편임에도 불구하고,

그다지 상품성이 없어 보이는 이 책의 간행을 맡아 주신 지식산업사 金京熙 사장님과 편집부 여러분의 노고에도 거듭 감사를 드린다.

끝으로 不肖 자식의 長成을 미처 보지 못하신 채 幽明을 달리하신 아버님과 평생을 한결같이 뒷바라지해 오신 어머님, 그리고 뒤늦게 맞이한 자식에게 분에 넘치는 애정을 보여 주시는 妻家의 부모님께 이 작은 성과를 바친다. 인생과 학문의 伴侶이자 同僚로서 온갖 어려움을 감내하면서 함께 해 온 아내 이상의와 사랑스런 두 아이 벼리·도리에게도 그간의 不敏에 대한 위안으로 이 책을 바친다.

1999년 8월 8일

朴 平 植

# 차 례

# 서 론

　中世 우리나라 經濟의 중심은 農業이었고, 국가의 經濟政策 역시 농업을 진작하고 진흥시키는 데 그 초점을 맞추고 있었다. 重農政策의 표방으로 이와 관련하여 勸農·力農이 강조되고 이를 위한 제도나 정책이 수시로 모색되었다. 그러나 비록 自給 위주의 농업사회라 하더라도 '以有易無'의 單純商品交換으로부터 시간적 공간적 차이에 따른 商品의 유통에 이르기까지, 交換의 과정은 필요 불가결하였다. 국가나 지주·대농, 또는 소농·빈농 등 經濟主體 누구의 經理를 위해서도 국내외 사이의 物産交流와 商品交換이 불가피하였고, 이를 국가에서 전담할 수 없는 한 이는 私的인 交換體系, 곧 民間商業에 맡길 수밖에 없었다. 그리하여 自家에서 생산하고 소비하는 물품을 제외한 각종 日常需要와 奢侈品들이 생산자로부터 소비자에게 轉移되고 있었다. 이를 매개하는 商人은 四民의 하나로서 그 所業이 인정되었고, 그들의 所業 즉 商業은 封建經濟의 주요 構成領域으로서 위치하였다

　중세사회에서 상업이 갖는 이러한 經濟構成上의 위치에도 불구하고, 상업의 발전과 비중 증대는 한편으로 농촌사회의 동요와 농민층의 분화를 수반하게 마련이었다. 따라서 농업에 대한 독려를 통해 民生의 안정

을 추구하는 경제정책을 견지할 경우, 농민·농촌사회의 급격한 변동을 초래하는 상업은 당연히 통제나 관리의 대상이었다. '務本抑末'의 정책이념은 이런 사정에서 대두하고 강조되는 儒敎 性理學의 經濟思想이었다. 우리나라 중세사회에서 抑末策의 강조는 시기적으로 高麗末, 성리학 이념에 투철한 士大夫 官人 세력의 성장과 궤를 같이하면서 이루어지고 있었다. 특히 조선 정부는 국초 이래 '務本抑末'의 경제이념에 따라 상업기구를 정비하고, 상인의 활동과 상품의 유통을 조정하는 등 상업에 대한 부단한 간여와 관리를 구체적인 상업정책을 통해 도모하였다. 集權的 封建國家의 商業編成方針이었다.

그러므로 조선전기 社會經濟構成을 그 전체에서 해명하기 위해서는 건국과 함께 추진되는 정부의 商業에 대한 整備方針과 그에 따라 형성된 商業構造, 그리고 이후 전개되는 상업의 발전에 대한 분석이 긴요한 과제이다. 경제구성에서 차지하는 商業의 位置나 比重 그 자체로서도 그러하지만, 이와 여타의 社會經濟變動이 서로 맞물려 상호 因果 속에서 진행되기 때문이다. 科田制度의 붕괴와 地主制의 발달, 貢物收取體系의 변동과 防納·貿納의 성행, 官營手工業體制의 동요와 붕괴, 身役代立 현상의 출현과 보편화, 人口의 증가와 도성으로의 집중현상 등 15세기 중반 이후에 시작되고 16세기에 들어 현저하게 드러나던 조선전기 사회경제의 여러 변동은, 모두 당대 상업이 발전하고 국가경제에서 차지하는 비중이 증대하던 사정과 그 基底에서 연관되면서 나타나던 현상이었다. 따라서 조선전기 社會經濟構成의 성격과 그 변동을 규명하기 위해서는 토지·농업문제와 더불어, 이 시기 商業에 대한 검토와 해명이 또한 반드시 요구되는 것이다.

그럼에도 불구하고 조선전기 상업사 연구는 오랫동안 不振을 면치 못하였다. 조선전기 사회를 自給自足의 自然經濟 단계로 간단히 처리하고, 특히 상업이 정체되었던 시기로 파악하는 停滯性·他律性論에 입각한 종래의 연구경향을 극복하지 못하였기 때문이다. 조선전기 商業·流通 부문에 대한 연구의 진전은 비교적 近年에 와서 가능하였다. 楮貨로

대표되는 정부의 화폐유통정책,[1] 地主經營 또는 防納과 관련된 교환경
제의 몇 가지 문제가 일찍이 언급은 되었지만,[2] 상업사의 관점에서 이에
본격적으로 접근하려는 시도는 1980년대 들어 이루어지기 시작하였던
것이다. 그리하여 농민적 교역기구로서 場市의 성립과 발전,[3] 穀物交易
과 관련한 유통체계와 상인의 활동,[4] 대상인으로서 富商大賈의 성장,[5]
楮貨의 유통,[6] 麤布의 형태로 유통되던 綿布의 貨幣機能,[7] 物價變動과
연관한 상업문제[8] 등이 부분적으로 해명되었다. 그 결과 이 시기에 상업
이 抑末의 정책 하에서 나름의 전개와 성장을 보이고 있던 사정이 場市
와 穀物流通 등의 분야에서 일면 정리될 수 있었다. 그러나 조선전기
상업을 構造로서 이해하고 그것이 經濟構成에서 차지하는 위치와 비중
을 파악하기 위해서는 여전히 數多한 문제가 과제로 남아 있다. 예컨대
朝鮮政府나 官人·儒者들이 가지고 있던 商業認識과 政策, 市廛과 都城
商業을 둘러싼 여러 문제, 非市廛系 私商人의 성장과 資本集積, 地方商

1) 李能植,〈麗末鮮初의 貨幣制度〉,《震檀學報》16(1949) ; 李鍾英,〈朝鮮初 貨幣
   制의 變遷〉,《人文科學》7(延世大, 1962) ; 李鍾英,〈李朝人의 貨幣觀〉,《史學會
   誌》2(延世大, 1964) ; 金柄夏,〈李朝前期의 貨幣流通 — 布貨의 貨幣機能을 中心
   으로〉,《慶熙史學》2(1970).
2) 李景植,〈16世紀 地主層의 動向〉,《歷史敎育》19(1976) ; 田川孝三,《李朝貢納
   制の硏究》(東洋文庫, 1964).
3) 李景植,〈16世紀 場市의 成立과 그 基盤〉,《韓國史硏究》57(1987).
4) 崔完基,〈朝鮮中期의 貿穀船商 — 穀物의 買集活動을 中心으로〉,《韓國學報》
   30(1983) ; 崔完基,〈朝鮮中期의 穀物去來와 그 類型 — 賣出活動을 중심으로〉,
   《韓國史硏究》76(1992) ; 朴平植,〈朝鮮前期 兩界地方의 '回換制'와 穀物流通〉,
   《學林》14(延世大, 1992).
5) 백승철,〈16세기 부상대고(富商大賈)의 성장과 상업활동〉,《역사와 현실》13
   (1994).
6) 權仁赫,〈朝鮮初期 貨幣流通 硏究 — 特히 太宗代 楮貨를 中心으로〉,《歷史敎
   育》32(1982) ; 田壽炳,〈朝鮮 太宗代의 貨幣政策 — 流通構造를 中心으로〉,《韓
   國史硏究》40(1983) ; 權仁赫,〈15세기 후반 저화제 동요와 포화유통〉,《朴永錫
   敎授華甲紀念韓國史學論叢》(探求堂, 1992) ; 權仁赫,〈16세기의 저화 유통론과
   그 배경〉,《建大史學》8(1993).
7) 宋在璇,〈16세기 綿布의 貨幣機能〉,《邊太燮博士華甲紀念史學論叢》(三英社,
   1986).
8) 李正守,〈16세기 物價變動과 民의 動向〉(釜山大 博士學位論文, 1997).

業의 발전과 流通體系의 문제, 개별 商品의 구체적인 교역 양상과 그 특징 등이 그것이다. 조선전기 상업사 연구는 아직 연구의 출발단계에 서 있는 셈이다.

이런 사정에서 조선전기의 상업은 이제까지 그에 대한 精緻한 분석이 이루어지지 못한 채 조선후기 상업사의 연구성과에 의거하여 演繹하여 推論되거나, 또는 交換經濟의 未熟性과 抑末政策을 강조하여 그 實體 자체가 矮小하게 평가되어 왔다. 高麗朝의 상업이 조선에 들어와 抑末 政策의 표방에 따라 침체를 맞게 된다는 인식이었다. 조선전기 상업은 여전히 우리 역사의 정체성·타율성론을 뒷받침하는 한 구성부문으로 남아 있는 것이다. 그러나 기왕의 연구에서도 일부 확인되는 바와 같이 조선전기 상업은 국가의 抑末策 아래서도 꾸준히 성장하면서 발전하여 왔고, 이 시기 사회경제의 여러 변동은 바로 이와 연관하여 전개되는 현상이었다.

조선전기 상업사 연구는 상업의 諸部面에 대한 어느 일면적인 해명이 아니라 商業論, 商業政策, 交易機構, 商人, 商品의 流通 등의 문제를 有機 的으로 연관시켜 파악하여 이를 構造로서 體系化하는 방향에서 이루어 져야 한다. 이 과정에서 조선 국가의 社會構成이 갖는 특성으로서 集權 性이 상업의 여러 분야에서 실현되어 가는 형식이나 의미가 주목되어야 함은 물론이다. 이 연구는 이러한 문제의식을 바탕으로 조선전기 '務本 抑末'의 商業論을 강조하며 조선 정부가 추진한 商業政策과 商業의 구체 적인 實狀을 규명하고 분석하여 봄으로써, 집권적 봉건국가의 사회경제 에서 상업이 갖는 構成上의 위치와 성격을 밝히는 것을 목적으로 한다. 이를 위한 작업은 다음과 같은 방향에서 수행한다.

첫째, 조선 정부의 商業認識과 상업정책으로서 抑末策에 대한 분석이 다. 여기서는 고려말기 특권세력의 商業獨占과 支配 하에서 제기되고 있던 제반 商業問題와 그에 대한 拔弊論議를 분석하고, 특히 고려 최말 기 性理學에 투철한 士大夫 세력의 성장과 함께 강조되기 시작한 '務本 抑末'論의 理念과 實際, 그리고 이에 의거하여 국초 이래 상업의 각 분야에서 추진된 조선 정부의 抑末政策을 규명한다. 집권체제를 지향하며 성립된 조선 국가의 商業編成의 基本方向을 그 理念에서 파악하고, 이후 상업의 전개·발전에 대응한 정부의 대책을 전망하기 위해서이다. 조선 전기 상업을 국가정책과 연관하여 하나의 체계로서 이해하려 할 때 반드시 선행되어야 할 작업이다.

둘째, 抑末策에 따라 편성·운영되는 商業機構와 商人의 활동상에 대한 검토이다. 이는 국가의 상업운영의 根幹으로 설정된 市廛에 대한 규명으로부터 시작한다. 국초 시전의 조성 경위, 시전의 구성과 조직, 국가에 대한 의무와 특권, 15세기 중반 이후 시전상업이 확대되면서 발전하던 사정과 여기에 대응한 정부의 市廛再編·管理方案 등이 그 주요 내용이다. 이를 통해 市役의 代償으로 都城商業의 獨占權을 부여받던 시전의 實體, 도성의 商權을 장악하고 나아가 全國商業을 매개하던 시전상인의 動向 등을 파악할 수 있을 것이다. 大商人인 시전상인을 장악하고 관리함으로써 집권체제 하의 商業秩序를 수립하려 한 조선 국가의 상업정책 또한 이 과정에서 분명해질 수 있을 것이다. 아울러 도성내 非市廛系 商人의 성장과 '亂廛'의 대두, 이들의 資本集積과 市廛商權 잠식에 따른 정부의 도성상업 정비대책 등도 검토될 것이다. 다음은 地方商業의 實態 규명과 이를 주도하던 상인층, 특히 開城商人의 상활동에 대한 분석 작업이다. 곧 行商의 유형과 성장, 場市와 主人層으로 대표되는 地方交易機構의 출현·정비와 도성 중심의 流通體系가 형성되어 기능하는 사정, 開城商業의 위축과 복구의 추이, 전국에 걸친 開城商人의 상활동과 자본집적 형태 등을 정리한다. 이를 통해 정부의 지방상업 관리방침과 抑末策으로 지칭되는 국가의 상업통제 노력에도 불구하고, 이를 극복하며 商人層이 성장하고 商業網이 확대·정비되어 가던 사정 등을 이해할 수 있을 것이다 시전상업에 대한 검토와 함께 국초에 편성된 상업구조와 그 변동을 정리하는 작업이 되겠다.

셋째, 商品의 交易形態와 이에 대한 국가의 干與 문제에 대한 검토이다. 이 작업은 개별 상품 가운데 그 절대 필요성 때문에 가장 먼저 商品

化하고 또 교역에서 차지하는 비중이 컸던 穀物과 鹽을 중심으로 고찰한다. 국가의 재정운영과 연관한 穀物·鹽의 교역과 그 抑賣買的 性格, 상품의 民間交易 확대와 交易網 문제, 交易主導層의 유형과 이들의 상업활동에서 나타나는 여러 특징 등이 검토의 대상이다. 당시 정부는 상품의 유통과정에 적극 개입하여 이를 통제·관리하거나, 또는 직접 상업을 運用함으로써 '利權在上'을 실현하고 國家財政의 보충을 도모하려 하였다. 그러나 국초 이래 민간상업은 점차 교역과정에서 그 비중을 증대시켜 가고 있었고, 이에 따라 민간의 교역기구도 정비되어 나갔다. 국가의 재정운영과 연관하여 정부가 간여하던 교역의 형태가 줄어들고 민간교역의 비중이 증대하는 방향이었다. 결국 이러한 사실의 검토를 통해 抑末策의 성격을 검증하고, 交易機構의 발달과 商人의 성장을 개별 상품교역의 측면에서 점검하는 것이 가능하리라 본다.

넷째, 조선 정부의 商業政策과 官人·儒者들의 商業論이 현실에서 전개되던 교역의 확대·발전과 경제변동에 조응하여 변화하는 사정에 대한 정리이다. '務本抑末', '利權在上'의 이념을 바탕으로 하여 추진되던 상업정책이 15세기 중반 이후 전개된 경제변동과 逐末風潮의 확산과 더불어 어떻게 변동하여 갔는지를 살펴볼 것이다. 16세기에 들어 관인·유자들의 商業論이 分岐하여 '務本抑末'論의 한편에서 '以末補本'의 적극적인 상업론 정책이념이 대두하고, 여기에 토대하여 정부의 抑末策이 衰退하면서 동시에 商業 末業을 이용한 財政補用政策이 모색되는 사정을 검토하려는 것이다. 이를 통해 조선전기 상업이 도달한 수준과 그 성격을 파악할 수 있으리라는 전망에서이다.

조선전기의 商業과 정부의 商業政策에 대한 이상의 검토가 제대로 이루어진다면, '務本抑末' 단계로 상정되는 이 시기 商業을 새롭게 조명하고 그 성격과 歷史的 위치도 분명히 할 수 있을 것이다. 아울러 農業중심의 경제정책 하에서 고려 이래의 商業傳統을 계승하고, 또 여타의 사회경제변동과 짝하여 진행되고 있던 상업 諸分野에서의 發展相을 확증하는 것도 가능할 것이다. 兩亂을 거치면서 17세기에 '以末補本'의 商

業論이 본격 대두하고, 조선 정부가 여기에 입각하여 새로운 商業政策을 추진하는 사정[9] 역시 繼起的으로 이해할 수 있을 것이다. 조선전기 사회경제구성에서 상업이 갖던 위치와 의미를 이로써 파악하게 될 때, 이와 같은 商業編成을 도모한 당대 國家의 性格 또한 전망할 수 있으리라 본다.

---

9) 白承哲, 〈朝鮮後期 商業論과 商業政策 ─ 17세기 國家再造方略과 관련하여〉
   (延世大 博士學位論文, 1996).

# 제 1 장 麗末鮮初의 商業認識과 抑末策

　조선전기, 정부의 經濟政策의 중심은 農業의 振作과 그 振興에 있었다. 이는 국초 새로운 왕조의 개창과 함께 특별히 강조되었고, 그 일환으로 勸農의 方案과 力農論이 수시로 제기되어 논의되고 또 정책으로 입안·실시되었다.[1] 경제정책의 이념을 담은 '務本抑末'은 이 과정에서 으레 그 指標로서 云謂되는 바였다. 本業으로서 農業을 진흥시키고 末業으로서 商業과 手工業을 관리하고 통제한다는 내용이었다.

　重農은 농업에 기초한 中世國家에서는 고유한 경제정책의 방향이었고, 이는 高麗에서도 마찬가지였다. 그러나 상업의 발전에 따라 상인의 활동을 국가의 經濟運營 전반과 관련하여 문제 삼고, 나아가 이의 연장에서 抑末論이 대두하여 강조되기 시작한 것은 고려말부터였다. 그러므로 국초 조선 정부의 商業認識과 抑末策에 대한 분석은 고려말의 상업문제에 대한 파악으로부터 시작하여야 할 것이다.

---

　1) 金容燮, 〈朝鮮初期의 勸農政策〉,《東方學志》42(1984) ; 李景植, 〈朝鮮前期의 力農論〉,《歷史教育》56(1994).

# 1. 高麗末의 商業問題와 抹弊論議

## 1) 特權勢力의 商業獨占과 그 問題

고려 정부는 국초 이래 농업을 중시하여 '務本'의 경제이념을 강조하고 이에 의거하여 구체의 勸農政策을 추진하였으나,[2] 이를 위해 상업이나 수공업을 억제하는 정책을 국가 차원에서 체계적으로 모색하지는 않았다.[3] 肅宗 7년(1102) 9월 西京에 머무르고 있던 국왕은, 四民 곧 士·農·工·商이 각기 그 生業에 專業하는 것을 邦本의 요체로 인식하면서 당시 상업이 부진하던 西京의 留守官에게 市肆를 감독하는 貨泉別監 2명을 上奏하여 差定하게 함으로써 商業振興을 도모하도록 조처하고 있다.[4] 이는 서경 상인으로 하여금 상업종사에 따르는 이익, 즉 '懋遷之利'를 획득할 수 있도록 하는 배려였다. 이때 西京留守使는 숙종 2년(1097) 말부터 시작된 鑄錢事業에 반대하였던 郭尙이었다. 숙종은 주전사업 반대의 대표자였던 郭尙을 서경에 행차하여 설득하는 한편, 바로 여기에

---

2) 白南雲,《朝鮮封建社會經濟史》(上)(改造社, 1937), 第13·25·65章 ; 李宗峯,〈高麗後期 勸農政策과 土地開墾〉,《釜大史學》15·16合輯(1992) ; 李正浩,〈高麗前期 勸農策에 관한 一考察〉,《史學研究》46(1993).

3) 14세기 이전 고려의 관인·유자들이 가지고 있던 商業認識이나 商業論 국가의 商業政策 등은, 고려 상업 전반의 실상에 대한 구체적인 파악과 함께 專論이 요구되는 큰 주제이다. 그러므로 여기서는 이들 문제에 대해 이 장의 전개에 필요한 최소한의 서술에 그치고, 차후 別稿를 통해 살펴볼 계획이다. 이와 관련하여서는 우선 다음 논문들이 참고된다.
   田壽炳,〈高麗時代의 商業政策〉,《東洋文化研究》創刊號(大田大, 1986) ; 須川英德,〈高麗後期における商業政策の展開 ― 對外關係を中心に〉,《朝鮮文化研究》4(東京大, 1997).

4)《高麗史》卷79, 志33, 食貨2, 市估, 肅宗 7年 9月, 中冊, 740쪽(亞細亞文化社刊 影印本 ― 이하 같음).
   "制曰 四民各專其業 實爲邦本 今聞西京習俗 不事商業 民失其利 留守官 其奏差 貨泉別監二員 日監市肆 使商賈 咸得懋遷之利."

서 상업진흥정책에 대한 그의 확고한 의지를 나타냈던 것이다.[5] 그러므로 이 조처를 통해 파견된 화천별감의 임무는 시사의 감독을 통해 서경의 상업을 助長하고 振興시키는 데 있었던 것으로 보인다.

유교의 신분·직업관에 따라 상인의 官職進出을 제한하고,[6] 또 國子監의 國子學·太學·四門學 입학을 금지하기는 하였지만,[7] 고려시기 상업은 국왕·관인의 인식과 정부정책에서 농업과 더불어 경제구성의 주요 영역으로 간주되었고, 따라서 그 不振으로 인해 民生에 곤란한 상황이 조성될 경우에는 국가가 保護·振興해야 할 대상이 되고 있었다. 국가 차원에서 국초부터 상업을 위해 公設酒店·院宇·외국상인의 客館을 조성하고 海賊防禦를 통해 海商을 보호하는 조처를 취하였던 것[8] 또한, 집권국가로서 고려 정부가 지니고 있던 상업인식과 정책의 실제를 잘 보여주고 있다.

상업에 대한 이와 같은 인식과 자세는 당대 宗敎·社會理念으로 기능하던 佛敎에서도 마찬가지였다. 불교는 그 성립 초기부터 상업활동이나 대부행위 등에 대해 매우 호의적이었고, 나아가 敎理 자체에서도 이를 罪惡視하지 않았다.[9] 고려에서도 사원은 농지경영과 함께 상업·고리대 활동에 적극 참여하였다. 그리하여 八關會, 燃燈會 등 불교행사를 이용하여 다양한 商活動을 펼치고, 상업에 편의를 제공하는 시설로서 院을 설치·운영하고 있었다. 이러한 사원의 상업활동은 빈민구제를 위한 불교의 사회사업과도 연관하여 전개되었고, 이들이 취급하던 상품은 米穀과 手工業品 외에도 파·마늘·술·소금 등에 이르기까지 多種多樣하였다.[10]

---

5) 蔡雄錫, 〈高麗前期 貨幣流通의 基盤〉, 《韓國文化》 9(서울大, 1988), 90쪽.

6) 《高麗史》 卷75, 志29, 選擧3, 銓注 限職, 文宗 27年 正月, 中冊, 641~642쪽 ; 《高麗史》 卷75, 志29, 選擧3, 銓注 限職, 仁宗 18年 6月, 中冊, 642쪽.

7) 《高麗史》 卷74, 志28, 選擧2, 學校, 仁宗, 中冊, 626쪽.

8) 白南雲, 앞의 《朝鮮封建社會經濟史》(上), 756~760쪽 ; 田壽炳, 앞의 〈高麗時代의 商業政策〉.

9) 李炳熙, 〈高麗後期 寺院經濟의 硏究〉(서울大 博士學位論文, 1992), 80~86쪽.

국왕·관인의 인식과 국가정책, 불교의 상업관 등에서 확인되는 이상과 같은 商業認識을 바탕으로 고려시기 國內外 商業의 발전은 가능하였다. 특히 武臣執權期와 對蒙抗戰期를 거치면서 노정되고 元干涉期 이후에 본격화된 고려사회 전반의 변동과 함께 상업·수공업의 발전은 더욱 촉진되었다.[11] 貢物代納의 확산,[12] 所의 해체와 민간수공업의 발전[13]으로 나타나던 收取體系와 手工業界의 변화도 이 시기 상업발전과 연계하여 전개되던 현상이었다. 이 과정에서 국초에 조성된 개경의 市廛이 확대되고,[14] 지방의 州縣市를 무대로 하는 陸商과 隔地間의 船商活動이 늘어갔으며,[15] 대외적으로는 특히 원간섭기 이후에 국제무역이 크게 증대하고 있었다.[16]

그런데 고려시기의 交換經濟는 財貨收取者의 영역과 財貨生産者의 영역으로 兩分되어 있었다. 전자가 왕실·권세가·사원 등으로 구성되는 支配層 위주의 교환경제였다면, 후자는 농민이나 수공업자들이 중심이 되는 被支配層의 교환경제였다.[17] 고려후기의 상업발전은 그 중 특히 지

10) 李相瑄, 〈高麗 寺院의 商行爲 考〉, 《誠信史學》 9(1991) ; 李炳熙, 앞의 〈高麗後期 寺院經濟의 硏究〉.
11) 金東哲, 〈고려말의 流通構造와 상인〉, 《釜大史學》 9(1985) ; 徐聖鎬, 〈高麗 武臣執權期 商工業의 전개〉, 《國史館論叢》 37(1992) ; 金三顯, 〈고려후기 상업의 변화〉, 《明知史論》 8(1997).
12) 任明姬, 〈高麗後期의 貢物代納〉(서울大 碩士學位論文, 1995).
13) 홍희유, 《조선중세수공업사연구》(과학백과사전종합출판사, 1979).
14) 국초에 조성된 市廛은 熙宗 4년(1208)에 이르러 廣化門에서 十字街까지 1,008楹의 長廊이 改營되면서 정비되고, 이후 忠烈王 33년~忠宣王 즉위년(1307~1308) 사이에 200間이 다시 增築되고, 禑王 3년(1377)에도 부분적인 新築이 이어지고 있었다(《高麗史》 卷21, 世家21, 熙宗 4年 7月, 上冊, 432쪽 ; 《高麗史》 卷32, 世家32, 忠烈王 33年 6月, 上冊, 666~667쪽 ; 《高麗史》 卷33, 世家33, 忠宣王 卽位年 8月, 上冊, 678쪽 ; 《高麗史》 卷133, 列傳46, 辛禑 3年 5月, 下冊, 877쪽).
15) 金東哲, 앞의 〈고려말의 流通構造와 상인〉 ; 金三顯, 〈고려후기 場市에 관한 연구〉, 《明知史論》 4(1992).
16) 須川英德, 앞의 〈高麗後期における商業政策の展開〉 ; 위은숙, 〈원간섭기 對元貿易 ― '老乞大'를 중심으로〉, 《지역과 역사》 4(부산경남역사연구소, 1997).
17) 李景植, 〈16世紀 場市의 成立과 그 基盤〉, 《韓國史硏究》 57(1987) ; 蔡雄錫, 앞

배층 교환경제의 영역에서 두드러졌고, 국가나 왕실·권세가·사원 세력
이 이를 주도하면서 전개되고 있었다.

당시 고려사회는 收租地 分給制가 마비·파탄되면서 田柴科 제도의 운
영이 실질적으로 붕괴하고 있었고, 몽고와의 오랜 전쟁으로 인해 戶口
와 土地가 유실되면서 국가재정이 극심하게 악화되어 관리의 祿俸 지급
마저 어려운 지경이었다.[18] 이와 같이 국가의 公的인 경제제도·재정체
계가 무너져 가자 고려의 諸지배층은 이제 私的인 經濟基盤의 확보에
주력하지 않을 수 없었다. 所有地와 收租地 兩계통의 토지에서 합법·비
합법의 수단을 동원하여 펼쳐지던 대규모의 農莊造成은 그러한 사적인
경제기반 확보 노력의 일환이었다.[19]

한편 고려말 국왕과 왕실을 포함한 지배층은 商業 곧 국내외 교역에
대한 投資와 獨占을 통해서도 그들의 사적인 경제기반을 확대시키고
財富를 증대시켜 나갔다. 상업을 이용한 殖貨는 이전부터 일상적으로
전개되는 형태였지만, 이 시기에 이르면 저와 같은 사정과 연관하여 그
程度와 形態가 더욱 심화되고 다양화하고 있었다.

이 시기 商業投資와 獨占은 국왕을 비롯한 왕실에서 우선 주도하고
있었다. 국가재정의 파탄에도 불구하고 고려후기 왕실의 財政需要는 더
욱 확대되고 있었다. 특히 고려 왕실의 元에 대한 親朝費用은 막대하여,
충렬왕 10년(1284) 4월 공주와 세자가 동행한 행차에는 扈從臣僚의 숫자
가 1,200여 명에, 가지고 간 財貨만도 銀 630여 근, 紵布 2,440여 필, 楮幣
1,800여 錠에 이르렀다.[20] 親朝는 충렬왕 대에만 11차례나 이루어졌고,[21]
이 같은 친조와 원 사신 접대를 위한 온갖 경비는 왕실재정을 더욱 궁핍

---

의 〈高麗前期 貨幣流通의 基盤〉; 蔡雄錫, 〈高麗後期 流通經濟의 조건과 양상〉,
《韓國 古代·中世의 支配體制와 農民》(金容燮敎授停年紀念韓國史學論叢 2; 지
식산업사, 1997).

18) 朴鍾進, 〈忠宣王代의 財政改革策과 그 性格〉, 《韓國史論》 9(서울大, 1983).
19) 李景植, 〈高麗末期의 私田問題〉, 《朝鮮前期土地制度硏究》(一潮閣, 1986).
20) 《高麗史》卷29, 世家29, 忠烈王 10年 4月 庚寅, 上冊, 611쪽.
21) 朴鍾進, 앞의 〈忠宣王代의 財政改革策과 그 性格〉.

하게 하였다. 고려 정부가 內房庫를 설치하고, 한편으로 迎送都監·國贐
色·盤纏都監과 같은 재정기구의 신설과 정비를 통해 常徭·雜貢 등 부가
세를 징수하거나 科斂을 수시로 행하였던 것도 이 같은 財政難에 대한
대응조처였다.[22]

　이러한 상황에서 元 滯留時에 北京을 중심으로 펼쳐지던 활발한 교역
활동에 접한 경험을 가지고 있던 고려의 국왕들은 재정난 타개를 위해
국내외 교역을 적극 활용하고 있었다. 忠惠王은 그 대표적인 국왕이었
다.[23] 그는 도성상업의 발달에 편승하여 1342년에 義成庫·德泉庫·寶興
庫의 布 4만 8천 필을 내어 직접 市廛에 店鋪를 차리기도 하였으며,[24]
三峴에 新宮을 건설하여 여기에서 비단을 생산하고 곡물을 가공하는
등 유통의 근거지로 이용하고 있었다.[25] 그의 상업활동은 대외무역으로
도 이어져, 嬖幸 南宮信에게 포 2만 필과 金·銀·鈔 등을 주어 중국의
幽燕 지방에서 무역을 시키거나,[26] 內幣를 내어 원에서 판매하게 하고
이를 수행한 상인에게 將軍職을 수여하기도 하였다.[27] 그 결과 충혜왕은
"殖貨로써 일을 삼았다"[28]거나, 또는 "商財의 利를 계산하는 데 絲毫라
도 분석하여 일상 經營을 하였다"[29]는 史臣의 評을 면할 수 없었다. 이
같은 충혜왕의 상업활동은 銀川翁主와 그녀의 父인 林信으로 대표되는
상인세력과의 결탁을 통해 이루어지는 것이었다.[30]

　왕실의 상업참여, 특히 대외무역 활동은 忠惠王만의 사례는 아니었

---

22) 朴鍾進, 〈高麗時代 賦稅制度 硏究〉(서울大 博士學位論文, 1993).
23) 충혜왕의 상업활동과 그 추진세력에 대해서는 전병무의 논문(〈고려 충혜왕의
　　상업활동과 재정정책〉,《역사와 현실》10, 1993)에 잘 정리되어 있다.
24)《高麗史》卷36, 世家36, 忠惠王 後3年 2月 戊午, 上冊, 734쪽.
　　"王發義成德泉寶興布四萬八千匹 開鋪於市."
25)《高麗史》卷89, 列傳2, 后妃2, 銀川翁主, 下冊, 32쪽.
26)《高麗史》卷36, 世家36, 忠惠王 後3年 3月 丙申, 上冊, 734쪽.
27)《高麗史節要》卷25, 忠惠王 後4年 9月, 649쪽(亞細亞文化社刊 影印本 — 이하
　　같음).
28)《高麗史節要》卷25, 忠惠王 後3年 3月, 645쪽.
29)《高麗史節要》卷25, 忠惠王 後4年 3月, 647쪽.
30) 전병무, 앞의 〈고려 충혜왕의 상업활동과 재정정책〉.

다. 忠烈王은 세자의 婚需 마련을 위해 宋瑛 등에게 포 1만 4천 필로
益都府에서 楮幣를 무역시키고 있으며,[31] 齊國大長公主는 松子와 人蔘을
이용한 江南貿易에서 큰 이익을 남겼다.[32] 忠宣王 또한 懿州에 廨典庫와
店鋪를 소유하고 있었다.[33] 당시 파탄에 이른 국가의 재정상황 하에서
국왕과 왕실세력은 이처럼 국내상업과 대외무역을 私的인 경제기반 확
보의 주요수단으로 적극 활용하고 있었던 것이다.

   고려후기 국내외 상업에 대한 投資와 利益獨占의 추세는 執權官人을
비롯하여 權勢家와 寺院세력에게서도 일반적으로 나타나던 현상이었
다. 熙宗 4년(1208) 당시 崔氏 武人政權은 경제기반 확대책의 하나로 국
초에 조성된 시전 長廊을 1,008楹으로 改營·整備하였으며, 이후에도 역
대 최씨 정권은 도성의 시전을 정권유지를 위한 주요 경제기반으로 중
시하였다.[34] 도성상업을 이용한 財富擴大에는 寺院 또한 예외가 아니었
다. 14세기 전반 금강산의 長安寺는 개경 시전에 위치한 京邸 1區를 소
유하고 있었는데, 장안사는 이를 점포[肆] 30間으로 만들어 雇人을 두고
경영하고 있었다.[35] 外方에 자리 잡은 장안사가 직접 도성의 시전상업에
투자하기도 하였던 것이다. 이 시기 사원이 전개하던 활발한 상업활동
의 일환이었다.

   권세가와 사원세력은 왕실과 함께 대외무역에도 적극 참여하고 있었
다. 권력을 기반으로 한 이들의 무역활동은 家臣이나 奴婢 또는 代理商

31)《高麗史》卷79, 志33, 食貨2, 科斂, 忠烈王 21年 4月, 中冊, 745쪽.
32)《高麗史》卷89, 列傳2, 后妃2, 齊國大長公主, 下冊, 21쪽.
33)《高麗史》卷35, 世家35, 忠肅王 15年 7月 己巳, 上冊, 716쪽.
34) 北村秀人,〈崔氏政權の成立と京市〉,《人文研究》44-12(大阪市立大, 1992) ;
    北村秀人,〈高麗時代の京市の機能について〉,《朝鮮史研究會論文集》31(1993).
35)《稼亭集》卷6 金剛山長安寺重興碑, 45쪽(《高麗名賢集》3 : 成均館大 大東文
    化硏究院刊 影印本 — 이하 같음).
    "京邸 在開城府者 一區 其在市廛 爲肆傭人者 三十間."
    한편 위 기사의 '傭人'을 장안사가 시전 점포 30칸을 '다른 사람에게 賃貸'한
    것으로 해석할 수도 있겠다. 그러나 어느 경우이든 이는 장안사의 市廛投資를
    실증하는 자료임에 분명하다.

人을 앞세워서 주로 使行에 편승하여 이루어졌다. 禑王 12년(1386) 聖節使로 北京에 다녀 온 門下評理 安翊은 당시 執政 관인들이 사신들을 교사하여 벌이는 무역활동을 지탄하면서 "내 일찍이 宰相을 보내 朝聘하는 것이 국가를 위한 것으로 알았는데, 이제서야 그것이 權門의 營産을 위한 것임을 알았노라"고 한탄하고 있다.[36] 우왕 14년(1388)에는 사행이 중국에 가져가는 貢獻物品 중 열에 아홉은 私裝物品이고, 이 때문에 중국에서 고려인들은 事大를 假託하나 실은 무역을 貪하여 올 뿐이라고 비난한다는 지적이 나올 정도였다.[37]

이 같은 특권층의 국내외 교역에 대한 投資와 獨占, 그에 따른 상업발달은 14세기 고려말에 이르면 상업의 안팎에서 여러 문제들을 노정시키고 있었다. 더욱이 이들 문제는 交換經濟 내에서만이 아니라 이와 연관한 여타 경제·사회영역으로까지 확대되면서 큰 파문을 일으키는 형국이었다. 특권층의 상업독점에 따른 문제는 우선 도성의 市廛商業界에서 두드러졌다.

고려말 특권세력의 사적인 市廛投資와 都城商權의 장악은, 이내 국가차원에서 마련된 公的인 市廛運營體系에 혼선을 가져왔다.[38] 곧 시전에 대한 왕실·권세가·사원의 私的인 投資와 獨占이 증대됨에 따라 도처에 새로운 시전이 增設되면서 야기되는 문제였다.[39] 시전의 증설이나 확대가 국가의 체계적인 관리방침에 따라 조정되면서 이루어지지 않고 특권

---

36)《高麗史節要》卷32, 辛禑 12年 6月, 818쪽.
　"吾嘗以爲 遣宰相朝聘者 爲國家耳 今日乃知 爲權門營産也."
37)《高麗史節要》卷33, 辛禑 14年(辛昌 卽位年) 6月, 828쪽.
　"私裝居貢獻十分之九 中國以爲 高麗人假事大 貪貿易而來耳."
38) 고려시기 市廛政策의 實際는 오늘날 자료의 부족으로 그 구체 내용을 확인할 수 없다. 예컨대 개경 시전의 業種別 配置 여부, 商稅를 비롯한 市役의 내용, 禁亂廛權의 존재 여부 등을 확인하기 어려운 실정이다. 그러나 국가가 주도하는 시전 조성사업이 고려 국초부터 이루어지는 사정으로 보아(北村秀人,〈高麗時代の京市の基礎的考察 ― 位置·形態を中心に〉,《人文研究》42-4, 大阪市立大, 1990), 조선의 그것만큼 체계적이지는 않더라도 集權國家의 상업정책으로서 시전에 대한 정부 차원의 관리·운영이 이루어졌음은 틀림없는 사실이라 할 것이다.
39) 국왕과 사원이 市廛에 店鋪를 설치하여 운영한 사례는 주 24, 35 참조.

층의 권력에 의존해 私的으로 전개되면서 발생되는 문제였다. 예컨대 같은 物種을 판매하는 시전이 도성내 여러 구역에서 개설된다든지, 또는 한 시전에서 여러 物品을 중복하여 취급하는 등의 현상이겠다.

왕실·권세가의 市廛投資와 獨占이 증대하는 한편에서는 또한 국가기구와 특권세력의 기존 시전에 대한 侵奪이 크게 문제되고 있었다. 고려 후기 재정난에 처한 고려 정부는 국가재정상의 수요물자를 도성 시전에서 직접 공급받는 비율을 높여가고 있었다. 忠烈王 22년(1296)에 이르면 諸司의 수요물을 모두 京市에서 취득한다는 형편이었고,[40] 나아가 大府·迎送·國贐 등 국가 수요물과 대중국 관계에 필요한 물품까지도 그 수요가 있을 때마다 경시에서 이를 구입하는 지경이었다.[41] 충렬왕대 이후 시전과 도성상업을 관장하는 京市署의 職制가 개편되어 소속 관원의 品階가 陞級되고 또 관원의 수가 증가되었던 것도,[42] 고려후기에 들어 개경상업이 확대되고 국가재정의 시전에 대한 의존도가 높아지면서 취해진 조처였다.

재정난과 함께 전개된 시전에 대한 국가재정의 의존 심화는 자연히 시전에 대한 침탈을 불러일으켰다. 14세기 이전부터 고려 정부는 응급한 需要를 비롯하여 조세를 통해 확보되지 않는 국가의 수요물을 시전을 통해 공급받아 재정을 운용하고 있었다.[43] 이러한 시전의 국가수요 조달 임무, 곧 市廛責辦은 국가가 조성하고 관리하던 시전의 고유 의무였을 것이다.[44] 물론 市廛責辦은 정부에서 그 物品價를 지급하는 것이 원칙이었다. 그러나 국가재정의 궁핍과 담당 관리의 부정이 널리 퍼지

---

40) 《高麗史節要》 卷21, 忠烈王 22年 2月, 561쪽.
41) 《高麗史》 卷84, 志38, 刑法1, 職制, 忠烈王 22年 5月, 中冊, 843쪽.
42) 金東哲, 앞의 〈고려말의 流通構造와 상인〉, 225~226쪽.
43) 北村秀人, 앞의 〈高麗時代の京市の機能について〉, 216~217쪽.
44) 朝鮮의 경우, 市廛責辦은 시전상인이 국가에 대해 부담하는 市役의 일환으로 설정되어 있었다[朴平植, 〈朝鮮初期 市廛의 成立과 '禁亂'問題〉, 《韓國史硏究》 93(1996 ; 本書 제2장 1절) ; 朴平植, 〈朝鮮前期 市廛의 發展과 市役 增大〉, 《歷史敎育》 60(1996 ; 本書 제2장 2절) 참조].

면서 시전책판은 점차 대가를 지불하지 않거나, 그 일부만을 지급하는 抑買的 性格으로 전개되기 시작하였다.[45] 충선왕이 卽位敎書를 통해 국 가기구의 京市侵奪을 금지하고 또 復位 직후에도 같은 내용의 敎書를 반복하여 내렸던 것은,[46] 給價가 제대로 이루어지지 않는 불법적인 시전 책판이 당시 그만큼 日常化한 데서 연유하였다. 시전침탈은 국가기구만 이 아니라 왕실·권세가 등에 의해서도 일반적으로 이루어졌고, 이에 대 응하여 시전상인들이 市鋪를 모두 닫는 撤市鬪爭을 벌이기도 하였다.[47] 요컨대 고려말 특권세력의 시전 투자와 독점, 그리고 시전침탈 등 시전 을 둘러싼 諸事案은 집권국가의 체제정비와 관련하여 해결하여여 할 주요한 상업문제의 하나로 대두하고 있었다.

왕실을 선두로 한 특권세력의 상업독점은 도성만이 아니라 지방에서 도 농민·상인·수공업자에 대한 침탈로 이어졌다. 이 시기 '反同'으로 부 르던 권세가들의 교역행위는 실제는 거래의 형식을 빌린 高利貸的인 抑 買賣였고, 이로 인한 民의 고통은 심각하였다.[48] 권세가의 反同은 細布· 綾羅·葦席 등 民人의 초과 생산물을 교환의 형태로 略取하여 다시 상품 화하는 强制交易이었고,[49] 그 대상물은 이 밖에도 米豆를 비롯하여 貂皮· 松子·人蔘·蜂蜜·黃蠟 등 갖가지 物種에 이르고 있었다.[50]

反同을 통한 抑買·抑賣는 당시 田主權에 기반하여 토지와 농민을 廣 占하고 지배하고 있던 私田 田主로서 권세가와 사원 세력이, 田主的 强 制를 통해 구조적으로 전개하던 不法의 상업행위였고 그들에게 掠奪利 潤을 보장하는 거래형태였다. 고려말 田主와 佃客의 대립은 수조권과

45) 蔡雄錫, 앞의 〈高麗後期 流通經濟의 조건과 양상〉.
46) 《高麗史》 卷84, 志38, 刑法1, 職制, 忠烈王 24年 正月, 中冊, 844쪽 ;《高麗史》 卷79, 志33, 食貨2, 借貸, 忠烈王 34年 11月, 中冊, 747쪽.
47) 《高麗史》 卷124, 列傳37, 嬖幸2, 盧英瑞 附 宋明理, 下冊, 703쪽.
  "王嘗作儺戲 命明理主之 賜布二百匹 役百工 奪市中物 以供其費 市鋪皆閉."
48) 白南雲, 앞의 《朝鮮封建社會經濟史》(上), 786쪽.
49) 《高麗史》 卷84, 志38, 刑法1, 職制, 忠烈王 22年 5月, 中冊, 843쪽.
  "豪勢之家 遣人州縣 以銀甁等物 强市民間細布綾羅葦席等物 實爲民弊."
50) 《高麗史節要》 卷33, 辛禑 14年 8月, 大司憲趙浚陳時務, 838쪽.

소유권의 갈등·대립에 그 근본 원인이 있었지만, 이처럼 田主的 강제에 의한 抑買賣의 교역관계에서도 그 격한 대립이 심화되고 있었던 것이다.[51] 사전개혁론자인 趙浚과 鄭道傳이 한결같이 이 反同의 폐단을 지적하였던 것은 바로 그 때문이었다.[52] 反同은 고려시기 토지지배관계의 특질 속에서 대두하여, 고려말 권세가의 상업독점 추세를 배경으로 더욱 심화되고 있던 상업문제였다. 따라서 이러한 강제교역의 문제는 교역의 질서를 바로잡기 위해서도, 또는 농민의 流亡과 몰락을 막기 위해서도 그 대책이 시급한 과제였다.

고려말 왕실·권세가·사원 세력의 상업독점은 山林川澤 등 토지를 제외한 생산수단에 대한 奪占으로 이어짐으로써, 여기에 근거하여 생활하면서 貢物을 생산·납부하던 民人들의 처지를 더욱 곤궁으로 치닫게 하고 있었다. 고려시기 山林·漁場·鹽盆 등을 포괄하는 산림천택은 柴地나 국가가 지정한 특정한 산림 이외에는 貢賦 제도, 所 제도 등의 운용을 위한 공물의 산출지로서 편성되어 共有였고, 공물 마련에 지장을 주지 않는 범위에서 인민의 자유로운 이용도 가능한 곳이었다.[53] 그런데 고려말에 이르면 田柴科·貢賦·所 제도가 무너지면서 이와 맞물려 있던 산림천택에 대한 권세가들의 탈점이 본격화하고 있었다.[54] 권세가들의 산림천택 私占은 國用을 날로 乏盡하게 하고 民生을 더욱 凋殘으로 내몰았다.[55] 충혜왕대 재정확보책의 일환으로 海稅·魚梁稅·山稅 등 산림천택

---

51) 李景植, 앞의 〈16世紀 場市의 成立과 그 基盤〉, 82쪽.
52) 《高麗史》 卷78, 志32, 食貨1, 田制, 祿科田, 辛禑 14年 7月, 趙浚上書, 中冊, 716쪽 ; 《朝鮮經國典》 上, 賦典, 經理, 215쪽(國史編纂委員會刊 活字本 《三峯集》─ 이하 같음).
53) 김선경, 〈朝鮮前期의 山林制度 ─ 조선국가의 山林政策과 인민지배〉, 《國史館論叢》 56(1994).
54) 《高麗史》 卷85, 志39, 刑法2, 禁令, 忠肅王 12年 2月, 中冊, 865쪽.
　　"山林川澤與民共利 近來權勢之家 自占爲私 擅禁樵牧 以爲民害."
　　《文宗實錄》 卷4, 文宗 卽位年 10月 庚辰, 6冊, 303쪽(國史編纂委員會刊 影印本 ─ 이하 《조선왕조실록》 부분은 모두 이 간본을 참조하였다).
　　"前朝亦用古制 而取其利 今觀式目都監形止案 各邑鹽盆坐數 魚梁網所 藿田結卜 俱載無遺 至于季世 權豪占奪."

에 대해 신설된 雜稅나,[56] 충렬·충선왕대에 시행된 権鹽制[57]가 국가재정
의 補塡에 별다른 기여를 하지 못한 까닭도 여기에 있었다.

산림천택과 여기에 긴박된 민인을 장악한 권세가들은 이제 그 생산물
을 防納이나 流通領域에서 처분함으로써 큰 이익을 독점할 수 있었다.
소금의 경우, 각염법 하에서 民들이 鹽稅를 납입하고서도 소금을 제대
로 분급받지 못하는 상황이었지만, 不法의 私鹽去來는 오히려 興行하고
있었다.[58] 이들 私鹽이 주로 염분을 탈점·사점하고 있던 권세가들에 의
해 공급되었음은 물론이다. 이와 같이 생산물의 유통영역에서의 독점을
노리고서 진행되고 있던 고려말 권세가들의 산림천택에 대한 사점과
장악은, 국가의 稅收를 축소시킴과 동시에 이를 이용하여 생계를 유지
해 가던 민인의 생존기반을 무너뜨리는 결과를 낳고 있었다.

한편 원간섭기 이후 더욱 확대되고 있던 왕실과 권세가들의 對外貿易
은 국내의 사회와 경제에 적지 않은 문제와 반향을 불러일으키고 있었
다. 이 시기 대중국 수출품은 국제 화폐인 金·銀과 苧·麻布 등 직물류,
그리고 人蔘·松子 등의 토산품이 주요 품목이었다. 당시 왕실과 권세가
들은 이들 수출 품목을 정상적인 상거래보다는 주로 권력을 동원하여
조달하고 있었다. 수조권과 경제외적 강제, 또는 불법적인 강압의 행사
를 통해서였다. 충렬왕대 齊國大長公主는 일찍이 松子와 人蔘을 이용한
江南貿易이 큰 이익을 남기자, 환관을 각지에 보내 이들 물품을 구입하
게 하면서 不産之地에까지 강요하여 물의를 빚고 있었다.[59] 충혜왕의 嬖
人 甯夫金은 왕명을 받아 江陵道에서 인삼을 討索하였는데, 때마침 인

---

55)《高麗史》卷78, 志32, 食貨1, 貢賦, 恭愍王 5年 6月, 中冊, 731쪽.

56) 朴鍾進, 앞의〈高麗時代 賦稅制度 硏究〉.

57) 姜順吉,〈忠宣王의 鹽法改革과 鹽戶〉,《韓國史硏究》48(1985) ; 權寧國,〈14세
기 権鹽制의 成立과 運用〉,《韓國史論》13(서울大, 1985).

58)《高麗史》卷79, 志33, 殖貨 2, 鹽法, 恭愍王 19年 2月, 中冊, 742쪽.
"権鹽之法尚矣 是以先王置鹽倉於海濱之州 乃令深陸之民 納稅和賣 以通上下之
利 近者法久弊生 納稅而未受者 或至十年 民無所賴 私販邊興."

59)《高麗史》卷89, 列傳2, 后妃2, 齊國大長公主, 下冊, 21쪽.

삼이 귀하여 많은 양을 구득할 수 없게 되자 이를 핑계로 職稅를 擅徵하여 문제되고 있었다.[60]

이러한 사정은 권세가의 경우에도 마찬가지여서 反同의 형식으로 이들이 거두어 들였던 細布·綾羅·葦席, 또는 貂皮·松子·人蔘 등은 바로 대중국 주요 수출품이었다. 禑王 14년(1388)에는 권세가들의 경쟁적인 互市 곧 대외무역 풍조가 이들 物品에 대한 抑買로 이어지면서 특히 西北面 民人의 流亡 원인이 되고 있다고 云謂되고 있다.[61] 산림천택에 대한 廣占 또한 이와 연관하여 더욱 확대되고 있던 현상이었다. 이처럼 고려말 왕실이나 권세가들이 대중국 수출을 통해 획득하던 막대한 이윤은 소농민 일반의 광범위한 수탈과 희생 위에 가능한 것이었다.[62]

반면 수입품의 주종을 이루었던 絹織物과 奢侈品의 대량 유입은 사치 풍조의 만연을 가져와 심각한 사회문제로 대두하고 있었다. 恭讓王 3년(1391) 中郞將 房士良은 "토산물인 紬·苧·麻布를 이용하던 종래의 衣生活 습속은 사라지고, 대신 귀천에 관계없이 상하가 모두 異土之物을 다투어 구입함으로써 사치와 僭濫함에 절제가 없다"고 한탄하고 있다.[63] 나아가 紗羅綾段으로부터 金銀珠玉에 이르기까지 외국산 사치품의 常用이 貴賤의 신분질서를 무너뜨리고 있고, 이를 갖추지 않고서는 婚姻이 불가능하여 그로 인해 失禮는 물론이고 人倫마저 무너진다는 탄식이 나오는 실정이었다.[64] 더욱이 이들 중국산 사치품의 대량 수입은 주된 결제수단이었던 銀의 유출로 이어져 國際收支의 불균형을 초래하였고, 국내의 자생적인 수공업 발전을 원천에서 제약하는 요소로도 작용하고

---

60)《高麗史節要》卷25, 忠惠王 後4年 3月, 646쪽.
61)《高麗史節要》卷33, 辛禑 14年(辛昌 卽位年) 8月, 838쪽.
62) 이은규, 앞의〈원간섭기 對元貿易〉, 70쪽
63)《高麗史節要》卷35, 恭讓王 3年 3月, 中郞將房士良上時務十一事, 884쪽.
     "我朝只用土宜紬苧麻布 而能多歷年 所上下饒足 今也 無貴無賤 爭貿異土之物
     奢僭無節."
64)《高麗史節要》卷35, 恭讓王 3年 3月, 中郞將房士良上時務十一事, 884쪽 ;《高麗史》卷85, 志39, 刑法2, 禁令, 恭讓王 3年 3月, 中冊, 867~868쪽.

있었다.[65] 고려말 왕실·권세가들이 주도하던 대외무역은 이처럼 그 發展相과 함께 그로 인한 농민·수공업자층의 몰락과 국가재정의 악화를 兩面으로 하면서 전개되고 있었다.

이상에서 살펴본 바와 같이, 支配層 交換經濟의 영역에서 왕실·권세가·사원 등이 주도하던 고려후기의 상업발전은 財貨生産者層 交換經濟의 발전과 상호 照應하면서 전개되는 것이 아니었다. 지배층 교환경제의 발전은 농민·수공업자층으로부터의 광범한 收奪에 기초하여 펼쳐짐으로써, 오히려 피지배층의 교환경제를 위축시키고 그 성장을 제약하고 있었다. 물론 米·布 등을 일반적인 等價物로 하여 이루어지는 농민층의 교환경제 또한 단순한 물자교환의 단계를 벗어나 市를 이룰 정도의 수준으로 발전하고 있었지만, 그것은 收租權·經濟外的 强制에 의한 田主·地主層의 지배구조와 이들의 商業獨占 하에서 전개되는 것이었다. 따라서 재화생산자층의 교환경제는 그 발전에 한계가 있게 마련이었으며, 고려말에 이르러서도 농민적 교역기구로서 場市는 성립되지 못하고 있었다.[66]

결국 고려말 왕실을 비롯한 특권층이 국내외 상업을 독점하여 그들의 資産을 확대해 가는 한편에서는, 國家財政의 악화와 함께 民人들의 몰락·분해가 확산되면서 큰 사회문제로 제기되고 있었다. 더욱이 이러한 상황은 私田의 家産化, 土地兼倂과 農莊의 확대 등 제반 토지·농업문제와 서로 맞물리면서, 한층 심각한 사정으로 치닫고 있었다. 이제 土地와 農業으로부터 분리된 농민들은 다른 延命의 방도를 모색하였고, 이는 국가경제상에 새로운 문제를 낳고 있었다. 民人의 逐末風潮 확산과 농업인구의 감소, 농업의 축소, 그에 이은 부세대상 戶口의 감소 문제였다. 鄭道傳에 따르면 당시 田制의 붕괴와 토지의 겸병에 의해 自存이 불가능해진 농민들은 그 延命의 방도를 游手(僧侶)·盜賊이 되거나, 아니면

---

65) 위은숙, 앞의 〈원간섭기 對元貿易〉.
66) 李景植, 앞의 〈16世紀 場市의 成立과 그 基盤〉; 蔡雄錫, 앞의 〈高麗後期 流通經濟의 조건과 양상〉.

末業으로의 轉業을 통해 찾고 있었다.[67] 이로 인해 全戶口의 50~60퍼센트가 戶籍에서 빠져 있다는 개탄이 나올 정도였다.[68] 고려말기 상업문제는 농업·토지문제와 상호 因果 속에서 더욱 심화되면서 국가운영의 기반을 근저에서 위협하는 형세로 전개되고 있었던 것이다.

## 2) 商業抹弊策과 抑末論의 擡頭

고려말기 특권층의 독점과 지배구조 하에서 전개되고 있던 상업의 발전 및 그와 연관하여 드러나고 있던 諸문제는 農業 중심의 社會經濟體制 유지를 위해서도 해결이 긴급한 과제였다. 당시 고려 정부는 이들 상업문제에 대해 우선은 法과 制度를 정비하여 그 폐단을 해소하는 차원에서 抹弊方案을 마련하고 있었다. 그리고 그 구체적인 조처는 상업발달과 함께 성장하고 있던 商人層에 대한 통제와 장악을 강화함으로써 그들의 불법적인 상거래를 바로잡는 형태로 취해지고 있었다.

고려후기 상업발전은 왕실과 권세가로 대표되는 특권지배층에 의해 주도되었지만, 이 과정에서 이들의 委託을 받아 상업활동을 대행하고 있던 상인세력 역시 성장해 갔다. 당시 지배층은 家臣이나 奴婢 또는 自寺의 소속 僧徒들을 통해 국내외 교역에 직접 참여하기도 하였다. 권세가들이 使行에 노비를 동행시켜 무역하거나,[69] 恭愍王 23년(1374) 前贊成事 禹磾가 家奴를 시켜 北元에서 行販한 예,[70] 反同에서 승도의 抑賣가 문제되는 예[71] 등은 모두 그러한 경우였다. 그러나 忠肅王 3년(1316) 3월 有職人과 僧人의 商販을 금지한 조처[72]에서 보듯이 이들이 직접 상업에 참여하는 행위는 종종 법적인 규제나 사회적 지탄의 대상이 되고 있었다. 따라서 고려후기 지배층의 상업활동은 주로 代理商人을 앞세워

---

67) 《朝鮮經國典》 上, 賦典, 經理, 215쪽.
68) 《朝鮮經國典》 上, 賦典, 版籍, 214쪽.
69) 《高麗史》 卷128, 列傳41, 叛逆2, 鄭仲夫 附 宋有仁, 下冊, 780쪽.
70) 《高麗史》 卷44, 世家44, 恭愍王 23年 9月 辛巳, 上冊, 867쪽.
71) 《高麗史節要》 卷32, 辛禑 9年 8月, 797~798쪽.
72) 《高麗史》 卷85, 志39, 刑法2, 禁令, 忠肅王 3年 3月, 中冊, 864쪽.

진행되었다. 忠惠王代의 南宮信·林檜·尹莊·林信이나, 忠肅王代의 孫琦·李仁吉·李奴介 등은 모두 상인으로서 국왕의 嬖幸이 되어 대외무역을 대행했던 인물들이었다.[73]

이처럼 국왕과 왕실·권세가들의 위탁을 받아 국내외 교역을 대행하던 상인들은 대개 大商人이었다. 이들이 특권세력의 委託商이 될 수 있던 조건도 바로 여기에 있었다. 또 그 과정에서 이들의 資本集積은 더욱 확대될 수 있었다. 특권세력을 대행하거나 혹은 자기자본을 이용한 상인들의 교역활동은 고려말에 이르러 특히 대외무역 분야에서 密貿易의 형태로 확대되면서 크게 문제되고 있었다. 恭讓王 3년(1391) 3월 中郎將 房士良에 따르면, 상인들이 牛馬·金銀 등을 외국에 내다 팖으로써 국내에는 나귀나 노새와 같이 駑鈍한 탈 것만이 남아 있다는 형편이었다. 이들 상인의 밀무역은 隊伍의 무리를 이루어 전개되는 조직적이고 대규모의 교역이었다.[74] 상인들의 밀무역은 거듭되는 根絶 논의에도 불구하고 더욱 확대되고 있었다. 그해 5월에는, 국가의 禁令에도 불구하고 우마·금은·저마포를 이용한 상인들의 '往來興販'이 '絡繹於道'하다는 실정이었다.[75] 상인들의 사치품 밀무역 금지방안의 하나로, 당시 商販用으로 개성부에 登載되어 있는 馬 500여 필을 明나라에 보내는 朝貢馬에 충당하자고 한 郎司 許應 등의 건의[76] 또한, 당시 우마를 이용한 상인들의 대외무역이 熾盛하던 사정을 잘 보여주고 있다.

고려후기 상인들은 商業活動과 資産의 보호를 위해 왕실이나 특권세력과의 연계를 적극 모색하였다. 특히 자기자본을 운용하며 상활동을 전개하던 상인들에게 특권세력과의 결탁은 더욱 절실하였다. 昌王 즉위년(1388) 8월 西北面에서는 商賈之徒들이 權門과 결탁하여 千戶職을 얻고 있어 문제가 되었다.[77] 이들이 邊境의 千戶職을 구하는 까닭이 사무

---

73) 위은숙, 앞의 〈원간섭기 對元貿易〉, 86쪽.
74) 《高麗史》 卷85, 志39, 刑法2, 禁令, 恭讓王 3年 3月, 中冊, 868쪽.
75) 《高麗史》 卷46, 世家46, 恭讓王 3年 5月 己酉, 上冊, 893쪽.
76) 《高麗史》 卷46, 世家46, 恭讓王 3年 5月 戊戌, 上冊, 893쪽.

역·밀무역에 그 목적이 있었음은 물론이다. 恭讓王 3년(1391) 3월에도 서북면의 萬戶·千戶가 중앙 奸雄들의 姻婭가 아니면 반드시 賂物을 주고서 職을 얻은 자들이어서 그 대책이 논의되는 형편이었다.[78]

권세가와 혼인 등을 통해 私的인 유대를 맺으려는 상인들의 노력은 14세기 고려사회에서 일반적인 현상이었다. 李齊賢에 따르면, 당시 士大夫 사이에는 富商의 女息을 小室로 삼는 것이 하나의 풍조였다.[79] 忠惠王의 총애를 받았던 銀川翁主는 원래 丹陽大君의 노비로서 상인 林信의 딸이었고, 본래 沙器販賣를 생업으로 삼았던 인물이었다.[80] 왕실을 비롯한 특권세력과 상인의 결탁은 前者에겐 사적인 경제기반을 확보하는 데, 그리고 後者에겐 상업활동에 필요한 사적 권력의 확보라는 측면에서 상호 보완적인 관계였다.

특권세력과의 결탁을 통해 상인들은 邊防의 武官만이 아니라 중앙의 관직에까지 진출하고 있었다.[81] 忠肅王代의 李奴介와 李仁吉은 본래 상인 출신으로 정3품 密直副使에까지 오른 인물이었다.[82] 국왕의 嬖幸이 된 이들은 관직을 토대로 국왕의 무역활동을 代行하는 한편, 자신의 資産도 增殖시켜 갔을 것이다. 禑王 9년(1383) 2월, 工商의 添設職 진출이 문제되고 있는 배경 또한 여기에 있었다.[83]

관직 진출, 특권세력과의 연계 등 公的 私的 권력의 비호 속에서 전개되던 상인들의 상활동과 상인세력의 성장은 고려후기 대단한 形勢로 진행되고 있었다. 忠烈王 15년(1289) 遼東地方의 饑饉에 따라 群臣들에게 米를 차등을 두어 거두었을 때, 大·中·小戶로 구분된 富商들은 각기

77)《高麗史節要》卷33, 辛禑 14年(辛昌 卽位年) 8月, 838쪽.
78)《高麗史節要》卷35, 恭讓王 3年 3月, 中郞將房士良上時務十一事, 884~885쪽.
79)《益齋亂藁》卷4, 小樂府, 269쪽(《高麗名賢集》2).
80)《高麗史》卷80, 列傳2, 后妃2, 銀川翁主, 下冊, 32쪽.
81) 고려말 상인의 官職進出과 身分變化에 대해서는 金東哲의 앞 논문(〈고려말의 流通構造와 상인〉) 참조.
82)《高麗史》卷35, 世家35, 忠肅王 15年 8月 甲寅, 上冊, 717쪽 ;《高麗史》卷124, 列傳37, 嬖幸2, 崔安道 附 李仁吉, 下冊, 703쪽.
83)《高麗史節要》卷32, 辛禑 9年 2月, 792~793쪽.

5~8품 관료의 부담에 상당하는 米를 내도록 규정되고 있다.[84] 이 시기 부상으로 분류된 상인들이 5~8품의 관료에 버금가는 財富를 축적하고 있던 현실에서 취해지던 조처였다. 고려 최말기에 이르면, 상인들의 재부는 그 정도가 公室과 다투고 僭濫함이 王侯에 버금간다고 하는 지경이었다.[85] 또 당시 중국산 사치품의 광범위한 국내유통에 따라 사치풍조의 만연이 문제되고 있을 때, 그 주된 논란대상은 지배층과 더불어 바로 이들 상인층이었다.[86]

고려말기, 정부의 商業抹弊策은 당시 특권세력의 지배와 독점 하에 전개되던 교환경제의 발전에 편승하면서 이와 같이 성장하고 있던 商人層과 그들의 商活動에 대한 통제와 장악에 우선 그 초점이 맞추어져 있었다. 禑王 7년(1381) 8월 開京의 物價가 폭등하고 상인들이 조그만 이익마저 '爭利'하는 사태에 대해 崔瑩이 취한 다음 조처는 이런 방침에 따라 마련되는 抹弊策이었다.

凡市物 令京市署 評定物價 識以稅印 始許買賣 無印識者 將鉤脊筋殺之 於是懸大鉤於署 以示之 市人震慄 事竟不行[87]

시장의 모든 상품을 京市署가 가격을 정하여 稅印을 찍은 다음 거래하게 하고, 이를 위반한 상인을 極刑에 처하자는 案이었다. 이는 국가가 유통되는 상품의 種類·量·質, 나아가 價格까지도 통제·관리함으로써 交易過程에서 나타나는 상인들의 불법행위를 바로잡으려는 시도였다.

고려시기 市廛에 대한 句檢은 京市署의 고유 管掌業務였다.[88] 度量衡器를 公平하게 하고 物價의 騰貴를 조절함으로써 시전 내의 商去來 秩序

---

84) 《高麗史》卷79, 志33, 食貨2, 科斂, 忠烈王 15年 2月, 中冊, 744쪽.
85) 《高麗史》卷79, 志33, 食貨2, 市估, 恭讓王 3年 3月, 中冊, 740쪽.
　"商則遊手成群 不蠶而衣帛 至賤而玉食 富傾公室 僭擬王侯."
86) 위와 같음 ; 《高麗史》卷85, 志39, 刑法2, 禁令, 恭讓王 3年 3月, 中冊, 867쪽.
87) 《高麗史》卷79, 志33, 食貨2, 市估, 辛禑 7年 8月, 中冊, 740쪽.
88) 《高麗史》卷77, 志31, 百官2, 京市署, 中冊, 682쪽.
　"京市署 掌句檢市廛."

를 바로잡는 것이 그 임무였다.[89] 그런데 고려말 경시서의 단속대상은
위와 같이 市人 곧 市廛商人들에 주로 맞춰지고 있었다. 국초 이래 계속
되어 온 시전 내에서의 상인들의 불법행위,[90] 예컨대 惡米·雜米의 제조
와 판매, 度量衡器의 조작, 貨幣僞造 등에 대한 단속 역시 이런 차원에서
지속·강화되었을 것임은 물론이다.

시전의 工商을 통제·장악하려는 고려 정부의 정책방침은 그 후 恭讓
王 2년(1390) 4월에 다시 확인된다. 京市의 工商을 빠짐없이 市籍에 登載
시키고 여기에서 隱漏된 者들을 主客을 막론하고 論罪하도록 하였던 것
이다.[91] 고려말 시전상업계 내에서 노정되고 있던 제반 문제들을 상인들
의 지나친 謀利競爭에 따른 불법행위 때문이라고 인식하고, 그 근절을
위해 상인에 대한 파악과 통제를 강화한다는 고려 정부의 정책방침에
따라 취해지는 조처였다.

商人統制를 강화함으로써 그들의 商行爲를 단속하려는 고려 정부의
노력은 對外貿易 부문에서도 더한층 경주되었다. 상인의 대외무역에 대
한 금단 논의는 이미 忠烈王代부터 제기되고 있었다.[92] 그러나 禑王 10
년(1384) 明의 요청에 따라 義州에서 互市가 열리는 데서 보듯이,[93] 고려
후기 상인들의 대외무역은 원천적으로 금지되지는 않았다. 이런 사정에
서 국경 부근 백성들 사이에는 互市從事가 하나의 풍조였고,[94] 상인들이
권세가와 결탁하여 西北面의 萬戶·千戶職을 구하려 하였던 이유도 이
같은 대외무역의 편의를 도모하기 위해서였다.

고려말, 金·銀 등을 지불수단으로 한 중국산 사치품 수입의 확대가

---

89)《高麗史》卷85, 志39, 刑法2, 禁令, 元宗 2年 5月, 中冊, 863쪽.
90)《高麗史》卷85, 志39, 刑法2, 禁令條 참조.
91)《高麗史》卷85, 志39, 刑法2, 禁令, 恭讓王 2年 4月 中冊, 867쪽,
   "籍京市工商 其寓居隱漏不付籍者 主客論罪."
92)《高麗史》卷84, 志38, 刑法1, 職制, 忠烈王 22年 5月, 中贊洪子藩條上便民事, 中
   冊, 843쪽.
93)《高麗史》卷135, 列傳48, 辛禑3, 辛禑 10年 10月 癸酉, 下冊, 919쪽.
94)《高麗史節要》卷32, 辛禑 9年 8月, 797쪽.

국가재정의 고갈과 사치풍조의 만연으로 이어지자, 고려 정부는 상인의 무역활동에 대한 통제로 이에 대처하고 있었다. 우왕 10년(1384)에는 互市나 使行에서 金銀·牛馬의 사용과 휴대가 금지되었는데,[95] 이 조처의 주 대상은 바로 상인이었다.[96] 恭讓王 3년(1391) 5월, 마침내 고려 정부는 상인들의 대중국 무역을 전면 금지하는 조처를 단행하였다.[97] 다음 기사는 공양왕 3년에 단행된 이 互市禁止 조처의 대상과 그 성격을 잘 보여주고 있다.

> 以軍資少尹安魯生爲西北面察訪別監 禁互市上國者 初商賈之徒 將牛馬金銀苧麻布 潛往遼瀋 買賣者甚衆 國家雖禁之 未有著令 邊吏又不嚴禁 往來興販 絡繹於道 魯生往斬其魁十餘人 餘皆杖配水軍 仍沒其貨 且杖其州郡官吏之不能禁遏者 於是 紀綱大行 邊境肅然 無復有犯禁者[98]

互市禁止는 금은·우마·저마포 등을 이용한 상인들의 대중국 무역을 차단하기 위한 방침이었고, 禁令에도 불구하고 그들의 密貿易 활동이 여전하자 특단의 조처를 강구하였던 것이다. 西北面 察訪別監에 임명된 安魯生은 밀무역에 종사하던 巨商 10여 명을 斬首하고 나머지를 모두 水軍으로 定配하는 한편, 이를 규찰하지 못한 혐의로 국경의 관리들을 杖刑에 처하기까지 하였다. 요컨대 당시 여러 사회문제를 불러일으키고 있던 대외무역의 주체는 商人으로 설정되고 있었고, 따라서 互市禁止의 대상 또한 이들 상인으로 국한되면서 엄격한 제재가 뒤따르고 있었던 것이다.

이처럼 고려말 商業界에서 드러나고 있던 여러 문제에 대한 정부의 대책은 주로 성장하는 상인층과 그들의 상활동을 통제·장악함으로써

---

95) 《高麗史》 卷135, 列傳48, 辛禑3, 辛禑 10年 10月 癸酉, 下冊, 919쪽 ; 《高麗史節要》 卷32, 辛禑 10年 閏10月, 803쪽.
96) 《高麗史》 卷85, 志39, 刑法2, 禁令, 恭讓王 3年 5月, 中冊, 868쪽.
97) 《高麗史節要》 卷35, 恭讓王 3年 5月, 890쪽.
   "禁商賈互市上國."
98) 《高麗史》 卷46, 世家46, 恭讓王 3年 5月 己酉, 上冊, 893쪽.

弊端을 시정하려는 방향에서 마련되고 있었다. 물론 상인세력말고도 有職人이나 僧人의 상활동을 금지하는 방침이 결정되고 또 반복되기도 하였지만,[99] 이들 관인·사원세력이 상업을 독점·지배하는 현실에서 그 실효를 기대하기는 어려웠다. 왕실을 비롯한 特權勢力의 市廛侵奪이나 反同으로 대표되는 抑買賣, 그리고 對外貿易 활동에 대해서는 論議만 분분할 뿐 정부 차원의 대책이 마련되지 못하는 실정이었다.

그러므로 고려말 상인층의 성장과 그 활동을 제한하려는 고려 정부의 방침은, 이를 집행하는 執權貴族의 처지에서는 自己矛盾·自家撞着의 정책이 아닐 수 없었다. 이 시기 상인층의 성장이 바로 특권세력의 상업독점 하에서 이를 대행하거나 이들과의 결탁을 전제로 하여 이루어지고 있었고, 商活動의 주요 고객 또한 지배층이었기 때문이다. 예컨대 紗羅綾段·絹子·珠玉 등 상인들이 중국에서 들여오던 사치품의 최대고객은 바로 특권층이었다. 密貿易의 현실적 전제는 우선 貴族群의 需要였던 것이다.[100] 따라서 귀족층의 사치품 소비를 근원적으로 제한하는 조처가 마련되고 또 특권세력 자신의 商活動이 규제되지 않는 한, 상인들의 密貿易은 고려 정부의 의지와 달리 단속될 수 없는 것이었다.

결국 고려말기 국내외 商業에 대해 정부가 취하고 있던 捄弊策은 상업에서 특권세력이 누리고 있던 獨占的 利益을 잠식하며 성장하던 상인, 특히 大商人에 대한 견제의 성격이 강하게 내포된 정책이었다. 즉 상업에 대해 고려 정부가 지녀오던 기왕의 인식과 정책방향을 유지하면서도, 현실의 商業界에서 제기되고 있던 제반 문제를 상인의 不法行爲에 의한 것으로 치부하여 구폐방안을 마련하는 차원이었다. 그리하여 終局에는 당대 최고의 상업세력이던 特權勢力의 商利確保를 保全하려는 목적에서 입안되는 방침이었다.

그런데 고려말에는 상업문제를 단순히 商業內의 捄弊 차원이 아니라

---

99)《高麗史》卷85, 志39, 刑法2, 禁令, 忠肅王 3年 3月, 中冊, 864쪽 ;《高麗史》卷85, 志39, 刑法2, 禁令, 恭愍王 10年, 中冊, 866쪽.
100) 白南雲, 앞의《朝鮮封建社會經濟史》(上), 788쪽.

이를 농업을 비롯한 諸産業과 연관시키고, 나아가 국가재정이나 농촌·
농민경제의 안정을 추구하는 經濟構造의 再編 차원에서 포괄적으로 접
근하는 경향 또한 대두하고 있었다. 정치·사회개혁을 전면에서 모색하
고 궁극적으로 신왕조의 開創을 전망하던 정치세력에게서 나타나던 견
해였다. 유교 특히 性理學의 이념을 수용하고 이에 투철하던 이들 士大
夫 세력은 우선 상업에 대한 인식을 종래의 고려 정부나 불교의 그것과
는 달리하고 있었다. 恭讓王 3년(1391) 中郎將 房士良의 다음과 같은 인
식은 그러한 견해를 잘 보여주고 있다.

> 四民之中 農最苦 工次之 商則遊手成羣 不蚕而衣帛 至賤而玉食 富傾公室
> 僭擬王侯 誠理世之罪人也[101]

四民 중에서 상인은 수고롭게 일하지 않고서도 사치하고 부유한 지극
히 賤한 존재로, 따라서 理世 곧 국가의 統治上에서 당연히 단속·통제되
어야 할 罪人으로 간주되고 있다. 상인의 所業을 邦本의 요체로 인식하
고 이를 助長·振興의 대상으로 여겨왔던 종래의 商業·商人觀[102]과 현저
한 대비를 보여주는 인식 자세였다. 성리학의 상업인식·상업론으로서
抑末論·抑商論의 제기였다.

더욱이 房士良에 따르면, 상인은 農·工과는 달리 力役이나 稅錢이 없
어 국가재정을 축내는 세력이었다.[103] 따라서 貴賤의 身分秩序를 바로잡
기 위하여 특히 상인들의 사치를 단속하고,[104] 또 이들이 취급하는 紗羅
綾段·絹子·綿布 등의 상품에 대해 收稅하고, 金·銀·牛馬의 對外流出을
刑으로써 다스리자는 건의[105]가 나오게 되었다. 상인과 그들의 상업활동

---

101) 《高麗史節要》 卷35, 恭讓王 3年 3月, 中郎將房士良上時務十一事, 884쪽.
102) 주 4, 8, 9 참조.
103) 《高麗史節要》 卷35, 恭讓王 3年 3月, 中郎將房士良上時務十一事, 884쪽.
    "本朝 農則履畝而稅 工則勞於公室 商則旣無力役 又無稅錢."
104) 위와 같음.
105) 《高麗史節要》 卷35, 恭讓王 3年 3月, 中郎將房士良上時務十一事, 884~885쪽.

을 이와 같은 자세에서 파악하게 될 때 이는 당연히 통제와 단속의 대상
이 아닐 수 없었다.

개혁파 사대부의 일원인 房士良[106]이 표명한 이러한 상업인식은 조선
건국의 주도세력이었던 鄭道傳·趙浚한테서도 마찬가지로 표출된다.[107]
鄭道傳에 따르면, 農桑은 衣食의 근본으로서 王政에서 최우선하여야 할
바였다.[108] 그런데 末作인 工商業이 盛하면 本業인 농업이 耗損되게 마련
이고, 이러한 사태는 지극히 우려되는 바가 아닐 수 없었다.[109] 국가재정
의 측면에서 보더라도 農桑이 賦稅의 본원인 데 비하여, 鹽鐵·山場·水梁
이나 工商으로부터의 수세는 보조의 재원에 불과하였다.[110] 따라서 工商
내지 逐末風潮에 대한 단속과 통제는 본업인 농업을 진흥하여 民의 安
業을 꾀하고 나아가 國家財政을 充實하게 하려는 처지에서는 당연히 전
력으로 추구되어야 할 정책방향이었다.

末業 특히 商業을 이와 같이 통제와 단속의 대상으로 파악하던 개혁
파 사대부들의 인식이, 곧바로 상업에 대한 전면적인 抑壓과 否定을 의
미하는 것은 아니었다. 이들은 工商 또한 士農과 더불어 四民의 직업의
하나로 인정하고 있었다. 房士良은 천하에는 비록 풍속에 따른 차이가

---

106) 공양왕 3년(1391) 주로 사회·경제 분야에 관한 時務改善案으로 時務 11事를
    올린 房士良은, 관련 자료의 부족 때문에 生沒年이나 출신, 학연, 정치적 성향
    등에 대한 자세한 내용을 파악할 수 없는 인물이다. 그런데 그는 조선 건국 후인
    太宗 3년(1403) 5월에 左政丞 河崙이 이끈 明 成祖의 登極 축하 사절에 押物의
    자격으로 동행하여 태종의 誥命과 印章을 받아옴으로써 田 15결을 하사받고 있
    다(《太宗實錄》卷5, 太宗 3年 5月 癸未, 1冊, 264~265쪽). 공양왕 3년에 그가
    올린 시무개선의 내용과 조선 건국 이후의 이러한 행적을 고려하면, 방사량을
    조선 건국을 지지했던 改革派 士大夫의 한 사람으로 보아 큰 무리는 없을 것이다.
107) 韓永愚, 《鄭道傳思想의 硏究》(서울大學校出版部, 1973) ; 柳昌圭, 〈高麗末 趙
    浚과 鄭道傳의 改革 방안〉, 《國史館論叢》 46(1993) ; 金三顯, 앞의 〈고려후기
    상업의 변화〉
108) 《朝鮮經國典》 上, 賦典, 農桑, 215쪽.
    "農桑 衣食之本 王政之所先 國家內而司農 外而勸農 使驗民之勤惰而勸懲之."
109) 《朝鮮經國典》 上, 賦典, 工商稅, 218쪽.
110) 《朝鮮經國典》 上, 賦典摠序, 212쪽.
    "曰農桑 賦之本也 … 曰鹽鐵山場水梁 曰工商船稅 賦之助也."

있기는 하지만, 士·農·工·商이 각기 그 業에 충실함으로써 생활의 바탕
으로 삼는다고 보았다.[111] 趙浚은 도성내 風俗敎化 문제를 논하면서, 개
성의 賤人과 工商 자제들이 각자 자기의 所業에 종사하고 街巷을 무리
지어 다니며 풍속을 浮薄하게 하지 않도록, 각 里의 社長으로 하여금
감독하게 하자고 건의하고 있다.[112] 개성 공상들의 所業從事는 풍속의
교화를 위한 전제였던 것이다.

결국 상업과 상인에 대한 단속과 통제는 그것이 본업인 농업과의 相
關에서 농업을 위축시키는 데에서 문제되는 것이었다. 다시 말해 민생
의 안정과 국가재정의 충실을 務本 곧 農業의 발전에서 추구하고, 이를
저해하는 末業 특히 商業의 발달과 민인의 逐末傾向을 통제하자는 것이
개혁파 사대부들의 견해였다. 農業 중심의 社會經濟構造 수립을 목표로
하여 강조되는 정책방향이었다. 恭讓王 3년(1391) 9월 世子의 朝見行에
부수될 상인의 무역활동을 우려하여 舍人 安魯生을 파견하여 이를 단속
하게 하자,[113] 諫官 許應 등은 이 조처를 두고

　　殿下慨念商賈之弊 遣使禁斷 實斯民務本捨末之秋也[114]

라고 하면서 환영하고 있다. 고려 최말기, 상업과 상인에 대한 단속과
통제는 이처럼 사대부들 사이에서 이제 '務本捨末' 곧 '務本抑末'의 견지
에서 구상되고 강조되고 있었다.

고려말기의 상업문제를 이와 같이 상업내의 抹弊 차원에 국한하지 않
고, 이를 經濟構造의 재편을 목표로 포괄적으로 접근해 가게 되면서 자
연히 經濟運營에서 國家·國王의 처지나 역할이 새롭게 조명되고 있었
다. 이와 관련하여서는 恭愍王 5년(1356) 9월에 벌어졌던 화폐정책에 관

---

111) 《高麗史節要》 卷35, 恭讓王 3年 3月, 中郎將房士良上時務十一事, 884쪽.
　　 "天下之間 雖方殊而俗異 其士農工商 各以其業 資其生."
112) 《高麗史節要》 卷33, 辛禑 14年(辛昌 卽位年) 8月, 836쪽.
　　 "其賤人及工商子弟 各事所業 毋使羣戱街巷 以長浮薄之風 違者罪社長及父兄."
113) 《高麗史》 卷46, 世家46, 恭讓王 3年 9月 丙戌, 上冊, 899쪽.
114) 《高麗史》 卷46, 世家46, 恭讓王 3年 9月 甲辰, 上冊, 899~900쪽.

한 논의가 주목된다. 당시 새로 유통시킬 화폐를 논의하는 자리에서 諫官은 銀瓶의 경우 1斤이 布 100여 필에 이르는 高價性임과, 銅錢의 경우에는 國俗에서 예로부터 쓰이지 않은 점을 들어 그 復用을 반대하면서, 碎銀의 사용에 대해서도 다음과 같은 이유로 반대의견을 제시하였다.

　　或曰宜用碎銀　然散出民間而無標誌　則貨幣之權　不在於上　亦爲未便[115]

쇄은은 민간에서 散出되는 까닭에 標誌가 없고 貨幣의 (運用에 관한) 權限이 위[上] 곧 국가에 있지 아니하므로, 이를 국폐로 사용하는 것이 타당하지 않다는 견해였다. 간관은 대신 官에서 標誌를 새겨 주전한 銀錢을 화폐로 삼고, 이를 위해 국가가 전국의 銀産地와 민간의 銀器를 장악·통제할 것을 주장하였다. 아울러 은전과 함께 5升布를 竝用시키되, 丁酉年(공민왕 6, 1357) 이후 민간의 모든 5승포를 '納官標印'한 다음 매매에 사용하게 하자고 하였다. 또 5승포 標印의 업무를 京外에서 각각 京市署와 知官 이상의 관인이 관장하고 御史臺와 存撫·按廉使로 하여금 이를 규찰하게 하되, 만일 官의 標印이 없는 5승포를 거래에 사용하는 자나 그 감독업무를 소홀히 하는 관인을 모두 처벌하자고 하고 있다.[116]

요컨대 화폐의 발행과 그 유통을 국가에서 장악함으로써 '貨權在上'의 이념을 실현하자는 주장이었다. 공민왕대의 화폐 논의에서 제기된 국가의 貨權掌握 건의는 이후에도 계속되었다. 공양왕 3년(1391) 房士良 또한 일련의 時務를 논하면서 이를 거론하고 있다. 방사량은 四民 사이에 '以有易無'의 유통수단으로 기능하는 화폐의 有用性을 인정하면서, 그 耐久性을 고려하여 '立官鑄錢'할 것과 아울러 楮幣를 兼行함으로써 麤布를 금단시키자고 주장하였다.[117] 錢이나 楮幣 어느 형태이든 그것은 국가가 관장하는 화폐였고, 그기 麤布의 유통을 금지하려 한 이유 역시

---

115) 《高麗史》 卷79, 志33, 食貨2, 貨幣, 恭愍王 5年 9月, 中冊, 737~738쪽.
116) 위와 같음.
117) 《高麗史節要》 卷35, 恭讓王 3年 3月, 中郞將房士良上時務十一事, 884쪽.

그것이 民間에서 제조·유통됨으로써 국가의 화권장악에 저해되기 때문이었다.

그런데 이 시기 국가·국왕의 화권장악은 단순히 화폐의 발행과 그 유통 통제만을 의미하는 것이 아니었다. 화권의 장악은 화폐를 매개로 하여 이루어지는 國內外 交易과 그 주체로서 商人 및 權勢家의 商業資本에 대한 파악과 통제를 의도하면서 강조되는 議論이었다. 또 화폐발행을 통한 國家財政의 보충, 物價均平을 포함한 상거래 질서의 안정 등도 역시 국가의 화권장악에서 부수적으로 기대되는 바였다.[118] 따라서 '貨權在上'은 화폐의 발행과 유통에 대한 管掌을 넘어서 상업을 포함한 經濟領域 전반에 확장될 수 있는 이념이었고, 결국은 국가·국왕이 經濟運營權을 회수하여 장악함으로써 경제 전반을 직접 管掌·統轄하겠다는 의지의 표현에 다름 아니었다.[119] 공민왕대 이후의 분분한 논의에도 불구하고 고려말기에 銀瓶·銀錢·銅錢·楮貨 또는 5升布 중의 어느 것도 國定貨幣로 채택·보급되지 못하였던 것은,[120] 이 시기의 화폐문제가 단순히 貨幣政策에 국한되지 않고 經濟運營 전반을 포괄하는 權限과 연관되어 있던 저간의 사정에서 비롯된 것이었다.

民生의 안정과 국가재정의 충실을 농업의 발전에서 도모하고 이를 위해 상업과 상인의 활동을 국가에서 단속·통제하여야 한다는 개혁파 사대부들의 抑末論 抑末策은, 고려 최말기에 이르러 그들의 정치적 성장과 함께 논의의 단계를 지나 구체 정책으로 모색되기 시작하였다. 恭

---

118) 고려말기의 貨幣論에 대해서는 다음 논문이 자세하다.
　　須川英德, 〈高麗末から朝鮮初における貨幣論の展開 — 專制國家の財政運用と楮貨〉(武田幸男 編, 《朝鮮社會の史的展開と東アジア》, 山川出版社, 1997).
119) 고려말 개혁파 사대부들의 이와 같은 貨權認識은, 조선 건국 이후 '利權在上'論으로 정리되면서 집권국가의 경제정책을 뒷받침하는 주요 이념으로 승화된다. 이에 대해서는 朴平植, 〈朝鮮初期의 商業認識과 抑末策〉, 《東方學志》 104(1999 ; 本書 제1장 2절) 참조.
120) 李能植, 〈麗末鮮初의 貨幣制度〉, 《震檀學報》 16(1949) ; 田村專之助, 〈高麗末期における楮貨制採用問題〉, 《歷史學硏究》 第7卷 3號(1937) ; 須川英德, 〈高麗から朝鮮初における諸貨幣 — 銀·錢·楮貨〉, 《歷史評論》 516(1993).

讓王代에 들어 한층 강화된 상업과 상인에 대한 통제, 예컨대 市廛工商의 파악 방침이나,[121] 상인들의 대외 밀무역에 대한 禁斷 조처,[122] 상인·상품에 대한 課稅 건의[123] 등은 이들 개혁파 사대부의 政權 장악과 궤를 같이하면서 추진되고 있던 억말책이었다.

한편 '務本抑末'을 위한 방책은 상인에 대한 단속만이 아니라 特權勢力의 상업활동에도 동일하게 적용되는 것이었다. 상업을 통해 사대부인 자신들을 능가할 정도의 資産을 축적해 가던 大商人만이 아니라, 이들과 연계하여 벌이던 特權勢力·大地主들의 商業獨占과 支配 또한 당시 농촌사회의 분해와 농민의 몰락을 가져오는 主要因으로 인식하였던 까닭이다. 鄭道傳과 趙浚이 농민몰락의 근본 배경으로 收租權에 근거한 田主層의 佃客侵奪을 문제 삼으면서, '反同'의 형태로 抑買賣를 강요하고 있던 권세가와 전주층의 상업활동을 강력히 비판하였던 것도 이 때문이었다.[124] 당시 慣行으로 계속되고 있던 권세가들의 使行에 편승한 대외무역에 대한 反對 방침 또한 확고하였다. 恭讓王 3년(1391) 12월에는 漢陽府尹 柳爰廷이 사행 때 벌인 매매활동 때문에 憲府의 탄핵을 받아 削職 流配되고 있다.[125] 이제 상인들의 互市·密貿易만이 아니라 상인을 동반한 권세가들의 使行貿易까지도 완전히 금지되는 형국이었다.

고려말 왕실을 비롯한 특권세력이 대상인과의 연계 하에 국내외 교역을 독점·지배하던 현실에서, 개혁파 사대부들이 주창하던 이와 같은 억말론 억말책은 결국 이들 고려사회 특권세력의 經濟基盤에 심대한 타격을 초래할 수밖에 없었다.[126] 私田革罷와 科田法의 제정을 통해 추구하던

---

121)《高麗史》卷85, 志39, 刑法2, 禁令, 恭讓王 2年 4月, 中冊, 867쪽.
122)《高麗史》卷46, 世家46, 恭讓王 3年 5月 己酉, 上冊, 893쪽 ;《高麗史》卷85, 志39, 刑法2, 禁令, 恭讓王 3年 5月, 中冊, 868쪽 ;《高麗史節要》卷35, 恭讓王 3年 5月, 800쪽.
123)《高麗史節要》卷35, 恭讓王 3年 3月, 中郞將房士良上時務十一事, 884쪽.
124)《高麗史》卷78, 志32, 食貨1, 田制, 辛禑 14年(辛昌 卽位年) 7月, 中冊, 716쪽 ;《朝鮮經國典》上, 賦典, 經理, 215쪽.
125)《高麗史節要》卷35, 恭讓王 3年 12月, 907쪽.
126) 이러한 점에 대해서는 須川英德이 앞의 논문(〈高麗後期における商業政策の

舊執權勢力의 경제기반을 瓦解·解體하려는 시도는 상업의 영역에서도 억말론의 기치 아래 동일하게 추진되고 있었던 것이다. 威化島回軍 직후인 昌王 즉위년(1388) 12월 趙仁沃이 사원·승도의 殖貨 추구를 규탄하고,[127] 이듬해 10월 諫官에서 일찍이 李穡을 따라 入朝했던 藝文館提學 李崇仁이 중국에서 벌인 무역활동을 문제 삼았던 사례[128] 등은 모두 고려 최말 조선 건국을 둘러싼 贊·反 勢力 사이의 갈등이 상업의 영역에서 노정되는 모습이었다.

결국 농촌·농민에 기반하는 在地地主로서 장차 조선 건국을 전망하던 이들 사대부들에게, 抑末策은 그들의 사회경제기반인 농촌과 소농민의 유지·보존을 위해서도, 그리고 고려 舊執權勢力의 경제기반에 일대 타격을 가하기 위해서도 시급한 대책이 아닐 수 없었다. 고려말 개혁파 사대부가 주도하던 抑末論議의 배경에는 이러한 政治經濟上의 대립과 갈등이 내재하는 것이었고, 그러므로 억말책은 단순히 상업내의 문제에 대한 구폐방안만은 아니었다. 곧 그들이 모색하는 새로운 정치사회체계와도 연관되어 있는 경제정책의 이념이었고, 이후 조선 건국과 더불어 新國家의 經濟理念·經濟政策으로 자리하게 되는 방안으로서 억말책이었다.

---

展開〉;〈高麗末から朝鮮初における貨幣論の展開〉)을 통해 對外貿易과 貨幣論의 측면에서 이미 지적한 바 있다.

127)《高麗史節要》卷33, 辛禑 14年(辛昌 卽位年) 12月, 842쪽.

128)《高麗史節要》卷34, 恭讓王 元年(辛昌 元年) 10月, 851~854쪽 ;《高麗史》卷115, 列傳28, 李崇仁, 下冊, 542~547쪽.

# 2. 朝鮮政府의 商業認識과 抑末策

### 1) '務本抑末'政策의 理念과 實際

　建國 이후 朝鮮政府가 표방하였던 '務本抑末'의 경제정책과 그 이념은 상업에 대한 국가의 政策基調가 농업의 그것과는 달랐음을 잘 보여준다. 農業은 本業이고 工·商業은 末業이라는 인식[129]에 기초한 정책이었다. 이처럼 農業 또는 農桑이 본업인 까닭은 그것이 衣食之源으로서 民命에 所關되는 산업이기 때문이었다.[130] 국가의 근본인 民人은 '以食爲天'하는 존재였고,[131] 王者는 이 점을 잘 알고 있어야 民事의 성취가 가능하였다.[132] 따라서 농업은 王政에서 무엇보다 우선하여야 할 일이었다.[133] 農桑을 '國之大政'[134]이나 '天下之大本'[135]으로 인식하고, 古今을 막론하고 이를 衣食의 資源으로서 중요하게 여긴 것[136]은 바로 이 때문이었다. 農桑은 治道, 곧 王政·仁政이 실천되고 구현되는 場이었던 것이다.[137]

　조선 정부의 이와 같은 産業과 生産에 대한 인식은 당시 國定敎學으로 자리하고 있던 儒敎 性理學의 주요 經典에 의해 지지받았지만, 그 중에서도 특히 《大學》에서 표명된 다음과 같은 生財觀·財用觀이 그 근

---

129)《中宗實錄》卷25, 中宗 11年 5月 壬辰, 15冊, 170쪽.
　　"農本也 工商末也."
130)《太祖實錄》卷15, 太祖 7年 9月 甲申, 1冊, 137쪽.
　　"農桑衣食之源 民命所關."
131)《世宗實錄》卷105, 世宗 26年 閏7月 壬寅, 4冊, 579쪽.
132)《中宗實錄》卷27, 中宗 12年 正月 戊子, 15冊, 251쪽.
133)《朝鮮經國典》上 賦典 農桑, 215쪽 ;《世宗實錄》卷105, 世宗 26年 閏7月 壬寅, 4冊, 579쪽.
134)《成宗實錄》卷100, 成宗 10年 3月 乙丑, 9冊, 687쪽.
135)《燕山君日記》卷52, 燕山君 10年 3月 戊子, 13冊, 600쪽.
136)《世祖實錄》卷24, 世祖 7年 6月 戊子, 7冊, 469쪽.
137) 李景植, 앞의〈朝鮮前期의 力農論〉, 52~53쪽.

거로써 자주 援用되었다.

　　生財有大道 生之者衆 食之者寡 爲之者疾 用之者舒 則財恒足矣 [呂氏曰
　　國無遊民 則生者衆矣 朝無幸位 則食者寡矣 不奪農時 則爲之疾矣 量入爲出
　　則用之舒矣][138]

　곧 생산하는 이가 많고 먹기만 하는 이가 적어야 하며, 만드는 이가
빨리 하고 쓰는 이가 천천히 하여야 財貨가 항시 풍족할 수 있다는 인식
이었다. 한편 呂氏는 이러한 《大學》의 생재·재용관을 부연 설명하면서
그 구체 내용으로, 遊民의 금지와 農時의 보장을 통한 務農과, 冗官의
제거와 量入爲出의 財政運用을 통한 節用을 강조하고 있다. 요컨대 務農
과 節用에 각기 기초하는 生財와 財用의 원칙이었다.

　생산의 근원을 농업에서 찾아 이를 本業으로 간주하여 극력 장려하
고, 반면 재정운용에서 節用에 힘씀은 유교 경전에 근거하여 국가가 펼
치는 경제·재정운영의 기본방침이었다. 그리하여 조선전기 國王이나
官人·儒者들이 王道政治 실현의 전제로서 安民의 방도를 논의하고 이를
구체 정책으로 모색할 때, 이상 《大學》에서 표명된 생재관·재용관은 항
시 그 근거 또는 典範으로서 인용 강조되고 있었다.[139] 곧 '生財在於務本
裕財在於節用'[140]이라는 인식이었다. 따라서 民人들은 본업인 農桑에 힘
을 다하여 태만하지 말며, 검약을 숭상하여 사치하지 않고, 절약하여
낭비하지 않아야만 하였다.[141] 이 시기 力農論에서 勤儉과 節用이 인생의

---

138)《大學》第十章, 釋治國平天下. [ ] 안은 細註 내용.
139)《世宗實錄》卷87, 世宗 21年 11月 庚戌, 4冊, 250쪽；《世宗實錄》卷109, 世宗
　　27年 8月 戊辰, 4冊, 636쪽；《世宗實錄》卷117, 世宗 29年 9月 壬子, 5冊, 38쪽；《成
　　宗實錄》卷55, 成宗 6年 5月 辛酉, 9冊, 224쪽；《中宗實錄》卷56, 中宗 21年 4月 癸亥,
　　16冊, 506쪽；《明宗實錄》卷5, 明宗 2年 2月 己丑, 19冊, 482쪽；《明宗實錄》卷13,
　　明宗 7年 3月 庚子, 20冊, 78쪽；《梅月堂集》卷20, 說, 生財說(《韓國文集叢刊》,
　　13冊, 381~382쪽)；《高峯集》, 論思錄 卷下, 壬申 5月 1日(《韓國文集叢刊》, 40冊,
　　216쪽)；《栗谷全書》卷25, 聖學輯要, 安民章第八, 節用生財(《韓國文集叢刊》, 45
　　冊, 49쪽).
140)《成宗實錄》卷21, 成宗 3年 8月 丁亥, 8冊, 682쪽.

가치이며 사회의 지표로서, 그리고 德目의 절대로서 강조되던 까닭은
바로 여기에 있었다.[142] 또 한 집안이나 국가는 그 大小의 차이에도 불구
하고 大體는 일치하는 것이기에,[143] 이와 같은 생재·재용관은 국가정책
으로도 충실히 반영되지 않으면 안 되었다.

　이상의 生財觀·財用觀은 조선전기 國家政策上에선 각기 務本과 抑末
政策, 그리고 國用節減과 奢侈禁止 방침으로 실현되고 있었다. 그 중 특
히 '務本抑末'의 원칙은 경제정책 운용의 骨幹으로 자리하였다. 그러나
'務本抑末'로 표방된 경제정책·상업정책의 이념에도 불구하고, 조선 정
부가 상업이나 수공업 자체를 부정한 것은 아니었으며 그러할 수도 없
었다. 소경영 농민의 經營形態를 가능한 한 自給自足型으로 고정하는
力農觀이 수립되고 정책으로서 강조되었지만,[144] 이로써 여의치 않은 부
문의 交換過程은 民生에 必須였기 때문이다. 상업의 필요성은 국가를
비롯하여 관인·양반 사대부 등 非生産 收取階級의 처지에서 더욱 절실
하였다. 국가재정의 운용이나 지주자본의 回轉을 통한 增殖은 상업을
통하지 않고서는 불가한 일이었기 때문이다. 手工業 또한 상업을 전제
하지 않고서는 그 사회적 분업으로서의 기능을 다할 수 없었다.

　여기에서 당시 관인·유자들이 援用하는 職業觀이 이른바 '四民論'이
었다. 15세기 중·후반에 官人 經世家로서 활동했던 梁誠之(1415~1482)
의 다음과 같은 언급은 그러한 四民의 職業觀을 잘 보여주고 있다.

　士農工商 各有生生之道 若惰其所業 則是絶生生之利 盜賊而已矣[145]

　士·農·工·商에 각기 生生의 道가 있는 것으로 파악하는 것이며, 따라

---

141) 위와 같음.
　"爲民者 亦各自謀 盡力農桑 勿爲惰慢 崇尙儉約 勿爲奢靡 量財節用 勿爲橫耗."
142) 李景植, 앞의 〈朝鮮前期의 力農論〉, 55~57쪽.
143) 《成宗實錄》 卷21, 成宗 3年 8月 丁亥, 8冊, 682쪽.
　"家之與國 大小雖殊 其體則一."
144) 李景植, 앞의 〈朝鮮前期의 力農論〉.
145) 《訥齋集》 卷4, 便宜三十二事(《韓國文集叢刊》, 9冊, 341쪽).

서 그 惰業을 경계함으로써 生生之利를 杜絶시키기지 않아야만 하였다.
中宗 7년(1512) 평안도에 대한 貿穀船商의 出入禁止가 논의되고 있을 때
平安監司가 書狀을 통해

　　四民各有其業 貿遷有無 古今通行 不可偏禁[146]

이라 하여 반대하고 있음 또한 마찬가지였다. 四民之業의 하나로서 '貿
遷有無', 곧 商業은 古今에 通行하는 것으로 금지하는 것이 부당하다는
인식이다. 16세기 중반 '工者'의 疲弊에 대한 대책을 묻는 科擧의 策問에
대해, 梁應鼎(1519~1581)이 手工業을 '四民之一 … 不能無者'로 이해하
고 나아가 '工商一體 略無輕重'이라 하여 商業 商人의 不可缺함을 동시
에 강조하면서 그에 대한 대책을 陳述하였던 것[147]도 이러한 四民觀의
연장에서 나온 태도였다.

　末業인 상업·수공업을 生生의 業으로 보아 사·농과 마찬가지로 그 필
요성을 인정하고, 그 怠業을 경계함은 高麗에서도 마찬가지였다.[148] 鮮初
에 들어서도 이러한 인식은 그대로 이어졌다. 그리하여 '懋遷有無', '有無
相換', '以有易無'로서의 상업은 '古今常事', '古之道'로서 '自古而然'한 것
이기에 '不可禁'한 것으로 생각되었다.[149] 이는 '民間切用之物 須待懋
遷'[150]한 민생의 상황에서 상업이나 이를 담당하는 상인이 '有無相資'[151]

---

146)《中宗實錄》卷16, 中宗 7年 7月 庚寅, 14冊, 600쪽.
147)《松川遺集》卷3, 策, 百工(《韓國文集叢刊》, 37冊, 540~542쪽).
148)　朴平植,〈高麗末期의 商業問題와 抹弊論議〉,《歷史敎育》68(1998 ; 本書 제1
　　장 1절).
149)《世宗實錄》卷122, 世宗 30年 11月 壬寅, 5冊, 104쪽 ;《端宗實錄》卷12, 端宗
　　2年 8月 乙丑, 6冊, 704쪽 ;《成宗實錄》卷173, 成宗 15年 12月 庚申, 10冊, 650
　　쪽 ;《成宗實錄》卷181, 成宗 16年 7月 甲子, 11冊, 42쪽.
　　　이러한 관념은 對外貿易에 대해서도 마찬가지여서, 이를 '帝王之事'로서 '天下
　　通義'로 인식하여 '自古有之'한 것으로 보고 있었다(《世宗實錄》卷69, 世宗 17年
　　9月 丁丑, 3冊, 651쪽 ;《成宗實錄》卷166, 成宗 15年 5月 癸丑, 10冊, 594쪽 ;《成
　　宗實錄》卷257, 成宗 22年 9月 癸卯, 12冊, 98쪽 ;《成宗實錄》卷265, 成宗 23年
　　5月 甲申, 12冊, 181쪽).
150)《世宗實錄》卷117, 世宗 29年 9月 丙辰, 5冊, 39쪽.

의 기능을 수행하기 때문이었다. 民生에 꼭 필요하나 자급할 수 없는
물품에 대한 상인의 교환기능이나 국가의 財政運用 또는 지주자본의
回轉·增殖 과정에서 역할하던 그들의 所業을 인정함으로써, 商業을 四
民之業의 하나로 인식하는 입장이었다. 결국 상업은 국가·지주·민인 등
사회구성원 전체에 필요 불가결한 所業이었다. '商賈亦不可無者'[152]인 까
닭은 바로 여기에 있었다.

이처럼 四民論, 四民의 職業觀에 비추어서도 상업의 必要性 不可缺性
은 본업인 農桑과 함께 인정·허용되는 것이었다. 그런데 이런 인식에도
불구하고 商業과 商人이 국가경제에서 차지하는 위치와 의미가 본업인
農業과 士·農의 그것과 결코 同等한 것일 수는 없었다. 이는 유교 전통
의 職業·身分觀에 의해 지지되었다. 性理學의 이념에 따르면, 古來로 四
民 중에 士와 農은 官爵을 받아 朝廷에 入仕할 수 있지만, 工商은 여기에
관여할 수 없는 것이 원칙이었다. 그 所業이 賤業인 까닭이었다.

　　　古者 四民之中 士農爵於朝 而工商不與焉者 以業賤也[153]

士人은 農에서 出自하지만 工商은 이와 관계없다는 인식 또한 마찬가
지였다.[154] 따라서 '工商賤隷 不許混雜朝廷'의 방침은 성리학 이념에 보
다 투철한 臺諫들을 중심으로 줄곧 언급·강조되는 바였다.[155]

士·農·工·商의 職業을 身分과 연계시키고 그 貴賤之分을 '天建地設'
한 것으로 보아 결코 어지럽혀서는 안 되는 理法으로 인식[156]함은 국초
이래의 완강한 경향이었다. 所業으로서 士·農을 '本'으로 工·商을 '末'로

---

151) 《世宗實錄》 卷122, 世宗 30年 11月 壬寅, 5冊, 104쪽.
152) 《中宗實錄》 卷32, 中宗 13年 3月 丁巳, 15冊, 410쪽.
153) 《成宗實錄》 卷19, 成宗 3年 6月 己巳, 8冊, 662쪽.
154) 《定宗實錄》 卷3, 定宗 2年 正月 己丑, 1冊, 162쪽.
　　　"士出於農 而工商不與焉."
155) 위와 같음 ;《定宗實錄》 卷2, 定宗 元年 10月 癸丑, 1冊, 158쪽.
156) 《太宗實錄》 卷5, 太宗 3年 6月 乙亥, 1冊, 270쪽.
　　　"貴賤之分 猶天建地設 不可亂也 苟或亂之 則民志不定 而陵僭之風起矣."

규정하고, 이를 다시 身分秩序上에서는 士·農을 '貴'로 工·商을 '賤'으로
배치함이었다. 따라서 현실의 사회경제관계에선 地主·農民과 工·商은
각기 '上', '下'의 위치로 설정되었다. 이는 직업과 신분을 일관된 체계에
의거 配置·固定하려는 국초 조선 정부의 社會經濟 편성의 원칙이기도
하였다.

　田法에서 公私賤口·巫覡·倡妓·僧尼와 더불어 工商의 子孫으로서 冒
受官爵者에게 給田을 불허하고, 이를 萬世의 令典에 규정하였던 것은
이상의 職業·身分觀에서 나온 조처였다.[157] 定宗 2년(1400) 대간의 署經
權 回復 名分의 하나도 바로 工商賤隸의 官職冒進에 따른 朝廷의 혼잡을
방지한다는 데 있었다.[158] 물론 관념 제도상의 제한규정에도 불구하고
국초 工商出身이 국가에 대한 功을 바탕으로 관직에 진출하거나 田土를
분급받는 경우는 가끔 있었다.[159] 새 왕조 開創의 와중에서 이는 부득이
한 사정이기도 하였다. 太宗 3년(1403) 특별한 공을 세운 자에게 田土
대신 他物로 施賞함으로써 田制를 바르게 하고 貴賤을 정하자는 건의는
이런 배경에서 나온 것이었다.[160] 그러나 여전히 공상에 종사하는 자는
'工商賤隸'의 표현에서 보듯 賤隸와 함께 聯稱되는 존재였고, 이러한 貴
賤之分은 '天建地設'한 것이기에 이후에도 四民 가운데 工商은 의연 賤
業으로 관념되고 있었다.[161]

　국초 조선 정부가 상업정책으로 추진하는 抑末策은 이상과 같은 生産·
産業觀과 職業·身分觀에 근거하여 마련되고 있었다. 따라서 그것은 語
義 그대로 말업인 상업을 抑壓하고 抑制하는 정책일 수는 없었다. 고려
말 상업에서 제기되고 있던 제반 문제를 단순히 상업문제로서가 아니

---

157)《太祖實錄》卷4, 太祖 2年 12月 己丑, 1冊, 52쪽 ;《定宗實錄》卷1, 定宗 元年
　　6月 庚子, 1冊, 150쪽 ;《太宗實錄》卷5, 太宗 3年 6月 乙亥, 1冊, 270쪽.
158)《定宗實錄》卷3, 定宗 2年 正月 己丑, 1冊, 161~162쪽.
159) 주 157과 같음.
160)《太宗實錄》卷5, 太宗 3年 6月 乙亥, 1冊, 270쪽.
　　"工商賤隸之徒 如有樹立奇功者 賞以他物 不許土田 以正田制 以定貴賤."
161)《成宗實錄》卷19, 成宗 3年 6月 己巳, 8冊, 662쪽.

라, 경제사회구조 전체의 再編 차원에서 논의하고 대책을 마련해 가던 改革派 士大夫의 抑末論[162]과 연결되어 있는 인식이고 정책이었다. 곧 상업의 사회적 기능을 인정한 위에서, 한편으로는 이를 掌握하여 국가의 간여와 조정을 강화하고, 다른 한편에서는 농업의 축소와 농업인구의 감소를 초래하는 일반 民人의 逐末傾向을 억제 통제하려는 정책방향이었다.

이상의 政策構想에 따라 조선 정부는 상업을 실제의 專擔者를 指定·育成하여 이들에게 맡기고, 이들의 활동을 국가에서 통제한다는 방침을 세우고 이를 위한 여러 가지 구체적인 정책을 마련해 갔다. 그리하여 우선 국가의 재정운영과도 관련하여 都城에 市廛을 조성하고 市廛商人을 육성·보호함으로써 정부와 도성민의 상품수요에 부응하게 하였다.[163] 그리고 지방의 양반 사대부나 대지주들의 地主資本 回轉과 관련한 대규모 교역을 위해 船商의 행상활동을 인정하였고, 또 소농민·빈농의 非自給 物品需要를 위해서도 소규모 행상으로서 陸商의 교역활동을 허가하였다.[164] 《經國大典》雜稅條에 商稅規定이 마련되어 있는 諸類型의 상인은 바로 국초 이러한 상업정책에 따라 국가가 허용하고, 또 장악 통제하는 상인들이었다.

아울러 조선 정부는 고려말의 商業問題 釐整과도 연관하여 이들 상인의 상업활동을 국가 차원에서 철저하게 관리 통제하는 데 주력하였다. 국초 楮貨·銅錢의 강제적인 보급 시도[165]는 이들 화폐가 바로 상인의 교역활동을 단속하고, 나아가 경제운영의 主導權을 장악할 수 있는

---

162) 朴平植, 앞의 〈高麗末期의 商業問題와 抹弊論議〉(本書 제1장 1절).

163) 朴平植, 앞의 〈朝鮮初期 市廛의 成立과 '禁亂'問題〉(本書 제2장 1절).

164) 朴平植, 〈朝鮮前期의 行商과 地方交易〉, 《東方學志》 77·78·79合輯(1993 ; 本書 제3상 1절).

165) 李能植, 앞의 〈麗末鮮初의 貨幣制度〉; 李鍾英, 〈朝鮮初 貨幣制의 變遷〉, 《人文科學》 7(延世大, 1962) ; 權仁赫, 〈朝鮮初期 貨幣流通 研究 — 特히 太宗代 楮貨를 中心으로〉, 《歷史教育》 32(1982) ; 田壽炳, 〈朝鮮 太宗代의 貨幣政策 — 流通構造를 中心으로〉, 《韓國史研究》 40(1983).

효과적인 수단이기 때문이었다. 市中物價에 대한 국가의 간여와 均平 조처 또한 이런 원칙에 따라 취해지는 것이었다. 그리하여 京市署를 통해 물가단속을 수시로 실시하고, 세종 27년(1445)에 이르러선 시장에서 거래되는 모든 물품을 富商大賈와 협의하여 定價하는 방안, 곧 市准法을 채택하기까지 하였다.[166] 상업에 대한 조선 정부의 관장·운영의 방침을 잘 보여주는 사례였다. 당시 手工業 분야에서 정부가 수립해 가던 官匠體制,[167] 鑛業 분야에서의 國營鑛業體制[168] 등과 동일한 政策構想에서 마련되는 시책들이었다. 요컨대 集權國家의 末業編成의 원칙에 따른 조처였다.

따라서 '務本抑末'로 표방된 조선전기의 경제이념 상업정책은 그 자체가 禁商을 목적으로 한 것이 아니라, 末業 곧 상업이나 상인의 활동은 허락하되 이를 국가의 經濟運營과 관련하여 放任하지 않겠다는 의지의 표현이었다. 그러므로 이러한 정책구상 하에서는 국가가 인정하고 파악하는 專業商人 이외의 一般民人, 특히 農民의 商業 종사는 당연히 금지와 억제의 대상이었다. 농민의 逐末傾向에 대한 규제방침으로서의 抑末策은 국초에 다양하면서도 확고하게 추진되었다. 고려말, 토지겸병·농장의 확대에 따라 토지·농촌으로부터 분리되고 몰락한 농민들의 逐末 경향은 심각한 사회문제의 하나였다.[169] 이에 따라 조선 정부는 科田法의 시행과 함께 국초 이래 勸農·力農을 강조하여 구체의 政策方案을 마련·시행하는 한편으로, 농민의 末業從事에 대해 국가 차원의 통제와 제약을 가하였다. 즉 '務本'을 명분으로 한 '抑末' 조처의 시행이었다. 민인에 대한 抑末策은 당시 力農論을 통해 이념상 신분계급의 상하질서와 地主와 佃戶 및 大農과 小農의 상하관계와 그 토지소유·경영의 대소관

---

166) 《世宗實錄》 卷110, 世宗 27年 12月 壬子, 4冊, 647쪽.

167) 姜萬吉, 〈朝鮮前期 工匠考〉, 《史學研究》 12(1961 ; 《朝鮮時代商工業史研究》, 한길사, 1984에 收錄) ; 홍희유, 《조선중세수공업사연구》(과학백과사전종합출판사, 1979).

168) 柳承宙, 《朝鮮時代鑛業史研究》(고려대학교출판부, 1993).

169) 朴平植, 앞의 〈高麗末期의 商業問題와 抹弊論議〉(本書 제1장 1절).

계가 일치하고 있는 현실을 전제하고, 이 위에서 소경영 농민의 경영
주체성에 입각하여 농업근로를 강조하던 정부의 입장[170)]에선 매우 절실
한 과제였다. 小經營 農民의 逐末과 末業增大가 결과적으로 이들의 土地
緊縛을 토대로 하여 이루어지는 地主·大農들의 土地·農業經營을 근저
에서 위협할 것이기 때문이다. 따라서 선초 민인 일반, 특히 농민을 대
상으로 한 力農·抑末의 모색과 강조는 지주·대농을 根幹으로 하여 편
성되어 있는 조선 국가의 社會經濟體制를 유지하기 위한 急先의 任務
였다.[171)]

  지주·대농경영의 안정을 통한 體制維持를 목적으로 하여 민인의 축
말에 대해 취해지던 정부의 억말책은, 도성에서는 市廛機構를 통해 그
리고 지방에서는 場市와 行商活動에 대한 규제를 통해 이루어졌다. 국
초 조선 정부의 市廛整備 방침은 한편으로 이를 통해 도성과 전국의
逐末傾向을 방지하려는 데에도 그 목적이 있었다. 市廛은 시전상인에게
商稅·責辦·雜役 등의 市役을 부담시키는 대신 이들의 도성내 商業獨占
을 허용함으로써,[172)] 도성 안팎에 거주하는 일반 民人의 逐末風潮를 견
제하려는 목적에서 정비된 교역기구였던 것이다. 政府主導下에 市廛을
정비하고, 이들 大商人을 통해 상업을 장악·관리함으로써 그 외 민인의

---

170) 李景植, 앞의 〈朝鮮前期의 力農論〉, 60쪽.
171) 中國史에서 農業과 商工業을 本末의 관계로 파악하면서 '重農抑商'의 사상 경
    향을 현저하게 보이는 것은 戰國時代 이후이다. 그 논리적인 근거는 다음과 같
    다(李成珪, 《中國古代帝國成立史硏究》, 一潮閣, 1984, 131~135쪽).
      첫째, 農業은 사회의 富를 본원적으로 창조하는 데 비해 末業은 무용한 사치품
    만 생산하고, 또 末業者는 본업이 창조한 부를 축내기만 하는 '游食者'에 불과하
    므로 末業者가 많으면 그 사회는 빈곤을 면치 못한다. 둘째, 本業者는 性品이
    순박하여 국가의 통제에 쉽게 순종하지만, 말업자는 그렇지 않다. 셋째, 본업자
    는 地著性 때문에 통치하기 쉽지만, 말업자(특히 상인)는 移動性 때문에 효과적
    으로 상악 농지하기가 어렵다. 넷째, 말업자는 농민이 애써 생산한 부를 실질적
    으로 흡수함으로써 농민의 경제적 안정을 파괴한다.
      조선전기의 抑末政策 역시 당대 자료에서 명확히 언급하고 있지는 않지만, 이
    상의 인식이 그 基底에 자리하고 있음 또한 사실이겠다.
172) 朴平植, 앞의 〈朝鮮初期 市廛의 成立과 '禁亂'問題〉(本書 제2장 1절).

商業從事를 억제하려는 방침이었다.

농민의 逐末을 억제하기 위한 정부의 억말책은 지방에서는 行商과 場市에 대한 통제와 규제에 잘 나타나 있다. 이 시기 행상활동에는 輕量의 농촌사회 필요품을 徒步나 牛馬를 이용하여 거래하는 陸商과, 重量의 물품을 배를 이용하여 대규모로 교역하는 船商이 각기 활동하였다.[173] 이들 행상에 대해 정부는 국초 이래 行狀(路引)制度를 통해 그들의 상활동을 규제하였다. 즉 도성은 漢城府에, 지방은 所居의 州縣에 각각 '置籍載名'하여 收稅한 후 행장을 발급하였던 것이다.[174]

行狀을 통한 행상통제는 물론 專業商人이 아닌 民人의 逐末을 제도적으로 막기 위한 방침이었다.

> 無行狀行商者 許人陳告 所賚之貨 半納於官 半給於告者 以成盛朝務本抑末之治[175]

즉 行狀制度를 통해 행상으로 轉化하는 農業人口를 줄이고 이들을 다시 농업으로 歸還시키려는 목적이었다. 행장 발급은 船商의 경우에도 예외는 아니었고,[176] 그들이 받는 행장에는 유효기간과 船主의 容貌, 年歲, 그리고 乘船人員 등이 자세히 기록되었다.[177] 陸商의 행장에 年歲·容貌·名數·去處日限 등이 자세히 기재되는 것[178]과 같은 차원이었다. 따라서 행장을 소지하지 않은 일반 민인의 행상활동은 그들이 활동하는 해당 地方官의 통제를 받지 않을 수 없었고, 이때 행장의 有無는 그 단속의 근거가 되었다.[179] 가장 구체적이고도 강력한 抑末策이었다.

---

173) 朴平植, 앞의 〈朝鮮前期의 行商과 地方交易〉(本書 제3장 1절).
174) 위와 같음.
175) 《太宗實錄》 卷20, 太宗 10年 10月 壬戌, 1冊, 568쪽.
176) 《世宗實錄》 卷15, 世宗 4年 2月 戊申, 2冊, 475쪽.
177) 《大典後續錄》 戶典, 雜令.
   "水商行狀 計程定限 船主容貌 年歲 人數 開錄成給."
178) 《世宗實錄》 卷89, 世宗 22年 5月 庚戌, 4冊, 285쪽.
179) 《太祖實錄》 卷11, 太祖 6年 3月 庚午, 1冊, 103쪽 ;《太宗實錄》 卷14, 太宗 7年 10月 己丑, 1冊, 418쪽 ;《太宗實錄》 卷21, 太宗 11年 2月 壬辰, 1冊, 576쪽 ;《世宗

조선 정부의 抑末政策은 成宗初에 출현하여 이내 전국으로 확산된 場市에 대한 방침에서도 잘 드러난다. 農民的 交易機構로서 성립한 場市는 지방의 농민·수공업자 등 직접생산자들이 자기의 노동과 생산수단을 기초로 하여 생산한 물품을 高價로 판매하고 또 필요물품을 廉價로 구매하는 場이었다. 즉 小商品 生産의 출현과 그 진전에 수반하여 성립되고 있는 交換經濟 農村市場이었다.[180] 그러나 이러한 기능에도 불구하고 정부는 장시의 등장 초기에는 이를 民人의 逐末의 場으로 여기고, 나아가 이로 인해 盜賊이 熾盛한다는 名分으로 금지하는 방침을 고수하고 있었다. 농가경제에서 장시가 갖는 '有無相換', '以有易無'의 기능이나 凶荒時의 효용성을 인정하면서도, 이를 '捨本逐末', '盜賊興行'의 場으로 인식하여 국가정책상에서 禁壓하였던 것이다.[181] 장시에 대한 조선 정부의 이러한 방침의 배경은 中宗 9년(1514) 大司諫 崔淑生의 다음 上疏文에 잘 나타나 있다.

　　游手逐末者 反居優饒 則相與賣牛買馬 爭事行販 外而場門 奸盜所寄 內而市井 濫僞所聚 …… 本業之荒 實由於此 …… 排抑商賈 使不得盛 新立市門 亦宜盡革 驅民於農 以勸本業[182]

場市禁止는 그 궁극의 목적이 逐末의 民人들을 農業으로 복귀시켜 本業을 勸課함에 있었던 것이다. 곧 농업인구의 이탈을 막기 위한 '抑末'의 구체 방안의 하나였다.

조선 정부의 抑末政策은 商稅의 賦課를 통해서도 추구되었다. 건국 이후 마련된 工商稅 규정은 한편으로 민인의 逐末禁止에도 그 목적이 있었다. 鄭道傳의 공상세 필요성에 대한 다음 견해를 살펴보자.

---

實錄》卷15, 世宗 4年 2月 戊申, 2冊, 475쪽 ;《世宗實錄》卷46, 世宗 11年 10月 甲午, 3冊, 202쪽 ;《世宗實錄》卷89, 世宗 22年 5月 庚戌, 4冊, 285쪽 ;《端宗實錄》卷12, 端宗 2年 8月 乙丑, 6冊, 704쪽 ;《大典後續錄》戶典, 雜令.

180) 李景植, 앞의 〈16世紀 場市의 成立과 그 基盤〉.

181) 위와 같음.

182)《中宗實錄》卷21, 中宗 9年 10月 甲寅, 15冊, 38쪽.

工商之稅 所以抑末作 而歸之本實 國家前此 未有定制 民之遊惰者皆趨之
而南畝之民 日益減 末作勝而本實耗 不可不慮也[183]

工商에 대한 課稅는 민의 逐末에 따른 농업의 축소와 농업인구의 감
소를 막기 위한 차원에서 제정되었던 것이다. 고려말 이래 급격히 진행
된 豪强者의 토지겸병은 '富者田連阡陌 貧者無立錐之地'하는 지경에 이
르러 많은 농업인구가 遊手·末業·盜賊으로 전화하고 있었다.[184] 科田法
의 제정과 그 추진이 새로운 국가 수립과 관련하여 농업문제에 대한
근원적이고 제도적인 차원의 대책이었다면, 조선 건국 후 마련된 공상
세는 이와 같이 末業으로 흘러든 인구를 다시 農業으로 귀환시키기 위
한 보완조처인 셈이었다. 태종 10년(1410) 司諫院 左司諫大夫 柳伯淳 또
한, 유교 경전에서 治國의 根本은 農에 있고 따라서 逐末者가 많게 되면
상세를 부과함으로써 이를 억제한다고 하였음을 상기시키면서 상세 징
수를 건의하고 있다.[185]

상세 부과의 이와 같은 의도는 이후 法令을 통해서도 거듭 확인된
다.[186] 결국 선초 상인에 대한 상세 부과는 이를 통한 국가재정의 보충이
라는 목적[187] 외에도, 으레 강조되듯이 '務本抑末'을 위한 한 조처이기도
하였던 것이다.[188] 태종 16년(1416) 漢城府에서 行狀稅 減下를 반대하여
이를 관철시켰던 것도 바로 이에 따른 棄本逐末者 증가를 우려한 때문

---

183) 《朝鮮經國典》 上, 賦典, 工商稅, 218쪽.
184) 《朝鮮經國典》 上, 賦典, 經理, 214~215쪽.
　　"自田制之壞 豪强得以兼幷 而富者田連阡陌 貧者無立錐之地 借耕富人之田 終
　　歲勤苦而食反不足 … 至無以自存 去而爲遊手 轉而爲末業 甚而爲盜賊."
185) 《太宗實錄》 卷20, 太宗 10年 10月 壬戌, 1冊, 568쪽.
　　"傳曰 治本於農 又曰 逐末者多 則塵以抑之."
186) 《世宗實錄》 卷87, 世宗 21年 10月 乙酉, 4冊, 246쪽.
　　"商賈收稅之法 著在令甲 務本抑末之意 至矣."
187) 《朝鮮經國典》 上, 賦典摠序, 212쪽.
　　"農桑 賦之本也 … 工商船稅 賦之助也."
188) 《太宗實錄》 卷20, 太宗 10年 10月 壬戌, 1冊, 568쪽 ; 《世宗實錄》 卷87, 世宗
　　21年 10月 乙酉, 4冊, 246쪽.

이었다.[189] 즉, 민인이 본업인 농업을 게을리하고서 말업인 상업에서 이익을 취하는 풍조를 금지하기 위한 조처, 곧 '務本抑末'의 실현을 위한 억말책으로서 상세 부과였다.

국초 이래 조선 정부가 원칙으로서 강조하던 抑末策은 말업인구를 줄여 본업인 農業을 돈독히 하자는 데 그 實質이 있었다. 이 시기 力農論에서 농업과 상업·수공업의 분리 내지 연계를 거부하고 兩者의 미분화 일체화를 추구하던 것[190]도 그 연장선상에서 나오는 방침이었다. 또 당대 《四時纂要抄》의 農政觀이 小農經濟의 안정을 商品經濟와의 관련에서 찾지 않고, 集約·雜種의 농경을 통해 농지의 영세성을 극복하게 하는 重農抑末的인 農本思想에 기초해 있던 사정[191]도 마찬가지였다. 모두가 이를 통해 실제 농업생산의 담당자인 自營小農이나 佃戶農民의 몰락과 동요를 방지함으로써, 궁극적으로 이들에 토대하여 전개되는 地主·大農經營을 안정시키려는 경제정책이었다. 따라서 조선 초기의 抑末論 抑末策은 상업·상인의 존재를 허용하고 인정하되 이들을 국가의 경제운영과 관련하여 방임하지 않고 관장·통제하려는 商業政策임과 동시에, 한편으로 당시 지주 대농을 基幹으로 하여 구성된 조선의 정치사회체제를 유지·보전하기 위한 政治經濟思想이기도 하였다.

### 2) '利權在上'論과 政府의 交易掌握

조선 국가의 商業政策은 이상에서 살펴본 바와 같이 四民之業의 하나로서 商業과 商人을 인정하되 이를 국가에서 파악하여 관장·통제하고, 또 民人 일반의 逐末傾向을 억제하는 것이었다. 따라서 조선 정부는 전체 상업을 독점하여 관리하고, 이들 상업과 상인의 활동을 국가가 장악하여 통제할 수 있는 理念과 具體方案을 제시하여야만 하였다. '利權在上'論과 이에 근거한 政府의 交易掌握은 여기에서 강조되고, 또 정책으

---

189) 《太宗實錄》 卷32, 太宗 16年 8月 辛巳, 2冊, 132쪽.
190) 李景植, 앞의 〈朝鮮前期의 力農論〉, 29~30, 39쪽.
191) 金容燮, 《朝鮮後期農學史硏究》(一潮閣, 1988), 101~102쪽.

로 입안 실시되는 바였다.

'務本抑末'과 짝하여 상업을 둘러싼 국가정책이 논의될 때 늘상 표방
되던 '利權在上'論은 국가의 상업에 대한 統制 管理方針을 담고 있는
이념이었다.[192] 이 시기 직업·신분관에 따르면, 士·農과 工·商은 각기
'本末' 또는 '貴賤'의 관계로 설정되고, 나아가 사회관계상에서는 '上下'
로 위치하고 있었다. 이는 經濟構成이나 그 運營의 主體에 대해서도 마
찬가지로 적용되는 관념이었다. 즉 '上'으로서 士·農이 '下'인 工·商에
대해 上位에 위치하면서 이를 독점·지배함이었다. 현실에서 經濟上의
利權을 둘러싸고 전개되던 士大夫·地主의 工·商支配는 이로써 합리화
되는 것이며, 그런 의미에서 '利權在上'이었다. 그리고 이들 사대부·지
주·대농의 最上位에 國家와 君主가 위치하는 만큼, 그 利權에 대한 最
終 最高의 '上'은 자연히 국가·군주에 귀속되는 바였다. 곧 商品流通과
관련하여 생겨나는 利權을 최종적으로는 國家·君主가 장악하여 관리
함으로써, 상업을 비롯한 經濟運營에 국가와 군주가 적극 간여하여야
한다는 견해였다.[193]

經濟運用에 대한 이상의 관념이 바로 '利權在上'論이었고, 이는 당대
상업론 상업정책으로서의 抑末論 抑末策과 서로 부합하는 것이기도 하
였다. 그러므로 貴賤·上下의 논리에 따라 상업에서도 양반 지주층의 利
權이 우선 인정되고 있었다. 地主資本은 그 자체가 상업에서 확대재생

---

192) 국가의 상업에 대한 적극적인 관리방침은 중국 고대 《周禮》에서 이미 표명되
고 있는 경제사상이었다(李普國, 《周禮的經濟制度與經濟思想》, 湖南省 中州古
籍出版社, 1987, 66~80쪽).

193) 白承哲, 〈朝鮮後期 商業論과 商業政策 ― 17세기 國家再造方略과 관련하여〉
(延世大 博士學位論文, 1996), 91~97쪽. 白承哲은 이러한 '利權在上'論을 南人系
列 官人·儒者의 商業論으로 보아, '財富民散'論으로 정리되는 西人·老論系列의
그것과 비교 설명하고 있다. 그의 논문은 17세기 國家再造方略과 관련하여 새롭
게 제기되고 있던 상업론과 상업정책을 분석한 것이지만, 상업론으로서의 '利權
在上' 이념은 國初 이래 이미 조선 국가의 상업론으로서 기능하고 있었다. 한편
최근 16세기 中宗前半期 勳舊系列의 경제정책을 이러한 시각에서 분석한 논문
이 발표되어 참고된다(尹晶, 〈朝鮮 中宗前半期 '勳舊'系列의 經濟政策〉, 延世大
碩士學位論文, 1997).

산되지 않으면 의미가 없는 것이었다. 따라서 지주층은 각기 다양한 교역기구를 이용하여 스스로 상업활동을 벌여 剩餘物을 처분하거나, 혹은 노비나 상인을 통해 이를 代行시키고 있었다. 地主物力의 상업자본으로의 전환은 그 자체가 地主經營의 한 측면이기도 하였다.[194] 양반 사대부들에게 本業은 물론 仕·農 즉 官職進出과 地主經營이었지만, 가문의 門地와 사대부로서의 지체보전을 위해서도 지주경영의 산물을 회전·확대시키기 위한 商業參與는 불가피하였다. 곧 治産理財를 위한 末業의 運用이었다.[195]

조선 정부는 이들 양반 사대부 곧 지주·대농의 지주경영과 상업을 통한 자본의 재생산과정을 '이권재상'에 입각하여 정책상에서 지원하고 보호하였다. 국초 이래 兩界地方의 軍資穀 확보를 위해 실시해 오던 回換에서 상인들의 참여를 줄곧 금지한 반면, 양반 지주의 回換 참여를 일관되게 유도하고 장려하고 있음은 그 좋은 사례였다.[196] 穀物回換을 통한 商業利潤의 우선적인 보장 대상은 상인이 아니라 지주로서 양반 사대부였던 것이다. 이는 진휼 등 여타의 재정운영과 관련하여 실시하던 納穀政策에서도 마찬가지로 적용되는 원칙이었다.[197] 이처럼 회환이나 납곡은 그 자체가 여기에 응하는 지주층에겐 지주경영의 산물을 처분 확대시키는 流通經路의 하나였고, 국가는 이들 제도를 운용함에 있어 양반 지주의 상업이익을 일관되게 옹호 보장하고 있었다. '利權在上'

---

194) 李景植, 〈16世紀 地主層의 動向〉, 《歷史敎育》 19(1976).
195) 양반 사대부의 상업참여 행적은 현존하는 16세기의 文集이나 日記類에서 어렵지 않게 찾을 수 있다. 이러한 사정은 선초에도 마찬가지였을 것이다. 이 시기 兩班家의 상업활동에 대해서는 다음 논고가 참고된다.
    金容晩, 〈朝鮮時代 私奴婢의 存在形態 一研究 ― 身分上 地位와 使役形態를 中心으로〉, 《民族文化論叢》 11(嶺南大, 1990), 111〜114쪽 ; 李樹健, 〈嶺南學派 形成의 社會·經濟的 基盤〉, 《嶺南學派의 形成과 展開》(一潮閣, 1995), 91〜109쪽, 257〜269쪽 ; 김선태, 〈16세기 양반지주층의 경제활동〉, 《역사와 현실》 16(1995), 146〜148쪽.
196) 朴平植, 〈朝鮮前期 兩界地方의 '回換制'와 穀物流通〉, 《學林》 14(延世大, 1992).
197) 朴平植, 〈朝鮮前期의 穀物交易과 參與層〉, 《韓國史研究》 85(1994 ; 本書 제4장 1절).

의 관점에서 취하는 조처였다. 곧 상업을 국가가 독점하고 나아가 이를 兩班 地主 위주로 운영해 가려는 정책구상에 기반하여 실시하는 방침이 었다.

그러나 상업을 포함하여 경제운영 전반에 대한 運用과 管掌의 권한은 최종에는 국가·군주에 속하는 권리였다. 상업에 대한 국가의 적극적인 간여와 조정, 그리고 통제는 이로써 그 정당성을 보장받는 것이었다. 士大夫·民人을 포함한 국가 전체의 公共利益을 도모한다는 名分에서였 다. 이와 같은 이권재상의 이념은 국초 정부의 貨幣政策에서 먼저 강조 되고 또 정책으로서 실현되었다.[198] 태종~세종대에 정부는 楮貨·銅錢 등의 貨幣流通을 '富國', '利權在於上', '務本抑末'의 貨幣論에 의거 추진 하고 있었다. 그리하여 貨幣의 製造와 流通事業을 국가재정의 補塡·充 足을 위한 生財之門으로 인식하고, 또한 화폐를 민간의 상업활동에서 집적되는 剩餘를 수취하기 위한 利權·手段으로 이용하였다. 물론 이 과 정에서 民의 '鈔鈔' 즉 빈곤은 더욱 가중되었다.[199] 이때 화폐를 통한 국 가의 民間剩餘 掌握政策의 이념기반으로 기능하였던 것이 바로 '利權在 上'論이었다.

이 시기 官人들은 利權在上의 경제이념에 입각하여 '貨幣之權 在乎國 家'[200]를 내세우며 화폐의 제조와 유통에 대한 國家·君主의 적극적인 대 책을 촉구하였다. 이는 太宗 원년(1401)에 결정된 후 이듬해부터 추진된 楮貨流通政策이 상인과 민인의 반발로 실패하자, 태종 3년(1403) 다시 그 復舊를 주장하면서 올린 司憲府의 상소에 잘 나타나 있다. 당시 사헌 부는 中國 歷代 王朝의 貨幣制를 열거하며 이것이 모두 '利權之在上'을 取한 정책임을 강조하였다.[201] 이어 사헌부는 당시 國人들이 利權이 君主

---

198) 조선 정부의 화폐정책에서 나타나는 이러한 특징은 일찍이 李鍾英이 주목하 여 정리한 바 있다(李鍾英, 〈李朝人의 貨幣觀〉, 《史學會誌》 5, 延世大, 1964). 최 근 須川英德 또한 이종영의 견해를 수용하여 麗末鮮初의 貨幣論을 분석하고 있 다(須川英德, 앞의 〈高麗末から朝鮮初における貨幣論の展開〉).

199) 李鍾英, 앞의 〈李朝人의 貨幣觀〉.

200) 《太宗實錄》 卷21, 太宗 11年 6月 庚寅, 1冊, 583쪽.

에 속하는 권한임을 모르고 있다고 하면서 다음과 같이 건의하고 있다.

　　竊惟國家創業未久 而殿下以守文之主 摠政兵之權 而慮利權之不行也 比
　　與大臣 商確前古 取漢唐宋元以來楮幣之法 爲之設官置局 造境內通行之寶
　　以行民間[202]

　조선의 創業이 아직 오래지 않은 상황에서 '守文之主'로서 태종이 政
兵의 권한을 摠管하게 된 만큼, 이제 利權의 不行을 막기 위해 대신과
협의하여 다시 저화를 유통시키자는 주장이다. 요컨대 태종은 조선 건
국 직후의 君臣葛藤을 王權 중심으로 바로잡아 政權과 兵權을 장악한
다음, 이어 經濟運用에 대한 통제와 관리 목적에서 저화의 유통을 시도
하였던 것이다. 따라서 사헌부는 '貨幣의 利權이 不可廢'한 것임을 강조
하며 그 復舊를 통해 '裕國用而足民食'할 것을 강력하게 주청하였다.[203]
　결국 貨幣之權은 貨幣 그 자체만이 아니라 이를 매개로 운용되는 經
濟 전반에 대한 장악으로서의 利權인 셈이었다. 따라서 集權體制의 건
설을 목표로 삼던 조선 국가에서 이러한 이권이 國家나 君主에 속하지
않고 私人·民人의 수중에 있는 것은 결코 不可한 일이었다. 강력한 화폐
유통론자였던 河崙의 표현대로 '利權在民 不可'[204]였다.
　화폐를 통한 국가의 利權掌握은 이미 중국 역대의 화폐정책에서 강조
되는 바였다. 태종 10년(1410) 金汝知의 다음 언급을 보자.

　　夫楮幣之法 銅錢皮幣貨貝交子 代各不同 其要盖欲不令人操利柄也[205]

---

201)《太宗實錄》卷6, 太宗 3年 8月 乙亥, 1冊, 275쪽.
202) 위와 같음.
203) 위와 같음.
　　"伏惟殿下 念利權之不可廢 慕中國之可爲法 擧而行之 因而修之 則局不改置 官
　　不改設 而曲暢旁通 如泉之流 則使俗國用而足民食矣."
　　《太宗實錄》卷6, 太宗 3年 9月 庚辰, 1冊, 276쪽.
　　"伏惟殿下 念利權之不可廢 慕中國之可爲法 依舊擧行."
204)《太宗實錄》卷6, 太宗 3年 9月 乙酉, 1冊, 277쪽.
205)《太宗實錄》卷19, 太宗 10年 6月 甲子, 1冊, 556쪽.

楮貨·銅錢·皮幣·貨貝·交子 등 그 형태의 차이에도 불구하고, 중국에
서 화폐유통을 시도한 까닭은 바로 민인이 利柄 곧 經濟를 操縱하지 못
하게 하는 데 그 목적이 있었다. 태종대의 저화·동전 유통 시도 또한
동일한 이유와 목적에서 추진된 것이었다. 세종 20년(1438) 權採에 따르
면, 태종대의 화폐유통은 '懋遷有無'인 상거래의 편익을 도모하는 것 말
고도, 이를 통해 斂散의 권리를 장악함으로써 民의 貧富를 균등히 하는
데 그 목적이 있었다. 따라서 錢法이 폐지된 당시는 利權이 四散하여
국가가 이를 管攝할 방도가 없는 현실이었다.[206] 다시 말해 화폐를 통한
국가의 利權掌握 곧 經濟運用이 여의치 않는 상황이었던 것이다. 세종
31년(1449), 태종대의 화폐유통을 두고 '以通有無'와 '利權之在於上'에 그
목적이 있었다고 한 국왕의 언급[207]은 이런 면에서 선초 화폐정책의 本
質을 꿰뚫는 인식이었다.[208]

그러므로 국가가 利權을 장악함으로써 經濟運營 전반을 管掌·統轄하
여야 한다는 이념으로서 '利權在上'論은 화폐에 국한된 관념이 아니었
다. 그것은 山林川澤으로 일컫는 可用資源 전체, 그리고 全産業에 걸쳐
두루 적용되었다.

> 人主之利權 不可一日而廢也 聖人因山澤自然之利 以利斯民 其爲利也 如
> 泉之不渴 流行於天地之間[209]

하루라도 廢할 수 없는 君主의 利權掌握은 이를 통해 산림천택의 自
然資源을 개발하여 민인을 이롭게 하는 데 그 본뜻이 있었다. 이는 聖人

---

206) 《世宗實錄》卷80, 世宗 20年 2月 戊辰, 4冊, 131쪽.
  "懋遷有無 民生所資 然布帛 不可以尺寸分製 穀粟 不可以斗升糜費 故先王 制爲
  錢幣 以無用之物 通有用之物 以權斂散 以均貧富 立法之意 誠深遠矣 今廢錢法
  用五綜布 縱民自爲 利權四散 國家專無管攝 臣切以爲不可."
207) 《世宗實錄》卷113, 世宗 31年 正月 戊申, 5冊, 114쪽.
208) 선초 화폐정책이 지니는 이러한 '利權在上'의 성격은 이후 화폐유통이 시도될
  때마다 그 理念基盤으로 원용되고 있었다(《宣祖實錄》卷162, 宣祖 36年 5月 戊
  寅, 24冊, 482~483쪽 ;《宣祖實錄》卷163, 宣祖 36年 6月 己酉, 24冊, 496쪽).
209) 《太宗實錄》卷6, 太宗 3年 8月 乙亥, 1冊, 275쪽.

의 道였고, 그 惠澤은 샘처럼 마르지 않아 天地間에 流行할 수 있는 것이 었다. 그런데 이러한 산림천택의 이권을 高麗에서는 豪强이 占奪하여 公家 곧 國家가 이로부터 利益을 얻지 못하는 형편이었다. 조선 건국과 함께 태조가 이를 회수하여 '公家之用'으로 삼은 개혁조처는 따라서 지극히 당연하고 시급히 요청되는 바였다.[210]

壬亂 직후인 宣祖 36년(1603), 국가재정 확보를 위해 行錢을 논의하는 자리에서 左議政 尹承勳은 그러한 '이권재상'론의 핵심을 잘 언급하고 있다. 그에 따르면, 조선이 天下의 貧國일 수밖에 없는 이유는 大小의 利權이 公家에 있지 않고 私家에 있기 때문이며, 당시의 財政困乏은 바로 여기에서 연유하였다. 鹽·蔘으로 대표되는 末業의 利權을 국가가 장악·확보하지 못한 데에 재정문제 어려움의 根本이 있다는 것이다. 이는 중국 唐代 劉晏이 專賣制를 통해 鹽利를 장악하여 국가재정을 확보하였던 사실과 확연히 비교되는 것이었다.[211]

결국 利權은 화폐유통을 비롯하여 산림천택을 이용하는 諸産業과 그 산물의 교환과정 등 경제운영 전반에 미치는 權利였고, '이권재상'론은 이를 최종적으로 君主가 장악하여 國家 民人 전체의 안정을 도모하여야 한다는 名分에서 강조되는 이념이었다. 集權國家를 지향할 때 의당 제기되는 經濟理念이었고, 곧바로 조선시기 국가가 추구한 정책방향이기도 하였다. 經濟運用에 대한 權限으로서 이권을 국가나 군주가 장악해야 한다는 '利權在上'論은, 따라서 君權과 臣權의 대항관계로 집약되는

---

210) 《朝鮮經國典》 上, 賦典, 山場水梁, 217쪽.
  "前朝之時 山場水梁 皆爲豪强所占奪 公家不得其利焉 殿下卽位 革其弊法 收而 爲公家之用."
211) 《宣祖實錄》 卷162, 宣祖 36年 5月 戊寅, 24冊, 483쪽.
  "惟我東方 天下之貧國也 其所以貧者 大小利柄 在於私家 而不在於公家故也, 我 國雖□無貨 以鹽鐵之利 足以畠國 今个能然者 固有由矣 盖中朝 則官爲煮鹽 而禁 其私煮 許民買賣 視年運豐歉 低昻其價 唐劉晏之理財鹽利 居其半者 以此也 我國 規制 異於此 故不能取其利 非獨爲然 至於人蔘 不許私採 而只有官採 則以之進獻 而有裕 以之接待唐官而有裕 豈至於民受大弊 而不得辦出乎 此臣所謂利柄 不在 於公家 致有此患也."

政治運營의 측면에서는 前者의 계통에서 이를 강조하는 논리였다. 당시 일체의 權勢와 利權의 與奪權을 군주가 장악함으로써 신료집단을 제어하고 그들의 복종과 충성을 이끌어 내야 한다는 '御群臣'論을 제기한 卞季良(1369~1430)의 견해[212]는 그 대표적인 예라 할 것이다.

'이권재상'의 施策은 商業分野에서는 국가의 交易掌握으로 실현되었다. 곧 국가가 財政運營의 일환으로 상업을 運用하거나, 아니면 상업을 管理·統制함으로써 국가나 민인 전체와 연관하여 利權을 실현하는 형식이었다. 前者가 交換領域에 대한 利權掌握의 직접형태였다면 後者는 그 간접형태인 셈이었다.

中央政府·地方官이 직접 去來의 주체로 나서 상업을 운용하게 되는 계기는 국가의 財政確保나 補充, 또는 民生과 관련한 再分配政策에서 마련되었다. 특히 재정운영의 基幹이자 민생의 전제였던 穀物의 교역과정에서는 정부의 交易運用과 간여가 다양한 형식을 빌려 지속적으로 전개되었다. 官貿穀·官封·納穀受價·常平倉 등은 그 대표적인 運用實例였다.[213] 이를 통해 부족한 軍資穀이나 賑恤穀을 확보하고, 또 穀價를 조절함으로써 민생을 안정시키려는 목적에서 국가가 운용하는 상업이었다.[214] 재원확보를 목적으로 하는 정부의 交易參與는 鹽의 생산과 유통 분야에서도 이루어졌다. 곡물과 마찬가지로 民生의 必需食品이었던 鹽의 원활한 需給과 財政補充이 그 목적이었다. 이를 위해서 조선 정부는 국초 이래 官鹽의 확보와 운용, 그리고 유통정책을 鹽政의 일환으로 지

---

212) 金駿錫, 〈朝鮮後期의 黨爭과 王權論의 推移〉,《朝鮮後期 黨爭의 綜合的 檢討》(韓國精神文化硏究院, 1991), 399~400쪽.

213) 崔完基, 〈朝鮮中期의 貿穀船商 ─ 穀物의 買集活動을 中心으로〉,《韓國學報》30(1983) ; 崔完基, 〈朝鮮中期의 穀物去來와 그 類型 ─ 賣出活動을 중심으로〉,《韓國史硏究》76(1992) ; 李正守, 〈朝鮮前期 常平倉의 展開와 機能 ─ 物價變動과 관련하여〉,《釜山史學》27(1994) ; 朴平植, 앞의 〈朝鮮前期의 穀物交易과 參與層〉(本書 제4장 1절).

214) 李憲昶은 최근 이러한 정부의 交易參與나 干與行爲를 국가의 再分配機能으로 보아, 이로써 조선시기 商業政策의 성격을 규정한 바 있다(李憲昶, 〈朝鮮時代 國家의 再分配機能과 國內商業政策〉,《省谷論叢》27-2, 1996).

속적으로 추진하고 있었다.[215] 이 과정에서 국가와 더불어 社會關係에서 '上'에 위치하는 양반 지주의 이익이 우선 고려되고 보장되었음은 물론 이다.

정부의 交易掌握은 직접의 交易參與·商業運營만이 아니라, 상업에 대한 관리와 통제를 통해 利權을 실현하는 간접적인 방법으로도 기도되었 다. 조선 정부의 민간상업에 대한 통제와 간여는 交易機構나 商人의 활동 등 교환과 관련한 諸部面에 걸쳐 이루어졌다. 市廛과 도성상업, 그리고 行商이 주축이 되는 지방상업에 대한 조선 정부의 일관되고 지속적인 統制와 管理 방침[216]은 바로 '利權在上'의 원칙에 따라 국가가 상업에 干與하고 이를 管掌하는 형태였다.

결국 상업에서 '利權在上'論은 최종 최고의 利權을 담임하는 주체로서 國家 君主가 교역에 대한 직접장악 또는 관리·통제를 통해 국가재원을 확보하고, 나아가 이 과정에서 국가나 민인 전체의 公共의 利益을 실현한다는 이념이었다. 그리고 이는 상업을 국가가 독점하고 이를 兩班 地主 위주로 운영함이 그 實際였다. 이 시기 상업정책의 또 다른 이념으로 표방되었던 '務本抑末'論이 상업과 상인을 인정하되 이를 국가가 장악하여 관리하고, 또 지주·대농경영의 위축을 가져오는 小農民·佃戶農民의 逐末을 억제하는 '抑末'정책이었음과 서로 符合하고 補完하는 성격의 정책이념이었다. 그러므로 '務本抑末', '利權在上'의 상업이념은 조선 정부가 추진하는 제반 상업정책의 理念基盤으로 기능하며 실제의 교역현장에서 적용되게 마련이었다. 그 대표적인 交易機構와 商人이 바로 국초에 정부가 조성하여 육성하고 있던 市廛과 市廛商人이었다.

---

215) 朴平植,〈朝鮮前期 鹽의 生産과 交易〉,《國史館論叢》76(1997 ; 本書 제4장 2절).
216) 이에 대해서는 本書 제2장과 제3장에서 상술하였다.

# 제2장 市廛의 整備와 都城商業

　국초, 市廛의 造成과 育成은 조선 정부가 가장 먼저 그리고 중요하게 추진한 사업 가운데 하나였다. 시전을 통해 정부의 수요물품을 공급받고 국고 잉여품을 처분하는 동시에, 도성민의 일상수요를 조달하기 위해서였다. 한편 조선전기 도성은 각지의 物貨가 集散하는 전국 최대의 소비도시였다. 전국의 租稅穀과 각종 貢物이 집중하여 처분되고, 또 貿納되는 곳이 도성이었던 것이다. 集權國家의 수도가 갖는 당연한 모습이었고, 이 과정에서 도성은 자연스럽게 전국 상업의 중심으로서 위치를 지니게 되었던 것이다.

　조선전기 시전은 최대의 商業資本이자 商人組織으로서 바로 이 도성의 商權을 장악하고, 나아가 도성을 중심으로 편성되어 있던 전국 상업을 좌우하던 상업세력이었다. 따라서 조선 정부의 市廛造成과 運營은 단지 정부와 도성민의 일상수요를 주답하는 기구로서 시전의 정비만을 목적으로 하지는 않았다. 이를 매개로 전국의 商業과 商人을 파악하고 통제하려는 상업정책에 따라 조성하고 관장하는 시장기구가 바로 시전이었던 것이다.

# 1. 國初 市廛의 造成과 '禁亂'問題

## 1) 市廛의 造成과 商街區域

朝鮮은 건국 후에도 漢陽으로 천도하기까지는 開京을 수도로 하였다. 개경에는 고려 국초에 설치된 市廛이 있었고, 고려말에도 개경 시전은 흥성하고 있었다.[1] 그러므로 조선 太祖는 고려의 제도를 이어 시전 담당 기구로서 京市署를 설치하고,[2] 이 고려 시전에 기반하여 市制를 정비해 나갔다. 국초 조선 정부가 취한 개경 시전에 대한 정비 내용은 다음 기록을 통해 그 大綱을 유추해 볼 수 있다.[3]

舊京之時 布帛毛革器皿冠服鞋靴鞭勒 分店大市 至市牛馬 亦有常所 其他 米穀之類 則各於所居[4]

京市署請 板寫各市名 幷畵販物其下 掛於各所 俾不相雜[5]

---

1) 고려의 시전에 대해서는 다음 논고가 있다.
　　白南雲,《朝鮮封建社會經濟史》(上)(改造社, 1937), 730~738쪽 ; 金東哲,〈고려말의 流通構造와 상인〉,《釜大史學》9(1985) ; 金東哲,〈상업과 화폐〉,《한국사》14(국사편찬위원회, 1993) ; 田壽炳,〈高麗時代의 商業政策〉,《東洋文化研究》 創刊號(大田大, 1986) ; 北村秀人,〈高麗時代の京市の基礎的考察 — 位置·形態を中心に〉,《人文研究》 42-4(大阪市立大, 1990) ; 北村秀人,〈崔氏政權の成立と京市〉,《人文研究》44-12(大阪市立大, 1992) ; 北村秀人,〈高麗時代の京市の機能について〉,《朝鮮史研究會論文集》31(1993).
2)《太祖實錄》卷1, 太祖 元年 7月 丁未, 1冊, 24쪽(國史編纂委員會刊 影印本 — 이하《조선왕조실록》부분은 모두 이 간본을 참조하였다).
　　"京市署 掌平均市價 禁理奸僞 監督稅課等事 令一從五品 丞二從六品 注簿二從八品."
3) 국초 조선 정부가 개경 시전에 대하여 취한 구체적인 정비 내용은 朴平植,〈朝鮮前期의 開城商業과 開城商人〉,《韓國史研究》102(1998 ; 本書 제3장 2절) 참조.
4)《太宗實錄》卷19, 太宗 10年 正月 乙未, 1冊, 526~527쪽.
5)《太祖實錄》卷5, 太祖 3年 正月 戊午, 1冊, 53쪽.

衣食에서부터 일상생활에 이르기까지 필요한 여러 物品을 大市에 分店시키고, 牛馬 역시 常所를 정하였으며, 그 밖에 米穀 등은 각각 그 所居에서 賣買할 수 있게 하였다. 또 그 중 大市에는 各市의 명칭을 板子에 새기고 그 아래에 販賣物種을 그려 넣어 各所에 내걸게 하였다. 시전의 相雜을 막고 奸僞를 금지하기 위한 조처였다.

국초 조선 정부의 이러한 市廛整備方針은 고려말 개경의 시전상업계 내에서 제기되고 있던 제반 문제들을 新國家 開創을 계기로 抹弊하려는 목적에서 마련되는 것이었다. 개경 시전의 原形은 유지하되, 이를 전면 再編하여 시전에 대한 국가의 간여와 통제를 강화하려는 방향에서 마련되는 시책들이었다. 販賣區域의 설정, 販賣物種의 고정 등의 조처는 이를 위한 필수의 과정이었다. 그런데 漢陽 遷都가 결정됨으로써 정부의 시전정비계획은 새로운 국면을 맞게 되었다.

太祖 3년(1394) 10월의 천도 이후, 새로운 王都로서 한양의 도시정비 사업을 시작하면서 조선 정부는 宗廟·社稷·宮闕·官舍 등의 건설과 함께 市廛의 造成을 추진하였다.[6] 그러나 태조 당대에는 개경의 시전과 같은 常設店鋪로서 行廊을 갖춘 市廛은 조성되지 못하였다. 당시 이를 대신하였던 것이 이른바 '日中爲市', 곧 巷市였다.

　　　京市署丞金時用等 請日中爲市 上從之[7]

아직 상설점포가 갖추어지지 못한 상태였기 때문에, 자연히 교환은 '日中爲市'의 형태로 전개되었던 것이다. 이 巷市는 매일같이 開市된다는 점을 제외하면 대체로 후대의 場市와 흡사한 交換의 장소였다. 태조대 한양의 巷市는 城內 여러 곳에서 개시되고 있었지만, 그 가운데에서

---

6) 金龍国, 〈朝鮮王朝의 開創과 漢陽奠都〉, 《서울六百年史》 1卷(1977), 157~192쪽 ; 李相栱, 〈서울의 都市 形成 ― 朝鮮時代 서울의 都市立地·都市構造·都市組織의 形成 背景〉, 《東洋 都市史 속의 서울》(서울市政開發研究院, 1994), 335~337쪽.
7) 《太祖實錄》 卷11, 太祖 6年 5月 戊午, 1冊, 106쪽.

가장 규모가 큰 것은 鐘樓가 위치하고 있던 靑雲橋 서쪽에서 열리던 大市였다.[8] 《世宗實錄地理志》에 따르면 이 大市는 中部의 長通坊과 慶幸坊 中央에 위치하고 있었다.[9] 오늘날의 鐘路 2街 탑골공원의 주변 大路上이었다.

그러나 이렇게 성립된 大市를 포함한 여러 巷市는 이후, 王子의 亂을 거치면서 定宗 원년(1399) 3월에 다시 開京으로 移都함으로써 荒蕪地化하고 만다.[10] 태조·정종대의 시전 사정이 이러하였기에,[11] 태종 5년 (1405) 10월 漢陽 再遷都 후 정부는 舊都의 부상대고를 비롯한 시전상인을 강제로 新都로 이주시키면서 이를 기반으로 市廛의 造成을 꾀하였

---

8) 太祖 7년(1398) 1월에 경기도 廣州에서 鑄造한 鐘을 비치하였던 鐘樓는 애초에는 靑雲橋의 서쪽에 위치한 2層 5間의 건물이었다. 이후 太宗 13년(1413) 2월에 이를 巡禁司의 南, 廣通橋의 北, 즉 오늘날 종로 네거리의 위치로 이전하였다(《太祖實錄》 卷13, 太祖 7年 4月 庚辰, 1冊, 119쪽 ; 《太宗實錄》 卷25, 太宗 13年 2月 乙卯, 1冊, 662쪽). 위의 靑雲橋는 후에 通雲橋, 鐵物橋라 부르는 다리로, 오늘날 종로 2가 탑골공원 앞에 소재한 다리였다[한글학회 편, 《한국지명총람》 1 서울편(1966), 237쪽의 '普信閣', 239쪽의 '철물전 다리' 항목. 鐘樓의 위치 고증에 대해서는 孫禎睦, 〈市街와 行廊〉, 《서울六百年史》 1卷(1977), 310~313 쪽 참조].

9) 《世宗實錄地理志》, 京都 漢城府.

10) 《太宗實錄》 卷1, 太宗 元年 正月 甲戌, 1冊, 193쪽.
   "開國之初 定都漢陽 經營數載 宗社宮闕城市閭閻 赫然有成 不數年間 朝市荒蕪 閭巷凋廢 觀者 莫不慘愧."

11) 그런데 《增補文獻備考》 卷163, 市糴考1, 市에는 "定宗元年 始置市廛左右行廊 八百餘間 自惠政橋 至于昌德宮洞口 聚外方游手僧徒 給糧役之 仍使開川都監 掌其事"라 하여, 이미 定宗 원년(1399)에 혜정교로부터 창덕궁 동구에까지 이르는 좌우행랑 800여 칸이 건설된 것으로 기록되어 있다. 그러나 이 기록은 태종 12년 2월의 시전행랑 건설에 대한 결정내용과 비교하였을 때 '始基'가 '始置'로 바뀐 것 외에는 완전히 동일하다(주 21). 또한 《定宗實錄》에는 행랑 건설에 대한 기록이 없을 뿐만 아니라, 정종은 즉위 후 곧바로 일체의 都城內 工役을 중지시키고 있다(《定宗實錄》 卷1, 定宗 元年 正月 戊寅, 1冊, 143쪽). 그리고 그해 원년 3월 초에 開京 遷都를 단행한다. 따라서 정종 원년에 漢陽에 이상과 같은 800여 칸의 행랑건물이 조성되었다는 《增補文獻備考》의 내용은 편찬자의 杜撰이나 紀年 착오로 생각된다. 이에 대해서는 田川孝三, 《李朝貢納制の研究》(東洋文庫, 1964), 549~550쪽과 孫禎睦, 앞의 〈市街와 行廊〉, 302~303쪽 참조.

다.[12] 그러나 재천도라는 어수선한 상황 속에서 태종 10년(1410)까지도 한양의 市街는 정돈된 상설 점포를 갖지 못한 채, '雲從街에서 男女가 無別하고 商賈가 混淆한 상태'로 교환이 진행되는 상태였다.[13]

한양의 도시로서의 성장과 함께, 정부 수요물자의 조달 및 국고 잉여품의 처분이라는 市廛의 고유 기능과 연관하여 市街整備와 체계적인 시전의 造成은 다급한 과제가 되었다. 나아가 조선 정부는 이들 시전을 통해 상인의 활동과 상업 전체를 관리·통제함으로써 抑末과 국가의 利權掌握을 실현한다는 정책노선을 견지하고 있었기 때문에,[14] 시전의 조성과 그 정비는 더욱 시급한 문제였다. 그리하여 이에 대한 최초의 조처가 태종 10년(1410) 2월에 내려졌다.

定市廛 大市長通坊以上 米穀雜物 東部則蓮花洞口 南部則薫陶坊 西部惠政橋 北部安國坊 中部廣通橋 牛馬則長通坊下川邊 閭巷小市 各於所居門前[15]

大市를 비롯한 諸市街의 혼잡상태를 정리하기 위해 販賣物種別로 그 區域을 劃定한 조치였다. 그리하여 大市는 종래대로 장통방 위쪽의 구역에 두고, 미곡과 잡물은 각각 대시 주변의 다섯 곳, 즉 동부의 蓮花洞口, 남부의 薫陶坊, 서부의 惠政橋, 북부의 安國坊, 중부의 廣通橋에서 開市하게 하였다.[16] 아울러 牛馬는 장통방의 하천변으로 그 구역을 획정하였고, 도성의 小民들이 朝夕의 日用을 교환하는 閭巷小市는 所居의 門前에서 개시할 수 있게 하였다.

태종 10년 2월의 이 조치는 도성의 市街를 그 판매물종에 따라 구획한 최초의 체계적인 市街 정비사업으로, 상설 점포를 전제로 한 조선 정부

---

12) 《太宗實錄》 卷17, 太宗 9年 3月 丙午, 1冊, 476쪽.
13) 《太宗實錄》 卷19, 太宗 10年 正月 乙未, 1冊, 527쪽.
14) 朴平植, 〈朝鮮初期의 商業認識과 抑末策〉, 《東方學志》 104(1999 ; 本書 제1장 2절).
15) 《太宗實錄》 卷19, 太宗 10年 2月 甲辰, 1冊, 528~529쪽.
16) 이를 오늘날의 위치로 살펴보면 각각 蓮池洞, 乙支路 2街~苧洞, 鐘路 1街, 安國洞~堅志洞, 南大門路의 廣橋 일대에 해당한다.

의 市廛造成政策의 기반을 닦은 조처였다. 한편 태종 11년(1411) 1월에
는 左政丞 成石璘이, 新都의 도로가 넓으니 그 兩傍에 백성들이 市樓
곧 상점용 건물을 지을 수 있도록 허용하자고 건의하여 王의 동의를
얻어내기도 하였다.[17]

　都城內 大路의 좌우에 行廊을 조성하는 공사는 성내 開川工事와 함께
태종 11년 말경부터 본격 추진되었다. 물론 이때의 행랑건설은 市廛商
街用으로만 계획된 것은 아니었다. 幹線道路인 大路의 좌우에 행랑을
건설함으로써 都市의 區劃을 분명히 하고 그 外觀을 美麗하게 하려는
도성정비계획의 일환이었다. 종래 설정된 大市의 좌우에 위치하는 행랑
은 시전의 店鋪用으로 건설되었겠지만, 여타의 행랑은 다른 목적으로도
이용될 수 있는 건물이었다.

　태종 11년(1411) 12월, 왕은 성내에 長廊 곧 행랑을 건설할 것을 命하
고, 강원도에 軍丁 1만 3천 명을 동원하여 행랑건축에 필요한 材木을
斫伐하도록 지시하였다.[18] 강원도에서의 材木斫伐은 이듬해 봄부터 시
작되었고, 監司의 요청에 따라 강원도민이 부담하는 春等月課의 軍器를
면제하는 조처가 뒤따랐다.[19] 이윽고 태종 12년(1412) 2월에는, 惠政橋[20]
에서 昌德宮 洞口 구간에 세울 800여 間의 市廛左右行廊의 터를 닦기
시작하면서 외방의 游手僧徒를 동원하여 給糧 使役한다는 방침이 세워
지고, 이를 도성의 開川工事를 위해 설치되어 있던 開川都監으로 하여
금 관장하게 한다는 결정이 내려진다.[21]

---

17) 《太宗實錄》卷21, 太宗 11年 正月 甲子, 1冊, 572쪽.
　　"(左政丞成)石璘曰 新都道廣 宜於兩傍 聽民作市樓 … 上皆許之."
18) 《太宗實錄》卷22, 太宗 11年 12月 己巳, 1冊, 616쪽.
　　"命作城內長廊 以江原道軍一萬三千 斫材木."
19) 《太宗實錄》卷23, 太宗 12年 正月 辛丑, 1冊, 622쪽.
20) 혜정교는 오늘날 종로 1가 광화문 우체국의 동편에 소재한 다리로, 1926년에
　　福淸橋로 改名된 다리이다(한글학회 편, 앞의 《한국지명총람》, 237쪽의 '혜정
　　교' 항목).
21) 《太宗實錄》卷23, 太宗 12年 2月 乙丑, 1冊, 624쪽.
　　"始基市廛左右行廊八百餘間 自惠政橋 至于昌德宮洞口 聚外方游手僧徒 給糧役

한편 그 5일 후에 도성의 開川工事가 완료되자, 朝廷은 開川都監을 바로 行廊造成都監으로 개편하면서 僧軍 500명을 포함한 役徒 2,035명을 동원하여 본격적으로 행랑건물 조성공사를 시작하였다.[22] 그러나 이 때 건설공사가 착수되어 그해 5월 행랑이 완공된 구간은 앞서 터를 닦기 시작한 市廛區域이 아니라, 새로 敦化門을 세운 昌德宮 闕門에서부터 貞善坊 洞口에 이르는 구간의 472間이었다. 오늘날의 敦化門路 일대였다.

都城左右行廊成 自闕門至貞善坊洞口 行廊四百七十二間 進善門之南 建樓門五間 名曰敦化 議政府請 昌德宮門外行廊 分給各司 爲朝房 …… 從之[23]

당시 태종이 기거하던 昌德宮 앞 도로의 美觀 문제가 고려되었거나, 또는 궁궐 앞에 소재하는 행랑을 各司의 朝房으로 사용할 필요 때문에 먼저 착수된 것이 아닌가 생각된다. 어쨌든 제1차 行廊建設로서 4개월여의 기간이 걸린 공사였다.[24]

---

之 仍使開川都監 掌其事."
22)《太宗實錄》卷23, 太宗 12年 2月 庚午, 1冊, 625쪽.
　　"開川役告訖 … 以開川都監 仍爲行廊造成都監 是日始役 其役徒二千三十五人內 僧軍五百."
23)《太宗實錄》卷23, 太宗 12年 5月 乙巳, 1冊, 636쪽.
24) 기왕의 연구에서는 이와 달리, 太宗 12年 4月 丁巳日에 혜정교에서 창덕궁 동구에 이르는 구간에 800여 칸의 행랑이 조성된 것으로 보아 왔다(劉元東,〈서울 六矣廛硏究 — 李朝都市商業의 一考察〉,《歷史學報》8, 1955 :《韓國近代經濟史硏究》, 一志社, 1977에 〈近代都市商業〉으로 改題하여 收錄, 138~140쪽). 아래 자료에 근거한 주장이었다(《太宗實錄》卷23, 太宗 12年 4月 丁巳, 1冊 630쪽).
　　"賜醞于行廊造成都監 上曰 行廊造成之事 初皆以爲難 及其成也 國家有模樣而可觀矣 若有餘力 則鍾樓東西亦可作也 左政丞成石璘對曰 材木足矣 上曰 待明年秋冬 造成可也."
　　그러나 필자는 견해를 달리한다. 태종의 '及其成也 國家有模樣而可觀矣'라는 언급은 당시 진행되고 있던 공사구간(혼화문~정선방 동구)에 대한 述懷이다. 때문에 이 공사가 마무리된 후에 여력이 있으면 鍾樓의 東西에도 행랑을 건설하기로 하고, 그 작업은 明年 秋冬을 기다려 하자고 하고 있는 것이다. 이때까지 鍾樓의 東西, 곧 혜정교~창덕궁 동구 사이의 구간에는 아직 행랑건설작업이 진행되지 않았던 것이다. 물론 태종의 이 결정과 달리 실제 鍾樓 東西行廊 조성

한편 태종 12년 2월에 터를 닦기 시작하였던 市廛區域의 행랑건설공
사는 태종 13년(1413) 2월에 다시 시작되었다. 그런데 이때 건설이 再開
된 시전행랑은 景福宮 남쪽인 惠政橋에서 昌德宮 洞口 사이의 원래 계
획구간에서 동쪽으로 좀 더 확장된 宗廟 앞까지의 총 881間이었다.

> 復始行廊之役 自景福宮之南 至宗廟前 左右行廊 凡八百八十一間 又於宗
> 廟南路 建層樓五間 又移靑雲橋西鐘樓二層五間 於巡禁司之南 廣通橋之北[25]

애초의 계획보다 80여 칸이 增設된 셈이었다. 아울러 이때에는 시전
행랑 외에도, 宗廟 앞에 樓門을 세우고 鐘樓를 오늘날의 자리로 이전하
는 공사가 동시에 진행되었다.

제2차 行廊建設이었던 이 공사 역시 시작 후 4개월여 만인 그해 5월에
완수되었다.[26] 이로써 도성의 행랑은 鐘樓를 기점으로 서쪽으로는 경복
궁(구체적으로는 그 남쪽에 위치한 혜정교), 동쪽으로는 창덕궁과 종묘 앞
樓門, 그리고 남으로는 崇禮門에 이르는 구간에 자리 잡게 되었다. 전년
부터 시작된 1·2차 공사로 조성된 행랑은 총 1,360칸이었고, 2차 공사에
동원된 役徒는 軍人·僧人을 포함하여 총 2,641명이었다.

그런데 위 자료에 보이는 행랑구간 중에서 鐘樓에서 崇禮門에 이르는
지역의 행랑건설은 당시 완결된 상태가 아니었다. 때문에 태종 14년
(1414) 2월에 王은

> 太祖建都 予新作行廊 京邑之體 盖已粗完 第恨南大門內行廊未建耳[27]

이라 하여, 이 구간의 '行廊未建'에 대해 아쉬움을 나타내고 있다. 아마

---

　사업은 다음해 2월에 곧바로 시작된다(本文 내용 참조).
25) 《太宗實錄》 卷25, 太宗 13年 2月 乙卯, 1冊, 662쪽.
26) 《太宗實錄》 卷25, 太宗 13年 5月 甲午, 1冊, 671쪽.
　　"長行廊畢成 自鐘樓西北至景福宮 東北至昌德宮及宗廟前樓門 南至崇禮門 前後
　　所成左右廊 共一千三百六十間 役徒皆隊長隊副軍器監別軍 各司下典及僧人 共二
　　千六百四十一名."
27) 《太宗實錄》 卷27, 太宗 14年 2月 戊申, 2冊, 5쪽.

도 13년의 제2차 행랑건설공사에서는 鐘樓 근방의 행랑만 건설된 채, 나머지 남대문까지의 구간은 그대로 남아 있었던 것으로 보인다.

태종의 이상과 같은 南大門內 行廊未建에 대한 아쉬움 표명이 있고 나서, 그 해(태종 14, 1414) 7월부터 제3차 행랑건설공사가 시작되었다.[28] 공사지역은 종루에서 남대문, 그리고 종묘 앞 누문으로부터 동대문에 이르는 구역이었으며, 이를 위해 충청·강원도에 재목을 추가로 分定하고, 필요한 蓋瓦는 別窯를 復置하여 조달하기로 하였다. 각도의 僧軍 600명과 京畿·豊海道의 船軍 1천 명을 부역시키는 방침도 결정되었다. 제1·2차 행랑건설공사에서 미진했던 구간에 대한 마무리 성격의 공사였다.

이 제3차 공사는 그 完遂에 관한 기록을 찾을 수 없어 이때 건설된 행랑의 間數를 자료로 확인할 수는 없다.[29] 그러나 《世宗實錄地理志》에 기재된 도성의 좌우행랑 間數가 2,027間이고,[30] 태종 15년 이후 세종대까지 별다른 행랑건설 기록이 없는 것에 비추어[31] 제3차 공사에서 건설된 행랑의 間數는 667間이었다고 생각된다.

28) 《太宗實錄》卷28, 太宗 14年 7月 壬辰, 2冊, 28쪽.
 "命構都城左右行廊 上曰 自鐘樓至南大門 自宗廟前樓門至東大門左右 欲建行廊 予旣斂怨於民 寧畢造以燕翼子 宜以忠淸江原兩道年例斫取材木營之 朴信韓尙敬 鄭擢黃喜等曰 年例材木 恐未周足 宜於忠淸江原道水邊各郡 量宜分定 信又請復置 別窯 以備盖瓦 上皆許之 命朴子靑督其役 發兩界各道僧軍六百名 京畿豊海道船 軍一千名 以赴其役."
29) 제3차 행랑건설에 동원된 役夫 중에서 船軍은 그해 9월 태종의 命에 따라 收穀을 위해 歸家 조처된다. 그러나 아직 행랑건설이 완수되지 않았음을 이유로 대신들이 이에 반대하는 것으로 보아, 이 공사는 이후 남은 僧軍을 중심으로 계속되었던 것 같다(《太宗實錄》卷28, 太宗 14年 9月 庚辰, 2冊, 35쪽). 또 그 종료시기를 확정할 수는 없지만, 1·2차 공사와 비교하여 대략 그해 말경에는 끝났을 것이라 생각된다.
30) 《世宗實錄地理志》, 京都 漢城府.
31) 태종 15년 이후에도 세종대까지 도성 행랑에 관한 기록은 實錄에 여러 차례 나온다. 그러나 그 대부분은 大雨·火災 등으로 인한 行廊의 傾斜와 부실공사 책임자에 대한 처벌 문제, 또는 이들 행랑에 대한 부분적인 再建 내용이다. 따라서 이 시기에 대규모의 새로운 행랑건설은 없었던 것으로 여겨진다.

이로써 태종 12년 2월부터 시작된 도성의 행랑건설공사는 대략 3년여의 공사기간과 세 차례에 걸친 시공 끝에, 마침내 태종 14년 말경에 총 2,027칸의 행랑을 조성함으로써 완수되었다. 국초 도성인 한양의 都市區劃과 外觀에 큰 영향을 미쳤을 이 공사에는 대략 總人員 6,276명의 役夫가 동원되었으며,[32] 행랑건설을 위해 철거된 民家가 瓦家 126間, 草家 1,360間에 이르러 그 보상으로 지급된 楮貨만도 1만 6,120張에 달하였다.[33]

한편 앞서 언급한 바와 같이 태종대에 건설된 도성의 좌우행랑이 모두 市廛의 店鋪로 사용된 것은 아니었다. 1차로 완성된 돈화문에서 정선방 동구에 이르는 구간의 행랑 중 창덕궁의 門外行廊은, 의정부의 요청에 따라 건설 직후부터 各司에서 朝房으로 사용하였고,[34] 후에는 이 朝房 아래의 행랑마저도 功臣子弟衛와 各品子弟衛의 宿直所로 분급되고 있었다.[35] 태종 15년(1515) 8월에 무너져 補修한 행랑 중에도 '儲米穀處'가 포함되어 있다.[36] 이처럼 태종대에 건설된 도성행랑의 일부는 정부에 의해 朝房이나 國庫米穀을 보관하는 倉庫의 용도로 사용되었다. 물론 여타의 용도로도 사용되었을 것이다.[37]

---

32) 주 22, 26과 28의 役夫 合計. 여기에 1차 공사 완료 직후인 태종 12년 가을에 行廊 修粧을 위해 동원되었던 丁匠 1,200명을 합하면(《太宗實錄》卷23, 太宗 12年 5月 乙巳, 1冊, 636쪽 ;《太宗實錄》卷24, 太宗 12年 7月 庚寅, 1冊, 642쪽), 그 숫자는 7,476명에 이르게 된다. 그러나 이후에도 종종 行廊修補를 위한 役夫의 동원이 있었던 만큼, 필자는 이 인원은 제외하고 總人員을 산정하였다. 또 태종 12년 2월에 시작된 시전행랑의 터를 닦는 공사(주 21)에 투입되었던 遊手僧徒의 숫자 역시 그 내역을 확인할 수 없어 제외하였다.

33)《太宗實錄》卷28, 太宗 14年 9月 庚辰, 2冊, 35쪽.

34) 주 23과 같음.

35)《太宗實錄》卷29, 太宗 15年 4月 庚辰, 2冊, 58쪽.

36)《太宗實錄》卷30, 太宗 15年 8月 丁亥, 2冊, 83쪽.
　　"放行廊赴役木工 自外方刷來木工 凡九十四名 上問兵曹判書朴信曰 行廊修造處 幾何 對曰 庶幾 上曰 欲放外方軍人 信對曰 儲米穀處 皆未修改 不可放送"

37) 실제로 세종 3년(1421)에는 崇禮門內 행랑에 일반 民人들이 살고 있었고(《世宗實錄》卷12, 世宗 3年 7月 丁亥, 2冊, 444쪽), 세종 16년(1434)에는 귀화한 倭人과 野人에게 大路 左右의 비어 있는 행랑을 居處로 분급하기도 하였다(《世宗實

이 시기 도성의 행랑 중에서 店鋪用으로 市廛商人에게 貸與되었던 구간은 景福宮 남쪽 惠政橋로부터 宗廟前樓門에 이르는 구간(오늘날의 종로 1~3가)과, 鐘樓에서 廣通橋에 이르는 구간(남대문로 1가 일대)이었다고 생각한다. 이와 관련하여 日本을 다녀온 通信使 朴瑞生이 世宗 11년 (1429) 12월에 올린 도성 시전에 대한 다음 건의를 살펴보자.

我國之市 則乾濕魚肉等食物 皆置塵土 或坐或踐 乞自雲從街左右行廊 東至樓門 自鐘樓 南至廣通橋 皆構補簷 其下設層樓置物之處 分某間爲某所 以次懸額 令其易知[38]

그가 정비를 건의하였던 도성의 市街는 (혜정교에서 시작되는) 운종가로부터 (종묘 앞) 樓門에 이르는 구간과 종루에서 광통교[39]에 이르는 구간이었다. 그의 건의 내용이 일본의 시가와 대비한 도성 시가의 재정비였던 만큼, 이 구역이 당대의 주요 시전구역 곧 市廛行廊區間이었다고 생각된다. 바로 행랑건설 초기에 '市廛左右行廊'으로서 그 건설이 추진되었던 지역이다.[40] 때문에 中宗 13년(1518) 1월에도 南袞은

夫王者定都 前朝後市 乃古制也 以我國之制見之 則自鐘樓至宗廟 爲市廛[41]

이라 하여, '前朝後市'의 古制에 따라 설치된 국초의 시전구역이 종루에서 종묘에 이르는 지역이라고 거듭 밝히고 있는 것이다.

결국 국초 도성내에는 태종대의 行廊造成工事를 통해 총 2,027칸의 행랑이 건설·정비되었지만, 그 모두가 시전의 商街用 建物로 이용된 것은 아니었다. 시전의 상가가 배치된 지역, 곧 시전구역은 위에서 살펴본 바와 같이 오늘날의 종로 1~3가와 남대문로 1가 일대였다. 國初에 大市

錄》 卷64, 世宗 16年 4月 戊午, 3冊, 556쪽).

38)《世宗實錄》卷46, 世宗 11年 12月 乙亥, 3冊, 208쪽.

39) 오늘날의 廣橋 일대.

40) 주 21과 같음.

41)《中宗實錄》卷31, 中宗 13年 正月 壬子, 15冊, 387쪽.

가 열리고 있던 街路를 東西로 확대시켜, 그 左右에 官設 行廊을 배치함으로써 이를 市廛區域으로 삼았던 것이다.

## 2) 市廛의 構成과 市役負擔

鐘樓를 중심으로 오늘날의 종로 1~3가와 남대문로 1가의 좌우에 건설된 官設 市廛行廊에는 우선 정부의 移住政策에 따라 개성에서 옮겨온 부상대고 등 舊都의 시전상인들이 입주·영업하였을 것으로 생각된다. 태종 5년(1405) 한양 재천도 후에 정부는 개성 시전의 開市를 금지하면서 舊都의 상인들을 新都로 이주시키는 정책을 강력하게 추진하였다.[42] 開市禁止로 인해 개성은 교환이 위축되는 한편, 음성적으로 이루어지는 상인들의 물가조작과 암거래로 米價가 폭등하고 인구가 감축되는 등 심각한 사회문제가 일어나고 있었다. 이에 따라 조선 정부는 移住對象이 아닌 상인의 開市를 허용함으로써 이런 상황의 개선을 모색하였다. 그러나 부상대고로 통칭되는 大商人들의 强制移住 방침은 변동 없이 강행되고 있다. 당시 開城商權과 이를 거점으로 전국 상업을 장악하고 있던 이들을 新都인·한양으로 이주시켜 시전을 조성함과 동시에, 이들 시전상인을 통해 도성상업 나아가 전국 상업을 국가정책에 따라 관리하려는 목적에서 취해지는 조처였다. 따라서 태종대 건설된 시전행랑의 우선 入住對象이 바로 이들 舊都의 富商大賈·市廛商人이었음은 自明한 사실이겠다.

한편 시전행랑에는 手工業者들 또한 入住하여 物品을 제조·판매하고 있었다. 이른바 '工商'層이었다. 세종 2년(1420) 王이 수용한 宗簿直長 崔萬里 등의 다음 上言은 그러한 사정을 잘 설명하고 있다.

---

42) 《太宗實錄》 卷17, 太宗 9年 3月 丙午, 1冊, 476쪽.
　　"弛開城留後司市肆之禁 留後上言 舊都之民 工商雜處 有無相資 自移都以後 禁開市肆 由是 以米穀貿易雜物者絶無 富商老賈 多蓄錢穀 低昂物價 暗行買賣 故米價湧貴 人口日減 閭里蕭然 上國使臣 往返瞻視埋沒 富商大賈 甘心重遷者 勒令移徙新都外 各開市肆 以便貿易 從之."

今之工商 布散里巷 交鶩於利 物價騰湧 國家旣建行廊 以爲市廛 自今分某
匠某工 而類居之 使京市署 平其物價 違者痛懲[43]

工商의 '布散里巷'에 따라 물가가 치솟기 때문에 市廛에 이들을 類居
시키고 경시서로 하여금 관리하게 함으로써 물가를 안정시키자는 案이
었다. '工不居肆 業不能專'하므로 이들 工商人을 舊京의 市制에서와 마
찬가지로 大市에 分店시키자는 건의는, 이미 행랑이 건설되기 전에 사
헌부에 의해 제기된 바 있었다.[44] 따라서 세종 2년의 위 결정은 시전의
행랑이 갖추어진 후에도 시전행랑에 입주하지 않고 里巷에 散居해 있는
工商세력을 시전에 分集시키려는 결정으로 이해된다.
　선초에 이들 '工商' 유형의 시전상인이 제조하여 판매하였던 물품으
로는 環刀·片箭,[45] 鞋靴,[46] 彫刻陶鑄한 鳥獸人物,[47] 錯箭[48] 등이 확인된다.
軍器나 戲玩之物이 주류이나, 실제로는 鞋靴類와 같이 수공업 노동을
통해 생산되는 日用品이 더 큰 비중을 차지하였을 것이다. 이후 '市肆百
工',[49] 또는 '立市肆 使百工各售其業'[50]한다는 표현은, 이처럼 시전 내에
수공업자들이 다수 포함되어 있던 저간의 사정 속에서 나오는 것이었
다. 아울러 이와 같이 수공업자 자신이 상품의 제조자이자 판매자로 활
동하고 있는 모습은 당대 商工業의 발전 정도 즉 상공업 專業化의 未成
熟度를 반영하는 현상이기도 하였다. 이후 商人이 시전 내의 工商세력
을 배제하면서 이들을 지배하는 방향으로 시전상인의 구성이 재편되기
전단계의 모습이었다.

43)《世宗實錄》卷7, 世宗 2年 閏正月 戊戌, 2冊, 373쪽.
44)《太宗實錄》卷19, 太宗 10年 正月 乙未, 1冊, 526~527쪽.
45)《世宗實錄》卷83, 世宗 20年 11月 乙巳, 4冊, 175쪽.
46)《世宗實錄》卷110, 世宗 27年 11月 乙酉, 4冊, 644쪽 ;《成宗實錄》卷97 成宗
　　9年 10月 丙申, 9冊, 655쪽.
47)《成宗實錄》卷14, 成宗 3年 正月 己未, 8冊, 627쪽.
48)《成宗實錄》卷261, 成宗 23年 正月 癸巳, 12冊, 137쪽.
49)《成宗實錄》卷14, 成宗 3年 正月 己未, 8冊, 627쪽.
50)《燕山君日記》卷48, 燕山君 9年 2月 庚戌, 13冊, 543쪽.

이렇게 오늘날의 鐘路 街路에 鋪置한 시전은 각기 그 고유한 판매물종을 갖고 있었다. 정부의 시전정책 또한 이를 전제로 立案·實施되었다. 앞서 살펴보았듯이 이미 조선 정부는 개경에서 시전의 각 市名을 판자에 새기고 그 아래에 판매물품을 그려 넣어 各所에 내걸게 함으로써 시전의 相雜을 방지하는 조처를 취한 바 있었다.[51] 이처럼 各市의 명칭과 그 販賣物種을 판자에 새겨 넣기 위해서는 주된 판매물종의 제한이 당연한 전제였다.

이런 원칙은 漢陽의 行廊建設 후에도 그대로 계승되고 유지되었다.

議政府六曹議曰 行廊及諸色工商之門 依中國例立標 …… 從之[52]

중국의 例에 의거하여 세웠다는 標識에는 바로 市名과 販賣物種이 표시되었을 것이다. 그리고 이들 각 시전의 고유 판매물종, 곧 廛案物種은 당시 정부에 의해서도 파악되었을 것으로 생각된다. 후대의 '市籍', '市案' 또는 '廛案'에 해당하는 자료를 선초의 기록에서 찾아볼 수는 없으나,《經國大典》에는 工匠의 等第, 坐賈와 公廊(곧 市廛行廊)의 間數를 기록한 帳簿를 중앙의 경우 戶曹와 工曹에 收藏하도록 규정하고 있다.[53] 이는 일차적으로는 收稅와 관련된 규정이지만, 이 장부에 시전상인들의 판매물종이 기재되어 있거나, 아니면 여타의 형식을 통해 정부가 그 내용을 파악하고 있었음은 충분히 상정할 수 있겠다.

또 이들 시전은 개경의 市廛 整備時에 마련된 원칙[54]에 따라, 각각의 業種別로 시전구역내의 일정 지역에 분산 배치되고 있었다. 한양의 시전 건설 후에도 이러한 원칙은 그대로 준수되어 앞에서 살펴보았듯이, 都城 里巷에 분산되어 있던 工商人을 시전에 모으면서 '分某匠某工 而類

---

51) 주 5와 같음.
52) 《世宗實錄》 卷7, 世宗 2年 閏 正月 戊戌, 2冊, 373쪽.
53) 《經國大典》, 戶典 雜稅.
   "錄工匠等第 及坐賈公廊之數 藏於本曹工曹本道本邑收稅."
54) 주 4와 같음.

居之’시켰던 것이다.[55] 市肆의 亂雜을 막기 위한 이러한 業種別 配置 원칙은 이후에도 市廛禁令의 일환으로 재확인되고 있다.[56]

이상과 같은 市廛造成과 商街配置의 원칙 속에서 도성내에는 다양한 시전들이 開店하고 영업하였다. 후기와 달리 전기의 시전 관련 자료가 零星한 관계로 이 시기, 특히 선초에 설립된 시전의 종류를 밝히는 작업은 쉽지 않은 일이지만, 조선전기 기록에서 그 설립이 확인되는 시전의 명칭을 정리하면 [표 1]과 같다.

이 가운데 鐵物前·縣紬前·木花前·綿子前·綿紬前·馬前·毛廛 등은 그 명칭이 구체적으로 나타나기 때문에 이들 시전이 조선전기에 개점하여 영업하고 있었음은 분명하다. 또한 이를 통해 이 시기에는 시전 명칭으로서의 ‘廛’이 그것과 音이 동일한 ‘前’과 함께 사용되었다는 사실 역시 확인할 수 있다. 그리고 그 명칭이 구체적으로 나타나지는 않지만, 紙廛·魚物廛·牛馬廛의 경우에도 ‘鐵物前’이 ‘鐵物市’로, 또 ‘縣紬前’이 ‘紬肆’로도 표현되는 예에 비추어, 그 設立事實을 추측할 수 있으리라 본다. 모두 織物類를 비롯하여 일상생활에 그 쓰임새가 긴요한 물품들을 취급하던 시전이었다.[57]

한편 조선후기의 기록에서, 조선전기에 설립된 것으로 확인되는 시전을 정리하면 [표 2]와 같다.

[표 1]과 달리 [표 2]에 열거된 시전의 경우는 後代의 기록일 뿐만 아니라, 해당 시전의 自己主張이기 때문에 그 확증에 신중을 기할 수밖에

---

55) 주 43과 같음.
56) 《世祖實錄》卷17, 世祖 5年 8月 甲寅, 7冊, 340쪽.
  “司憲府啓 禁令可行條件 一市肆 令該曹 量宜分地 使不得亂雜 以杜欺罔 … 從之.”
57) 이 밖에도 시전의 명칭이 밝혀져 있지는 않으나, 이를 판매하는 시전의 존재를 확인할 수 있는 品目에는 다음과 같은 것이 있다.
  環刀·片箭 : 《世宗實錄》卷83, 世宗 20年 11月 乙巳, 4冊, 175쪽.
  米·麻·鞋靴 : 《世宗實錄》卷110, 世宗 27年 11月 乙酉, 4冊, 644쪽.
  《成宗實錄》卷97, 成宗 9年 10月 丙申, 9冊, 655쪽.
  錯箭 : 《成宗實錄》卷261, 成宗 23年 正月 癸巳, 12冊, 137쪽.
  麴 : 《中宗實錄》卷96, 中宗 36年 11月 乙未, 18冊, 514쪽.

[표 1]　　　　조선전기 기록에서 확인되는 市廛名稱

| 번호 | 시전명 | 자료 출처(典據) | 비고 |
|---|---|---|---|
| 1 | 紙廛 | 《端宗實錄》 卷12, 端宗 2年 10月 丙申, 6冊, 710쪽 | '紙肆'로 표기 |
| 2 | 鐵物廛 | 《成宗實錄》 卷181, 成宗 16年 7月 乙丑, 11冊, 42쪽 | '鐵物市'로도 표기 (《燕山君日記》卷56, 燕山君 10年 10月 甲子, 13冊, 666쪽) |
| 3 | 綿紬廛 | 緜紬廛 | 위와 같음 | '紬肆'로도 표기 (《燕山君日記》卷37, 燕山君 6年 3月 乙卯, 13冊, 404쪽) |
|  |  | 《宣祖實錄》 卷101, 宣祖 31年 6月 丙辰, 23冊, 446쪽 《宣祖實錄》 卷174, 宣祖 37年 5月 辛亥, 24冊, 607쪽 |  |
| 4 | 魚物廛 | 《燕山君日記》 卷32, 燕山君 5年 3月 丙戌, 13冊, 354쪽 | '魚肆'로 표기 |
| 5 | 馬前 | 《世宗實錄》 卷93, 世宗 23年 8月 壬午, 4冊, 355쪽 | '馬前橋' 명칭에서 유추 |
|  | 牛馬廛 | 《燕山君日記》 卷44, 燕山君 8年 5月 辛卯, 13冊, 493쪽 | '牛馬市肆'로 표기 |
| 6 | 木花廛 | 《宣祖實錄》 卷213, 宣祖 40年 閏6月 甲申, 25冊, 349쪽 | 綿子廛과의 合設에 반발. 綿花 판매 |
| 7 | 綿子廛 | 위와 같음 | 木花廛과의 合設에 반발. 眞綿[풀솜] 판매 |
| 8 | 毛廛 | 《尾巖集》 卷5, 日記, 戊辰(宣祖元, 1568) 1月 23日(《韓國文集叢刊》, 34冊, 230쪽) | 각종 과일 판매 |

\* 木花廛, 綿子廛의 판매물종 구분은 田川孝三의 《李朝貢納制의 研究》(東洋文庫, 1964), 555~557쪽에 의거.
\*\* 毛廛의 판매물종은 후기의 毛廛에 의거.

없다. 그러나 [표 2] 여러 시전의 取扱物品 역시 [표 1]의 그것과 마찬가지로, 衣食物을 중심으로 하는 일상의 필수품이라는 점에서 이에 대한 신뢰가 전적인 오류는 아니라고 생각한다. 특히 그 설립 주장이 전기 기록([표 1]의 4)에서 확인되는 魚物廛이나, 후대 六矣廛의 首廛으로서 역할하는 立廛, 그리고 생필품으로서 빠질 수 없는 물품을 취급하는 米

[표 2]　　　조선후기 기록에서 확인되는 조선전기의 市廛

| 번호 | 시전명 | 자료 출처(典據) | 비고(市廛事情) |
|---|---|---|---|
| 1 | 魚 物 廛 | 《承政院日記》264冊, 肅宗 4年 4月 3日, 14冊, 39쪽 | '自國初劃給之市廛' |
| 2 | 立 廛 | 《承政院日記》1089冊, 英祖 28年 12月 17日, 60冊, 339쪽 | '國初最先設立' 각종 수입 비단 판매 |
| 3 | 白 木 廛 | 《承政院日記》1089冊, 英祖 28年 12月 17日, 60冊, 340쪽 | '三百年遺民' 각종 면포 판매 |
| 4 | 衣 廛 | 《承政院日記》1089冊, 英祖 28年 12月 17日, 60冊, 340쪽 | '三百年遺民' 헌옷 판매 |
| 5 | 樺 皮 廛 | 《承政院日記》1089冊, 英祖 28年 12月 17日, 60冊, 341쪽 | '三百年遺民' 채색, 물감 판매 |
| 6 | 上·下米廛 | 《承政院日記》1089冊, 英祖 28年 12月 19日, 60冊, 353쪽 | '國初設立' 鐘越 西邊 上米廛, 鐘越 東邊 下米廛 |
| 7 | 門外米廛 | 《市民膽錄》, 乾 ;《韓國商業史資料叢書》, 1冊, 394쪽 | '設於國初 在籍戶' 昭義門外 소재 |
| 8 | 帽 子 廛 | 《承政院日記》1646冊, 正祖 12年 9月 4日, 87冊, 723쪽 | '國初設立之廛' |
| 9 | 內 鹽 廛 | 《承政院日記》634冊, 英祖 3年 3月 11日, 34冊, 583쪽 | '國初設立 三百年來 安保市業' |
| 10 | 龍山鹽廛 | 《市弊》, 龍山鹽廛 ;《韓國商業史資料叢書》, 2冊, 593쪽 | '國初創設 都城內外坐市行賣 已至三百餘年' 龍山 소재 |
| 11 | 大柴木廛 | 《日省錄》, 正祖 13年 12月 14日, 15冊, 490쪽 | '始創於最初' 纛島에 所在 柴木, 材木 판매 |
| 12 | 杻 籠 廛 | 《市弊》, 杻籠廛 ;《韓國商業史資料叢書》, 2冊, 614쪽 | '創設於嘉靖壬午年(中宗 17, 1522) 以應國役' |

廛·白木廛·鹽廛 등의 경우에 비추어, [표 2]에 나타나는 시전이 이미 조선전기에 설립되었다는 각 시전이 기기주장에 큰 착오는 없으리라 여겨신나. 明宗 6년(1551)의 기록에 보이는 '我國百物 皆有市廛'[38]이라는 표현은 이와 같이 조선전기에 설립된 각각의 시전이 廛案物種을 갖고서

영업하던 사정을 전하는 내용이라 하겠다. 그리고 조선전기에 이미 도 성 안만이 아니라 도성 밖의 지역에서도 都城民의 생활과 관련된 品目 을 취급하는 시전, 예컨대 昭義門 밖의 門外米廛, 龍山의 鹽廛, 藁島의 大柴木廛 등이 설립되고 있는 사정 또한 주목된다.

국가가 건설한 公廊에서 영업하는 市廛商人들에게는 그에 상응하는 의무로서 市役[59]이 부과되었다. 이들이 부담하는 市役은 크게 보아 商稅, 責辦, 雜役 등의 세 가지였다.

상인에 대한 商稅賦課는 국초 이래의 원칙이었다. '抑末'의 목적과 함 께,[60] 이들 工商稅를 국가재정의 補助財源으로 인식하는 데서[61] 마련되 는 방침이었다. 국초의 商稅規定은 이후 도성의 시전 건설사업이 종료 된 직후인 태종 15년(1415) 4월에 다음과 같이 재조정된다.

> 戶曹上收稅法 曹與二品以上同議以啓 工匠商賈人之稅 因取利多少爲三等 上等每月納楮貨三張 中等二張 下等一張 行商之稅每月二張 坐賈稅一張 巷 市不在此限 長廊稅每一間春秋兩等各一張 從之[62]

工匠商賈人 즉 '工商'은 그 이익의 多少에 따라 매월 1~3장의 楮貨를 차등 수세하고, 行商은 매월 2장, 坐賈는 매월 1장으로 그 수세액을 정하

---

58) 《明宗實錄》卷11, 明宗 6年 5月 癸丑, 20冊, 26쪽.

59) 필자가 이 장에서 사용하는 '市役'이라는 개념은 시전상인이 국가에 대해 지는 모든 의무를 지칭하는 것이다. 조선전기 도성의 시전상인은 徭役 이외에 身役으 로서 職役이나 軍役을 부담하지 않았다. 商稅가 그들의 身役에 해당하는 셈이었 다. 따라서 필자는 상세를 포함하여 시전상인들이 국가에 대해 지는 모든 의무 사항을 '市役' 또는 '市役負擔'이라는 용어로 사용하고자 한다. 이 시기 '市役'의 用例는 다음에서 확인된다(《增補文獻備考》卷163, 市糴考1, 市).

"(宣祖 ― 필자)三十三年 領議政李恒福箚曰 … 奸民之亂市者 而不係市籍者 如 令平市署 束定市役 則庶市民均役 而市肆完定."

60) 《朝鮮經國典》上, 賦典, 工商稅, 218쪽(國史編纂委員會刊 活字本 《三峯集》 ― 이하 같음).

"工商之稅 所以抑末作 而歸之本實."

61) 《朝鮮經國典》上, 賦典摠序, 212쪽.

"農桑 賦之本也 … 工商船稅 賦之助也."

62) 《太宗實錄》卷29, 太宗 15年 4月 己巳, 2冊, 56쪽.

였다. 아울러 巷市에 대해서는 免稅方針을 정하고, 長廊은 매 1칸마다 春秋에 각각 저화 1장씩을 납부하도록 하였다. 여타 상인에 비해 工匠商 賈人의 수세액이 상대적으로 과중한 것은, 그들이 상품을 직접 제조·판매하는 상인으로 그 이익의 규모가 다른 상인들보다 크기 때문일 것이다. 행상에 대한 과세액이 定住商人으로서 주로 시전상인으로 구성되었을 坐賈[63]보다 많은 것 또한 주목된다. 市廛體制 속에 편성되어 관리되는 坐賈와 달리 국가의 상업정책으로부터 좀 더 자유로운 상인이었던 행상을 국가가 적극 파악하려는 의도로 분석된다. '抑末'의 정책 표방, 곧 국가의 交易掌握 내지 統制의 방침을 반영한 조치였다.

이에 반해 都城民의 朝夕 마련을 위해 성내 각처에서 장시의 형태로 개시되던 巷市, 곧 閭巷小市에서 활동하는 상인들은 과세대상에서 제외되었다. 巷市에서의 거래가 '有無相通' 형식의 도성민의 생계를 위한 單純商品交換이었던 데 따른 배려일 것이다. 아울러 官設行廊인 長廊의 賃貸料가 저화로 1칸당 年 2장에 불과하였던 것은, 시전을 중심으로 도성상업을 편성·관리하려는 정부의 정책의도가 내재되어 있는 조처로 이해된다. 저렴한 장랑세를 매개로 시전체제를 조직·육성하고, 이를 통해 도성내의 상업을 장악하고 통제하려는 정책이었다.

요컨대 태종 15년 상세 규정이 재정비되면서 官設行廊에서 영업하던 市廛商人들은 우선 행랑에 대한 임대료 명목으로 1칸당 연간 저화 2장을, 여기에 그들의 영업 형태에 따라 工商은 각각 매월 1~3장, 坐賈는 매월 1장의 저화를 부담하여야만 하였다.

태종 15년의 이 상세 규정은 이후 세종대에 銅錢流通이 추진되면서,

---

63) 이제까지의 연구에서 坐賈는 公廊 이외의 임시 점포, 즉 假建物을 짓고 영업하던 후기의 '假家商人'에 해당하는 존재로 이해하여 왔다(劉元東, 앞의 〈近代都市商業〉, 142쪽). 그러나 위 자료의 坐賈는 行商에 대비되는 개념으로서 定住商人을 일컫는 개념이다. 즉, 市廛을 비롯한 店鋪商人을 가리키는 용어이다. 후대의 자료이기는 하지만 《萬機要覽》의 다음 내용은 그러한 사실을 잘 보여주고 있다(《萬機要覽》, 財用篇, 各廛).
"都下各廛 所以安坐賈也."

세종 7년(1425) 8월에 錢文으로 환산하여 재정비된다. 저화 1장을 錢 40
文의 비율로 환산한 세액이었다.[64] 이 商稅 錢文收納 규정에서는 이전까
지 행랑 1칸당 연간 저화 2장, 즉 錢文으로 환산하여 80문에 불과하였던
행랑세가 전문 240문으로 인상되었다. 한편 2년 후인 세종 9년(1427) 1
월에는 공상인들의 세액이 다시 매월 상등 90문, 중등 60문, 하등 30문으
로 각각 인하되었다. 아울러 공상의 月稅에서 이들이 국가에 公役한 日
數를 제외하고 課稅하자는 案 역시 이때 제기되었다.[65]

국초에 마련된 시전상인에 대한 상세 규정은《續典》의 市廛之法으로
등재되었음에도 불구하고, 엄격하게 준수되어 상세가 징수되지는 못하
였다.

今商賈收稅之法 著在令甲 務本抑末之意至矣 然奉行官吏 視爲文具 不之
擧行 居貨取利之氓 十常八九 行貨免稅之徒 亦旣衆多 生寡用衆 以致民食之
不裕 乞申明續典市廛之法 行商坐賈之人 計口收稅[66]

'計口收稅', 즉 人頭稅 형식으로 부과되었던 시전의 상세는 奉行 관리
들의 태만으로 제대로 수납되지 못하였던 것이다. 과장된 것이기는 하
겠지만, 시전상인을 포함한 상인의 80~90퍼센트가 상세를 납부하지 않

---

64)《世宗實錄》卷29, 世宗 7年 8月 丙戌, 2冊, 689쪽.
   "戶曹啓錢文收納條件 … 請今以一張准米一斗 每米一升直錢四文 計工匠 每朔
   上等 一名錢一百二十文 中等八十文 下等四十文 行商八十文 坐賈四十文 以此定
   式 收納 一在前行廊稅 每一間 春秋兩等各收楮貨一張 請今春秋兩等 各收錢一百
   二十文 … 命依所啓."
65)《世宗實錄》卷35, 世宗 9年 正月 壬辰, 3冊, 54쪽.
   "戶曹啓 漢城府收工商月稅 每月上等錢一百二十文 中等八十文 下等四十文 不
   計公役日 收之不便 請每月季 所掌各司 以役日數 列名報曹 移文漢城府 除役日收
   稅 以爲恒規 上猶嫌其重 更命上等九十文 中等六十文 下等三十文."
   工商에 대한 이 규정은 이후《六典謄錄》戶典에 기재되어 法條文化한다(《端
   宗實錄》卷7, 端宗 元年 8月 丙申, 6冊, 610쪽).
66)《世宗實錄》卷87, 世宗 21年 10月 乙酉, 4冊, 246쪽.
   市廛之法의 商稅規定이 실린《續典》이 태조 6년(1397)의《經濟六典》간행 이
   후, 세 차례에 걸쳐 편찬된《續典》중에서 어느 때의 것인지는 확인할 수 없다
   (延世大學校 國學研究院 編,《經濟六典輯錄》, 신서원, 1993, 123쪽).

는다는 표현이 나올 정도였다. 그러나 商稅未收 현상의 원인이 담당 관리들의 업무 태만에만 있는 것은 아니었다. 이유는 收稅制度의 未備에도 있었다. 문종대까지도 상세를 주관하는 한성부는 징수한 楮貨의 총액만을 濟用監으로 이관하고 수세의 근거가 되는 시전 내 제반사항을 통지하지 않았다. 檢覈의 근거가 없으므로 상인이 한성부의 관리와 결탁한다면 얼마든지 脫稅가 가능한 상황이었다. 때문에 端宗 원년(1453) 8월 이후에는 商稅收納時에 한성부로 하여금 구체적인 시전의 間架數와 匠人의 等第, 商賈의 姓名, 收納한 楮貨의 數를 기록하여 濟用監으로 수송하도록 하였다.[67] 商稅의 脫漏를 막기 위한 제도정비였다.

이상과 같이 국초에 마련·정비되었던 시전상인들의 상세 규정은 이후 성종 16년(1485) 《經國大典》에 이르러, 다음과 같은 내용으로 최종 정리되어 戶典 雜稅條에 수록되었다.

録工匠等第 及坐賈公廊之數 藏於本曹工曹本道本邑收稅 工匠上等 每朔 楮貨九張 中等六張 下等三張 …… 凡工匠 計除公役日數 收稅 …… 坐賈每 朔楮貨四張 公廊每一間 春秋各楮貨二十張[68]

그간의 상업 발전과 楮貨價 하락을 반영하여 전반적으로 그 세액이 이전보다 3~4배 인상되고 있다. 工匠의 경우 公役日을 제외하고 매월 상등은 9장, 중등은 6장, 하등은 3장이었고, 坐賈는 4장씩이었다. 그런데 公廊稅는 매 칸당 춘추 각 20장, 연간 40장으로 여타 商稅 증가비율을 크게 上廻하여 7배가량이나 인상되었다. 시전 정비 후에 이루어진 시전 상업의 發展事情을 반영하는 公廊稅의 稅額增加였다.[69] 결국 선초 시전

---

67) 《端宗實錄》 卷7, 端宗 元年 8月 丙申, 6冊, 610쪽.
　　 "議政府據戶曹呈啓 … 漢城府不詳録市廛間架之數 及行商坐賈姓名 諸色匠人等第 而以楮貨總數移文 故無所考據 雖有巧避累年不納者 無由檢覈 請自今市廛間架數 及匠人等第 商賈姓名 稅楮貨之數 明白載録輸送 從之."
68) 《經國大典》 戶典, 雜稅.
69) 楮貨制를 처음 시행한 태종 2년(1402)에 정부가 책정한 楮貨價는 1張當 米 2斗였다(《太宗實錄》 卷3, 太宗 2年 正月 壬辰, 1冊, 223쪽). 그러나 저화 유통의 中

상인들은 人頭稅의 형식으로 각 시전 구성원의 수에 따른 商稅를 부담함과 동시에, 아울러 公廊의 임대료인 공랑세를 여기에 추가하여 부담하고 있었다. 定額稅의 형태였다.

선초 市廛이 부담하는 두 번째의 市役은 국가 需要物에 대한 責辦義務였다. 貢物·進上으로 충당하지 못하는 臨時의 需要物을 정부가 市上에서 무역할 때, 시전상인들이 여기에 응하여 責辦해야 하는 의무였다. 責辦은 '貿易'의 형태였기 때문에 責辦物에 대한 給價가 당연한 원칙이었다. 태종 10년(1410)에 市物을 收掠하여 國用으로 삼으려 한 濟用監 관리들이 처벌된 것은 이러한 원칙 때문이었다.[70] 그러나 시전 내에서 '各司使令 據給物價 攘奪于市'[71]하는 양상은 이후에도 지속되고 있었다. 국가권력에 기초한 政府官衙의 臨時需要 조달방법이었다.

責辦에 대한 給價 방침, 곧 市物에 대한 劫奪禁止 조치는 이후《續六典》에 各年判旨 내용으로 수록되어 法條文化한다.[72] 官衙의 시전으로부터의 물품구입이 일반적으로 抑買的 方法으로 이루어지면서, 그 가격이 折價되거나 給價가 지연되는 데 따른 예방책이었다.

선초에 市廛責辦은 하나의 관행으로 지속되었다. 세종 5년(1423) 內資·內贍寺에서는 進上 服御之物의 시전 무역을 위해 '市色奴'를 두고 있었다.

> 尙衣院提調啓 內資內贍兩寺 全掌進上服御之物 不曾豫備 只定市色奴一

---

斷·復行 과정에서 그 가치가 폭락하여, 시전에 대한 商稅 규정이 마련된 태종 15년(1415)에 民間의 실제 저화가는 1장당 米 2승에 불과하였다(《太宗實錄》 卷29, 太宗 15年 6月 丙戌, 2冊, 71쪽). 이후 《經國大典》의 공식 저화가는 1장당 米 1승이었다(《經國大典》 戶典, 國幣). 따라서 선초 商稅의 높은 증가율에도 불구하고, 실제 세액의 상승은 공랑세를 제외하면 미미한 것이었다.

70)《太宗實錄》卷20, 太宗 10年 12月 丙申, 1冊, 571쪽.
71)《太宗實錄》卷23, 太宗 12年 6月 壬申, 1冊, 640쪽.
72)《世宗實錄》卷10, 世宗 2年 11月 辛未, 2冊, 415쪽.
  "禮曹啓 元續六典內 各年判旨 中外官吏 或不奉行 其不奉行條件 謹錄以聞 請申 明擧行 違者論罪 … 永樂十年(太宗 12年, 1412 — 필자) 議政府狀申 各司使令 因 交易公用物件 劫奪市人之物 今後令告於京市署 沒其所賷楮貨 違者重行論罰."

二名 臨時貿易進納[73]

이처럼 당시 시전에서의 책판은 주로 王室의 需要物 마련을 위해 이루어졌지만, 여타의 官衙 또한 임시의 수요조달을 위한 경로로 이용하였다. 各司에서 '市色奴子'를 두고,[74] 시전에서의 무역을 책임 맡게 하였던 것이다.

시전상인의 責辦에는 外國使臣의 支待物 調達 또는 그들과의 貿易에 應해야 하는 義務가 포함되었다. 세종 8년(1426) 4월에 온 중국 사신의 支待物品 중 結彩와 儺禮 비용은 成衆愛馬·各司奴婢·各里香徒 등과 더불어 시전상인들이 부담하고 있다.[75] 또 중국 사신이 가지고 오는 물품에 대한 무역 역시 이들에게 부과된 의무의 하나였다.

　　戶曹啓 使臣賫來之物甚多 公家不得盡貿易 故曾令漢城府及開城府富商市之 尙未能及期畢易 請以市裏人 將十一升以下苧麻布 及交綺豹皮人參丹木白磻胡椒等物 督令貿易[76]

公貿易으로 국가에서 매입하지 못하는 물품을 도성과 개성의 富商과 시전상인에게 무역시켰던 것이다. 문종 즉위년(1450) 6월에도 使臣館 貿易 細麻布量을 정하면서 시전상인에게는 그 殘盛을 고려하여 每一肆當 20~30필에서 40~50필까지 무역하도록 하였다.[77]

이상은 중국 사신의 지대에 관한 내용이나 倭人·野人의 來京時에도 사정은 마찬가지였다. 세종 6년(1424)에 온 日本國 客人의 私物은 시전의 무역 몫이었다.[78] 또한 세종 29년(1447)에는 官工匠의 부족으로 야인에게 지급할 下賜物이 부족하자, 이를 '助役'의 명목으로 시전상인들에

73)《世宗實錄》卷19, 世宗 5年 2月 甲戌, 2冊, 528쪽.
74)《成宗實錄》卷10, 成宗 2年 5月 丁酉, 8冊, 572쪽.
75)《世宗實錄》卷32, 世宗 8年 4月 乙亥, 3冊, 19쪽.
76)《世宗實錄》卷95, 世宗 24年 正月 丁卯, 4冊, 390쪽.
77)《文宗實錄》卷2, 文宗 卽位年 6月 己丑, 6冊, 245쪽.
78)《世宗實錄》卷23, 世宗 6年 正月 辛丑, 2冊, 575쪽.

게 부담시켰다.[79] 시전의 使臣支待物 責辦이 市役의 일환이었음을 잘 보
여주는 사례였다.

선초 사신 支待를 위해 시전에 부과시키던 책판은 정부 수요물 책판
의 경우와 마찬가지로 시전상인들에게 적지 않은 부담이었다. 우선 公
貿易 決濟品目이나 下賜物을 시전상인에게 책판시키면서 정부는 給價
를 제대로 하지 않았다.

> 據奪市人販賣之物 以供其用 後雖給價 亦不稱數 病民害政 莫此爲甚[80]

비록 급가한다 하더라도 折價된 형태로 지급하였던 것이다. 抑買에
다름 아니었다. 給價時에 대가를 저화로 지급하는 방법도, 당시 정부의
강력한 유통정책에도 불구하고 저화의 유통이 실효를 거두지 못하고
있던 실정[81]에 비추어 보면 그러한 抑買의 하나였다.[82]

외국 사신과의 私貿易에서도 責辦의 抑買的 性格은 마찬가지였다. 특
히 중국 사신과의 사무역에서 그러하였다.

> 上謂代言等曰 使臣所賣段子 品惡而價高 市人貿易者 皆不欲之 和賣實難
> 其語 迎接都監 傳語使臣 盖使臣所欲無窮 難以應之也[83]

중국 사신이 판매하는 段子의 품질이 粗惡하여 시전상인들이 사무역
을 바라지 않음에도 불구하고, 사신과의 거래는 불가피한 것이었다. 특
히 사신들이 요구하는 物品이 시전에서 취급하는 品目이 아닐 경우, 그
피해는 더욱 클 수밖에 없었다.[84] 거래물품에 따라서는 사신과의 무역을

---

79) 《世宗實錄》卷115, 世宗 29年 3月 乙酉, 5冊, 14쪽.
   "傳旨工曹 諸色工匠 不能推刷 有闕不補 至有野人賜與之物 及諸別例等事 以市
   裏人稱爲助役 據奪市人販賣之物 以供其用."
80) 위와 같음.
81) 李鍾英,〈朝鮮初 貨幣制의 變遷〉,《人文科學》7(延世大, 1962).
82)《文宗實錄》卷2, 文宗 卽位年 6月 己丑, 6冊, 245쪽.
   "白苧布極貴 而給價之時 並給楮貨 興利之徒 願納者鮮少."
83)《世宗實錄》卷41, 世宗 10年 8月 丙午, 3冊, 142쪽.
84)《世宗實錄》卷43, 世宗 11年 正月 戊申, 3冊, 159쪽.

통해 시전상인들이 이익을 보는 경우도 있었겠지만, 그것이 사신의 威勢를 전제로 또 국가의 알선에 의한 公貿易的인 性格을 띠는 이상, 시전상인들의 손해는 어렵지 않게 추측할 수 있겠다. 따라서 對明關係의 안정에 치중함으로써 많은 수의 중국 사신이 다녀갔던 선초에 이들 시전상인의 지대물 책판 의무는 결코 가벼운 것이 아니었다.[85]

선초 시전의 세 번째 市役은 각종 雜役에 대한 出役義務였다. 당시 시전의 雜役은 주로 國葬과 관련한 應役이었다. 國葬이나 大臣의 禮葬에 哭婢로 市廛女를 동원한 것은 그 하나의 예이다.[86] 그러나 더 일반적인 出役은 山陵 造成工事에 사역되는 형태였다. 세종 28년(1446)과 단종 즉위년(1452)에 각각 昭憲王后의 山陵과 英陵을 조성하면서, 여타의 役徒들과 함께 시전상인들을 동원하고 있다.[87] 아직 후대와 같이 藏氷이나 궁궐의 修理·塗褙 등에 이들이 출역한 사례를 찾을 수는 없지만, 선초에 시전상인들이 후기와 마찬가지로 국가의 여러 잡역에 출역하였음은 추측할 수 있겠다.

고려의 市制를 이어 재정비된 선초 시전의 조성 경위는 이상과 같다. '務本抑末'의 정책표방 하에서 시전의 조성은, 도성상업의 형식적인 틀이 갖추어짐을 의미하였다. 이제 이들 시전의 성립과 발전에 대응한 국가의 시전정책을 市廛監督과 '禁亂'問題를 중심으로 살펴보자.

### 3) 市廛監督과 '禁亂'問題

조선초기 정부는 시전을 통해 도성민의 日常需要를 조달하고 아울러

---

85) 世宗 11년(1429)에 온 중국 사신 尹鳳의 求請物은 200여 櫃에 달하여, 이를 운반하는 人夫만도 1櫃當 8명씩 1,600명이 필요하였다(《世宗實錄》卷45, 世宗 11年 7月 庚申, 3冊, 189쪽). 또 2년 후에 온 사신의 경우에는 무역을 위해 대동한 頭目의 수가 150여 명에 이르러 '比前倍多'한 형편이었다(《世宗實錄》卷53, 世宗 13年 7月 癸未, 3冊, 332쪽).

86) 《世宗實錄》卷11, 世宗 3年 2月 乙巳, 2冊, 423쪽.

87) 《世宗實錄》卷111, 世宗 28年 3月 乙未, 4冊, 662쪽 ;《端宗實錄》卷2, 端宗 卽位年 7月 己酉, 6冊, 519쪽.

국가의 需要物을 마련해 갔다. 태종 5년(1405) 한양 재천도 이후 시전은 도성의 정비와 발전에 짝하여 성장하고 있었다. 세종대에 이르면 도성은 城底 10里를 포함하여 2만여 戶, 11만여의 人口를 가진 도시로 발전하였다.[88] 도성이 이미 '地窄人稠'[89]하다는 형편이었다. 시전은 바로 이와 같은 도성의 정비와 인구의 증가를 기반으로 성장하고 또 발전해 갔다. 그리하여 세조 11년(1465)에 이르면 市廛商人이 '坐肆謀生 專以乘時射利 財累巨萬'하다는 형편이었고, 이들의 奢侈 행태가 논란이 되는 지경이었다.[90]

선초 시전상인의 상업활동은 다양한 영역에서 전개되었다. 市役을 부담하는 官許商人으로서 시전상인은, 이들을 매개로 전국의 상업과 상인

---

88) 世宗代 都城과 城底 10里의 戶口 統計

| 區分<br>時期 | 都 城 | | 城底 10里 | | 計 | |
|---|---|---|---|---|---|---|
| | 戶 | 口 | 戶 | 口 | 戶 | 口 |
| ① 세종 10년(1428) | 16,921 | 103,328 | 1,601 | 6,044 | 18,522 | 109,372 |
| ② 세종 14년(1432) | 17,015 | | 1,779 | | 18,794 | |
| ③ 세종 17년(1435) | 19,552 | | 2,339 | | 21,891 | |
| ④ 세종 20년(1438) | 18,422 | | 1,930 | | 20,352 | |

* 典據는 다음과 같다.
① 《世宗實錄》 卷40, 世宗 10年 閏4月 己丑, 3冊, 128쪽.
② 《世宗實錄地理志》, 京都 漢城府, 5冊, 613쪽.
③ 《世宗實錄》 卷69, 世宗 17年 7月 己卯, 3冊, 641쪽.
④ 《世宗實錄》 卷83, 世宗 20年 12月 戊辰, 4冊, 177쪽.

①은 세종 8년(1426)에 시작되어 10년(1428) 윤4월에 완성된 漢城府 版籍의 내용이다. 당시 한성부는 새로 만든 版籍을 올리면서 각 家口의 多寡와 貴賤·老幼 등을 헤아려 征役과 제반 令을 시행하도록 건의하고 있다. 이로 미루어 보아 이때 완성된 都城版籍에는 戶의 경우 自然戶, 人口는 壯年의 男女와 老幼를 포함한 실제의 총인구를 파악하여 수록한 것으로 판단된다. 한편 ②는 《세종실록지리지》에 수록된 내용으로, 여타 군현의 戶口數에 각기 編戶 男丁數를 기재하였던 것과 달리, 戶數만 실려 있는 한성부의 호수는 自然戶의 수였다(李樹健, 〈朝鮮初期 戶口研究〉, 《嶺南大論文集 — 人文科學篇》5, 1972, 120·143쪽 참조). 이러한 ①과 ②의 호구 내용에 비추어 볼 때, ③과 ④의 한성부 戶數 역시 自然戶에 대한 파악임을 알 수 있다.
89) 《世宗實錄》 卷45, 世宗 11年 9月 癸酉, 3冊, 199쪽.
90) 《世祖實錄》 卷35, 世祖 11年 3月 癸酉, 7冊, 678쪽.

을 관리하고 통제한다는 정부의 抑末政策 하에서 집중적인 保護·育成의 대상이었고, 이에 따라 먼저 도성내의 상품유통을 독점하고 있었다. 시전의 도성내 상품유통 독점은 法으로 규정된 것은 아니었지만, 아직 이들의 商權을 위협할 만한 私商人의 성장이 두드러지지 못한 상황에서[91] 자연스럽게 관철되어 갔다. 市役의 하나이던 政府需要의 조달 의무 역시, 給價가 제대로 이루어질 경우에는 그들에게 막대한 이익을 보장하는 거래였다. 당시 정부에서 국고 잉여물로 처분하던 米穀·貢物의 和賣對象 또한 주로 그들이었다.[92] 뿐만 아니라 선초에 이미 진행되고 있던 貢物의 防納·京中貿納 과정[93]에서도 시전상인은 적지 않은 商利를 확보할 수 있었다. 공물의 買占을 통한 謀利였다.[94]

권력과 유착하여 전개하던 시전상인의 상업활동은 對外貿易에서도 마찬가지였다. 조선 정부는 이미 태종 6년(1406) 金銀·苧麻布를 가지고 使臣의 호송군인을 冒名하여 赴京 私貿易하는 京商들에 대해 ‘籍沒家産身充水軍’하는 조처를 내리고 있다.[95] 《元六典》戶典의 금지규정에 의한 조처였다.[96] 赴京使臣의 수행을 빙자한 사무역에 대한 금지방침은 이후 세종 5년(1423)에 다시 확인되었고,[97] 최종으로는 《經國大典》에 이르러 여타의 사무역 금지규정과 함께 정리·수록되었다.[98] 당시의 사무역이 대규모 資金을 동원하고 中國産 奢侈品을 주로 무역하는 형태임에 비추어 볼 때, 이들 京商은 바로 시전상인이거나 또는 그들과 연

---

91) 도성내 비시전계 사상인의 성장에 대해서는 本章 3절 〈非市廛系 商人의 成長과 都城의 商權紛爭〉 참조.
92) 《世宗實錄》卷52, 世宗 13年 5月 丙寅, 3冊, 313쪽 ; 《文宗實錄》卷5, 文宗 卽位年 12月 戊戌, 6冊, 334쪽.
93) 선초 貢納制의 推移와 貢物의 防納化에 대해서는 田川孝三, 앞의 《李朝貢納制の研究》참조.
94) 《世宗實錄》卷7, 世宗 2年 閏正月 戊戌, 2冊, 373쪽.
95) 《太宗實錄》卷11, 太宗 6年 正月 己未, 1冊, 347쪽.
96) 《太宗實錄》卷33, 太宗 17年 5月 辛卯, 2冊, 160쪽.
97) 《世宗實錄》卷22, 世宗 5年 11月 己亥, 2冊, 565쪽.
98) 《經國大典》刑典, 禁制.

계된 세력으로 추정된다. 결국 선초 시전의 과중한 市役負擔은, 이처럼
당시 정부의 育成對象이었던 시전상인들이 도성을 중심으로 한 국내외
의 상업활동을 통해 막대한 이익을 보장받음으로써 가능하고 또 강제
되는 것이었다.

선초 정부는 이러한 市廛商人의 활동과 市廛監督을 위해 京市署를 두
고, 아울러 漢城府·司憲府로 하여금 동시에 시전업무를 관장하여 이를
규찰하게 하였다. 시전을 전담하는 관서로서 京市署는 이미 태조 원년
(1392)에 百官의 제도를 정비할 때 함께 설치되었다. 市價의 均平, 奸僞
의 禁理, 稅課의 監督이 그 임무였고, 이를 위해 종5품의 令 1인, 종6품의
丞 2인, 종8품의 注簿 2인이 배속되었다.[99] 그런데 태조 원년에 규정된
경시서의 직제는 이후 세조 4년(1458)에서 8년(1462) 사이의 시기에 京
市署 令이 폐지되면서 7품 아문으로 한때 격하된 듯하다.[100] 세조 8년
3월에 폐지된 令을 복구하면서 漢城府 判官(종5품)과 翊衛司의 翊贊(정6
품) 각 1員을 兼差하여 京市署에 常仕시키는 승격조치가 내려지고 있기
때문이다.[101]

이로써 종5품 아문으로 재승격된 경시서는 이후 《經國大典》에 가서
平市署로 개칭되어 吏典에 규정되게 된다.

　　　平市署 掌句檢市廛 平斗斛丈尺 低昂物貨等事[102]

---

99) 주 2와 같음.
100) 京市署 令이 세조 8년 이전의 자료에 마지막으로 보이는 것은 세조 3년(1457)
　　 12월이다(《世祖實錄》 卷10, 世祖 3年 12月 癸巳, 7冊, 242쪽).
101) 《世祖實錄》 卷28, 世祖 8年 3月 丙辰, 7冊, 526쪽.
　　 "吏曹啓 京市署 職任非輕 而爲七品衙門未便 請復立署令 漢城府判官兼差 每衙日
　　 仕于本署 又以翊衛司翊贊一員兼差 王世子侍衛外 常仕本署 從之."
102) 《經國大典》, 吏典, 平市署.
　　 所屬官員은 종5품의 令 1인, 종7품의 直長 1인, 종8품의 奉事 1인 등이었고, 별도
　　 로 提調 1인이 있었다. 한편 경시서에는 다수의 使令이 소속되어 관원의 시전
　　 감독업무를 보조하였다(《太宗實錄》 卷23, 太宗 12年 6月 壬申, 1冊, 640쪽 ; 《世
　　 祖實錄》 卷28, 世祖 8年 4月 丙戌, 7冊, 530쪽).

평시서의 주된 업무는 시전 내 物價調整과 度量衡의 관장이었다. 태조 원년의 직무 규정에 보이는 稅課 업무는 후술하듯이 이후 한성부에서 주관하였기 때문에 《經國大典》 平市署條에는 명시되지 않은 것으로 보인다.

국초 이래 市中物價의 上昇과 不均 현상은 조선 정부의 현안 가운데 하나였다. 태종 13년(1413) 3월에는 시중의 物價騰踊 사태를 방지하기 위하여 중국의 着稅之法에 의거, 모든 상품에 대해 반드시 국가가 ‘折價收稅’한 연후에 교역을 허가하자는 논의가 제기되기도 하였다.[103] 市價의 不平 또한 문제였다. 경시서가 석 달에 한 번씩 市價를 改定하자는 안은 이런 사정에서 제기되었다.[104] 시중 상품에 대한 국가의 定價方案, 곧 市准法은 이후 세종 27년(1445)에 이르러 물품별로 다음과 같이 정비된다. 布貨·皮·鐵·衣服·柴木 등과 같이 가격의 등락폭이 크지 않은 품목은 일정한 가격을 布貨·銅錢·楮貨로 정하고, 수입품인 銅鑞·丹木·白磻·藥材 등은 경시서가 호조에 보고하여 ‘隨時定價’하고, 그 가격이 朝夕으로 변동하는 菜蔬·魚肉·細碎食物에 대해서는 전례대로 경시서에서 市准한다는 방침이었다.[105] 시전감독기구로서 경시서의 주요 업무가 시중 물가의 均平과 그 管理였음을 잘 보여주는 내용이다.

이 시기 시전 내 물가 문제는 상인의 度量衡 詐欺에서 비롯되는 경우가 적지 않았다. 따라서 시전감독의 일환으로 이에 대한 관리 또한 시급한 문제였다. 태조 원년의 직무규정에는 나타나지 않으나 도량형의 관장은 태종 7년(1407) 이전부터 경시서의 고유 직무였고, 이는 《續六典》

---

103) 《太宗實錄》 卷25, 太宗 13年 3月 乙未, 1冊, 666쪽.
104) 《世宗實錄》 卷9, 世宗 2年 8月 辛丑, 2冊, 391쪽.
  “戶曹啓 市價不平 令京市署 每三朔一次 改定市價 其亂法瞞官者 憲司糾理 從之.”
105) 《世宗實錄》 卷110, 世宗 27年 12月 壬子, 4冊, 647쪽.
  “議政府據戶曹呈啓 市准之法 因物時直 不其高下 以便民情 … 今後 凡物品秩及
  時價輕重 戶曹聚富商大賈 互相辨問 或永爲定價之物 或一年或三朔市准之物 一
  一分揀 其布貨皮鐵衣服柴木等價 雖隨時或有輕重之差 亦不甚懸絶 皆有一定之價
  並以布貨錢楮定價 異土所産 銅鑞丹木白磻藥材等物 京市署報戶曹 隨時定價 如
  朝夕變價 菜蔬魚肉細碎食物 依前例 京市署市准 從之.”

에 各年判旨 내용으로 수록되었다.[106] 그리고 이 규정에 따라 세종 3년
(1421)에는 依法校正한 稱子를 경시서를 통해 中外에 보급하였고,[107] 이
후 斗斛이나 稱子 관리는 경시서의 주요 소관업무가 되었다.[108] 여기에
세종 13년(1431) 京外의 布帛尺에 대한 平校 업무까지 경시서에 추가됨
으로써,[109] 이제 경외의 도량형에 대한 제반 업무는 모두 경시서로 歸一
되었다. 《經國大典》에 있는 평시서의 직무규정은 이러한 과정을 거쳐
정리된 것이었다.

선초 市廛의 商稅는 한성부에서 주관하여 징수하였다. 한성부 역시
시전 감독이 그 주요 직무의 하나였던 것이다.[110] 한성부의 상인 관리와
상세 징수는 태종 10년(1410) 이래의 원칙이었다.

　征工商 有國常典 令京中工商 每月一名納楮貨一張于漢城府留後司 各道行
　商之稅 亦不可不征 漢城府考其行商名數 每一名 計收楮貨三張 行狀成給 待
　六朔 還取行狀[111]

이처럼 한성부의 상세 징수는 시전상인에 국한된 것이 아니었다. 서
울에 籍을 두고 있는 상인의 상세는 行商, 坐賈에 관계없이 모두 한성부
의 소관사항이었다. 태종 16년(1416) 8월에 한성부가 行商의 行狀稅 減
下를 반대하고, 또 이를 관철시킬 수 있었던 사정[112]은 바로 이러한 소관
업무 때문이었다. 행상이라도 한양에 籍을 두고 활동하는 京商이라면

---

106) 《世宗實錄》 卷10, 世宗 2年 11月 庚午, 2冊, 415쪽.
　　"禮曹啓 元續六典內 各年判旨 中外官吏 或不奉行 其不奉行條件 謹錄以聞 請申
　　明擧行 違者論罪 … 永樂五年(太宗 7年, 1407 — 필자) 議政府受判 斗升平校 京中
　　京市署 外方觀察使 每年春秋仲月 依前例施行."
107) 《世宗實錄》 卷13, 世宗 3年 8月 戊申, 2冊, 446쪽.
108) 《世宗實錄》 卷41, 世宗 10年 9月 癸卯, 3冊, 145쪽.
109) 《世宗實錄》 卷52, 世宗 13年 4月 辛丑, 3冊, 309쪽.
110) 《經國大典》 吏典, 漢城府.
　　"漢城府 掌京都口帳市廛."
111) 《太宗實錄》 卷20, 太宗 10年 11月 甲子, 1冊, 569쪽.
112) 《太宗實錄》 卷32, 太宗 16年 8月 辛巳, 2冊, 132쪽.

상세 징수를 포함한 관리 업무는 한성부에서 관장하였던 것이다. 그리고 이러한 원칙에 따라 도성내 행상·좌고의 상세와 시전의 행랑세는 이후에도 여전히 한성부에서 수납하였다.[113]

한편 시전 내 不法行爲에 대한 감독은 경시서·한성부만이 아니라 司憲府 또한 고유 감찰업무의 일환으로 수행하고 있었다. 《經國大典》吏典 司憲府條의 ‘禁濫僞’에 해당하는 직무였다.[114] 당시 사헌부의 京市 감찰은 고려조 이래의 良法으로 인식되었고, 市廛整齊와 物價均平이 그 목적이었다.[115] 감찰 파견을 통한 사헌부의 시전 禁亂活動은 고유 업무의 하나로 이 시기 내내 지속되었다.[116]

선초 시전 감독은 이처럼 경시서·한성부·사헌부의 세 관서에서 담임하였다. 소관 업무의 구별이 전혀 없었던 것은 아니나, 한성부의 수세 기능을 제외하면 시전의 商去來 질서유지를 위한 감독 업무는 이들 세 관서의 공통된 직무였다. 세종 21년(1439) 4월, 시전상인이 殘劣人의 所持物을 減價抑買하는 것을 금지하면서 그 傳旨를 사헌부·한성부·경시서에 공히 내렸던 것은 이런 사정에서였다.[117]

조선초기 정부는 시전상업계내의 諸問題를 ‘禁亂’이라는 명목으로 단속하여 처결하고 있었다. 시전상인의 度量衡 詐欺, 物價操縱, 抑買賣 등의 행위를 禁하는 차원이었다. 세종 18년(1436), 국왕은 경시서와 헌부의 시전감독 강화를 지시하면서 그 필요성을 다음과 같이 언급하고 있다.

市井姦狡之徒 或用不准升斗 或矯平准之器 或雜以穀 或雜以沙 多方欺罔

---

113) 주 67과 같음.
114) 《經國大典》吏典, 司憲府.
115) 《太宗實錄》卷19, 太宗 10年 2月 甲辰, 1冊, 528쪽.
　　“司憲府上言 … 至於市廛 奸濫縱橫 孫相欺詐 物價騰湧 … 京市監監察 此前朝盛時之良法也 … 又於京市 亦遣日差監察 罷市爲限 考其物價 禁其奸濫 則市廛整齊 而物價均平矣 判曰 依申 其京市監察 依前例施行."
116) 《世宗實錄》卷75, 世宗 18年 11月 丙辰, 4冊, 41~42쪽.
117) 《世宗實錄》卷85, 世宗 21年 4月 癸卯, 4冊, 208쪽.

少與而多取 較其本價 僅得十分之六七 愚民苟救目前之急 不暇告訴 益就困
窮 誠可憐悶[118]

市廛禁亂은 상인의 불법적인 欺罔行爲를 금지함으로써 정상적인 상
거래를 도모하려는 목적에서 취하는 조처였던 것이다.

시전의 상거래 문란은 도성이 팽창하고 인구가 증가하는 사정 속에서
심화되어 갔고, 이에 대한 정부의 대책 또한 절실하게 되었다. 시전을
감독하는 세 관서의 禁亂活動은 이 과정에서 강화될 수밖에 없었다.[119]
그러나 시전상인들은 그들의 상이익 확보를 위해 정부의 禁亂政策에
적극 대응하여 나갔다. 세조 8년(1462)에는 이제까지 경시서 使令으로
활동하고 있던 시전상인을 한성부의 皂隷로 대체하는 조처가 내려졌다.

兵曹據吏曹關啓 在先京市署使令 以市裏人定之 不敢摘撥姦僞 請加設漢
城府皂隷十人 送于本署 以供役使 從之[120]

시전상인으로 구성된 경시서 사령이 시전 내의 姦僞를 적발하지 않기
때문이었다. 시전상인들이 그들을 감독하는 관서의 사령으로 진출함으
로써 정부의 금란활동을 制御하였던 것이다. 성종대에 이르면 사헌부의
書吏가 모두 市井之人이어서 市裏의 奸僞를 적발하지 않을 뿐만 아니
라,[121] 나아가 '憑任官威 逞私市廛'[122]한다는 형편이었다. 권력과의 유착
을 통해 정부의 금란정책에 대응하고, 나아가 그들의 商利擴大를 도모
하던 당대 시전상인들의 모습이다.

이 시기 정부의 市廛禁亂은 이상에서 살펴본 것처럼 시전상인들의 사
기행위를 금지하여 시전 내의 商去來秩序를 확립하는 차원에서 진행되

---

118)《世宗實錄》卷75, 世宗 18年 11月 丙辰, 4冊, 41~42쪽.
119) 세종대에는 이들 세 관서 외에도 事案에 따라서는 義禁府나 別監 파견을 통해
    시전을 규찰하기도 하였다(《世宗實錄》卷27, 世宗 7年 正月 乙未, 2冊, 650쪽 ;
    《文宗實錄》卷10, 文宗 元年 11月 丙午, 6冊, 453쪽).
120)《世祖實錄》卷28, 世祖 8年 4月 丙戌, 7冊, 530쪽.
121)《成宗實錄》卷101, 成宗 10年 2月 戊申, 9冊, 695쪽.
122)《成宗實錄》卷101, 成宗 10年 2月 己酉, 9冊, 695쪽.

었다. 아직 非市廛系 商人의 성장은 두드러지지 않았고, 따라서 同一物種의 시전상인을 보호하기 위해 亂廛商人들을 규제하는 그러한 禁亂은 아니었다.

선초에도 이미 도성내에는 시전 이외의 상인들이 영업하고 있었다. 시전행랑 정비 후에 마련된 商稅規定에 보이는 ‘巷市’[123] 곧 ‘閭巷小市’가 바로 이들의 활동무대였다. 당시 정부는 도성민의 朝夕 마련을 위해 성내 각처에서 장시의 형태로 개시되던 이들 巷市의 상인에 대해서는 免稅방침을 취하고 있었다. 도성민의 일상용품을 單純商品交換의 형태로 거래하던 零細 小商人에 대한 배려였다.

따라서 이처럼 자본의 규모나 거래형태에서 영세성을 면치 못하던 비시전계 사상인들이 당시 시전상인들의 商權을 위협하지는 못하였다. 선초 ‘亂廛’은 아직 시전을 위협할 정도로 성장하지는 못하였던 것이다. 때문에 시전상인들 또한 이들 도성내 소상인에 대한 별다른 견제나 반발의 모습을 보이지 않았다. 후대 시전상업계의 최대 현안이 되는 ‘禁亂廛’ 문제는 적어도 이 시기에는 아직 제기되지 않았던 것이다. 당시 시전상업계의 동향을 전하고 있는 세조 2년(1456)의 다음 자료를 살펴보자.

> 承旨具致寬韓明澮等啓曰 …… 姦狡之徒 根據市廛 一有村民 抱物而來 欺罔立奪 甚者邀於國門之外 一遇載物者 爭相携持 羅致其家 盡買而後遣之 民之來貿者 率得半價而歸 如此之弊甚多[124]

시전상인들이 시전에 근거하여 村民의 물건을 抑買하거나, 심지어는 성문 밖으로까지 나가 도성에서 판매하기 위해 실어오는 물건을 자기의 집으로 유인하여 반값으로 사들이는 실정이었다. 그러나 당시 大臣들은 시전상인들의 이러한 억매활동을 ‘禁亂廛權’에 기초한 强買로 인식하지는 않고 있다. 시전상인들의 횡포이자 기만적인 商術에 이한 抑買로 보

123) 주 62와 같음.
124)《世祖實錄》卷4, 世祖 2年 5月 乙亥, 7冊, 130쪽.

고 있는 것이다.

조선초기 시전 내 금란문제의 성격은 이러하였다. 시전체제의 성립 후 도성내 각처에 비시전계 영세 사상인들이 성장하고는 있었지만, 아직 이들의 商活動이 시전의 商權을 위협할 정도는 아니었다. 따라서 정부의 시전 禁亂活動 역시 亂廛이 아닌 市廛商人의 불법적인 상행위 禁斷에 그 초점이 맞추어져 있었던 것이다.

## 2. 市廛의 發展과 市役 增大

### 1) 市廛의 擴大와 再配置

市廛의 조성과 정비에 대한 국초 조선 정부의 방침은 고려의 그것에 비해 매우 강력하고도 구체적인 것이었다. 이를 통해 도성, 나아가 전국의 商業과 商人을 관장하고 통제하려는 정책, 곧 抑末策에 따르는 당연한 조처였다. 시전과 시전상인은 당시 국가의 이러한 상업정책에 따라 市役을 부담하는 대신 도성내의 商業獨占을 보장받음으로써 성장·발전해 가고 있었다. 시전상업의 발전은 성종초에 이르면 국초에 설정된 시전 商街區域의 확장을 가져왔다. 성종 3년(1472)의 다음 논의와 결정사항은 그러한 시전의 확대 사정을 잘 보여주고 있다.

戶曹啓 今承傳敎 人言都市 地狹人衆 奸細之徒 欺誕攘奪 無所不至 車馬塡塞 人多見傷 自蓮池洞口 至敦義門石橋 分列市肆 令疎密得宜 則奸濫可除 臣等以爲 自三間屛門 至敦義門石橋 地勢窄狹 昌德宮宗廟義禁府前路 不宜聚人紛擾 請自日影臺 至蓮池洞石橋 分左右坐市 從之[125]

애초 성종은 도성 시전의 '地狹人衆', '車馬塡塞'에 따른 상거래 문란과 인명 손상을 이유로 시전의 구역을 蓮池洞口[126]로부터 敦義門 石橋[127]까지 확장시켜 市肆를 나누어 배치하라는 傳敎를 내렸다. 이에 대해 호조

---

125) 《成宗實錄》 卷18, 成宗 3年 5月 丁未, 8冊, 657쪽.
126) 조선시대의 연지동은 오늘날의 종로구 연지동, 효제동, 종로 5가, 원남동에 걸쳐 있었다(한글학회 편, 앞의 《한국지명총람》, 225쪽의 '연지동' 항목).
127) 敦義門 石橋의 본명은 '京庫橋'로 俗稱 '경구다리', '京橋'라고도 하였다[李重華, 〈京城市廛의 變遷〉, 《別乾坤》 4卷 6號(통권 23호, 1929年 9月號), 73쪽의 주 2]. 오늘날의 서대문 로터리 적십자병원 부근에 소재한 다리로, 현재는 복개되어 있다.

에서는 위 구간 중, 三間屛門[128]으로부터 敦義門 石橋에 이르는 구간이
地勢가 狹窄함을 들어 반대하고, 아울러 '聚人紛擾'해서는 안 되는 창덕
궁·종묘·의금부 앞길을 피해 日影臺[129]로부터 蓮池洞 石橋[130]에 이르는
도로의 좌우에 坐市, 즉 시전을 개설하자고 건의하였다. 성종 역시 이
호조의 案에 동의하였다.

성종 3년 5월에 있었던 이 조치는 국초에 설정된 시전구역을 확대하
여 재정비하기 위한 것이었다. 국초의 시전구역은 景福宮 남쪽 惠政橋
로부터 宗廟前 樓門에 이르는 구간(오늘날의 종로 1~3가)과, 鐘樓에서
廣通橋에 이르는 구간(남대문 1가 일대)이었다.[131] 그런데 이 구간의 행
랑만으로는 팽창하는 시전을 다 수용하지 못하게 되자, 시전구역을 東
西로 확장시키는 안이 검토되고 최종으로는 그 구역을 東으로 蓮池洞
石橋까지 확대시켰던 것이다.[132] 새로이 시전구역으로 추가된 구간은 宗
廟 앞의 日影臺로부터 蓮池洞 石橋에 이르는 지역으로, 오늘날의 종로
4가 일대였다. 이 구간은 태종 14년(1414)의 제3차 행랑건설공사에 의해
이미 행랑이 건설되어 있던 곳이었다.[133] 따라서 별도로 행랑을 건설하

---

128) 屛門은 路나 洞의 入口를 뜻한다. 三間洞은 현재의 세종문화회관과 광화문 네
    거리 사이에 소재한 동네이다(李重華, 앞의 〈京城市廛의 變遷〉, 73쪽의 주 3).
129) 日影臺는 곧 仰釜日晷이다. 세종 16년(1434) 10월에 2개를 제조하여 하나는
    惠政橋에, 나머지 하나는 宗廟 앞에 설치하여 日影을 관측하게 하였다(《世宗實
    錄》 卷66, 世宗 16年 10月 乙巳, 3冊, 592쪽). 여기에서 말하는 日影臺는 後者로서
    오늘날의 위치로 종로 4가 초입의 종묘 앞 광장에 소재하였다. 光武 2年(1898)까
    지는 약 4尺 높이의 臺石이 남아 있었다고 한다(李重華, 앞의 〈京城市廛의 變遷〉,
    73쪽의 주 5). 18세기 중반에 제작된 것으로 추정되는 《都城圖》에 그 위치가 자
    세히 나와 있다[許英桓, 《定都 600年 서울地圖》(汎友社, 1994), 26~27쪽에 收錄].
130) 오늘날 종로 4가와 5가 사이에 있던 다리로, '二橋', '再橋'라고도 하였다. 동대
    문 쪽에서 두 번째 다리가 되므로 이렇게 불렀다고 한다(한글학회 편, 앞의 《한
    국지명총람》, 240쪽의 '두다리' 항목).
131) 朴平植, 〈朝鮮初期 市廛의 成立과 '禁亂'問題〉, 《韓國史研究》 93(1996 ; 本書
    제2장 1절).
132) 성종대의 시전구역의 확장에 대해서는 일찍이 李重華가 앞의 〈京城市廛의 變
    遷〉, 71쪽에서 간략하게 지적한 바 있다.
133) 朴平植, 앞의 〈朝鮮初期 市廛의 成立과 '禁亂'問題〉(本書 제2장 1절).

지 않고, 이제까지 다른 용도로 사용되어 왔던 좌우행랑에 시전상인을 分集시켜 坐市하도록 하였던 것이다.[134] 이상의 시전구역 확대 내용을 지도상에서 살펴보면 다음의 그림과 같다.

성종 3년(1472)에 확대된 市廛區域

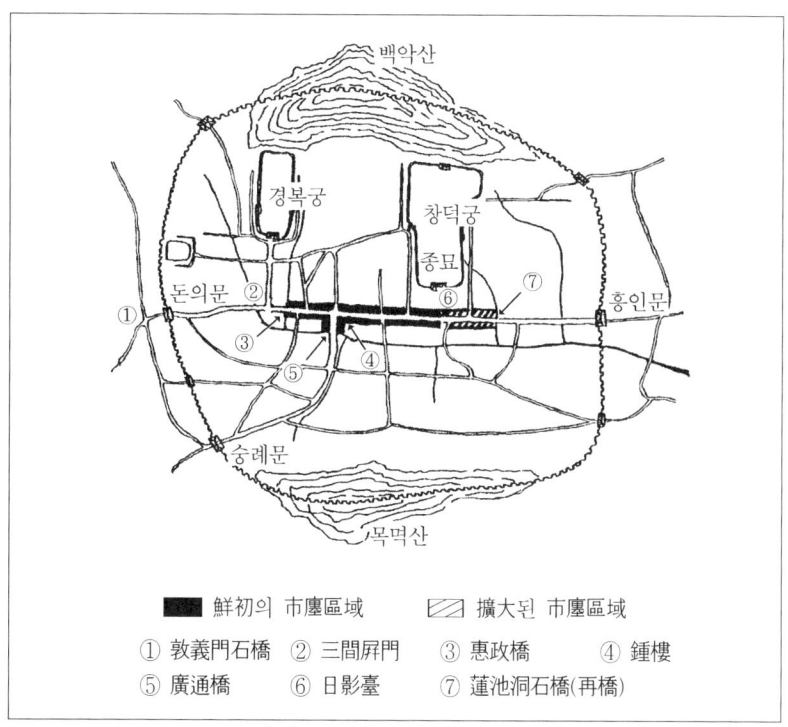

* 地圖는 허영록, 〈조선시대 도시계획의 기본요소로서 시전(市廛)에 대한 연구〉, 《서울학 연구》 6(1995), 74쪽의 것을 原形으로 이용하였다.

────────────

134) 조선후기의 市廛 名稱과 그 位置를 표시하고 있는 지도인 19세기 중엽의 《首善總圖》와 《朝鮮京城圖》에 따르면, 성종 3년에 확대된 이 시전구역이 후기까지 그 骨格이 유지되고 있음을 확인할 수 있다(許英桓, 앞의 《定都 600년 서울 地圖》, 70~71, 74~75쪽에 收錄). 매우 흥미로운 사실로 그 의미가 穿鑿될 필요가 있다.

상거래의 문란을 막고 발전하는 시전상업을 수용하기 위한 정부의
이 조치는 그러나 그 2년 후에 다시 문제가 되었다. 기왕의 시전구역에
서 영업을 하다 성종 3년 5월 이후에 신설된 구역으로 强制移住된 시전
상인들이 다시 원래의 구역으로 되돌아가는 데 따르는 문제였다. 그리
하여 이에 대한 논의가 성종 5년(1474) 7월에 經筵席上에서 제기되었다.

御經筵 講訖 上謂大司憲李恕長曰 前日命卿等 親審市肆 其已視之乎 恕長
對曰 臣已與戶曹漢城府 共審之 悉還本處矣 上問左右曰 大抵人情 皆安於舊
勿移市何如 領事鄭昌孫洪允成對曰 市肆地狹人多 市人因以罔利 今還本處
疎密得中 而猶怨者 以未得售其奸耳 宜自樓門 上至景福宮下馬碑 分列市肆
則居貨者得便 而民心自定矣 上曰 更令戶曹漢城府 審定市肆 毋致民怨 可
也[135]

성종의 命을 받은 사헌부·호조·한성부에서 다시 원래의 시전구역으
로 되돌아간 시전상인들을 本處(성종 3년에 확대·신설된 구역, 즉 현재의
종로 4가 지역)로 刷還시켰으나, 이에 대한 異見이 제기되었던 것이다.
우선은 성종 자신이 시전상인들의 '皆安於舊'를 이유로 移市 조치의 중
단 의사를 표명하였다. 그러나 대신들은 이러한 市肆移轉이 시전상인들
의 罔利를 막기 위한 것이라는 원래의 취지를 들어 이에 반대하고, 이
조치로 인해 奸計를 부리지 못하게 된 자들이 원망할 뿐이라고 하였다.
더 나아가 이들은 애초의 시전구역인 宗廟前 樓門에서 景福宮 下馬碑까
지 구간에 대해서도 마땅히 '分列市肆'하여야만 상인들이 편리함을 얻
고 도성의 민심 또한 안정될 수 있을 것이라고 지적하였다. 곧 국초 이
래 표방된 物種別 市廛配置 원칙의 재강조였다. 이에 대해 성종은 다시
금 호조와 한성부로 하여금 시전의 상황을 살펴 民怨을 일으키지 않는
범위 내에서 조처하라고 지시하고 있다.
성종 5년(1474)의 이 논의에 대한 구체적인 추진상황이 이후 기록에

---

135)《成宗實錄》卷45, 成宗 5年 7月 壬午, 9冊, 134쪽.

나타나고 있지는 않지만, 성종 3년에 확대된 시전구역에는 그 후 정부의
移市 조처에 따라 다수의 시전들이 이주하여 영업하였을 것으로 생각된
다. 그러나 이주된 시전상인들이 舊址로 되돌아가려 한 사실에서 알 수
있듯이 당시 정부의 시전구역 확대와 정비조치에 대한 시전상인들의
반발은 적지 않았다. 政府主導의 市廛再編의 결과, 기왕에 거두고 있던
商利에 비해 損失을 입은 시전상인들의 반발이었다.

한편 이상과 같이 市廛區域이 확대된 후, 성종 5년 7월에 대신들이 제
안한 대로 시전 내 점포들을 그 販賣物種에 따라 再配置하려는 전면적인
市廛再編, 市肆移轉事業이 그 11년 후인 성종 16년(1485)에 뒤따랐다.

> 戶曹判書李德良參判金升卿啓曰 近因人陳言 命臣等與漢城府平市署 同議
> 移市肆事[136]
> 右承旨安琛曰 前此 列肆地窄 羣聚囂雜 欺誑者多 若移排踈行 則無此弊[137]
> 司憲府大司憲李瓊仝等 上箚子曰 市肆類分 初因市裏人上言 以便買賣[138]

시전상업의 발전에 따라 市街가 번잡해지고 상거래가 문란해지는 현
상이 발생하자, 정부에서 시전을 業種에 따라 구분하여 재배치하는 '市
肆類分' 조처를 추진하였던 것이다.

업종별 시전구역 설정이 국초 이래의 원칙[139]이었음에도 불구하고, 이
때 다시금 일부 시전의 이전을 전제로 市廛 再配置 조처가 후속되었던
데에는 그만한 배경이 자리 잡고 있었다. 바로 15세기 중·후반 都城商業
의 발전과정에서 상인들이 기왕의 業種別 市廛區域을 벗어나 각처에 同
一物種의 市肆들을 開店해 가자, 이에 대해 취하던 정부 차원의 대책이
었다. 各處에 混在한 동일물종의 市肆들을 업종별로 다시 그 구역을 설
정하여 재배치함으로써, 국가의 시전통제를 용이하게 하려는 시전정책

---

136)《成宗實錄》卷181, 成宗 16年 7月 乙丑, 11冊, 42쪽.
137)《成宗實錄》卷181, 成宗 16年 7月 戊辰, 11冊, 43쪽.
138)《成宗實錄》卷181, 成宗 16年 7月 庚午, 11冊, 43쪽.
139) 朴平植, 앞의 〈朝鮮初期 市廛의 成立과 '禁亂'問題〉(本書 제2장 1절).

의 일환이었다. 이는 성종 3년(1472)의 市廛區域 擴張조치와 함께, 이 시기에 지속되고 있던 도성상업의 발전을 수용하여 국초 이래 추진해 왔던 국가의 市廛 관리·장악을 강화하고, 이를 통해 商業支配를 실현하려는 목적에서 취해지는 정책이었다.

그간의 시전상업의 발전을 수용하기 위한 이 조처는 애초 시전상인의 上言에 의해 계획된 것이었다. 그러나 이 조처에 대한 반발 역시 적지 않았다. 정부의 시전 재배치정책에 따라 강제 이전될 시전의 저항이었다. 성종 16년(1485) 7월, 아직 市肆移轉에 관한 명령이 내려지지 않았음에도 불구하고, 시전상인들은 戶曹·漢城府·平市署 관리들을 원망하며 도로를 막고 市肆移轉의 불편함을 호소하였다. 나아가 그들은 이러한 市肆移配가 公共의 必要에 따라 추진된 것이 아니라면서 담당관서인 戶曹의 判書와 參判을 비방하는 諺文投書를 하기도 하였고, 면포 7~8同을 뇌물로 바치면 다시 옛 시전 자리로 돌아갈 수 있을 것이라며 불평하기도 하였다.[140] 市肆의 이전에 따라 기왕의 商權이 타격을 입을 것을 우려한 시전상인들의 반발이었다.

移市 조처에 가장 격렬하게 반발하였던 시전상인은 鐵物廛과 縣紬廛 出市人이었고, 결국 이들 중 79명이 諺文投書와 관련하여 官人誹謗 혐의로 의금부에 체포되기에 이른다.[141] 당시 정부는 移轉對象 시전상인들의 반발을 각자의 家前에서 영업하지 못하는 데 따른 불평으로 간주하였다. 따라서 한둘이 아닌 도성내 모든 시전의 소원을 들어줄 수 없고, 같은 도성내에서 어찌 왕래에 따른 폐단이 있겠느냐며 그들의 요구를 일축하였다.[142]

---

140) 《成宗實錄》 卷181, 成宗 16年 7月 乙丑, 11冊, 42쪽.
141) 위와 같음.
　　"(戶曹判書李)德良等啓曰 鐵物前縣紬前人 最惡移市 當先鞫兩前出市人 傳曰 令義禁府速捕治 坐此見囚者七十九人."
142) 《成宗實錄》 卷181, 成宗 16年 7月 戊辰, 11冊, 43쪽.
　　"問承旨等曰 移市果有弊乎 都承旨權健曰 市人之願 不過各於家前爲肆耳 今之移市 家近者喜 家遠者怨 然一都城之內 何有往來之弊乎 且坐市者非一 豈能盡如

반면 철물전·면주전이 중심이 된 시전상인들의 戶曹官人 誹謗事件에
대한 성종의 대처는 단호하였다. 언문투서 직후에 鐵物·緜紬 兩廛人을
중심으로 79명을 체포하였고, 불과 5일 뒤에는 구금된 시전상인이 다시
150여 명으로 늘어났다. 義禁府에서 이들을 다 수용할 수 없어 典獄署에
나누어 투옥시키고도 囚禁하지 못하는 자가 있는 형편이었고, 이들의
親姻族黨들이 그 供饋에 분주하여 市肆가 空虛해지고 工商이 失業한다
는 정도였다. 每肆의 魁首 1~2명으로 제한하여 窮推하자는 사헌부의
건의가 나온 것은 이 때문이었다.[143]

계속되는 대신들의 건의로 마침내 두 달 후인 그해 9월, 수감된 시전
상인 중 諺文을 해독하는 閔時·羅孫·沈戒同·劉從生 등 同黨 16인을 제
외한 나머지 囚人들은 석방되었다.[144] 그러나 이 사건을 '傷敗風俗',[145]
'陵上之風'[146]으로 이해한 성종의 강력한 의지에 따라, 推鞫은 이후에도
그해 12월까지 계속되었다.[147] 특히 首謀者로 판명된 劉從生은 이듬해
3월 陵寢에 벼락이 떨어진 데 따른 大赦免 조처에도 불구하고, 성종이
死刑을 고집하여 그 처벌이 논란을 거듭하다가 결국은 평안도의 極邊
으로 全家徙邊에 처해지고 있다.[148] 사건 관련자들이 모두 '市中鉅富'들
이었고,[149] '自首免罪' 방침에도 불구하고 해당 시전의 조직적인 대응으
로 인해 有告者가 없어[150] 그 調査와 處決에 9개월 이상이 걸린 사건이

其願."
143)《成宗實錄》卷181, 成宗 16年 7月 庚午, 11冊, 43쪽.
144)《成宗實錄》卷183, 成宗 16年 9月 己巳, 11冊, 55쪽.
145)《成宗實錄》卷185, 成宗 16年 11月 戊午, 11冊, 73쪽.
146)《成宗實錄》卷185, 成宗 16年 11月 甲子, 11冊, 75쪽.
147)《成宗實錄》卷186, 成宗 16年 12月 戊戌, 11冊, 84쪽.
148)《成宗實錄》卷189, 成宗 17年 3月 庚戌·乙卯·丙辰·庚申·壬戌·癸亥·甲子, 11
冊, 104~113쪽. 한편 이 사건에 대한 처결내용은 13년 후인 燕山君 4년(1498)의
기록에도 다음과 같이 등장한다(《燕山君日記》卷29, 燕山君 4年 6月 丙寅, 13冊,
312쪽).
"成宗朝 劉終生 貼榜街巷 謗訕李德良 是匿名書 本不取實 成宗怒其大賈陵蔑朝
綱 欲置重刑 其時臺諫侍從 以爲不宜取實 故只定役于江界."
149)《成宗實錄》卷185, 成宗 16年 11月 辛酉, 11冊, 74쪽.

었다.

그러나 이로써 성종 16년의 市廛再配置, 즉 業種別 市肆類分 조처에 대한 논란이 종결된 것은 아니었다. 異見은 다음해인 성종 17년(1486) 5월에, 시전상인들의 비방대상이었던 호조판서 李德良 자신에 의해 제기되었다. 그는 移市 조치가 便民을 위한 것이나 民情이 모두 같지 않아 이전을 원하지 않는 시전상인들의 소송이 그치지 않으므로, 이전된 시전들을 原狀復舊시키자고 주장하였다. 그러나 성종은 정부의 시전 재배치정책을 지지하는 시전상인이 많다는 사실을 들어 이를 수용하지 않았다.[151] 아울러 《成宗實錄》의 史臣은 이덕량의 이 견해가 시전상인들의 반감이 자신에게 집중되는 데 따른 모면책이었기 때문에 당시 사람들이 모두 그를 비난하였다고 평하고 있다.[152]

결국 商權의 위축과 이익 감소를 우려한 일부 시전상인들의 반발에도 불구하고, 성종 16년에 계획되었던 정부의 市廛再編 方針은 그대로 강행 추진되었다. 시전상업이 발전하고 팽창하는 현실에서, 일부 시전의 商利보다는 시전 전체의 효율적인 관리와 이를 통한 국가의 商業支配 원칙을 우선시켰던 조선 정부의 시전정책에 따른 조치였다.

### 2) 市廛擴大의 基盤

성종대의 市廛區域 확장과 市肆再配置는 당대 시전상업의 발전의 결과로 마련되는 정책이었다. 성종대 이후 이처럼 시전상업이 발전·번성

---

150) 《成宗實錄》 卷183, 成宗 16年 9月 乙丑, 11冊, 54쪽.
151) 《成宗實錄》 卷191, 成宗 17年 5月 辛亥, 11冊, 124쪽.
　　"戶曹判書李德良啓曰 頃者移易市肆 欲以便民也 然民情不同 其所不願者 訟之不已 請仍舊 上顧問左右 漢城府右尹李季仝對曰 臣與刑曹同審而移市 市人皆求自便 莫適所從 故願移者多則從之 少則不聽 豈得人人而從之哉 上曰 頃者列肆不均 居貨者多怨 故從民願而移之 今又紛更 則後必有願移者 然則何時而定也 史臣曰 德良以劉莫知等 極口詆毁 怨讟叢己 啓請仍舊 人皆短之."
152) 주 151 史臣의 評에 등장하는 劉莫知는 한때 이 사건의 首謀人으로 거명되던 인물이었다(《成宗實錄》 卷185, 成宗 16年 11月 乙卯, 11冊, 72쪽 ; 《成宗實錄》 卷185, 成宗 16年 11月 戊午, 11冊, 73쪽).

하게 된 데에는 여러 요인이 그 기반으로 자리하였지만, 우선 주목되는
것은 도성의 인구증가이다.

　선초 도성은, 세종대에 이미 城底 10里를 포함하여 2만여 戶에 11만여
의 人口를 가진 도시로 발전하여 있었다.[153] 당시 도성이 정치·행정의
중심으로 기능하는 소비도시였음을 고려하면 적지 않은 수의 인구였고,
이들이 곧바로 선초 시전의 상업기반인 셈이었다. 그런데 도성의 인구
는 점차 더욱 증가하고 있었다. 성종 7년(1476) 5월, 조정에서는 도성
주변 高地帶에 위치하여 宮闕을 臨壓하는 家屋 400여 채의 철거문제가
논의되었다. 知事 徐居正은 이러한 사태의 배경을 다음과 같이 진단하
고 있다.

　　國都開建 百有餘年 生齒日繁 城中不能容 故不得已 家於高地[154]

　인구증가에 따라 城中에서 이들을 수용할 수 없게 되자, 人家가 점차
고지대에 들어선다는 지적이었다. 도성내 주택문제는 이미 세종 6년
(1424)에도 제기된 바 있었지만,[155] 15세기 후반 들어 이처럼 더욱 심화되
는 형세였다.

　이 시기 도성인구의 증가는 다른 官人들도 주목하고 있었다. 성종대
에 활동했던 成俔 역시

　　城中居人漸多 比舊十倍 以至城外 墻宇櫛比[156]

하다고 하였다. 과장된 표현이기는 하겠지만, 당시 도성의 인구가 급격
히 증가하고 이에 따라 도성 밖에까지 民家들이 즐비하게 들어서던 사
정을 잘 전하고 있다. 같은 시기의 文臣인 曹伸 또한, 紬·米·靑魚 등의
가격이 세조 말년과 비교해 40년이 지난 당시 3배 이상 올랐음을 지적

---

153) 주 88과 같음.
154)《成宗實錄》卷67, 成宗 7年 5月 乙巳, 9冊, 338쪽.
155)《世宗實錄》卷24, 世宗 6年 4月 癸亥, 2冊, 593쪽.
156)《慵齋叢話》卷1(《大東野乘》卷1).

하면서, 그 이유를 "盖昇平百年 生齒日繁 衣食之者 衆焉故耳"[157]라 하고 있다. 국초 이래 100여 년 간의 昇平에 힘입어 인구가 증가하고, 이로 인해 衣食物의 가격이 상승했다는 것이다. 그야말로 도성은 '生齒漸繁'[158]하는 추세였다.

도성으로의 인구집중과 그 증가현상은 16세기에 들어 더욱 가속화하였다. 중종 7년(1512)에 이르면 '人居稠密'에 따라 城內의 寸土라도 그 가격이 금값이라는 표현이 나올 정도였다.[159] 이로 인해 도성 주변의 山底에는 家舍가 없는 자들이 모여들었고, 당시 정부는 한성부의 심사를 거쳐 이들에게 해당 空地의 立案을 발급하여 造家를 허가하였다.[160] 도성 주택문제의 해결책으로 마련된 空地의 立案·折給방안이었다. 당시 절급대상이 되었던 空地에는 山底 외에도 성내의 廢寺址,[161] 川邊·路傍,[162] 그리고 彰義門 밖의 無主閑曠地[163]도 포함되었다. 그러나 이러한 立案절차의 마련에도 불구하고 不法으로 川邊이나 路傍, 또는 公廨 근처에 造家하는 경우가 여전하였고, 그때마다 撤家 논의가 제기되는 형편이었다.[164] 都城內의 인구수용 한계로 말미암아 도성 주변에 들어서기 시작했던 民家는 16세기 중반 이후에도 그 증가 추세가 계속되었던 듯하다. 명종 18년(1563)에 이르러서는 漢江의 路邊에까지 人家가 漸密하여 그 길이 狹窄하다고 할 정도였던 것이다.[165]

---

157) 《增補文獻備考》卷163, 市糴考 1, 市 ; 曹伸, 《諛聞瑣錄》(《稗林》5冊, 9쪽).
158) 《成宗實錄》卷283, 成宗 24年 10月 辛未, 12冊, 413쪽.
159) 《中宗實錄》卷16, 中宗 7年 5月 壬辰, 14冊, 585쪽.
160) 위와 같음.
　　"凡無家舍者 無所依接 不得已於山底隙地 受立案造家 其受立案時 具當處四標 呈狀于漢城府 漢城府令所在部 及觀象監親審 以不干禁忌申報 然後例給立案."
161) 《中宗實錄》卷16, 中宗 7年 6月 丁巳, 14冊, 591쪽.
162) 《中宗實錄》卷24, 中宗 11年 4月 壬戌, 15冊, 156~157쪽.
163) 《中宗實錄》卷87, 中宗 33年 6月 壬戌, 18冊, 186쪽.
164) 《中宗實錄》卷24, 中宗 11年 4月 壬戌, 15冊, 156~157쪽 ; 《中宗實錄》卷26, 中宗 11年 8月 甲戌, 15冊, 211쪽.
165) 《明宗實錄》卷29, 明宗 18年 5月 辛巳, 20冊, 645쪽.
　　"漢江路邊 人家漸密 路甚狹窄 不似正路."

　　15세기 후반 성종대 이후의 이상과 같은 도성인구의 증가는 당대 인구의 絶對增加에도 그 원인이 있었겠지만,[166] 더 중요한 원인은 인구의 相對增加, 곧 外方人口의 도성으로의 集中현상에 있었다. 당대 官人들의 인식도 대개 그러하였고, 이들은 그 배경과 대책에 대해 다양한 견해를 표명하고 있었다. 당시 외방인구의 도성유입은 주로 凶荒時에 집중적으로 나타나는 현상이었다. '入京代立'을 통한 糊口之策의 마련이나,[167] 제반 賦役으로부터의 避役이 주된 목적이었다.[168] 따라서 도성내 인구집중의 원인을 여기에서 찾고 있던 당대의 爲政者들은, 이 문제에 대한 대책으로 우선은 백성에 대한 수령의 侵虐禁止를,[169] 그리고 근본에서는 이러한 惰農현상에 대한 수령의 力農勸課를 강조하였다.[170] 力農·務農論의 제기였다.[171]

　　그러나 많은 관인들의 견해는 당대의 逐末風潮에 맞추어져 있었다. '近年以來 逐末者 甚衆'하는 경향은 이미 성종초 이래의 현상이었고,[172] 이는 곧바로 도성의 인구증가로 이어지고 있었다.

　　上曰 農本也 工商末也 今百姓 捨本逐末者多 外方之人 多聚京中 爲工商之

---

166) 權泰煥·愼鏞廈는 조선 건국시의 인구를 555만으로 보고, 이후 조선의 인구가 1440년(세종 22)경에는 672만으로, 1519년(중종 14)경에는 1,047만으로, 그리고 1591년(선조 24)경에는 1,400만 정도로 증가하는 것으로 추정하였다. 15세기에는 0.47퍼센트, 16세기에는 0.4퍼센트의 人口增加率이었다(權泰煥·愼鏞廈, 〈朝鮮時代 人口推定에 關한 一試論〉, 《東亞文化》 14, 1977). 한편 韓永愚는 조선 건국시의 약 550만의 인구가, 1590년경에는 960만 정도로 증가하는 것으로 추정하고 있다(韓永愚, 〈朝鮮前期 戶口總數에 대하여〉, 《인구와 생활환경》, 서울대학교 인구 및 발전문제연구소, 1977).
167) 《中宗實錄》 卷75, 中宗 28年 7月 乙卯, 17冊, 448쪽.
168) 《中宗實錄》 卷20, 中宗 9年 5月 戊子, 15冊, 15쪽 ; 《中宗實錄》 卷21, 中宗 9年 11月 癸酉, 15冊, 42쪽 ; 《中宗實錄》 卷51, 中宗 19年 10月 辛丑, 16冊, 346쪽.
169) 《中宗實錄》 卷21, 中宗 9年 11月 癸酉, 15冊, 42쪽.
170) 《中宗實錄》 卷50, 中宗 10年 4月 辛丑, 16冊, 299쪽.
　　 "今觀弘文館上疏 … 躱役之徒 群聚京中 游手游食 外方惰農 不勤力穡 以致田野 不墾 穀貴民貧 勢所必然 宜令觀察使 勤勅守令 盡心勸課."
171) 李景植, 〈朝鮮前期의 力農論〉, 《歷史敎育》 56(1994).
172) 《成宗實錄》 卷55, 成宗 6年 5月 辛酉, 9冊, 224쪽.

業 而務農者少 雖不可驅迫而出之 亦不可不禁也[173]

逐末의 경향은 특히 도성 근방에서 심각하여, 田土를 팔아버리거나 타인에게 並耕시키고 자신은 '入京逐末'하는 지경이었다.[174] 躲役을 위해 入京한 畿甸民들 역시 도성내 부상대고의 집에 投接함으로써 그 推刷가 어려운 실정이었다.[175] 심지어는 京中의 興販之人이 함경도를 비롯한 他道의 良民을 몰래 도성으로 데려오는 경우마저 적지 않아 그 대책의 수립이 논의될 정도였다.[176]

逐末風潮에 따른 도성인구의 증가현상은 16세기에 들어 더욱 심화되었고, '游手之徒 多聚京師'는 이제 日常의 표현이 되어 갔다.[177] 국가적 차원에서 精農·力農이 강조되고 務本의 이념이 勸課되기는 하였지만, 현실은 반대의 방향으로 치닫고 있었다.[178] 同時期에 전개되고 있던 지주제의 발달과 그에 따른 농촌·농민 분화, 그리고 이러한 농업·토지소유관계의 변동을 기반으로 하는 소상품생산의 출현과 그 진전에 수반되는 현상이었다.[179]

이처럼 성종대 이후, 특히 16세기 들어 증가하였던 都城民은 대부분 商工業에 종사함으로써 그 生計를 이어가고 있었다.

　　都城坊里人 率皆工商出入營産之徒[180]
　　京城之人 則以興販爲業[181]

---

173) 《中宗實錄》 卷25, 中宗 11年 5月 壬辰, 15冊, 170쪽.
174) 《中宗實錄》 卷51, 中宗 19年 10月 癸巳, 16冊, 343쪽.
　　 "環京列邑之民 皆入京師逐末 而其田土 則或賣 或借人並耕."
175) 《中宗實錄》 卷51, 中宗 19年 10月 辛丑, 16冊, 346쪽.
　　 "領事權鈞曰 今畿甸之民 率多躲役 而投接京師富商大賈之家 難可推刷矣."
176) 《中宗實錄》 卷62, 中宗 23年 8月 己未, 17冊, 27쪽.
177) 《中宗實錄》 卷55, 中宗 20年 11月 癸酉·甲戌, 16冊, 469~470쪽 ;《中宗實錄》
　　 卷56, 中宗 21年 4月 癸亥, 16冊, 506쪽.
178) 李景植, 앞의 〈朝鮮前期의 力農論〉.
179) 李景植, 〈16世紀 地主層의 動向〉,《歷史敎育》19(1976) ; 李景植, 〈16世紀 場市의 成立과 그 基盤〉,《韓國史硏究》57(1987).
180) 《成宗實錄》 卷3, 成宗 元年 2月 癸酉, 8冊, 472쪽.

물론 당시 도성에는 代立役을 통해 資食을 도모하던 사람들도 존재하였다.[182] 그러나 저간의 逐末風潮 속에서 도성과 그 주변 居住民의 생계는, 이와 같이 주로 발전하는 당대 상공업과의 관련을 통해 해결되고 있었다. 이 시기에 도성상업이 성장하고, 특히 市廛區域이 확장되어 정부의 市廛干與가 강화되던 사정의 한 기반이 여기에 있는 셈이었다. 도성의 인구증가에 따라 民間 購買力이 확대된 결과였다.

한편 조선전기 시전상업 발전의 또 다른 배경은 당대 賦稅體系의 변동, 특히 貢納制變動과 관련하여 조성되고 있었다. 貢物의代納·防納化 문제였다. 조선 정부의 現物財政의 근간이었던 공납제는 애초 '任土作貢'의 원리에 따라, 지방 각 군현이 주체가 되어 국가로부터 分定받은 土産物을 중앙에 直納하는 것이 원칙이었다.[183] 그러나 공납제는 제도 자체의 모순과 운영과정상의 문제, 또 이를 謀利의 수단으로 적극 활용하던 세력의 간여로 인해 이미 선초부터 변질되고 있었다. 이른바 代納, 防納의 출현과 그 확대현상이었다.[184]

그럼에도 불구하고 한번 詳定된 貢案上의 貢物은 해당 지방의 생산사정의 변동에도 불구하고 개정되어 분정되지 않았고, 여기에 덧붙여 引納·別貢이 常例化하였다. 특히 不産貢物에 대한 貢案의 改定은 다음과 같은 논리에 따라 관인들에 의해 부정되었다.

> 若以蜂蜜 産於江原道 不定他道 而皆定於江原 則江原必不能當 龍宮醴泉 席子所産 皆定於此 則亦必不能當矣 凡物類此 不可以所産爲定[185]

---

181)《中宗實錄》卷67, 中宗 25年 正月 庚戌, 17冊, 184쪽.
182) 주 167과 같음.
183) 田川孝三, 앞의《李朝貢納制の研究》, 27~38쪽. 이하 조선전기 공납제의 運營原理 및 그 推移에 대해서는 주로 이 연구(같은 책) 참조.
184) 田川孝三, 앞의《李朝貢納制の研究》; 宋正炫,〈李朝의 貢物防納制〉,《歷史學研究》 1(全南大, 1962) ; 金鎭鳳,〈朝鮮初期의 貢物代納制〉,《史學研究》 22 (1973) ; 金鎭鳳,〈朝鮮前期의 貢物防納에 대하여〉,《史學研究》26(1975).
185)《文宗實錄》卷4, 文宗 卽位年 10月 庚辰, 6冊, 300쪽.

土産의 偏在와, 그로 인한 특정 지방의 부담 과중을 들어 그 개정이 불가하다는 현실론이었다. 그러면서도 정부는 여전히 本色貢納을 원칙으로 강조하였다. 결국 이런 사정 속에서 대납·방납은 불가피하였고, 여기에 방납인들의 적극적인 謀利 의지가 끼어듦으로써 공납제의 폐단, 곧 방납의 일반화는 더할 수 없는 民의 고통이 되고 있었다.

不産貢物을 분정받은 해당 군현에서는 民에게 米·布를 수납하여 어떤 형태로든 이를 代納하거나, 또는 타지방에서 貿納하지 않으면 안 되었다. 방납의 유통경제적 성격의 강화였다.[186] 이 과정에서 해당 군현의 不産貢物이 우선 상품화하였고, 나아가서는 土産貢物마저 방납인에 의해 대납, 상품화하고 있었다.

도성은 공납의 방납화 과정에서 가장 비중이 큰 공물의 購買·貿納 장소로서 기능하였다.[187] 방납문제가 본격적으로 논의되기 시작한 세종대 이래의 현상이었고, 여기에 공물을 수납하는 各司의 吏胥나 射利之徒의 作弊가 겹치면서 사태는 痼疾化하여 갔다.

各道京中各司所納貢物 極爲精察 而皆以不善退之 必得京中之物 然後納於諸司 故各司典隷射利之徒 爭先代納 倍筬其價[188]

不法인 代納이 아니라 하더라도 京中에서의 貿納이 불가피한 경우도 있었다. 세종 22년(1440), 濟用監에 납부하는 細紬는 외방에서 직조하는 것이 품질이 조악하여 부득이하게 비싼 가격으로 경중에서 무납하고 있다.[189] 京外의 직조기술의 차이에서 말미암은 京中貿納의 사례였다.

---

186) 이 시기 貢物防納의 구조와 그 유통경제적 성격에 관해서는 다음 논문이 자세하다.
    이지원, 〈16·17세기 전반 貢物防納의 構造와 流通經濟的 性格〉,《李載龒博士還曆紀念韓國史學論叢》(한울, 1990).
187) 위의 글, 481~486쪽.
188)《世宗實錄》卷84, 世宗 21年 閏2月 癸未, 4冊, 190쪽.
189)《世宗實錄》卷90, 世宗 22年 8月 乙酉, 4冊, 312쪽.
    "濟用監所納細紬 … 外方織造者 巨細精粗 不合於國用 皆於京中 優價買納 一匹之直 縣布或至十五六匹 或至十七八匹 其弊不貲."

　15세기 중반에 이르면 공물의 京中貿納은 이제 하나의 '年例'라고 云謂될 정도로 일반화하였다.[190] 土産貢物이 아닐수록, 또 그 求得이 어려운 稀貴品目일수록 도성에서의 貿納은 보편화하여 갔다. 虎·豹皮,[191] 大鹿皮,[192] 貂·鼠皮,[193] 細紬,[194] 闊細麻布,[195] 猪,[196] 乾獐·乾鹿·香脯·鹿角,[197] 大口魚,[198] 蔘,[199] 弓矢,[200] 紙,[201] 羽毛[202] 등 그 貿納品目은 多種多樣하였다. 土産이 아닌 경우가 다반사였고, 이로 인해 民費가 100倍에 달한다는 형편이었다.[203]

　각종 공물의 방납, 특히 京中貿納의 추세 속에서 성종대 이후에는 왕실에 대한 進上物 역시 도성에서 무납되어 갔다. 도성에서 무납되는 진상물은 각종 名日에 사용되는 魚物이 중심을 이루고 있었으나,[204] 이외에도 鹿尾,[205] 貂·鼠皮,[206] 大鹿皮,[207] 鵜鶘[208] 등도 무납되었다. 희귀한 품목

---

190) 《端宗實錄》 卷5, 端宗 元年 正月 己卯, 6冊, 564쪽.
191) 《世宗實錄》 卷1, 世宗 卽位年 9月 癸酉, 2冊, 270쪽 ; 《世宗實錄》 卷19, 世宗 5年 3月 甲申, 5冊, 529쪽 ; 《世宗實錄》 卷122, 世宗 30年 10月 辛酉, 5冊, 101쪽.
192) 《中宗實錄》 卷49, 中宗 18年 12月 丁未, 16冊, 276쪽.
193) 《中宗實錄》 卷86, 中宗 32年 12月 甲子, 18冊, 155쪽 ; 《中宗實錄》 卷94, 中宗 35年 11月 庚寅, 18冊, 426쪽 ; 《明宗實錄》 卷28, 明宗 17年 8月 甲寅, 20冊, 625~626쪽.
194) 《世宗實錄》 卷90, 世宗 22年 8月 乙酉, 4冊, 312쪽.
195) 《文宗實錄》 卷3, 文宗 卽位年 8月 壬辰, 6冊, 274쪽.
196) 《世宗實錄》 卷89, 世宗 22年 5月 庚戌, 4冊, 285쪽.
197) 《世宗實錄》 卷122, 世宗 30年 10月 辛酉, 5冊, 101쪽.
198) 《成宗實錄》 卷261, 成宗 23年 正月 戊子, 12冊, 134쪽.
199) 《世宗實錄》 卷68, 世宗 17年 6月 戊申, 4冊, 634쪽 ; 《宣祖實錄》 卷163, 宣祖 36年 6月 癸巳, 24冊, 489쪽.
200) 《成宗實錄》 卷2, 成宗 元年 正月 丁未, 8冊, 461쪽.
201) 《端宗實錄》 卷5, 端宗 元年 正月 己卯, 6冊, 564쪽.
202) 《燕山君日記》 卷32, 燕山君 5年 3月 丙戌, 13冊, 354쪽.
203) 《宣祖修正實錄》 卷8, 宣祖 7年 正月 丁丑, 25冊, 442쪽.
　　"今則列邑所貢 多非所産 有如緣木求魚 乘船捕獸 未免轉貿他邑 或市于京 民費白倍 公用不裕."
204) 《成宗實錄》 卷280, 成宗 24年 7月 庚戌, 12冊, 366쪽 ; 《成宗實錄》 卷283, 成宗 24年 10月 丁卯, 12冊, 410쪽 ; 《燕山君日記》 卷32, 燕山君 5年 3月 丙戌, 13冊, 354쪽 ; 《中宗實錄》 卷49, 中宗 18年 12月 丁未, 16冊, 276쪽.
205) 《中宗實錄》 卷1, 中宗 元年 10月 戊申, 14冊, 84쪽.

일수록,[209] 또 進上의 기한이 촉박할수록[210] 도성에서의 무납은 불가피하였다. 같은 시기에 전개되고 있던 공물의 防納·京中貿納의 추세와 동일한 현상이었다.

이처럼 당대 부세체계의 변동에 따라 도성에서 다양한 공물·진상물들이 무납되던 사정은 이 시기 도성내 시전의 상업기반이 그만큼 확대되고 있음을 의미하는 것이었다. 명종 7년(1552)에 이르면 '京中物價甚重 故市井牟利之徒 皆付於防納'[211]한다는 형편이었다. 경중무납의 추세가 도성인구의 증가현상과 더불어 시전상업 발전의 주요 기반이 되고 있었던 것이다. 성종대의 市廛區域 擴大 및 전면적인 市肆再編은 바로 이러한 기반 위에서 나타나는 시전상업의 발전양상이었고, 이에 대응한 정부의 시전정책이었다.

### 3) 市廛商人의 組織과 商圈擴張

시전상업이 발전하고 팽창하면서 市廛商人의 組織 또한 형성·정돈되어 나갔다. 同業 市廛商人들의 조직은 도성내 그들의 商權保護를 위해서 우선 필요하였고, 국가에 대한 제반 부담의 조정과 분배를 위해서도 요구되었다. 특히 당대 도성내 시전상인의 규모가 최하 500~600명이고 1천여 명 이상이었음을 고려하면,[212] 이러한 조직의 필요성은 더욱 당연

---

206) 《中宗實錄》 卷94, 中宗 35年 11月 庚寅, 18冊, 426쪽.
207) 《中宗實錄》 卷99, 中宗 37年 8月 壬辰, 18冊, 609쪽.
208) 《明宗實錄》 卷4, 明宗 元年 12月 壬辰, 19冊, 470쪽.
209) 《燕山君日記》 卷39, 燕山君 6年 10月 辛卯, 13冊, 430쪽.
210) 《燕山君日記》 卷43, 燕山君 8年 3月 丁酉, 13冊, 482쪽.
     "進上頗多 期限甚迫 以此守令等 使人預持價物 長在京中 令下則倍給價物 爭貿市上以進."
211) 《明宗實錄》 卷13, 明宗 7年 9月 甲辰, 20冊, 102쪽.
212) 명종 6년(1551) 9월 楮貨의 유통정책에 반발하여 도로를 가로막고 항의한 시전상인이 500~600명이었고(《明宗實錄》 卷12, 明宗 6年 9月 癸丑, 20冊, 45쪽), 선조 40년(1607) 5월 柳成龍이 卒去하였을 때 그의 墨寺洞 집에 會哭한 各廛人은 1천여 명에 이르고 있었다(《宣祖實錄》 卷211, 宣祖 40年 5月 乙亥, 25冊, 334쪽). 추정 가능한 최소한의 당대 시전상인 규모이겠다.

하였다. 성종 3년(1472) 1월의 다음 기록은 그러한 시전조직의 일단을
암시하고 있다.

> 漢城府啓五部坊里禁盜節目 …… 凡賊贓欲滅迹 輕其直賣於肆市 自今鍮銅
> 鐵器及匹段縣紬衣服 潛相買賣者 市肆坐主 隨卽捕告 …… 從之[213]

도적들이 훔친 贓物을 市肆에서 潛賣의 형태로 헐값에 처분함으로써
그 形迹을 인멸시키자, 禁盜節目의 일환으로 市肆의 坐主들에게 이를
단속하게 한 조처이다. 鍮·銅·鐵器와 匹段·縣紬·衣服 등이 단속대상 품
목이었다. 이를 단속하는 市肆坐主가 개별 물종을 취급하는 시전조직의
좌주인지 아니면 시사 전체를 관할하는 조직의 좌주인지는 이 자료만으
로는 분명치 않지만, 장물의 '潛相賣買'를 금하기 위한 조처임을 고려하
면 개별 시전조직의 좌주로 이해함이 옳겠다. 따라서 적어도 이 시기에
이르면 위에서 언급한 個別物種의 경우에 同業의 市廛組織이 결성되어
있었음을 확인할 수 있다.

시전상인들의 조직은 중종 36년(1541) 11월에 조정에서 논의된 시전
상인의 漢城府 作羅事件을 통해 그 실체를 보다 분명히 알 수 있다. 사건
의 개요는 다음과 같다. 市中의 座主와 有司가 한성부 右尹 朴祐의 孽屬
으로 시전에서 세목면을 판매하던 자를 奸濫 혐의로 평시서에 呈訴하여
治罪하였다. 朴祐가 이를 부당하게 여겨 座主·有司 등 市人들을 다시
벌하였고, 마침내 이를 분하게 여긴 金守漢 등 6인의 시인이 한성부 당
상의 집무처에 가서 난동을 부리게 되었다. 이들 6인의 시인 중에는 議
政府의 舍人司에 속한 사람도 있어, 이들이 사인사에서 발행한 牌의 위
세에 의거하여 일으킨 사건이었다.[214]

---

213) 《成宗實錄》 卷14, 成宗 3年 正月 壬寅, 8冊, 621~622쪽.
214) 《中宗實錄》 卷96, 中宗 36年 11月 庚寅, 18冊, 511쪽.
　　"漢城府右尹朴祐之孽屬 有細木綿出市人 而市中座主有司等 以此人爲有奸濫之
　　事 呈訴于平市署而治罪 朴祐以其治罪不當 其人等捉致決罰 後市裏人金守漢等六
　　人憤怨方甚 此黨亦有舍人司之人 六人等因舍人司發牌 依勢作黨成羣 突入于漢城
　　府堂上坐起之廳 卽捉掌務吏孫守長頭髮 捽曳爭相亂打 漢城府痛其受辱 移關刑曹

細木綿 시전상인이 奸濫을 통해 부당한 이익을 챙기자 同業組合에서 그를 懲治하려다가 야기된 사건이었다. 金守漢 등 6인은 바로 목면을 판매하는 동업 시전조직의 조합원으로 생각된다. 시전 감독관서의 하나인 한성부의 우윤과 얼속관계에 있는 시전상인을 처벌하고, 나아가 당상관의 집무처에까지 가서 소란을 피울 수 있을 만큼 당대 시전상인들의 동업조직은 강고한 조직력을 보유한 셈이었다. 사인사 소속인을 조합원으로 두고 있는 사정 또한 시전조직의 후원세력이라는 점에서 주목된다.

이처럼 15세기 중반 이후 시전상업의 발전 속에서 개별 물종을 취급하는 시전들은 동업조합을 조직하고 그 대표자로서 座主, 실무직임자로서 有司 등을 두어 이를 통해 조합원을 통솔하고 그들의 商權을 유지·보호하고 있었다.[215] 성종 16년(1485) 정부의 전면적인 市廛再編, 市肆移轉 조치에 맞서 철물전·면주전 출시인을 중심으로 시전상인들이 조직적으로 대응할 수 있었던 것도[216] 이런 조직기반에서 가능한 일이었다. 따라서 이 시기에 후대의 六矣廛과 같은 조직이 존재하였는지 여부는 確言할 수 없다 하더라도, 이러한 개별 물종의 同業 市廛組織의 출현이 당대 전개되고 있던 시전상업의 발전상황을 그 기반으로 하는 것임은 틀림없었다.

동업조직을 결성하고 있던 시전상인의 상업활동은 다양한 영역에서 이루어졌다. 市役을 부담하는 대신 국가의 보호와 육성의 대상이기도 하였던 시전상인은, 우선 그 고유기능과 관련하여 도성내에서 정부와 일반 민인의 수요를 조달하는 상업활동을 독점적으로 전개하였다. 이런

---

而刑曹論罪照律 爲首者杖一百徒五年 隨從者減一等杖九十徒一年半."

215)《宣祖實錄》에는 이들 시전조직의 대표자를 '頭頭人'으로도 표현하고 있다. 예컨대 '頭頭市人', '市中頭頭人', '綿紬前頭頭人' 등이었다(《宣祖實錄》卷69, 宣祖 28年 11月 丙申, 22冊, 604쪽;《宣祖實錄》卷118, 宣祖 32年 10月 癸未, 23冊, 688쪽;《宣祖實錄》卷174, 宣祖 37年 5月 辛亥, 24冊, 607쪽). 각 시전의 '座主'에 해당하는 존재였을 것이다.

216) 本節 1)항 '市廛의 擴大와 再配置' 참조.

商活動은 성종대에 시전구역이 확대되는 데서 알 수 있듯이 15세기 후
반 이후 더욱 활발해지고 있었다. 특히 市役의 일환인 政府需要, 進獻·
答賜用 禮物의 조달 의무는 給價가 제대로 이루어질 경우 막대한 이익
을 보장하던 거래였다.[217] 국고 잉여물로 처분되던 米穀·貢物의 和賣에
서도 사정은 마찬가지였다.[218] 당시 이들 시전상인의 도성내 상품유통
독점은 양계지방 赴防軍士들이 도성에서 지급받던 祿俸米나,[219] 정부에
서 주로 진휼을 위해 방출하고 있던 賑恤·常平米의 買占[220]에까지 미치
고 있었다.[221]

그러나 시전상인의 활동영역은 여기에 국한되지 않았다. 商利의 확보
가 보장되는 다른 여러 영역에서도 활동하였던 것이다. 공물의 방납화
추세 속에서 사대부와 결탁하여 외방 列邑의 공물을 방납하고 있었으
며,[222] 納穀이나 回換에 참여하여 謀利하기도 하였다.[223] 또 이렇게 하여
축적한 資産을 權勢家·官人과 연계하여 海澤 개발이나 魚箭에 재투자하
기도 하였다.[224] 상업활동의 무대를 도성만이 아니라 전국으로까지 확대
한 셈이었다. 곧 市廛商人의 商圈擴張이었다. 연산군 11년(1505)의 다음
기록은 시전상인의 그러한 전국에 걸친 상업활동을 잘 보여주고 있다.

217)《成宗實錄》卷44, 成宗 5年 閏6月 戊申, 9冊, 123쪽.
218)《成宗實錄》卷279, 成宗 24年 6月 丁亥, 12冊, 349쪽 ;《成宗實錄》卷289, 成宗
   25年 4月 乙丑, 12冊, 502쪽 ;《中宗實錄》卷65, 中宗 24年 7月 乙巳, 17冊, 140쪽.
219)《中宗實錄》卷60, 中宗 23年 2月 丙午, 16冊, 625쪽 ;《中宗實錄》卷61, 中宗
   23年 4月 己巳, 16冊, 659쪽 ;《中宗實錄》卷75, 中宗 28年 7月 丙午, 17冊, 445~
   446쪽.
220)《燕山君日記》卷29, 燕山君 4年 5月 戊戌, 13冊, 310쪽 ;《燕山君日記》卷45,
   燕山君 8年 8月 戊申, 13冊, 508쪽 ;《中宗實錄》卷67, 中宗 25年 正月 丙申, 17冊,
   179쪽 ;《明宗實錄》卷3, 明宗 元年 4月 己丑, 19冊, 406쪽.
221) 정부가 放出하는 賑恤·常平·和賣米에 대한 상인의 買占活動에 대해서는 朴平
   植,〈朝鮮前期의 穀物交易과 參與層〉,《韓國史硏究》85(1994 ; 本書 제4장 1절)
   참조.
222)《宣祖實錄》卷212, 宣祖 40年 6月 甲午, 25冊, 340쪽.
223)《明宗實錄》卷13, 明宗 7年 9月 壬午, 20冊, 100쪽.
224)《中宗實錄》卷96, 中宗 36年 8月 壬午, 18冊, 494쪽 ;《中宗實錄》卷98, 中宗
   37年 4月 己未, 18冊, 568쪽.

市井之人 稱淑媛族類者 因緣請托 奉諭旨于諸道 或稱委差 或稱別坐 駄載
市買雜物 群到各官 令守令分定於民 以求倍簁之利 或不稱欲 則絀辱守令 守
令不得已侵責於民 收其直以與之 人人不堪其苦[225]

왕실세력에 청탁하여 그들의 委差·別坐를 사칭한 시전상인들이 전국
각지에서 백성들을 상대로 벌이던 강제교역의 모습이다. 명종 17년
(1562)에도 世子嬪의 아버지이자 공조참판인 尹玉과 결탁한 市井人들은
세자의 吉禮之物을 가탁하여 전국의 특산물을 抑買하였다. 경상도의 産
銀處, 함경도의 産皮處, 평안도의 産紬處만이 아니라 八道의 各官·各浦
에 걸친 활동이었다.[226] 또 이와 같은 권세가와의 결탁이 아니더라도 그
들은 取才를 통해 南方의 武藝로 差遣되어 상업활동을 하기도 하였다.
'南方則謀利之事多'하기 때문이었다.[227] 壬亂 직후인 선조 33년(1600)에
는 난리를 피해 전국 각지에 흩어졌던 市廛商人들이 돌아오지 않아 정
부의 수요물 責辦에 지장이 있게 되자, 수령을 통해 이들을 쇄환시키자
는 건의가 제기되었다.[228] 당시 商圈을 전국으로 확장하여 상활동을 전
개하던 시전상인들이 임란이라는 상황 속에서 還京하지 않고 외방에서
활동하는 데 따르는 문제였다.

한편 시전상인들은 對外貿易에 적극 참여함으로써 그들의 商圈을 國
外로 확장시켜 갔다. 특히 성종대 이후에 그러하였고, 이는 당시 국내의
商業發展과 奢侈品의 수요 증대를 배경으로 전개되고 있던 대외무역의
發展相[229]과 궤를 같이하는 것이었다. 시전상인들은 도성에 온 외국사신

---

225)《燕山君日記》卷60, 燕山君 11年 10月 戊辰, 14冊, 24쪽.
226)《明宗實錄》卷28, 明宗 17年 3月 癸丑, 20冊, 619쪽.
227)《中宗實錄》卷8, 中宗 4年 5月 己未, 14冊, 337쪽.
228)《增補文獻備考》卷163, 市糴考1, 市.
　　"領議政李恒福箚曰 … 我國之規 如遇緩急 凡所責辦 專靠市民 市民於公家所關
如此 而市肆空虛 亦非細慮 此皆無知下人 非可以教諭而自來 今宜行移外方 京商
之散處其地者 一一摘發 使還舊業 守令如有慢不擧行者 令平市署籍名尋問 先治
守令."
229) 이 시기 銀을 중심으로 하는 대중국 사무역의 발전에 대해서는 다음 논문이
　　자세하다.

을 상대로 하여서만이 아니라, 중국에 가는 使臣과 결탁하여 그 일행으
로서 중국을 왕래하면서 私貿易을 전개하였다. 사신의 子弟·軍官·家奴
등을 청탁하는 방법이었다.

> 使之稱子弟稱軍官者 非眞子弟與軍官也 率皆市井商賈之徒 甘心賄賂 決
> 意誣上而莫之憚也 或托以身病 或托以事變 加占其數者多矣 至於帶奴子 亦
> 如是 至以興利之人 以爲己奴 受其賄賂 冒名率行[230]

성종 15년(1484)의 李季孫,[231] 22년(1491)의 尹甫·韓償·林繼昌·李秉正·
李長生·孫濟·李睦,[232] 23년(1492)의 邊處寧,[233] 중종 36년(1541)의 李安
忠,[234] 39년(1544)의 尹衡·閔混·李洪男·柳希齡,[235] 명종 11년(1556)의 沈通
源,[236] 18년(1563)의 金澍,[237] 선조 37년(1604)의 閔仁伯[238] 등은 바로 이들
시전상인을 '率帶赴京'하였다가 처벌 또는 논란이 된 官人들이었다. 이
처럼 성종대 이후 사신과 결탁한 시전상인들의 赴京 私貿易은 일상의
차원에서 전개되었다.

15세기 중반 이후 대중국 사무역의 발전은, 특히 사치풍조의 만연과
그로 인한 중국산 사치품의 수요증대에 그 기반을 두고 있었다. 당시
婚事는 異土之物 곧 唐物이 아니면 成禮가 안 된다는 지경이었다.[239] 정

---

韓相權,〈16世紀 對中國 私貿易의 展開 — 銀貿易을 中心으로〉,《金哲埈博士華
甲紀念史學論叢》(知識産業社, 1983).
230)《成宗實錄》卷251, 成宗 22年 3月 乙巳, 12冊, 6~7쪽.
231)《成宗實錄》卷164, 成宗 15年 3月 癸丑, 10冊, 581쪽.
232)《成宗實錄》卷251, 成宗 22年 3月 乙巳, 12冊, 6~7쪽.
233)《成宗實錄》卷264, 成宗 23年 4月 己未, 12冊, 171쪽.
234)《中宗實錄》卷96, 中宗 36年 8月 庚申, 18冊, 493쪽.
235)《中宗實錄》卷102, 中宗 39年 2月 庚辰, 19冊, 41쪽 ;《中宗實錄》卷102, 中宗
39年 2月 壬午, 19冊, 44쪽 ;《中宗實錄》卷102, 中宗 39年 2月 癸巳, 19冊, 51쪽.
236)《明宗實錄》卷21, 明宗 11年 11月 丁巳, 20冊, 371~372쪽.
237)《明宗實錄》卷29, 明宗 18年 6月 戊辰, 20冊, 651쪽.
238)《宣祖實錄》卷173, 宣祖 37年 4月 庚戌, 24冊, 606~607쪽.
239)《中宗實錄》卷93, 中宗 35年 7月 甲寅, 18冊, 403쪽.
   "近來奢侈日甚 利源日開 至於婚事 非異土之物 擬不成禮 卿士大夫 爭尙奢華 厮

부의 '抑奢崇儉' 정책에도 불구하고 第宅·饌品·服飾·耳掩·婚姻資裝·喪
葬·器皿 등 사회 전반에 걸친 사치 경향은 이후 16세기 전기간을 통하여
더욱 강화되었고, 이에 따른 대중국 사무역 역시 날로 성행하여 갔다.[240]
　물론 국초에도 중국에 가는 사신의 수행을 빙자한 상인들의 대중국
사무역, 특히 사치품 무역문제는 정부의 주요 懸案의 하나였다.[241] 그러
나 성종 8년(1477)의 '比聞 勳戚貴近 先自壞法 閭巷小民 亦相率而侈靡'[242]
하다는 국왕의 傳旨에서 보듯이, 사회 전반에 걸친 사치풍조의 일반화
는 성종대 이래의 현상이었다.[243] 이런 사정 속에서 중국에 가는 使臣一
行의 사무역은 성종 22년(1491)에 이미 大行次의 경우 品外布子가 100
여 同(5천여 匹)에 이르렀고,[244] 持銀 私貿易이 일반화한 중종 35년
(1540)경에는 한 명이 소지하는 銀量이 3천 兩을 내려가지 않는다는
형편이었다.[245]
　시전상인의 대외무역 참여는 日本이나 野人과의 사무역 분야에서도
활발하였다. 특히 對日貿易의 交隣 내지 朝貢的 性格이 약화·형식화하
고, 반면에 商業的 性格이 강화됨에 따라 대일 사무역은 크게 성장하고
있었다.[246] 시기상으로 15세기 중·후반 이후의 변동상황이었고, 16세기
에 들어 더욱 구체화하던 모습이었다. 이 시기 대일 사무역은 浦所나
서울의 倭館 또는 沿道에서 이루어졌으며, 주요 수출품목은 조선의 穀

　隷下賤 亦用唐物."
240) 韓相權, 앞의 〈16世紀 對中國 私貿易의 展開〉, 455~460쪽.
241) 朴平植, 앞의 〈朝鮮初期 市廛의 成立과 '禁亂'問題〉(本書 제2장 1절).
242) 《成宗實錄》 卷77, 成宗 8年 閏2月 壬子, 9冊, 430쪽.
243) 성종 9년(1478) 朱溪副正 沈源의 다음 上書는 성종대 이후의 그러한 殖貨, 奢侈
　풍조를 잘 보여주고 있다(《成宗實錄》 卷91, 成宗 9年 4月 己亥, 9冊, 576쪽).
　"臣聞 在世宗祖 公卿大夫 富者甚鮮 俗尙儉素 民到于今稱之 今也 上自公卿大夫
　下至閭巷 豪俠爭相殖貨 計盡錙銖 以華侈相高 歆羨於人 營營思齊 至於燕飮 則遝
　方珍味 狼籍於案 婚娶則先論臧獲財産 故不隨俗奢靡者 鮮矣."
244) 《成宗實錄》 卷251, 成宗 22年 3月 乙巳, 12冊, 6쪽.
245) 《中宗實錄》 卷93, 中宗 35年 7月 甲寅, 18冊, 403쪽.
246) 조선전기 대일무역의 성격 및 그 변화에 대해서는 다음 논고가 참고된다.
　金柄夏,《李朝前期 對日貿易 研究》(韓國研究院, 1969), 1~30쪽.

物과 織物類, 일본으로부터의 주요 수입품은 민간 수요가 많은 銅鐵과 대중국 사무역 결제품인 銀이었다.[247] 국가의 사무역 금지조치에도 불구하고 당시 시전상인이 벌이고 있던 왜인과의 사무역에서도 역시 이들 품목이 주종을 차지하고 있었다.[248] 이후 16세기에 들어 三浦倭亂(중종 5, 1510)으로 일시 타격을 입었던 대일 사무역은 그러나 곧 이전 상황을 회복하여 갔다. 때문에 壬申約條(중종 7, 1512)가 체결된 지 불과 2년 만인 중종 9년(1514)에는 數多한 일본산 銅鐵이 예전과 다름없이 市肆에서 유통되고 있었던 것이다.[249] 시전상인을 비롯한 부상대고들의 사무역활동의 결과였다.

당시 시전상인들은 대일 사무역을 위해 倭通事로 나서기도 하였고,[250] 또 일본사신이 올 경우 먼저 浦所에 내려가서 邀貿하기도 하였다.[251] 시전상인의 적극적인 사무역활동이었다. 그리하여 중종 20년(1525)에는 사무역 대가로 지불된 100여 同 때문에 시전에 남아 있는 緜紬가 없고,[252] 중종 35년(1540)에는 대중국 사무역과 관련하여 일본산 銀의 수입이 크게 증가하여 '倭銀流布 充牣市廛'[253]하다는 형편에 이르렀다.

대중국·대일본 사무역의 전개와 확대과정에서 시전상인들은 이들 兩國을 매개하는 仲介貿易에 종사하기도 하였다. 중종 34년(1539), 시전상인으로 추정되는 內需司 書題 朴守榮의 활동이 바로 그러한 경우이다.

    內需司書題朴守榮 潛持彩段白絲 到薺浦 詐稱內旨吉禮所用 貿銀於倭奴

---

247) 위의 책, 27쪽.
248)《燕山君日記》卷32, 燕山君 5年 2月 辛卯, 13冊, 346쪽.
249)《中宗實錄》卷21, 中宗 9年 11月 戊辰, 15冊, 40쪽.
    "庚午倭變後 銅鐵甚貴 今於市肆銅鐵之多 無異於古 此必與倭奴 潛相往來興販 而然也."
250)《中宗實錄》卷62, 中宗 23年 8月 甲子, 17冊, 30쪽.
    "倭通事 皆爲市井之人 常以作幣爲心."
251)《中宗實錄》卷62, 中宗 23年 8月 己未, 17冊, 26쪽.
    "倭使出來 則在前市井之人 必先往邀貿 多有泛濫之事."
252)《中宗實錄》卷54, 中宗 20年 5月 乙酉, 16冊, 423쪽.
253)《中宗實錄》卷93, 中宗 35年 7月 甲寅, 18冊, 403쪽.

付送中原云 至爲駭愕 守榮不知何許人 必是市井之人也[254]

吉禮의 所用을 사칭하여 채단·백사로 제포에서 倭銀을 무역하고, 이
를 다시 중국에 付送하여 사치품을 무역하는 방법이었다. 이를 위해 朴
守榮은 제포첨사와 결탁하고, 또 자본을 합작하여 그 이익을 同務人과
共分하기도 하였다.[255] 시전상인의 대외무역을 통한 상업활동을 잘 보여
주는 사례였다. 중종 20년(1515) 국왕의 '公貿雖少 私貿亦多'[256]하다는 언
급은 이와 같은 사무역의 발전 사정에서 비롯된 것이었다.[257]

한편 이상과 같은 시전상인들의 상권확장 노력과 상업활동은 왕실을
비롯한 특권세력과 결탁하지 않고서는 불가능한 것이었다. 우리는 이러
한 사정을 중종~명종대에 활동한 市井商賈 朴貞元·朴壽彭 父子의 사례
를 통해 여실히 推察할 수 있다. 중종 39년(1544) 2월, 조정에서는 尹元衡
이 聖節使로 赴京하면서 軍官으로 대동한 朴貞元 부자의 中殿을 칭탁한
持銀 私貿易이 크게 문제되었다.[258] 이들 부자의 逮捕와 治罪를 주장하는
대간과 대신들의 거듭된 주청에도 불구하고 일시 구금되었던 朴壽彭은
결국 그해 5월 중종의 命으로 석방되었다.[259] 이들이 당시 權臣 윤원형의
심복이었을 뿐만 아니라,[260] 宮禁·戚族 세력과도 연계되어 있었기 때문

254) 《中宗實錄》卷92, 中宗 34年 10月 戊子, 18冊, 355쪽.
255) 《中宗實錄》卷92, 中宗 34年 10月 丁亥, 18冊, 354쪽.
256) 《中宗實錄》卷54, 中宗 20年 5月 乙酉, 16冊, 423쪽.
257) 이 시기 시전상인의 野人 私貿易 역시 대일본 무역과 같은 원리·방법을 통해
    이루어졌다. 중종 20년(1525) 당시 北平館의 野人房守는 대개 市人이었고, 이들
    은 국가의 금지를 피해 야인의 回還時에 狄踰岾에까지 가서 禁物을 이용 邀貿하
    고 있었다(《中宗實錄》卷52, 中宗 20年 正月 戊辰, 16冊, 366쪽).
258) 《中宗實錄》卷102, 中宗 39年 2月 庚辰, 19冊, 41쪽 ;《中宗實錄》卷102, 中宗
    39年 2月 壬午, 19冊, 44쪽.
259) 《中宗實錄》卷103, 中宗 39年 5月 癸卯, 19冊, 84쪽.
    당시 父 朴貞元은 구금되지 않은 상태로 吉州와 城中에 隱伏해 있었으며, 子
    壽彭의 구속 또한 自首의 형태였다(《中宗實錄》卷102, 中宗 39年 2月 乙未, 19
    冊, 51쪽 ;《中宗實錄》卷102, 中宗 39年 3月 癸卯, 19冊, 53쪽).
260) 《中宗實錄》卷102, 中宗 39年 3月 丙辰, 19冊, 58쪽.
    "朴貞元父子 乃市中富商 又托肺腑於尹元衡."

이다.[261]

朴貞元은 이미 15년 전인 중종 24년(1529)에 내수사 書題로서 벌인 永安道의 大妃殿 곡식 2천여 석 回換과 관련하여 治罪된 바 있는 인물이었다.[262] 명종 3년(1548)에도 이들은 다시 貿穀問題로 대간에 의해 被訴되었지만 곧 석방 조치된다.[263] 왕실을 비롯한 권력과의 연계가 아니고서는 불가능한 일이었다. 실제 명종 2년(1547) 新生 公主가 出宮하였을 때 기거한 곳이 바로 이 朴貞元의 집이었다.[264] 王室과 朴貞元家와의 관련을 잘 보여주는 사례였다. 朴貞元 부자의 중종~명종대에 걸친 권력과 결탁한 상업활동과, 왕실을 비롯한 권신들의 이들에 대한 지속적인 보호는 바로 이런 사정을 바탕으로 이루어지는 것이었다.

이상은 부상대고인 市人 朴貞元 父子의 경우이지만, 이 시기 여타 시전상인들 또한 국내외의 상업활동을 官人이나 特權勢力과의 밀접한 연계와 상호 보증을 전제로 전개하였다. 성종 10년(1479)에는 司憲府 書吏로 진출한 市井之人들이 시전 내의 奸僞를 적발하지 않고서 오히려 그 官威에 기대어 市廛禁亂을 마음대로 하여 문제되고 있다.[265] 때문에 성종 16년(1485)에는 市人과 사헌부 禁亂吏들의 交結을 막기 위해 義禁府로 하여금 수시로 摘奸하도록 조처하기도 하였다.[266] 또 중종 13년(1518) 朝士와의 혼인을 통한 상인의 권력유착이 문제되자, 參贊官 趙光祖는 朝官으로서 市井豪右의 사위가 된 자는 마땅히 '不齒仕版'하자고 건의하고 있다.[267] 마침내 중종 36년(1541)에는 시전상인과 연계한 王子·駙馬

261) 《中宗實錄》 卷103, 中宗 39年 5月 癸卯, 19冊, 84쪽.
     "壽彭之罪犯輕重 姑未可論 而其交通宮禁盤結戚屬 凡於推問之際 內外相應 無所不至."
262) 《中宗實錄》 卷65, 中宗 24年 6月 甲戌, 乙亥, 17冊, 129쪽.
263) 《明宗實錄》 卷7, 明宗 3年 2月 乙巳·戊申, 19冊, 560~561쪽.
264) 《明宗實錄》 卷5, 明宗 2年 6月 癸巳, 19冊, 515~516쪽.
     "初 新生公主 出寓于外 … 史臣曰 公主所寓 乃朴貞元家 而貞元富商大賈 連於內人 前者屢犯重罪 爲法司所購捕 逃躲獲免 而猶不畏戢 恃勢縱惡."
265) 《成宗實錄》 卷101, 成宗 10年 2月 戊申·己酉, 9冊, 695쪽.
266) 《成宗實錄》 卷180, 成宗 16年 6月 乙未, 11冊, 27쪽.

등에 대한 처벌이 논의되고, 그 대표적인 인물로 淸原尉 韓景祿과 礪城
尉 宋寅이 지목되어 臺諫에서 이들의 治罪를 주장하기에 이르렀다.[268]
당시 日常으로 전개되던 시전상인과 宮禁勢力과의 연계를 차단하기 위
한 목적이었다. 이 시기 시전상인의 상업활동이 도성내에서 물품의 독
점판매권을 통해 보장되었을 뿐만 아니라, 국내외에 걸친 그들의 商圈
擴張 역시 특권세력과의 밀접한 상호연계와 보증 속에서 전개되었음을
여실히 보여주는 내용이었다.

### 4) 市役負擔의 增大

시전상업이 발전하고 국내외에 걸친 商圈擴張을 통해 시전상인의 商
利가 확대되는 사정에 기반하여 국가는 시전의 市役負擔을 증대시켜 나
갔다. 국초 이래 조선 정부는 工商稅를 국가재정의 補助財源으로 파악
하여 운용하고 있었다.[269] 따라서 국가재정이 곤란해지고 반면 시전상인
의 商利가 확대되자 이들의 市役을 증대시켜 갔고, 이는 商稅·責辦·雜役
등 세 시역 형태에서 모두 마찬가지였다. 시전행랑 건설이 완료된 후
태종 15년(1415)에 정비된 商稅規定에 따르면, 시전상인의 상세는 工匠
의 경우 그 이익의 多少에 따라 매월 楮貨 1~3장, 坐賈는 1장, 公廊稅가
每間當 연간 2장이었다.[270] 그런데 성종 16년(1485) 《經國大典》에 이르
면 시전상인의 상세는, 工匠은 등급에 따라 매월 저화 3~9장, 坐賈는
4장, 그리고 公廊稅가 매 칸당 연간 40장으로 증액되었다.[271] 국초와 비
교하면 人頭稅로서의 상세는 3~4배, 시전건물 대여료인 공랑세는 20배
이상이나 인상된 금액이었다. 국초에 비한 楮貨價의 下落[272]을 고려하더

---

267) 《中宗實錄》 卷34, 中宗 13年 11月 甲寅, 15冊, 491~492쪽.
268) 《中宗實錄》 卷96, 中宗 36年 11月 丁亥, 18冊, 509쪽 ; 《中宗實錄》 卷97, 中宗
    36年 12月 戊辰·癸酉, 18冊, 533~534쪽.
269) 주 61 참조.
270) 《太宗實錄》 卷29, 太宗 15年 4月 己巳, 2冊, 56쪽.
271) 《經國大典》 戶典, 雜稅.
272) 주 69 참조.

라도 공랑세의 경우에는 높은 비율의 인상이었다. 시전구역의 확대, 전면적인 市肆再編 등 성종대를 전후로 본격화한 시전상업의 발전사정이《經國大典》에 공랑세의 稅額增加로 반영된 것이었다.

그러나 이 시기 시역부담의 주된 형태는 政府 需要物에 대한 責辦義務였다. 국가의 應急한 需要現物을 공급하던 시전책판은 15세기 중반 이후 官匠體制가 동요·붕괴하고,[273] 공물과 진상의 防納·京中貿納 추세가 일반화하면서[274] 더욱 빈번해졌다. 주로 공물로 충당되는 국가의 現物需要가 부족할 경우, 우선은 공물의 引納으로 그 해결을 시도하였지만 이는 곧 市廛貿易으로 연결되었기 때문이다. 연산군 3년(1497)에 이르면 사정은 벌써 심각한 지경이었다.

司諫洪湜掌令安瑭啓 …… 各司恒貢 年年引納 或令平市署貿易 其弊亦甚 不可不改 臣等謂 各陵祭享之需 皆出於奉常寺引納貿易 非獨奉常 諸司皆然 國用之不給 實由於侈用橫費 非緣各陵之多也[275]

引納은 이제 '年年'의 사례가 되었고, 이는 곧바로 평시서를 통한 시전무역을 불가피하게 하였다. 사치 풍조로 인한 橫費에서 연유하는 국가재정의 부족을 해결하려는 임시의 방안이었다.

中宗反正(1506) 직후 燕山朝의 시전책판은 廢主의 弊政으로 치부되고[276] 또 收斂한 市物을 市人에게 환급하는 조처가 내려지기도 하였지만,[277] 시전무역은 국초 이래 시전의 의무였고[278] 이는 성종대에도 마찬가지였다.[279] 당대의 사치 풍조와 연산군의 향락으로 인해 燕山朝에 정

273) 姜萬吉, 〈朝鮮前期 工匠考〉,《史學研究》 12(1961 ;《朝鮮時代商工業史研究》, 한길사, 1984에 收錄).

274) 이지원, 앞의 〈16·17세기 전반 貢物防納의 構造와 流通經濟的 性格〉.

275)《燕山君日記》卷28, 燕山 3年 10月 甲午, 13冊, 291쪽.

276)《中宗實錄》卷1, 中宗 元年 0月 戊寅, 14冊, 72쪽.

277)《中宗實錄》卷1, 中宗 元年 9月 壬午, 14冊, 74쪽.

278) 朴平植, 앞의 〈朝鮮初期 市廛의 成立과 '禁亂'問題〉(本書 제2장 1절).

279)《成宗實錄》卷152, 成宗 14年 3月 庚申, 10冊, 444쪽 ;《成宗實錄》卷258, 成宗 22年 10月 乙卯, 12冊, 101쪽.

부의 橫費支出과 그에 따른 시전무역이 증가한 것은 사실이었지만,[280] 이러한 현상이 연산군의 폐정으로 인하여 비로소 시작된 것은 물론 아니었다. 시전책판으로 인한 시전의 負擔加重은 오히려 16세기 中宗朝에 접어들어 더욱 심화되었다.

중종 14년(1519) 細瑣物에 대한 국왕의 '入內之命'이 계속되자 《中宗實錄》의 史臣은 이를 評하여 '若有國事 則皆責貿於市'[281] 한다고 하였다. 또 중종 19년(1524) 8월 홍문관에서는 內帑의 부족이 시전무역으로 이어지고 그로 인해 市民이 損傷당하는 현실을 논박하고 있다.[282] 이에 대해 중종은 당시 世子의 嘉禮 需要品 마련을 위한 시전무역에서 尙衣院 綿布로 給價하였음을 들어 시민에 대한 加賦가 아니라는 견해를 표명하였다.[283] 그러나 당대 시전책판의 현실은 중종의 이러한 인식과는 판이하였다.

　　近者用度無節 橫費多端 帑藏之貯 一至虛竭 有司不能應辦 則引徵來歲之貢 從民賖買於市 名雖引納 而一年兩稅 稱爲和買 而實是抑買[284]

---

280) 燕山朝에 시전에서 책판한 물품으로 實錄에서 확인되는 品目에는 대략 다음과 같은 것들이 있다.
　　黃蠟:《燕山君日記》 卷28, 燕山君 3年 10月 壬午, 13冊, 287쪽.
　　祭享之需:《燕山君日記》 卷28, 燕山君 3年 10月 甲午, 13冊, 291쪽.
　　紅花:《燕山君日記》 卷36, 燕山君 6年 2月 丁酉, 13冊, 401쪽.
　　蕉布:《燕山君日記》 卷53, 燕山君 10年 5月 乙巳, 13冊, 627쪽.
　　金·銀·竹皮席:《燕山君日記》 卷54, 燕山君 10年 6月 辛巳·甲申, 13冊, 641쪽.
　　笠:《燕山君日記》 卷54, 燕山君 10年 7月 甲午, 13冊, 643쪽.
　　紗羅綾段:《燕山君日記》 卷58, 燕山君 11年 6月 甲寅, 14冊, 4쪽.
　　沙木器:《燕山君日記》 卷61, 燕山君 12年 2月 丁亥, 14冊, 43쪽.
　　四寅劒所造雜物:《燕山君日記》 卷62, 燕山君 12年 5月 丁亥, 14冊, 51쪽.
281)《中宗實錄》 卷37, 中宗 14年 10月 壬戌, 15冊, 571쪽.
282)《中宗實錄》 卷51, 中宗 19年 8月 丙午, 16冊, 330쪽.
283)《中宗實錄》 卷51, 中宗 19年 8月 丁未, 16冊, 331쪽.
　　"內帑之物 貿諸市廛之事 予亦聞之 尙衣院 以世子嘉禮 費用所無之物 或貿於市肆 然而價則給以尙衣院綿布 非加賦於民也."
284)《中宗實錄》 卷65, 中宗 24年 4月 壬午, 17冊, 112쪽.

引納은 '一年兩稅'였고, 시전무역 역시 명목은 '和買'이나 실제로는 '抑買'에 다름 아니었다.

　대신들의 거듭된 비판에도 불구하고 중종대의 시전책판은 이후에도 여전하였다. 중종 25년(1530) 慈順王妃 尹氏의 國喪을 위한 시전무역이 그 전형적인 경우였다. 喪葬에 필요한 허다한 雜物을 일체 시전에서 무역하고 있었고, 이러한 시전무역은 그 給價방침에도 불구하고 准償이 제대로 이루어지지 않았기 때문에 명목은 무역이나 실제로는 攘斂과 다름없었다.[285] 중종 26년(1531) 6월에는 시전에서 취급하지 않는 물품에 대한 貿易令으로 인해 市民들이 고통받고 있었고,[286] 급기야 다음해 2월에는 시민들이 도로를 막고 그 폐단을 呈訴하기에 이르렀다.[287] 인납과 시전책판으로 인해 '農商俱困',[288] '農賈並困'[289]하다는 형편이었다.

　이와 같이 嘉禮·吉禮·國喪을 비롯하여 국가의 大小事에 필요한 소요물을 억매의 형태로 시전에서 책판하게 되자, 이에 대한 반대여론 또한 비등하였지만 시전책판은 日常으로 지속되었다.[290] 중종 38년(1543)에 國家大禮需要之物 이외의 시전무역을 承傳으로 금지시키기는 하였지만, 국왕 자신의 '一切不貿 似難擧行'이라는 견해에서 보듯이 國用에 緊要한 물품이라는 이유로 시전무역은 계속되었다.[291] 당대의 사치 풍조와

---

285) 《中宗實錄》 卷69, 中宗 25年 9月 丙午, 17冊, 253쪽.
286) 《中宗實錄》 卷71, 中宗 26年 6月 戊午, 17冊, 307쪽.
　　"一應之物 皆貿於市廛 市廛所無之物 則百般旁求 艱難應貿 故民甚苦之."
287) 《中宗實錄》 卷72, 中宗 27年 2月 癸巳, 17冊, 356쪽.
　　"三公啓曰 … 鑞鐵貿易之弊 嘗於經筵 已啓之 故多數裁減矣 然市人至今遮道呈訴曰 鑞鐵非本國所産 今若更爲貿易 則絶無出處云."
288) 《中宗實錄》 卷91, 中宗 34年 6月 乙巳, 18冊, 305쪽.
289) 《中宗實錄》 卷94, 中宗 35年 12月 己巳, 18冊, 431쪽.
290) 중종대 시전책판에 관한 사례는 數多하지만, 그 중 嘉禮·吉禮·國喪에 관한 것만을 정리하면 다음과 같다.
　　《中宗實錄》 卷51, 中宗 19年 8月 丁未, 16冊, 331쪽 ; 《中宗實錄》 卷69, 中宗 25年 9月 丙午, 17冊, 253쪽 ; 《中宗實錄》 卷69, 中宗 25年 10月 辛酉, 17冊, 258쪽 ; 《中宗實錄》 卷73, 中宗 27年 5月 己巳, 17冊, 371쪽 ; 《中宗實錄》 卷92, 中宗 34年 12月 辛卯, 18冊, 367쪽 ; 《中宗實錄》 卷101, 中宗 38年 7月 癸亥, 19冊, 6쪽.
291) 《中宗實錄》 卷101, 中宗 38年 11月 庚申, 壬戌, 19冊, 23쪽.

연관하여 늘어나던 國用의 보충수단으로 시전책판이 이용되고 있었기
때문이다.

중종조의 이상과 같은 國用物의 시전무역은 이후에도 지속되고 심화
되었다. 명종 원년(1546)의 靑(顏料)[292]과 黃金,[293] 11년(1556)의 銅,[294] 선조
6년(1573)의 人蔘·弓黑角 責辦[295]은 그 대표적인 실례였고, 이로 인해 '出
市之人 不堪其苦'[296]하는 실정이었다. 더구나 壬辰倭亂이라는 非常의 상
황이 펼쳐지면서 시전으로부터의 책판은 폭주하여 갔다. 임란으로 인해
'市肆 坐市之商 死亡流移 百無一二'[297]함에도 불구하고, 明將이나 使臣의
支待物·國婚·大禮에 소용되는 물품의 市上貿易은 이전과 비교할 수 없
을 정도로 확대되고 있었다. 시전이 '輟業而流散'[298]하고 '往往破業'[299]하
던 사태는 바로 이러한 抑買的인 시전책판에서 비롯되었다.

戰亂이 수습된 후에도 사정은 여전하였다.[300] 선조 35년(1602)에는 책
판의 未給價額이 累百同에 이르고 있었고,[301] 이듬해에는 그 액수가 銀으
로 2천여 兩에 달해, 이로 인해 市人 중에 破産失業者가 속출하였다.[302]

---

중종의 이러한 國用物外 시전무역 금지 承傳은 그 해(중종 38년, 1543)에 간행
된 《大典後續錄》 戶典 雜令條에 수록된다.
　"國用之物外 各司私貿易一禁 如有督責貿易官吏 幷平市署官員 推考罷黜."
292)《明宗實錄》卷3, 明宗 元年 5月 戊寅, 19冊, 419쪽.
293)《明宗實錄》卷4, 明宗 元年 12月 乙酉, 19冊, 469쪽.
294)《明宗實錄》卷21, 明宗 11年 10月 庚寅, 20冊, 365쪽.
　　이때의 銅 責辦은 그해 乙卯倭變이 발생하자, 이에 대한 대처로 銃筒製造를
　　위한 것이었다.
295)《宣祖實錄》卷7, 宣祖 6年 7月 丙午, 21冊, 266쪽.
296)《明宗實錄》卷9, 明宗 4年 11月 癸未, 19冊, 676쪽.
297)《宣祖實錄》卷44, 宣祖 26年 11月 癸丑, 22冊, 118쪽.
298)《宣祖實錄》卷66, 宣祖 28年 8月 庚戌, 22冊, 544쪽;《宣祖實錄》卷111, 宣祖
　　32年 4月 丁巳, 23冊, 595쪽.
299)《宣祖實錄》卷77, 宣祖 29年 7月 丁卯, 23冊, 27쪽.
300)《宣祖實錄》卷146, 宣祖 35年 2月 丁丑, 24冊, 345쪽.
　　"亂後國儲蕩竭 凡百應用之物 不給價 取辦於市民者 久矣 子遺市民 傾財破産 己
　　極倒懸之狀."
301)《宣祖實錄》卷146, 宣祖 35年 2月 戊辰, 24冊, 339쪽.
302)《宣祖實錄》卷159, 宣祖 36年 2月 癸巳, 24冊, 446쪽.

궁궐에 대한 投石 사건이 발생한 것도 이 때문이었다.[303] 시전무역의 사
정을 3개월마다 파악하여 보고하고 이에 의거하여 給價하라는 선조의
命이 내리고는 있지만,[304] 이로써 시전책판이 중단될 수는 없었다. 奢侈
風潮의 만연, 官匠體制의 붕괴, 防納·京中貿納의 일반화, 國家財政의 탕
진 등의 상황 속에서 조선 정부가 임시의 국가수요를 마련할 수 있는
가장 현실적인 방도가 바로 시전책판이었기 때문이다.

한편 外國使臣의 支待物 責辦 및 그들과의 私貿易 의무에서도 시전의
시역부담은 증대하여 갔다. 중국 사신의 영접을 위한 山臺·結綵 등의
마련은 선초 이래 시전상인 이외의 여타 사람들도 함께 부담하였지
만,[305] 사신과의 公貿易에 필요한 決濟品目이나 回答賜物 등은 으레 시
전의 책판에 의존하였다. 중종 16년(1521)에 온 중국사신의 지대를 위해
서는 皮毛物 외에 布物만도 黑麻布 2천 匹, 白苧布 4천 匹의 豫備가 필
요하였다.[306] 당시 정부는 이를 위해 京外官에게 品布를 배정하기도 하
였지만, 국고내 수량으로 부족할 경우 곧 시전무역으로 책판함이 일반
이었다.

比年來行次煩數 而每行求請 其數不少 如綿紬等物 不得已貿易于市裏 其
弊甚多[307]
回俸之物 幾至十倍 傾盡國庫 猶爲不足 責納市廛 僅充厥數 公私具竭[308]

"頃年國喪及天使時 所用雜物 專責於市廛 至今不給價者 幾至二千餘兩 以此破
産失業者 比比有之."
303)《宣祖實錄》卷159, 宣祖 36年 2月 辛卯, 24冊, 446쪽.
304)《宣祖實錄》卷160, 宣祖 36年 3月 辛酉, 壬戌, 24冊, 452쪽.
305) 세종 8년(1426)에는 이를 成衆愛馬·各司奴婢·各里香徒와 市井工商에게 분정
하였고(《世宗實錄》卷32, 世宗 8年 4月 乙亥, 3冊, 19쪽), 중종 3년(1508)에는
外方軍士인 頭隊人이 例辦하는 山臺·結綵·雜物을 市梱人에게 대체시키자는 논
의가 있으나(《中宗實錄》卷5, 中宗 3年 2月 癸巳, 14冊, 233쪽).
306)《中宗實錄》卷41, 中宗 16年 3月 丁巳, 16冊, 20쪽.
307)《中宗實錄》卷96, 中宗 36年 11月 甲申, 18冊, 508쪽.
308)《仁宗實錄》卷2, 仁宗 元年 5月 甲申, 19冊, 247쪽.

특히 仁宗 원년(1545)에 온 天使의 回俸物인 海獺皮는 당시 왜인과의 무역품이었기 때문에 그 책판을 위해 시전상인의 왜인과의 開市를 허락하기까지 하였다.[309] 명종 13년(1558)에도 天使가 청구한 大狼皮·水獺皮는 시전무역을 통해 조달되었다.[310]

성종대 이후 조선에 오는 중국 사신이 무역을 위해 대동하는 頭目과 그들의 櫃子는 국초에 비해 현저히 증가하고 있었다. 세종조에 그 탐욕이 조정에서 크게 문제되었던 明使 尹鳳의 求請物이 200여 櫃였던 데 비해,[311] 성종 14년(1483)에 온 明 使臣은 41명의 頭目을 대동하고 무역을 위해 400여 개의 櫃子를 가지고 왔고,[312] 중종 16년(1521)의 사신은 75명의 두목을 거느리고 소지한 궤자가 512개에 달하였다.[313] 모두 조선에서 사무역을 하기 위한 所持品들이었다. 당시 조선 정부는 사무역으로 인한 시전의 피해를 우려하여 가능한 한 이를 금지하거나 경감하려고 노력하였다. 중종 32년(1537) 3월 국왕은 중국 사신이 가져온 白絲 40斤, 段子 20匹에 대해 내렸던 半公貿易 半私貿易 방침을,[314] 두목의 사무역 폐단을 우려하여 이튿날 전부 금지시켰다.[315] 그러나 하루 만에 결국은 사신의 반발을 우려하여 다시금 시전 사무역을 허가하고 만다.[316]

이와 같은 처지에서 전개되는 시전상인과 중국 사신 사이의 사무역이 대등한 거래이기는 힘들었다. 그 가격을 사신이 일방적으로 정하는 抑買였고, 조선 정부 또한 이를 수용할 수밖에 없는 현실이었다.[317] 明使는

---

309) 《仁宗實錄》 卷2, 仁宗 元年 5月 丁亥, 19冊, 248쪽.
    당시 東平館에 머물고 있던 일본 사신과의 무역은 國中多事로 인해 실제 이루어지지는 못하였다.
310) 《明宗實錄》 卷24, 明宗 13年 3月 辛亥, 20冊, 463쪽.
311) 《世宗實錄》 卷45, 世宗 11年 7月 庚申, 3冊, 189쪽.
312) 《成宗實錄》 卷155, 成宗 14年 6月 乙亥, 10冊, 471쪽.
313) 《中宗實錄》 卷41, 中宗 16年 4月 辛卯, 16冊, 24쪽.
314) 《中宗實錄》 卷84, 中宗 32年 3月 辛卯, 18冊, 43쪽.
315) 《中宗實錄》 卷84, 中宗 32年 3月 壬辰, 18冊, 45쪽.
316) 《中宗實錄》 卷84, 中宗 32年 3月 癸巳, 18冊, 45~46쪽.
317) 《中宗實錄》 卷84, 中宗 32年 3月 甲午, 18冊, 50쪽.
    "政院啓曰 頭目等貿易之物 市裏人等 已與之高下其直 則頭目曰 凡此物價 非俺

때로 回程日程의 촉박함을 들어 억매를 하기도 하였고,[318] 그것이 여의치 않을 경우 사무역을 參看하는 官員의 처벌을 요구하기도 하였다.[319] 인종 원년(1545) 5월에는 마침내 天使·頭目의 抑買, 難得之物 책판 요구에 반발하여 市人 100여 명이 정부에 그 폐단을 호소하기에 이르렀다.[320] 중국사신과의 사무역이 '太自高價 日甚一日 其價相當者 百無一焉'[321]하는 형편에서 비롯되는 시전상인의 고통이었다.

壬亂 발발 후, 使臣·明將의 지대물 책판과 시전 사무역의 억매적 경향은 더욱 심화되어 갔다. 선조 32년(1599) 시전상인이 撤肆투쟁을 통해 이에 항의하는 분위기 속에서도,[322] 선조 35년(1602) 明使의 시전억매는 銀 1,800여 兩에 이르고 있었다.[323] 明 使臣이 시전에 지급하지 않은 사무역 價額을 정부에서 補塡해 주자거나,[324] 銀鑛을 적극 개발하고 또는 鑄錢을 하여 生財之道로 삼자는 논의는[325] 이러한 시역부담의 과중함을 덜기 위해 제기되는 案이었다.

이 시기 사신 지대물 책판과 사무역 부담의 증대는 倭·野人의 경우에도 동일하였다. 성종 25년(1494)의 倭人 答賜用 縣紬·正布는 '分徵市人例'에 의거하여 시인에게서 1인당 30필씩 책판시키고 있었고,[326] 중종 23년(1528)에는 시전상인이 바라지 않음에도 불구하고 倭使와의 사무역을, 평시서를 통해 강제하였다.[327] 歸附한 왜·야인의 祿俸까지도 시전상인의 면포로 例捧하여 지급하는 처지였다.[328]

---

　　　等 所自定也 當有問處 卽入天使房云 今若從其物之美惡 而的定其直 則恐天使又或發怒也 雖不可盡從其言 然斟酌貿給 使不至怒何如 傳曰 如啓."
318)《中宗實錄》卷99, 中宗 37年 8月 丙申, 18冊, 611~612쪽.
319)《仁宗實錄》卷2, 仁宗 元年 5月 庚午, 19冊, 241쪽.
320)《仁宗實錄》卷2, 仁宗 元年 5月 戊寅, 19冊, 245쪽.
321)《仁宗實錄》卷2, 仁宗 元年 5月 庚辰, 19冊, 245쪽.
322)《宣祖實錄》卷117, 宣祖 32年 9月 乙丑, 23冊, 681쪽.
323)《宣祖實錄》卷148, 宣祖 35年 3月 甲戌, 24冊, 361쪽.
324)《宣祖實錄》卷158, 宣祖 36年 正月 辛未, 24冊, 441쪽.
325)《宣祖實錄》卷196, 宣祖 39年 2月 辛亥, 25冊, 162쪽.
326)《成宗實錄》卷289, 成宗 25年 4月 癸亥, 12冊, 501쪽.
327)《中宗實錄》卷62, 中宗 23年 8月 癸丑, 17冊, 22쪽.

이처럼 15세기 중반 성종대 이후, 특히 16세기에 접어들면서 시전상
인의 시역부담은 선초와 비교하여 크게 증대되었다. 商稅·責辦의 의무
어느 쪽에서도 마찬가지였고, 특히 후자의 경우에 더욱 그러하였다. 雜
役의 부담도 마찬가지였다. 이 시기의 市役增大와 관련하여 雜役의 推
移는 實錄에서 그 실태를 확인하기가 쉽지 않다. 그러나 다음 柳馨遠의
언급은 비록 한 세기 후의 상황이기는 하지만, 그러한 잡역 증대의 경향
을 추적하는 데 참고가 될 수 있겠다.

  大典雖有公廊定稅 而今則市賈公廊 皆無常稅 勅使及祭祀 藏氷及凡修理
等雜役 隨事支役 苦歇無復有定云[329]

柳馨遠은 당시 시전이 常稅로서의 商稅는 부담하지 않고, 勅使 접대와
祭祀를 위한 責辦과 藏氷·修理 등의 雜役을 '隨事支役'한다고 하였다. 商
稅의 폐지 여부는 좀 더 천착이 필요한 문제이나,[330] 전체적인 시역부담
이 책판·잡역으로 그 비중이 변동해 가던 사정은 잘 보여주고 있다. 조
선후기 六矣廛을 비롯한 시전상인들이 부담하던 市役의 주된 형태는 바
로 이 책판과 잡역이었다.
  요컨대 전반적인 시역부담의 증대였고, 이는 앞서 살펴본 바대로 성
종대 이후 시전을 비롯한 도성상업의 발전에 기반하여 강제되고, 또 가

---

328) 《中宗實錄》 卷98, 中宗 37年 5月 丙申, 18冊, 580쪽.
  "倭野人祿俸 則平市署 例捧市裏人之綿布 與禮曹郞官 同時給之."
329) 《磻溪隨錄》 卷1, 田制 上, 雜說.
330) 선초 楮貨制의 施行·中斷·復行 과정에서 楮貨價는 폭락하는 양상을 보이고
  있었다(주 69 참조). 더욱이 성종 16년(1485) 의정부에 따르면, 工商稅를 비롯한
  각종 雜稅는 이를 징수하는 官吏들의 태만으로 인해 '有名無實'하다는 형편이었
  다(《成宗實錄》 卷184, 成宗 16年 10月 己酉, 11冊, 60쪽). 이러고 보면 《經國大
  典》에 저화로 납부하게 규정되어 있는 시전의 商稅는 폐지되지 않았다 하더라
  도 실제 시전상인에게 큰 부담이 아니었을 것이다. 때문에 당시 책판·잡역의 比
  重大 경향에 유념하던 柳馨遠은 시전상인의 常稅가 없는 것으로 이해한 듯하
  다. 그러나 법제상으로 시전의 商稅는 正祖 12년(1778)의 《度支志》까지도 《經
  國大典》의 내용이 그대로 남아 있다(《度支志》 外篇 卷2, 版籍司 版圖部, 市廛,
  收稅式例).

능하였던 市廛商業界의 현실이었다. 국초 이래 抑末의 정책표방 하에서 조선 정부가 시전을 설립하고 육성·관리한 목적의 하나도 여기에 있었다. 基幹産業인 토지·농업으로부터의 收稅 외에, 이들 상인·상업으로부터도 국가운영의 한 財源을 마련한다는 방침에서 추진되는 시역의 증대 현상이었다. 이런 사정에서 '和買'가 아닌 '抑買'의 市廛責辦은 日常化하였고, 그 자체가 市廛 固有의 役으로 고정되어 갔다. 그리고 이러한 시전의 시역 증대는 國家財政上에서 시전의 비중이 커 감을 의미하는 것이었고, 고려와 달리 조선 정부가 시전과 시전상인의 상활동에 적극 干與하게 되는 배경이기도 하였다.

## 3. 非市廛系 商人의 成長과 都城의 商權紛爭

### 1) 非市廛系 商人의 成長과 '亂廛'

시전 위주의 상업질서가 수립되어 있던 선초에도 도성에는 이미 非市
廛系 私商人들이 활동하고 있었다. 성내 각처에서 장시의 형태로 열리
던 巷市의 零細小商人이 바로 그들이다.[331] 이들은 도성민의 朝夕 마련과
관련한 交換의 領域에서 활동하던 상인으로, 16세기에 들어서도 私商人
의 상활동은 여전하였다. 市廛商人들이 정부와 관인·양반 사대부 등의
수요와 관련하여 사치품을 중심으로 한 대규모의 거래에 치중하였다면,
이들은 그와 교역기반을 달리하며 일반 民人을 상대로 하는 소규모 생
필품 거래에 종사하고 있었다. 穀物을 비롯한 衣·食物, 柴·炭·草 등을
이용한 巷市에서의 단순교환이었다.[332] 국초 이래 정부가 이들에 대한
免稅 방침을 고수하고, 抑末의 정책표방에도 불구하고 이들의 활동을
부득이한 것으로 인정하였던 사정[333]은, 영세 소상인의 상업활동이 갖는
이러한 불가결한 성격에서 연유하는 것이었다.

선초 도성에서 벌어지던 이들의 상업활동은 市廛體制를 전제로 하여
그 外廓에서 이루어지는 것이었고, 또 자본이나 영업규모 면에서 아직
시전의 商權을 위협할 정도는 아니었다. 그러므로 당시 시전상인은 이

---

331) 《太宗實錄》卷29, 太宗 15年 4月 己巳, 2冊, 56쪽.
332) 이러한 영세 소상인에는 도성을 왕래하며, 도성민의 朝夕과 관련된 물품을 판
　　매하여 資生하던 近畿民도 포함될 수 있겠다. 이 시기 자료에서 數多하게 등장
　　하는 다음과 같은 부류이다.
　　《成宗實錄》卷138, 成宗 13年 2月 丙辰, 10冊, 300쪽.
　　"果川衿川 則距京不遠 民或負柴 貿穀資生."
　　《中宗實錄》卷66, 中宗 24年 11月 壬子, 17冊, 170쪽.
　　"京城近處之民 賣柴爲食 故猶可以支持歲前矣."
333) 朴平植, 앞의〈朝鮮初期 市廛의 成立과 '禁亂'問題〉(本書 제2장 1절).

들에 대해 별다른 견제나 반발의 모습을 보이지 않았고, 정부의 이들에 대한 免稅 방침 또한 일관되게 유지되었다.[334] 정부의 방침대로 도성상업이 시전을 중심으로 편성·관리되고 있었던 것이다.

그러나 15세기 중반 이후 시전상업이 발전하고 번성하는 것[335]과 궤를 같이하여 도성내의 비시전계 사상인 또한 성장하여 갔다. 이 시기의 農業變動과 逐末傾向에서 비롯된 도성인구의 증가, 防納·京中貿納으로 대표되는 부세체계의 변동, 대외무역의 발전은 도성의 상업도시로서의 성격을 일층 강화시켰고,[336] 이를 기반으로 시전상업이 번성하여 감과 동시에 비시전계의 사상인 역시 성장하고 있었던 것이다.

도성에서 이들 사상인 세력이 성장해 가는 사정과 관련해서는 성종 16년(1485)의 다음 기록이 참고된다.

　義禁府啓 司憲府禁亂書吏金敬孫 羅將趙承老等 與市人會飮 罪律該杖七十 傳曰 今觀憲府衙吏所爲 若豪富納賂者 則雖犯禁 必釋之 其所捕者 皆外方無聊之人耳 京城之內 王化至近之處 猶且如是 況外方乎 此輩罪重 徙處平安道何如[337]

의금부는 市人과 會飮한 사헌부의 禁亂書吏 金敬孫과 羅將 趙承老의 治罪를 건의하였다. 이에 대해 국왕은 시전을 감독하는 憲府 衙吏들의 禁亂대상에서 이들과 결탁한 豪富들은 제외되고, 체포되는 자들이 모두 외방에서 올라온 無聊之人뿐인 현실을 개탄하면서 이들 헌부 관리의 평안도 徙處 여부를 논의하게 하였다. 이 자료에 보이는 '外方無聊之人'은 바로 糊口之策이나 避役을 위해, 좀 더 근본으로는 저간의 逐末風潮를 배경으로 도성에서 생계를 도모하기 위해 入京한 사람이었다. 이들

---

334) 위의 글음.
335) 朴平植, 〈朝鮮前期 市廛의 發展과 市役 增大〉, 《歷史敎育》 60(1996 ; 本書 제2장 2절).
336) 위의 글, 2)항 '市廛擴大의 基盤'.
337) 《成宗實錄》 卷180, 成宗 16年 6月 乙巳, 11冊, 30쪽.

의 상업활동이 도성에서 이루어지고, 권력과 유착한 시전상인과 달리
禁亂書吏들의 집중적인 단속대상이 되고 있음에서 발생하는 문제였다.

逐末風潮를 배경으로 도성에 집중한 외방인들은 대부분 그 생계를 도
성내의 商工業에서 도모하고 있었고,[338] 이들에 의해 도성내 각처에는
비시전계의 교환시장, 곧 巷市 형태의 시장들이 급격히 증설되어 갔다.
중종대에 이르면 이들 사상인의 상업활동은 당시 외방의 場市에서 나타
나는 逐末傾向과 함께 조정의 현안으로 대두하고 있었다.[339] 중종 9년
(1514) 11월, 右贊成 申用漑는 京師의 曲坊委巷에 '無不出市'하는 형편을
들어 舊來 市場을 제외한 新設 市場의 일절 금지를 주청하였다.

> 外方逃賦之人 亦聚于京師 曲坊委巷 無不出市 若非舊市 一切禁之 則自可
> 歸農矣[340]

도성과 외방의 新立市門에 대한 혁파는 이미 그 해(중종 9, 1514) 10월
에도 大司諫 崔淑生이 주장한 바 있었다.[341] 또 중종 13년(1518) 南袞은
四民 중 農民은 그 하는 일이 최고로 困苦하여 일 년 내내 바삐 움직이고
서도 종내는 먹을 것이 없는 데 비해, 逐末者는 일을 힘들게 하지 않고도
의식이 足하므로 民人들이 모두 기꺼이 末業에 종사하게 된다고 지적하
면서 도성의 상업 상황에 대해 다음과 같이 언급하고 있다.

> 夫王者定都 前朝後市 乃古制也 以我國之制見之 則自鐘樓至宗廟 爲市廛 而
> 今則坊坊曲曲 無不出市之地 以此而物價踴貴 須禁抑逐末 以示務本之意也[342]

---

338) 《中宗實錄》卷25, 中宗 11年 5月 壬辰, 15冊, 170쪽.
   "外方之人 皆聚京師 爲工商之業 … 皆游手而食."
   《中宗實錄》卷56, 中宗 21年 正月 癸卯, 16冊, 494쪽.
   "游惰之輩 皆聚京師 業商賈."
339) 《中宗實錄》卷21, 中宗 9年 10月 甲寅, 15冊, 38쪽.
340) 《中宗實錄》卷21, 中宗 9年 11月 癸酉, 15冊, 42쪽.
341) 《中宗實錄》卷21, 中宗 9年 10月 甲寅, 15冊, 38쪽.
342) 《中宗實錄》卷31, 中宗 13年 正月 壬子, 15冊, 387쪽.

기왕의 시전이 존재함에도 불구하고 도성내 각 지역에 새로운 시장이 등장하면서 이로 인해 物價가 치솟고 있었다. 그의 표현대로 도성은 그 야말로 '坊坊曲曲 無不出市之地'하다는 형세였다. 남곤은 이러한 상황의 근본 해결을 위해 抑末政策의 표방을 다시금 강조하고 있다. 조선 정부가 국초 이래 도성상업을 통제하고 관리하기 위해 조성하고 운영하던 시전과는 성격을 달리하는 시장이 성내 여러 곳에서 개설되고 있었던 것이다. 그러나 이를 도성민의 資生의 방도로 보아[343] 그 失業을 우려하여 일절 금할 수는 없다는 중종의 견해[344]에서 보듯이, 도성내 非市廛系 교환의 장소와 사상인의 활동은 이미 도성민의 생계와 직결될 만큼 증가하고 또 성장하고 있었다.

그런데 이렇게 성장하고 있던 非市廛系 私商人 중에는 운용자본이나 상활동의 규모가 커서 정부의 정책담당자들이 주시하는 부류가 있었다. 壬亂 직후의 자료이기 때문에 그 해석에 신중을 기해야 하지만, 선조 33년(1600) 領議政 李恒福의 다음 上箚는 그러한 비시전계 상인의 성장 사정을 잘 보여주고 있다.

> (宣祖 ― 필자)三十三年 領議政李恒福箚曰 …… 奸民之亂市者 而不係市籍者 如令平市署 束定市役 則庶市民均役 而市肆完定[345]

임란 후 도성 시전의 정비방안을 마련하는 가운데, 이항복은 市籍에 오르지 않은 '奸民之亂市者'를 市役에 束定하여 市民의 役을 균등히 하자고 하고 있다. 시적에 오르지 않음으로써 국가에 대한 시역을 부담하지 않는 상인은 바로 앞에서 살펴본 비시전계 사상인임에 틀림없다. 당시 이항복은 임란을 경과하면서 더욱 가중되던 정부의 市廛責辦을 피해

---

343) 위의 맨 앞.
　　"上曰 食爲民天 農事爲大 逐末之人 若一切禁之 則窮民恐不得資生也."
344)《中宗實錄》卷21, 中宗 9年 11月 癸酉, 15冊, 42쪽.
　　"背本逐末 禁之爲當 然一切禁之 民或失業 致其寃悶矣 該司自禁 不必立法也."
345)《增補文獻備考》卷163, 市糴考1, 市.

還京하지 않은 채 지방에서 謀利하는 시전상인에 대한 刷還問題를 제기하고 있었다.[346] 그는 여기에 덧붙여 '市肆完定'의 한 대책으로 당시 시전상인과 동일하게 도성에서 영업하면서도 시역을 부담하지 않는 이들 비시전계 상인들을 市籍에 登載하여 市役을 부과함으로써, 시전의 상대적인 役負擔 過重을 해결하려 한 것이다.

이처럼 시적에 오르지 않은 채 도성에서 영업하면서 모리하는 비시전계 사상인, 곧 '奸民之亂市者'는 바로 조선후기 도성상업계에서 크게 문제되는 '亂廛'의 선행형태라고 생각된다. 閭巷의 小商人들과는 달리 이들을 '시전의 질서를 어지럽히는 奸民'이라고 표현하고, 또 이들을 市籍에 편재하여 市役을 부과하자는 논의에서 알 수 있듯이, 그들은 당시 시전상인에 버금갈 정도로 성장하여 시전 중심의 都城商業秩序를 교란시키고 있던 상인이었다. 이런 의미에서 그들은 '亂廛' 세력이었다.

한편 이항복이 비시전계 사상인에 대한 시역 부과를 건의한 바로 그 해(선조 33, 1600), 정부는 訓練都監 軍兵으로서 도성에서 市業에 종사하는 사람들에 대해 容貌疤記를 기재한 市牌를 발급하였다.

> 庚子年(宣祖 33, 1600 — 필자)間 都監軍兵之爲市者 容貌疤記市牌成給者 別無他意 欲爲辨別眞假 俾無假托之事[347]

眞假를 辨別하여 假托之事를 방지하기 위한 조처였다. 애초 조선 정부는 임란중에 훈련도감을 창설하면서 그 군병 중 京居之人에게는 도성내의 市業을 허락하고 市役을 專減시킨 바 있었다.[348] 도성내에서 시전

---

346) 위와 같음.
    "領議政李恒福箚曰 … 我國之規 如遇緩急 凡所責辦 專靠市民 市民於公家 所關如此 而市肆空虛 亦非細慮 此皆無知下人 非可以教諭而自來 今宜行移外方 京商之散處其地者 ——摘發 使還舊業 守令如有慢不擧行者 令平市署籍名尋問 先治守令."
347)《訓局事例撮要》上卷, 軍兵市業條.
348) 壬亂中 訓練都監의 설립과 都監軍의 상업활동에 대해서는 다음 논문 참조.
    金鍾洙,〈17세기 訓練都監 軍制와 都監軍의 활동〉,《서울학연구》2(서울시립대 부설 서울학연구소, 1994).

상인이 아닌 군병의 상업행위를 합법으로 인정한 셈이었다. 市牌의 발급은 바로 이런 사정을 이용하여 도감군을 사칭한 사상인들의 상행위가 문제되자, 이를 방지하기 위한 보완조처로 마련된 것이었다. 앞서 언급한 이항복의 건의와 함께 모두 非市廛系 私商人, 곧 '亂廛' 세력이 성장하고 이들의 상업활동이 시전의 상권을 위협하게 되자, 그에 대한 정부의 대책으로 제기되고 마련되는 방안이었다.[349]

## 2) 私商人의 資本集積과 市廛商權의 蠶食

조선전기, 도성을 근거로 활동하는 사상인 중에는 자본의 규모가 크고 활동영역이 매우 넓어 이른바 '富商大賈' 또는 '京中富商大賈'로 부를 정도로 성장한 大商人들도 출현하였다. 그들은 활용하는 자본과 영업규모가 크다는 점에서 '부상대고'였고, 도성을 근거로 상활동을 하기 때문에 '경중부상대고'였다.[350] 16세기에 들어 시전상인들의 商權을 위협할 정도로 성장하고, 그리하여 임란 직후에 市役의 差定대상으로까지 거론되던 비시전계 사상인은 바로 이 대상인들이었다.

국초부터 이미 도성의 사상인들은 行商, 곧 陸商이나 船商으로서 전국을 무대로 상활동을 펼치고 있었다. 輕量의 농촌사회 필수품을 판매하며 陸商으로서 전국을 누비던 京商이나, 곡물·어물·염 등 重量의 물품을 다량으로 취급하던 京江船商의 활동이었다. 당시 정부는 抑末論의 정책기조를 유지하면서도 지주·대농경영과 연관되고 민생의 필수품을 공급하는 이들의 활동을 인정하였고, 한편으로 行狀·商稅制度 등을 통해 이들을 파악하여 관리하고 있었다.[351] 도성의 부상대고는 이런 사정

---

349) 이후 인조대에 이르면 정부는 시전상인의 異議 제기를 받아들여 상업활동을 하는 도감군에게도 市役의 5분의 1을 부담하도록 조치한다(金鍾洙, 앞의 〈17세기 訓練都監 軍制와 都監軍의 함도〉, 108쪽).

350) 물론 이 시기 '京中富商大賈'에는 당연히 市廛商人도 포함된다. 이들을 포함한 16세기 부상대고의 존재형태와 자본집적에 대해서는 다음 논문이 있다.
   백승철, 〈16세기 부상대고(富商大賈)의 성장과 상업활동〉, 《역사와 현실》 13 (1994).

을 바탕으로 성장하고 자본을 집적한 상인들이었다. 여기에 성종대 이
래의 奢侈風潮 고조와 그로 말미암은 대외 사무역의 성행 또한 이들
부상대고의 주요한 상업활동 무대가 되고 있었다.[352]

국내외에 걸친 도성 부상대고의 활동은 그들의 대규모 자본이나 조직
을 통해 뒷받침되었다. 그 중 특히 상인들이 자본을 합작하여 전개하는
同業 형태의 '同財殖貨' 행위는 이미 15세기 중반에 일반으로 전개되었
다. 세조 12년(1466)에 논란이 된 張有敬의 고소사건은 그러한 사정을
잘 보여주고 있다.

先是 賈人金得富與張有敬 同財殖貨 二人各取其半 以河允執筆 文繼生爲
証 文契俱存 其後得富 又與一人殖貨 厥數頗多 有敬欲分之 誣言得富 用與我
共殖之貨 以殖此貨 我當同分 遂訟于司憲府 憲府不察 以有敬爲是 事聞于上
命承政院更訊之 得富對曰 初則與有敬 共力殖貨 中分爲二 各取其一 明有契
券 後之所殖 乃吾貨耳 有敬何與焉[353]

애초 金得富와 張有敬은 河允의 執筆과 文繼生의 保證 아래 文契를 작
성하여 同財殖貨하였다. 그런데 그들의 동업관계가 청산된 후 김득부가
또 다른 한 사람과 殖貨하여 이익이 파다하게 되자, 장유경이 그 이익을
노려 김득부를 헌부에 고소하였다. 이 사건은 김득부가 장유경과 동업을
끝내면서 작성한 契券을 제시함으로써 장유경의 誣告로 처리되고, 이를
규찰하지 못한 헌부 관리를 처벌하는 것으로 종결되고 있다.[354] 그러나
그 처리 결과에 관계없이, 同財殖貨와 그 종결을 위한 文契가 執筆·證人
을 두고서 작성되는 것으로 보아, 당시 상인들 사이의 資本合作은 일반
의 관행으로 이루어진 것으로 생각된다. 한편 여기에 등장하는 상인 김

---

351) 朴平植, 〈朝鮮前期의 行商과 地方交易〉,《東方學志》77·78·79合輯(1993 ; 本
    書 제3장 1절).
352) 韓相權, 앞의 〈16世紀 對中國 私貿易의 展開〉 ; 백승철, 앞의 〈16세기 부상대
    고(富商大賈)의 성장과 상업활동〉.
353)《世祖實錄》卷38, 世祖 12年 正月 丙午, 8冊, 1~2쪽.
354) 위와 같음.

득부는 문종 즉위년(1450)에 禁物인 細布를 이용하여 明使와 사무역을
하려다 처벌된 전력이 있는 인물이었다.[355] 이를 통해 볼 때 그는 도성을
무대로 활동하는 부상대고로 주로 사무역에 종사하던 상인이었고, 그와
동업한 장유경 등의 인물도 또한 그러한 부류였을 것으로 판단된다.[356]

사상인들이 자본을 합작하여 벌이는 상업활동의 관행은 이후 16세기
에 들어 더욱 확산되어 갔다. 중종 23년(1528)에 있은 甲士 李世孫의 다
음 고발사건 역시 그 하나의 예이다.

> 刑曹啓曰 甲士李世孫告訴于中部曰 金仲良金有光朱義孫李守福安孝孫等
> 各出木縣五百同 作同務 或與倭通事潛貿禁物 或於赴京通事處 黃金三十九
> 兩 銀七十四兩九錢付送[357]

金仲良 등 5인이 각각 木縣 500同씩(2만 5천 匹)으로 '作同務'하고, 倭
通事·赴京通事와 연계하여 사무역을 하였다는 고소 내용이다. 특히 이
세손은 김중량이 부경통사 李繼詮에게 금은을 송부할 때 鄭夫叱成이 보
증하고 자신이 집필하여 文券을 작성하였다고 진술하기까지 하였다.[358]
물론 이 고소 또한 이세손의 무고로 밝혀졌지만,[359] 당시 상인들 사이에
이루어지던 合資商業 慣行을 여실히 보여주는 사건이었다. 각기 500동
씩의 면포를 동원할 수 있을 정도의 대상인의 존재와, 그들의 '同財殖
貨', '作同務' 관행을 전제로 하는 무고였던 것이다.[360]

---

355)《文宗實錄》卷3, 文宗 卽位年 8月 己亥, 6冊, 276쪽.
356) 한편 부상 김득부는 이후 성종 원년(1470)에 담당관리에게 뇌물을 바치는 대신
    麤布를 納官하고 正布를 수령하여 다시 조정에서 논란이 되기도 하였다(《成宗
    實錄》卷6, 成宗 元年 7月 壬午·甲申·己丑·庚子, 8冊, 513~519쪽 ;《成宗實錄》
    卷7, 成宗 元年 8月 丁未, 8冊, 520쪽).
357)《中宗實錄》卷60, 中宗 23年 2月 壬子, 16冊, 631쪽.
358)《中宗實錄》卷60, 中宗 23年 2月 辛酉, 16冊, 634쪽.
359) 위와 같음.
360) 상인들의 資本合作 同業行爲는 중종 34년(1539) 시전상인으로 추정되는 朴守
    榮의 경우에서도 확인된다(《中宗實錄》卷92, 中宗 34年 10月 丁亥, 18冊, 354
    쪽). 결국 이 시기 상인들 사이의 합작 동업은 상업계의 일반 관행이었던 것
    이다.

이처럼 그들 자신의 대규모 자본이나 아니면 合資 형태로 조성한 자본을 동원하여 전개하던 경중 부상대고의 상업활동은, 그 활동무대가 전국에 걸쳐 있었던 만큼 그에 상응하는 組織基盤을 갖추고 이루어졌다. 당시 陸商 중에서도 京商을 비롯하여 상활동의 규모가 큰 대상인들은 일종의 '行商團'을 조직하여 활동하고 있었다.[361] 아울러 京江의 船商이 활동하던 평안도 해안의 포구에는 貿穀과 관련한 主人層이 성립되어 선상과 지방민의 거래를 매개하고 있었다.[362] 거래의 규모가 큰 행상일수록 陸商·船商에 관계없이 일정한 조직에 기반하여 활동하고 있었던 것이다.

경중 부상대고의 조직은 특히 대외무역 분야에서 더욱 두드러졌다. 당시 중국이나 일본을 상대로 전개하던 이들의 사무역 활동은 대개의 경우 국경 근처의 現地民이나 상인과의 연계 하에서 이루어졌다. 중국과의 사무역에서는 주로 義州民이,[363] 또 일본과의 사무역에서는 三浦 근방의 熊川·東萊民이 흔히 거론되어 논란이 되었다.[364] 중종 4년(1509) 京中의 富居人과 商賈之徒는 왜와의 사무역에 따른 倍簁之利를 노려 웅천이나 동래의 民家에 짧게는 1~2년, 길게는 3~4년씩 머무르며 무역에 종사하고 있었다.[365] 또 중종 39년(1544) 銀을 이용한 唐人과의 사무역이 조정에서 크게 문제되었던 義州 私奴 千石의 경우, 同犯인 李業孫은 개경에 소재하는 인물이었고 徐業從은 京居人이었다.[366] 도성과 개성·의주를 연결하는 전국적인 규모와 조직을 통해 대중국 사무역이 이루어지고 있었던 것이다. 이업손이나 서업종은 개성과 도성에 근거를 둔 부상

---

361) 朴平植, 앞의 〈朝鮮前期의 行商과 地方交易〉(本書 제3장 1절).
362) 위의 글, 3)항 '地方交易機構의 形成과 都城中心 流通體系'.
363)《燕山君日記》卷36, 燕山君 6年 2月 丙申, 13冊, 400쪽 ;《燕山君日記》卷37, 燕山君 6年 3月 丙子, 13冊, 407쪽 ;《中宗實錄》卷102, 中宗 39年 2月 辛卯·壬辰· 丙申, 19冊, 50~52쪽.
364)《中宗實錄》卷8, 中宗 4年 4月 癸亥, 14冊, 323쪽 ;《中宗實錄》卷67, 中宗 25年 2月 己卯, 17冊, 195쪽 ;《中宗實錄》卷104, 中宗 39年 9月 壬戌, 19冊, 137쪽.
365)《中宗實錄》卷8, 中宗 4年 3月 丙辰, 14冊, 321쪽.
366)《中宗實錄》卷102, 中宗 39年 2月 辛卯, 19冊, 50쪽.

대고였을 것이다. 당시 대외무역이 수입 사치품의 최대 소비지인 도성을 중심으로 하여 상인들의 조직적인 연계를 바탕으로 전개되던 사정을 잘 보여주는 사례였다. 이 과정에서 경중의 부상대고가 우세한 자본이나 조직력을 이용하여 그 중심 역할을 수행하였음은 물론이다.

한편 경중 부상대고의 상업활동과 자본집적은 民間의 交換領域에서만이 아니라, 정부의 財政運營과 관련하여 官主導 하에 이루어지던 거래에서도 활발하였다. 양계지방의 軍需確保를 위한 回換이나,[367] 주로 賑恤政策의 일환으로 京外에서 시행되던 納穀參與[368]는 당시 부상대고의 주된 商利 獲得經路의 하나였다. 防納 역시 마찬가지였다. 이미 세조대에 '代納之徒 非權門勢室 則必富商大賈'[369]이라는 형편이었고, 과장되게는 '一國財賦之半 付之商賈之手'[370]하다는 정도였다. 이처럼 방납에 따른 이익이 太多하였기 때문에 부상대고를 비롯한 방납인들은 권세가와 결탁하여 '分守列邑 若爲己物 而世傳其利'[371]하고 있었다. 방납의 流通經濟的 性格의 강화였고, 이를 이용한 부상대고의 殖貨行爲였다.[372] 성종대 이후 王室·士人 계층의 그것과 함께 크게 사회문제가 되고 있던 부상대고의 사치풍조[373]는 그들의 이러한 致富를 배경으로 나타나는 현상이었다.

이상과 같이 國內外에 걸친 상업활동을 통해 자본을 집적하여 부상대고로 성장하고 있던 도성의 사상인들은, 이제 그들의 자본과 조직력을 기반으로 기왕에 官許 獨占商業으로서 시전이 장악하고 있던 都城의 商權을 위협해 갔다. 이 시기 사상인의 進出에 따른 都城商權의 動向을 추적하기 위해 우선 다음 자료를 살펴 볼 필요가 있다. 중종 19년(1524)

---

367) 朴平植, 〈朝鮮前期 兩界地方의 '回換制'와 穀物流通〉, 《學林》 14(延世大, 1992).
368) 崔完基, 〈朝鮮中期의 穀物去來와 그 類型 — 賣出活動을 중심으로〉, 《韓國史研究》 76(1992) ; 朴平植, 앞의 〈朝鮮前期의 穀物交易과 參與層〉(本書 제4장 1절).
369) 《世祖實錄》 卷46, 世祖 14年 6月 壬寅, 8冊, 190쪽.
370) 《世祖實錄》 卷33, 世祖 10年 5月 庚辰, 7冊, 628쪽.
371) 《明宗實錄》 卷13, 明宗 7年 10月 甲辰, 20冊, 102쪽.
372) 이지원, 앞의 〈16·17세기 전반 貢物防納의 構造와 流通經濟的 性格〉.
373) 韓相權, 앞의 〈16世紀 對中國 私貿易의 展開〉, 459~460쪽.

국왕은 '全家入居'에 해당하는 重罪 10餘 條目을 형조에 내리면서 그 첫
항목으로 다음을 들고 있다.

入居罪條 一 外方人駄載之物 邀於中路 抑勒買賣者[374]

외방에서 도성으로 반입되는 각종 物貨에 대한 사상인의 中間買占을
금지하는 내용이다.[375] 徙邊이라는 중죄로 처벌되는 도성주변에서의 매
점행위는 바로 조선후기 都城商業界의 최대 현안이던 '都賈'活動[376]의
선행형태였다. 도성내의 상권이 市役의 代償으로 시전상인에게 제도상
보장되던 현실에서, 도성을 근거로 성장해 가던 사상인들이 그러한 규
제를 피해 市廛의 商圈 밖인 도성 주변에서 시전에 공급되는 물화를
매점함으로써 시전을 압박하고 있었던 것이다. 사상인들은 買占 物貨
를 이후 가격을 올려 시전에 매도하거나, 아니면 도성내의 소상인들에
게 직접 판매함으로써 그 이익의 규모를 키워 갔을 것이다. 이들 사상
인들이 京中의 富商大賈였음은 물론이다. 《經國大典》단계까지 보이지
않던 이러한 규정이 16세기에 들어 新設되고 있음 또한 주목된다. 부상
대고의 성장과 진출에 따라 都城商業界에서 새롭게 나타나는 현상이었
던 것이다.

정부의 강력한 통제에도 불구하고 市廛商圈의 外廓에서 벌어지는 사
상인들의 매점행위는 이후에도 지속되었다. 명종 2년(1547) 사헌부에서
上啓한 納穀과 관련한 상인들의 활동내역을 보자.

京中牟利之徒 欲受重價 外方船運穀物 要於中路 遮截販貿 使不得入京 且京

---

374) 《中宗實錄》卷51, 中宗 19年 7月 庚寅, 16冊, 325쪽.
375) 이후 이 내용은 중종 38년(1543)에 간행된 《大典後續錄》刑典 禁制條에 그 全
    文이 다음과 같이 그대로 수록되어 법조문이 된다.
    "外方人駄載之物 邀於中路 抑勒買賣者 全家徙邊."
376) 姜萬吉, 〈都賈商業과 反都賈〉, 《朝鮮後期 商業資本의 發達》(高麗大學校出版
    部, 1973).

中穀物 亦多貿取 假托從仕人員家奴 冒受戶曹公文 船輸陸運 納于各官 ……
都下穀貴 一升之直 已至三匹 …… 若至開春 市無粒米 人將抱布待死[377]

도성상인들이 외방 納穀에 따른 이익을 노려 외방에서 船運되어 오는
곡물을 中路에서 매점하거나 또는 경중의 곡물을 貿取하여, 이를 외방
으로 船輸·陸運하여 納官하고 있었다. 이로 인해 도성의 穀價가 폭등하
여 米 1升의 가격이 綿布 3匹에 이를 지경이었고, 이런 추세로 나가면
明年 봄 市上에는 한 톨의 쌀도 없을 것이라는 극단의 우려마저 나오고
있었다. 당시 도성과 외방을 연결하는 곡물의 交易網이 형성되면서[378]
나타나는 도성 사상인의 활동양상이자, 그들의 상활동이 도성내 物貨流
通이나 시전상인의 영업에 미치던 영향의 具體狀이었다.

물론 조선전기에 이러한 비시전계 사상인의 성장과 도성상업 진출이
시전상인의 商權을 근본에서 위협하거나 위축시킬 정도는 아니었다고
생각한다. 법과 제도상에서 廛案物種을 통해 보호받던 시전상업은 이
시기 시전의 확대와 발전, 그에 따른 市役의 增大 추세[379]에서 보듯이
지속하여 성장·번성하고 있었다. 그러나 시전의 商圈 外廓에서 전개되
는 사상인들의 성장과 발전이 특권상업으로서 시전에 때로 상당한 타격
을 주고 있음 또한 사실이었다. 선조 23년(1590) 同知 成渾의 다음 상소
는 그러한 사정을 잘 전하고 있다.

市井之民 困於貿易 貿易之令一下 其有物者 輒邀索高價 價增四五倍 皆敷
合市民之貨而貿之 官給元價 則該司色吏 攬爲人情 而市人不得食其利焉 ……
又防納之徒 曾受民貢 潛藏於家 貿易令下 則以倍簁之直 求售於市人 飽飫之
後 徐以平價 買納於本司 漁奪之害 市人不勝其苦[380]

377) 《明宗實錄》卷6, 明宗 2年 12月 甲子, 19冊, 552~553쪽.
378) 朴平植, 앞의 〈朝鮮前期의 穀物交易과 參與層〉(本書 제4장 1절).
379) 朴平植, 앞의 〈朝鮮前期 市廛의 發展과 市役 增大〉(本書 제2장 2절).
380) 《宣祖修正實錄》卷24, 宣祖 23年 4月 壬申, 25冊, 596쪽.

당시 시전상인은 정부의 계속되는 責辦令으로 인해 '不勝其苦'하는 형편이었다. 정부의 貿易令이 내리면 도성내의 有物者와 防納之徒들이 책판 물화의 가격을 4~5배 이상 폭등시킨 후에 이를 시전상인에게 매도하지만, 국가는 시전에 대해 原價만을 지급하고 그마저 色吏들이 뇌물로 떼어먹어 결국 市人만이 막대한 피해를 입었기 때문이다. 정부에서 요구하는 책판물을 갖추지 못한 시전상인들이 물품구입을 사상인에게 의존하게 됨으로써 나타나는 현상이었다.

이러한 상황을 전체로서 일반화시킬 수는 없겠지만, 品目이나 時期에 따라서는 도성상업계를 좌우하는 세력이 시전상인에서 사상인으로 변동하기도 하였음을 시사하는 내용이라 하겠다. 국초 이래 시전을 중심으로 편성·운영되어 오던 도성상업이 사상인의 성장과 자본집적에 따라 변동하고 재편되어 가는 초기의 모습이었다.

### 3) 政府의 都城商業 整備對策

15세기 중반 이후, 특히 16세기에 들어 더욱 구체화하고 있던 사상인의 성장과 그에 따른 市廛商權의 蠶食은 조선 정부가 애초 구상하였던 시전 위주의 都城商業 관리방침과는 어긋나는 것이었다. 따라서 정부는 어떠한 형태로든 이에 대한 대책을 마련하지 않으면 안 되었다. 당시 정부의 대책은 두 방향에서 마련되고 있었다. 우선은 시전의 확대와 발전을 기반으로 이 시기에 과중하게 증대하고 있던 市役負擔을 줄임으로써, 시전의 존립기반을 보장하여 그 기능을 보전하려는 방향이었다. 중종대 이후 역대 국왕이 누차 강조하던 시전책판의 '准給其價' 원칙이나,[381] 國用物外 不緊雜物에 대한 責辦禁止 조처[382]는 이를 통해 시전 중

---

381) 《中宗實錄》 卷69, 中宗 25年 9月 丙午, 17冊, 253쪽 ; 《宣祖實錄》 卷66, 宣祖 28年 8月 庚戌, 22冊, 543~544쪽 ; 《宣祖實錄》 卷158, 宣祖 36年 正月 辛未, 24 冊, 441쪽.
382) 《中宗實錄》 卷94, 中宗 36年 3月 丙午, 18冊, 450쪽.
《大典後續錄》 戶典, 雜令.
"國用之物外 各司私貿易一禁 如有督責貿易官吏 幷平市署官員 推考罷黜."

심의 도성상업체제를 유지하려는 목적에서 강조되는 것이기도 하였다. 壬亂 직후 體察使 李恒福이 上啓한 다음 내용은 그러한 논의의 최종 정리인 셈이었다.

宜令戶曹 自今非不得已時需 難以取辦於外方者外 一切勿行公貿 雖有所貿 勿得待後給價 劃卽准給其價 且令平市署 凡所出役之事 務令寬平 勿得如前督責 以示朝廷別加優恤之意[383]

公貿 곧 市廛責辦 자체를 일절 금지하고, 설사 불가피한 경우의 責辦이라 하더라도 그 가격에 준해서 즉시 給價하자는 건의였다. 그러나 이러한 정책건의에도 불구하고 應急한 國用을 시전책판에 의존하는 당대 현실에서 시역부담은 壬亂 후에도 점차 增大一路에 있었다.[384]

한편 시전보호의 또 다른 방안은, 시전의 상권을 위협해 가던 사상인의 활동을 규제하는 방향에서 마련되었다. 抑末策의 강조가 그 原則이었다면, 亂廛의 규제와 도성으로 반입되는 外方物貨에 대한 사상인의 買占을 법으로 금지하는 등의 조처는 그 實際에 해당하였다.

국초 이래 정부는 도성민의 朝夕 마련을 위해 巷市에서 이루어지는 '有無相通'의 단순상품교환을 허용하였지만, 한편으로 市役을 부담하는 시전의 廛案物種을 별도로 규정하여 보호하고 그 판매구역을 설정하고 있었다.[385] 따라서 비시전계 상인들이 성장하고 그 결과 이들이 시전의 전안 물종까지 취급하게 되자, 시전보호 차원에서 이러한 사상인의 활동을 규제하지 않으면 안 되었다. 市廛禁亂의 일환으로서 '禁亂廛' 조처의 필요였다. 이와 관련하여 연산군 6년(1500)의 다음 자료를 음미해 볼 필요가 있다.

議政府啓 …… 平市署 分遣禁亂吏 多捕告者賞之 故禁亂吏 皆以多捕爲務 有如持綿布過紬肆者 亦以爲犯禁而捕告 其署員 亦一切以刑杖恐嚇之 其人

---

383) 《增補文獻備考》 卷163, 市糴考1, 市.
384) 朴平植, 앞의 〈朝鮮前期 市廛의 發展과 市役 增大〉(本書 제2장 2절).
385) 朴平植, 앞의 〈朝鮮初期 市廛의 成立과 '禁亂'問題〉(本書 제2장 1절).

劫於笞罰 皆請收贖 納縣布二三匹然後放 至爲寃枉 今後犯禁者 請令該司覈
實科罪[386]

褒賞을 노리고서 紬肆 앞을 지나는 綿布所持者를 捕告·懲治한 평시서
禁亂吏의 不法 금란활동을 규제하는 내용이다. 그러나 위 기록의 의미
를 새겨볼 때, 만약 사상인이 紬肆의 廛案物種인 縣紬를 市上에서 판매
하였다면 이는 어디까지나 불법으로 금란리들의 당연한 단속대상이었
다. 亂廛捉納의 주체가 조선후기처럼 해당 시전이 아니라 평시서의 금
란리라는 점에 차이가 있을 뿐, 후대의 '亂廛法'과 완전히 동일한 내용의
비시전계 상인에 대한 규제이자 시전보호정책이었다.[387] 선초와 달리,
비시전계 상인이 성장하고 그들의 상업활동이 도성내에서 시전의 商權
을 위협하는 지경에 이르게 되면서 정부가 취하던 시전정책이었다.

중종 19년(1524)에 국왕이 지시하고, 《大典後續錄》 刑典 禁制條에 법
조문으로 규정되는 都城搬入 物貨에 대한 사상인의 中間買占 금지조항
역시 정부의 그러한 시전보호정책의 일환이었다.[388] 난전에 대한 규제를
통해 도성내에서 사상인의 활동이 규제되자 이들이 곡물과 같은 주요
상품을 시전의 상권 밖인 도성 주변에서 買占하여 처분하는 등의 사태가
나타나면서,[389] 이에 대응하여 정부가 취하던 조처였다. 결국 도성과 그
주변에서 시전의 상권을 위협하는 사상인의 상활동을 규제함으로써 시
전 위주의 도성상업질서를 유지하려는 일관된 조선 정부의 정책이었다.

---

386)《燕山君日記》卷37, 燕山君 6年 3月 乙卯, 13冊, 404쪽.
387)《萬機要覽》財用篇 各廛條에 실려 있는 조선후기 '亂廛'의 법적 규정은 다음과
    같다.
    "諸廛旣有分役 且是都民恒業之所係 故各廛物種之非廛人 而私自買賣者 許令人
    捉納法司 謂之亂廛."
    해당 廛人의 亂廛捉納를 허락한다는 점에서 조선전기의 그것과는 차이가 있다.
388)《中宗實錄》卷51, 中宗 19年 7月 庚寅, 16冊, 325쪽.
    《大典後續錄》刑典, 禁制條.
    "外方人馱載之物 邀於中路 抑勒買賣者 全家徙邊."
389) 주 377 참조.

그러나 정부의 이와 같은 시전의 보호·육성을 통한 이들 중심의 都城商業 維持方針에도 불구하고 사상인들은 시전의 商圈 外廓에서 성장과 발전을 지속하였다. 임란 직후인 선조 33년(1600)에 領議政 李恒福이 제기한 다음 논의는 그러한 도성 사상인의 성장을 이제 현실로서 인정하고, 이에 기반하여 새로운 도성상업대책을 수립하려는 정부 차원의 노력의 先驅였다.

> 奸民之亂市者 而不係市籍者 如令平市署 束定市役 則庶市民均役 而市肆完定[390]

그의 도성상업대책은 요컨대, 非市廛系의 성장하는 亂廛商人을 국가가 市廛體系 속에 흡수시켜 시전을 재편하자는 案이었다. 이를 통해 한편으로는 시전책판의 형태로 국가의 긴급한 재정문제를 해결하고, 다른 한편으로 기존 시전의 과중한 市役을 완화하여 시전 중심의 도성상업 관리방침을 유지하려는 방안이었다. 亂廛의 금지가 현실에서 용이하지 않다는 점과 임란 직후 국가재정의 고갈이 크게 문제되는 상황에서 조선 정부가 취하게 되는 도성상업에 대한 새로운 대책의 내용이었다.

이처럼 조선전기 도성에서는 시전상업이 확대되면서 발전하고 있었지만, 또한 비시전계 사상인 세력이 함께 성장하여 그 중 일부가 시전의 상권을 잠식하여 가기도 하였다. 이와 같은 도성상업계의 변동에 대응하여 조선 정부는 성장하는 일부의 난전세력을 시전에 편입시킴으로써 시전 중심의 都城商業體制 유지를 모색하고 있었다. 실제 兩亂 이후 난전세력이 성장하여 시전의 商權을 크게 위협하게 되었을 때, 조선 정부가 취한 시전정책은 바로 이런 방향에서 추진되는 것이었다.[391]

---

390)《增補文獻備考》卷163, 市糴考1, 市.
391) 이른바 國家再造期 정부의 市廛政策, 都城商業對策을 이러한 시각에서 접근한 연구로는 다음 논문이 있어 크게 참고된다.
    白承哲, 〈朝鮮後期 商業論과 商業政策 ― 17세기 國家再造方略과 관련하여〉(延世大 博士學位論文, 1996), 205~217쪽.

# 제 3 장 地方商業의 展開와 開城商人

조선전기의 상업은 국가의 財政運營이나 公的 體系와 밀접한 연관을 맺으면서 전개되는 시전 및 도성상업과 함께, 地方商業을 또 한 部門으로 하고 있었다. 국초 이래 다양한 유형의 상인들이 전국에서 일반 民人을 상대로 商活動을 펼치고 있었던 것이다. 이 과정에서 지방에도 농민적 교역기구로서 場市가 출현하여 확산되었으며, 陸商·船商 등 行商의 성장이 두드러지면서 이들의 활동을 토대로 都城을 정점으로 하는 流通體系가 형성되어 기능하고 있었다.

한편 개성은 조선 건국 이후 도성 중심의 상업재편정책이 추진되면서 한때 일시적인 위축을 겪기도 하였으나, 이내 고려 이래의 상업전통을 복구해 갔다. 그리하여 市廛이 다시 개설되고 개성상인의 상활동이 전국을 商圈으로 하여 재개되고 있었다. 도성의 京商에 이은 최대의 상업자본·상인세력으로 성장한 이들 개성상업과 개성상인의 활동은, 따라서 이 시기 지방상업의 水準과 그 實態를 잘 반영하는 것이기도 하였다.

# 1. 行商의 成長과 地方商業

## 1) 行商의 類型과 交易事情

국초 조선 정부는 市廛을 조성하여 都城商業을 관장함과 동시에, 地方商業을 국가가 파악하는 專業商人인 行商을 통해 통제하고자 하였다. 바로 抑末論에 입각하여 마련되는 지방상업·상인에 대한 관리방침이었다.[1] 행상은 民人의 필수품 교역과 관련하여서도 필요하였지만, 특히 船商·大商의 활동은 在地 兩班士大夫의 지주·대농경영과 그 자본의 回轉을 위해서도 반드시 요구되는 것이었다.

지방을 무대로 하는 行商活動은 비단 조선시기에 처음으로 나타난 형태는 아니었다. 행상은 이전 시기에도 존재하였으며, 기실 그 始原은 剩餘生産物과 分業의 출현시기에까지 거슬러 올라갈 수 있는 것이었다.[2] 조선에서도 국초에 이미 그들의 활동은 활발하였으며, 국가의 상업정책에 따라 이들에 대한 規制策이 太祖 당시에 벌써 논의되고 있었다.[3]

조선 정부는 전국을 무대로 교역활동을 벌이던 행상을 그들의 교역형태와 관련하여 크게 두 類型으로 구별하여 파악하였다. 하나는 陸路를

---

1) 朴平植, 〈朝鮮初期의 商業認識과 抑末策〉,《東方學志》104(1999 ; 本書 제1장 2절).
2) 고려시기 船商의 활동을 중심으로 한 지방 상업계의 동향에 대해서는 다음 논문이 있다.
   金東哲, 〈고려말의 流通構造와 상인〉,《釜大史學》9(1985) ; 朴祥鎬, 〈高麗時期의 國內商業〉(建國大 碩士學位論文, 1987) ; 金三顯, 〈고려후기 場市에 관한 연구〉,《明知史論》4(1992) ; 李貞信, 〈고려시대의 상업 ― 상인의 존재형태를 중심으로〉,《國史館論叢》59(1994).
3)《太祖實錄》卷11, 太祖 6年 3月 庚午, 1冊, 103쪽(國史編纂委員會刊 影印本 ― 이하《조선왕조실록》부분은 모두 이 간본을 참조하였다).
   "命都堂移牒西北面都巡問使 禁無文憑行貨者 以嚴經界."

이용하여 상품을 판매하는 陸商이었고, 다른 하나는 배를 이용하여 교
역을 진행하는 船商 곧 水商이었다. 당시 행상에 대한 課稅規程에서 이
들을 구분하고 차별하여 收稅하였던 데에서[4] 알 수 있듯이, 이들은 비록
行商의 이름 아래 하나로 묶여지고는 있었지만 그 교역의 규모나 내용
이 크게 상이하였다.

행상의 일반적인 형태는 대부분 小商人으로 활동하는 陸商이었다.

　工商之徒 若草笠鍮器皮鞋之物 多般詐飾 或負或載 橫行諸道 爭相售價 出
入閭里 誑誘愚民 使物價踊貴 民不聊生[5]

이들은 草笠이나 鍮器, 皮鞋 등의 물품을 등에 지거나 牛馬에 싣고서
전국을 橫行하고 閭里를 출입하며 물건을 팔던 상인이었다. 취급물품을
'或負或載'하여 육로를 이용하여 판매하던 이들은 후에 褓負商이라고 불
리게 되는 상인이었다.[6] 이러한 형태의 교역활동 탓에 육상이 취급하던
물품은 자연 輕量 少量의 형태였다. 예컨대 衣裳物·鞋·靴·笠·纓·勞·梳·
針·粉 등과,[7] 襦衣·綿絮·農器具 등이었다.[8] 한결같이 백성들의 생활에
긴요한 물품이었다. 襦衣·綿絮와 衣裳物, 皮鞋·靴 등의 신발류, 草笠, 纓
등은 衣生活에 필수품들이었으며, 鍮器는 食生活에 切用한 물건이었다.
이 밖에도 梳나 針·粉 또한 백성들에게는 없어서는 안 될 생활용품이었
으며, 특히 農器具는 農業生産에 빠질 수 없는 품목이었다. 더욱이 행상
은 당시 北方 軍士의 軍裝까지 공급하고 있었다. 中宗 9년(1514) 弘文館
副提學 尹殷輔에 따르면 魚膠·箭竹·弓弦 등의 軍裝은 북방 지역에 행상

　4)《經國大典》戶典, 雜稅.
　5)《世宗實錄》卷87, 世宗 21年 11月 乙卯, 4冊, 251쪽.
　6) 田川孝三,《李朝貢納制の研究》(東洋文庫, 1964), 573쪽.
　7)《世宗實錄》卷100, 世宗 25年 6月 戊戌, 4冊, 483쪽
　　"興利人 並以衣裳等物販賣 里將鞋靴笠纓勞梳針粉等物 與無知之民 巧爲之說
　　預定其價而給之 及秋督納其價."
　8)《成宗實錄》卷181, 成宗 16年 7月 甲戌, 11冊, 44쪽.
　　"開城府 民多田少 雖年豊 非興販 無以爲生 其興販之物 多襦衣綿絮農器之類 皆
　　民間切用."

이 오지 않으면 改備할 수 없는 형편이었다.[9]

따라서 抑末과 관련하여 행상활동을 통제할 필요가 있을 때마다, 정부 관인들은 이들이 ‘多齎玩好之物 誘奪民食’[10]한다거나 또는 ‘不緊雜物 齎持 閭里橫行 誑誘取利’[11]한다고 간주하였음에도 불구하고, 행상이 취급하던 물품이 모두 ‘玩好之物’이거나 ‘不緊雜物’일 리는 없었다. 오히려 행상은 이 시기 농촌사회에서 없어서는 안 될 존재였다. ‘民間切用之物 須待懋遷’[12]하는 형편에서 행상의 교환기능은 필요불가결하였다. 이는 소농·빈농에게도, 재지의 양반 사대부나 지주·대농에게도 마찬가지였다. 常設의 交換市場이 없는 상황에서, 일상의 必需品과 奢侈需要를 조달하는 역할을 이들 행상이 맡고 있었기 때문이다.

육상으로는 京商과 地方行商이 각각 활동하고 있었다. 태종 7년(1398) 東西北面에 출입하는 행상에 대한 行狀 발급을 결정하면서, 平壤府尹 尹穆의 행상금지 건의에 대해 조정은,

其面入歸行商者 京中漢城府 外方都觀察使都巡問使 印信行狀成給 無行狀者 一依啓本痛禁[13]

하기로 하였다. 당시 양계지방에는 한성부로부터 行狀을 成給받는 京商과, 외방의 都觀察使나 都巡問使로부터 행장을 성급받는 地方行商이 아울러 활동하고 있었던 것이다. 나중에 ‘京中人下去興利者’[14]로 표현되던 상인이 京商이라면, 地方의 行商은 ‘鄕中所産雜物賣買者’[15]였다.

京商은 專業商人으로서 전국을 상대로 대규모의 商去來를 하던 大商人이었다. 15세기 중반 이후 특히 16세기에 들어 도성에서 市廛商權에

---

9) 《中宗實錄》 卷21, 中宗 9年 10月 壬寅, 15冊, 35쪽.
10) 《端宗實錄》 卷3, 端宗 卽位年 閏9月 辛未, 6冊, 541쪽.
11) 《成宗實錄》 卷129, 成宗 12年 5月 癸巳, 10冊, 216쪽.
12) 《世宗實錄》 卷117, 世宗 29年 9月 丙辰, 5冊, 39쪽.
13) 《太宗實錄》 卷14, 太宗 7年 10月 己丑, 1冊, 418쪽.
14) 《太宗實錄》 卷29, 太宗 15年 正月 丁巳, 2冊, 51쪽.
15) 위와 같음.

타격을 줄 정도로 성장하고 있던 都城 私商人의 資本集積의 한 기반은, 바로 전국을 상대로 펼치던 이와 같은 행상활동에 있었다.[16] 그러나 지방에서 일반 民人과의 거래에 종사하는 行商의 대부분은, 주로 생필품을 취급하면서 그들이 거주하는 지역과 그 주변을 商圈으로 하는 零細 小商人이었다. 또 凶年이 들 경우 농민들 중 일부가 行商으로써 延命의 방도를 삼기도 하였지만,[17] 이들 행상은 抑末策 하에서 그 대부분이 장차 다시 농업으로 복귀하게 되는 농민들이었다. 물론 지방행상의 모두가 이러하였던 것은 아니다. 開城의 경우 府民들은 '專務興販 出入遠方'[18]하고 있었다. '行商爲業'[19]하였던 것이다. 이처럼 開城府民의 상당수는 高麗朝 이래의 상업 전통을 이어 여전히 專業의 大商人으로서 전국을 무대로 활동하면서 襦衣·綿絮·農器具類 등의 상품을 販賣, 謀利하고 있었다.[20] 이들 개성상인들의 거래규모나 내용은 京商의 그것에 필적하였을 것으로 생각된다.[21]

한편 船商 곧 水商은 정부가 비록 行商으로 파악하고는 있었지만, 그 교역 내용이나 규모가 육상과는 비교할 수 없을 정도로 큰 대상인이 대부분이었다. 이러한 사정은 《經國大典》 戶典 雜稅條의 다음 收稅 규정을 통해 잘 살펴볼 수 있다.

　　行商給路引收稅 陸商則每朔楮貨八張 水商則大船一百張 中船五十張 小
　　船三十張

陸商에 대한 課稅를 매달 楮貨 8張으로 규정하고 있음에 비해, 이들

---

16) 本書 제2장 3절 〈非市廛系 商人의 成長과 都城의 商權紛爭〉.
17) 《中宗實錄》 卷56, 中宗 21年 正月 癸卯, 16冊, 494쪽.
　　 "領事南袞曰 臣聞前年六七月之間 旱魃爲災 農民皆賣牛馬 爭爲行商之計."
18) 《成宗實錄》 卷290, 成宗 25年 5月 乙未, 12冊, 527쪽.
19) 《燕山君日記》 卷46, 燕山君 8年 9月 己丑, 13冊, 515쪽.
20) 《成宗實錄》 卷181, 成宗 16年 7月 甲戌, 11冊, 44쪽.
21) 조선전기의 개성상업과 개성상인의 商活動에 대해서는 朴平植, 〈朝鮮前期의 開城商業과 開城商人〉, 《韓國史硏究》 102(1998 ; 本書 제3장 2절)에서 상술하였다.

水商에게는 大船의 경우에는 저화 100장, 小船의 경우에도 30장을 부과하였다. 물론 이 課稅額은 행상의 교역량과 그들이 거두던 상업이익의 정도에 근거하여 책정한 것이었다. 따라서 그들이 부담해야 했던 商稅稅額의 비교를 통해 보면, 船商의 교역규모가 적게는 陸商의 4배, 많게는 10여 배 이상 컸던 셈이다.

陸商과 船商 사이에는 교역규모는 물론 취급물품에도 큰 차이가 있었다. 육상이 주로 少量 輕量의 농촌사회 필수품을 공급하며 謀利하고 있었던 데 반해, 선상은 輕量의 生必品과 더불어 비교적 重量의 상품을 多量으로 거래하였다. 穀物이나 水産物, 소금(鹽) 등이 그 대표적인 物品이었다. 이들 물품은 농사의 豊凶이나 지역에 따라 큰 價格差를 가져오던 상품이었다. 그러므로 선상은 海路·水路를 이용하여 전국의 각 지방을 연결하면서 물품의 지역 간 가격차에 따른 交換利益을 倍加시킬 수 있었다. 隔地間 交易의 형태였다.

곡물을 취급하던 선상의 활동은 성종 6년(1475)에는

> 平安道 …… 商船賈舶 絡繹不絶 多齎物貨 誑惑愚民 轉販貿穀 …… 船運于京 而民間之穀殆盡 誠爲巨弊[22]

하다는 형편이었다. 선상이 평안도에서 買集한 곡물을 都城으로 船運하여 문제가 되고 있는 상황이다. 물론 이는 곡물 소비인구가 많아 穀價가 높은 도성에서 이들 買集穀物을 처분하여 이익을 남기기 위한 것이었다.[23] 선상의 활동은 中宗 24년(1529)에 이르면, 이들의 貿穀 船運 여부에 따라 도성 穀價의 貴賤이 결정된다는 표현이 나올 정도였다.[24]

---

22) 《成宗實錄》 卷58, 成宗 6年 8月 乙未, 9冊, 253~254쪽.
23) 이 시기에 주로 穀物去來에 종사하던 船商, 즉 貿穀船商의 활동에 대해서는 다음 논고 참조.
   崔完基, 〈朝鮮中期의 貿穀船商 ― 穀物의 買集活動을 中心으로〉, 《韓國學報》 30(1983) ; 崔完基, 〈朝鮮中期의 穀物去來와 그 類型 ― 賣出活動을 중심으로〉, 《韓國史研究》 76(1992) ; 朴平植, 〈朝鮮前期의 穀物交易과 參與層〉, 《韓國史研究》 85(1994 ; 本書 제4장 1절).

소금(鹽) 역시 선상의 중요한 취급물품의 하나였다.

> 近海居民 尙艱於食鹽 況遠居之民乎 民之望鹽 甚於飢渴 一聞鹽船 至於近
> 境 則爭持米布 奔走求買[25]

소금이 생산되지 않는 '遠居之民'만이 아니라 '近海之民'까지도 소금을 구입하기가 어려워, 鹽船이 近境에 이르면 다투어 米布를 가지고 鹽商으로부터 이를 구입한다는 지적이다. 이러한 사정은 소금이 생필품이었던 데 비해 그 생산이 沿海의 특정지역에 국한될 수밖에 없었던 데에서 비롯된 것으로, 그만큼 선상들에게는 商利를 제공하는 조건이었다.[26] 이 시기 자본의 규모가 큰 선상은 대부분 최대의 소비시장인 도성의 京江을 중심으로 활동하던 京江船商이었다. '京江私船'이라고도 불렸던 이들은 京江을 거점으로 漁採·津渡業이나 정부의 稅穀米, 지주층의 小作料 賃運業에 종사함과 아울러, 행상으로서 전국을 무대로 하여 영업하고 있었다. 물론 경강선상이 취급하던 최대상품은 곡물이었고, 당시 그들은 穀物買集을 위해 전국을 누비고 있었다.[27] 私船을 이용하여 행상에 종사하던 선상 중에는 지방의 선상들 또한 참여하여 활동하였다. 世宗 30년(1448), 咸吉道 五鎭의 선상들은 이 지방에 풍부한 魚·藿 등의 수산물을 배에 싣고 南道에 가서, 양계지방에 부족한 布貨를 무역하여 큰 이익을 남기고 있다.[28] 함경도 선상들의 활동은 이후 16세기초 중종대에도 변함없이 계속되고 있다.[29] 지역적인 가격차를 이용한 隔地間去來形態였다.

---

24) 《中宗實錄》 卷65, 中宗 24年 5月 乙卯, 17冊, 122쪽.
　　"全羅忠淸等道之穀 必以私船 輸入于京中 然後京中市價 亦以此貴賤."
25) 《世宗實錄》 卷77, 世宗 19年 5月 庚寅, 4冊, 70쪽.
26) 조선전기 鹽의 생산과 교역에 관련된 구체의 實情에 대해서는 朴平植, 〈朝鮮前期 鹽이 生産과 交易〉, 《國史館論叢》 76(1997 ; 本書 제4장 2절) 참조.
27) 崔完基, 《朝鮮後期船運業史硏究》(一潮閣, 1989), 65~84쪽.
28) 《世宗實錄》 卷122, 世宗 30年 11月 壬寅, 5冊, 104쪽.
29) 《中宗實錄》 卷10, 中宗 4年 11月 辛未, 14冊, 393쪽.

육상·선상을 막론하고 행상은 교역의 수단으로 주로 米·布를 이용하고 있었다. 태종~세종대에 걸쳐 실시한 강력한 楮貨·銅錢流通政策[30]에도 불구하고, 아직 共用의 貨幣가 유통되지 않는 상황에서 이러한 경향은 당연한 事勢였다.[31] '外方 … 興利人 專用米布'[32]하는 실정이었다. 태종의 강력한 저화유통책에도 불구하고 도성과 달리 지방에서 전개되는 행상의 교역활동에서는 여전히 米·布가 專用되었던 것이다. 정부가 추진하던 화폐유통정책의 실패와 함께, 사정은 이후에도 마찬가지였다. 즉

興販之人 橫行里閭 誆誘買賣 無識愚民 不顧將來 以數少之穀 買不緊之物[33]

하다거나

京中興利人 多齎民間不緊物貨 橫行閭里 眩惑刀蹬 愚民不計朝夕之資 盡費所儲之穀[34]

하였던 데서 알 수 있듯이, 행상은 農家의 필수품을 판매하고 그 대가로 주로 곡물을 買集하고 있었다. 행상들이 이렇게 매집한 곡물을 도성이나 여타 穀價가 높은 지방에서 재처분함으로써 또 다른 이익을 확보하였음은 물론이다.

綿布의 경우도 마찬가지였다. 앞서 언급한 咸吉道 五鎭 船商의 교역활동이 그러한 예로서, 그들은 五鎭地方의 수산물을 南道에서 布貨로 교역하였던 것이다.[35] 그들은 이렇게 買集한 布貨를 다시 綿布가 희귀한 양계지방에서 처분함으로써 이차적인 流通利益을 확보할 수 있었다. 결

---

30) 李鍾英, 〈朝鮮初 貨幣制의 變遷〉, 《人文科學》 7(延世大, 1962).
31) 이 시기 행상과 농민과의 교역의 매개물에 대해서는 남원우, 〈15세기 유통경제와 농민〉, 《역사와 현실》 5(1991), 89~96쪽 참조.
32) 《太宗實錄》 卷29, 太宗 15年 正月 丁巳, 2冊, 51쪽.
33) 《世宗實錄》 卷74, 世宗 18年 7月 庚申, 4冊, 25쪽.
34) 《成宗實錄》 卷5, 成宗 元年 5月 庚子, 8冊, 501쪽
35) 주 28과 같음.

국 행상들이 교역수단으로 이용하던 米·布는 아직 共用의 名目貨幣가
유통되지 않는 상황에서 現物貨幣로서의 기능과 아울러, 그 자체가 행
상의 이차적인 유통이익을 보장하는 商品으로서의 가치도 지니고 있었
던 것이다.

## 2) 行商의 成長과 政府의 行商政策

지방교역의 담당자로서 行商은 市廛과는 그 交易基盤을 달리하는 상
인이었다. 시전이 도성상권을 장악하고 여기에 기반하여 도성에 공급되
는 조세·공물을 비롯한 각종 物貨의 대규모 유통을 관장하였다면, 이들
은 지방에서 직접 民人을 대상으로 한 상거래에 종사하던 세력이었다.
물론 京商으로서 지방에서 활동하던 행상 중에는 당시 市廛體系와의 연
관 속에서 상활동을 전개하던 부류도 존재하였다. 이들이 지방에서 買
集하여 운송해 온 곡물과 면포 등의 상품을 도성에서 처분하기 위해서
는 도성상업의 독점권을 행사하던 시전과의 유대나 연결이 불가피하였
기 때문이다.

지방을 무대로 하는 행상의 활동은 국초에 이미 활발하였다. 따라서
西北面에서 文憑이 없이 行貨하는 상인들에 대한 금지령이 태조 6년
(1397)에 벌써 하달되고 있고,[36] 또 行狀의 成給과 課稅規定이 태종~세
종대에 정비된 법전인 《經濟六典》이나 《續六典》에 수록되어 있다.[37]

이처럼 국초부터 행상이 적극적인 상업활동을 벌이던 사정과 연관하
여 이들의 宿食을 위한 장소로서 院이 설치되어 정비되기 시작하였다.
院의 설치와 정비에 대한 대책은 抑末策에 입각하여 국가적인 차원에서
마련되었다.[38] 그리하여 行商이 다니는 도로의 遠近을 따져 중요지점에

---

36) 《太祖實錄》 卷11, 太祖 6年 3月 庚午, 1冊, 103쪽.
37) 《世宗實錄》 卷69, 世宗 17年 9月 庚午, 3冊, 649쪽 ; 《世宗實錄》 卷87, 世宗 21
年 10月 乙酉, 4冊, 246쪽.
38) 조선전기 院의 연혁, 분포, 내부구조 및 기능 등에 대해서는 崔在京, 〈朝鮮時代
'院'에 대하여〉, 《嶺南史學》 4(1975) 참조.

院을 설치하고, 이를 관장하는 院主에 대해서는 給田과 復役措置를 내
려주었다.

　　待商旅則 於道里遠近 山川要害 量置院宇 募民爲主 給土田 以復其役[39]

　고려시기에 주로 寺院이 院을 설치하고 운영하는 주체였던 상황[40]과
달리, 지방 상업계에 대한 조선 정부의 관리·장악의 노력을 보여주는
조처이다. 專業商人의 행상활동을 허용하되 이를 국가에서 파악하여 통
제하겠다는 정책, 곧 抑末策에 따른 방침이었다.[41] 국가 차원의 院 정비
사업의 결과, 16세기 중엽에는 三南地方을 중심으로 전국적으로 1,309
개소의 院이 설치·정비되기에 이르렀다.[42] 특히 物産이 풍부하고 인구
가 번성한 삼남지방에 院이 집중 설치된 사정은 이들 삼남지방에서 그
만큼 행상의 활동이 활발하였음을 보여주는 反證이다.
　행상 중에서 陸商은 개별로 활동하는 小商人이 다수였지만, 商活動의
규모가 큰 大商人의 경우에는 대개 集團을 이루어 行販하였던 것으로
보인다. 일종의 '行商團'을 조직하여 활동하였던 것이다. 이와 관련하여
서는 태종 10년(1410)과 세종 22년(1440)의 다음 기사가 참고된다.

　　議政府啓 …… 各道行商之稅 亦不可不征 漢城府考其行商名數 每一名
計收楮貨三張 行狀成給[43]
　　議政府據禮曹呈啓 …… 商賈到處各官 考其漢城府文引 參驗年歲容貌名
數[44]

---

39) 《新增東國輿地勝覽》 卷15, 忠淸道 沃川郡 樓亭.
40) 李炳熙, 〈高麗後期 寺院經濟의 硏究〉(서울大 博士學位論文, 1992), 104~109
　　쪽.
41) 朴平植, 앞의 〈朝鮮初期의 商業認識과 抑末策〉(本書 제1장 2절).
42) 崔在京, 앞의 〈朝鮮時代 '院'에 대하여〉, 51~58쪽.
　　이 가운데 948개의 院이 삼남지방에 집중하여 분포하고 있다.
43) 《太宗實錄》 卷20, 太宗 10年 11月 甲子, 1冊, 569쪽.
44) 《世宗實錄》 卷89, 世宗 22年 5月 庚戌, 4冊, 285쪽.

행상에 대한 課稅를 논의하는 자리에서 의정부는, 한성부에서 行狀을 成給할 때만이 아니라 地方官이 그들의 활동을 詳考할 때도 여러 사항과 아울러 그들의 名數를 파악하도록 하자고 건의하고 있다. 물론 이 자료는 行商團에 소속되어 있는 행상의 名數를 파악하라는 지시가 아니라, 출입하는 전체 행상의 數를 파악하라는 것으로 이해할 수도 있을 것이다. 그러나 각 지방관으로 하여금 그들이 가지고 있던 行狀을 검토하면서, 나이·용모와 더불어 동시에 그 名數를 파악하도록 한 점으로 보아 하나의 商團에 소속된 人員에 대한 파악 지시로 보아야 할 것이다.

결국 그렇다면 이는 당시 陸商이 하나의 商團을 조직하여 활동하고 있었음을 보여주는 것으로, 이러한 사정은 後代의 褓負商에게도 마찬가지였으며 그 자체가 褓負商을 특징짓는 하나의 조건이기도 하였다.[45] 院을 중심으로 하는 전국적인 陸路體系가 갖추어졌다고는 하나, 아직은 그 도로가 매우 險路였던 사정과, 도처에서 출몰하였을 도적으로부터 그들 자신과 그들의 物貨를 보호하기 위해서도 이러한 商團組織은 불가피하였다. 특히 專業의 대상인으로서 전국을 무대로 활동하던 京商이나 일부의 지방행상, 예컨대 開城商人에게서 이러한 상단조직은 먼저 나타났을 것이다. 실제 睿宗 즉위년(1469) 함길도에서 활동하던 京商은 '多率傔從 久留民間'[46]하고 있었다. 傔從은 바로 行商團 조직의 구성원을 나타내는 표현이겠다. 그리고 행상의 이러한 조직이 조선후기에 이르러 더욱 정비되면서 褓負商團에게서 볼 수 있는 바와 같은 精緻한 組織體系가 출현하였다고 생각된다.

行商團을 조직하고 교통체계로서 院을 이용하며 전개하던 陸商의 활동은 농민적 교역기구로서 場市가 성립되기 이전에 이미 전국 방방곡곡

---

45) 劉元東, 〈忠淸右道苧産八區商務社右社 — 李朝末期 褓負商의 組織과 機能에 대한 一考察〉, 《歷史學報》 10(1958) ; 劉元東, 〈忠淸右道苧産八區商務社左社 — 李朝負商의 硏究〉, 《東濱金庠基敎授華甲紀念史學論叢》(1962) ; 金柄夏, 〈褓負商에 관한 考察〉, 《經濟學論集》 3-1(中央大, 1959) ; 朴元善, 《負褓商》(韓國硏究院, 1965).
46) 《睿宗實錄》 卷1, 睿宗 卽位年 10月 己酉, 8冊, 284쪽.

에 미치고 있었다. 세종 11년(1429) 判漢城府事 徐選이 올린 다음 啓文을
보자.

　囊者 商賈之徒 就忠淸全羅慶尙道買賣者 給行狀 徵征稅 定其期限 又於所
至州縣 嚴立禁章 不使泛濫 爲其抑末也[47]

　충청·전라·경상도에서 활동하던 행상에 대한 行狀 발급과 征稅措置
는 당시 이 지방에서 陸商이 활발하게 활동하던 데에서 비롯된 것이었
다. 육상의 활동은 삼남지방에만 국한된 것이 아니었다. 황해도나 강원
도도 마찬가지였으며,[48] 나아가 당시로서는 교통이 가장 불편하였을 함
길도 지방에까지 이들의 활동은 미치고 있었다.[49] 그야말로 '行貨之人
絡繹於道[50]'하던 실정이었다. 아직 농민적인 교역체계가 갖추어지지 못
한 상황은 그만큼 이들 육상에게 謀利의 여지를 제공하고 있었으며, 그
들은 이러한 상황을 십분 활용하여 전국을 무대로 農家에 필요한 생필
품을 공급하면서 큰 이익을 남길 수 있었다. 당시 官人들이

　古之商賈 以其所有 易其所無 今之商賈 以其所少 易其所多[51]

라 이해하고 있듯이, 육상은 '以有易無'하는 單純商品交換이 아니라 '以
少易多'하는 價格差에 바탕을 둔 교역활동을 통해 流通利益을 확보하였
던 것이다.
　한편 육상의 거래대상은 地方民에만 국한되지 않았다. 그들은 정부를
상대로 하여서도 商去來를 전개하였다. 그러한 例를 양계지방 軍需確保
策의 하나로 시행되던 回換에 적극 참여한 행상의 활동을 통해 살펴볼
수 있다.[52]

---

47)《世宗實錄》卷46, 世宗 11年 10月 甲午, 3冊, 202쪽.
48)《端宗實錄》卷3, 端宗 卽位年 閏9月 辛未, 6冊, 541쪽 ;《端宗實錄》卷5, 端宗
　　元年 正月 庚辰, 6冊, 564쪽.
49)《世宗實錄》卷21, 世宗 5年 7月 癸未, 2冊, 548쪽.
50)《世宗實錄》卷46, 世宗 11年 10月 甲午, 3冊, 202쪽.
51)《世宗實錄》卷89, 世宗 22年 5月 庚戌, 4冊, 285쪽.

平安道都觀察使報 …… 京中興利人 將不緊雜物 橫行寨里 多聚米穀 無知
之民 不顧後患 費用無際 …… 自今 京中從仕道內恒居人員 農作所出回換外
興利人反賣回換 一禁[53]

태종 17년(1417) 평안도 관찰사는 京中의 興利人이 不緊雜物을 가지
고 寨里를 橫行하면서 貿穀, 納官하여 문제되기 때문에 이들의 回換參與
를 금지하자고 주장하였다. 京商이 평안도 지방에서 貿穀하던 상황은
그들 행상의 고유한 營業形態였지만, 그들은 여기에 그치지 않고 그렇
게 買集한 곡물을 다시 回換을 통해 官에 납입하고 그 대가를 三南의
京倉米나 여타 형태의 現物로 수령함으로써 이중의 이익을 확보하였던
것이다. 이와 같이 회환이 적지 않은 이득을 보장하였기 때문에, 당시
양계지방에서 활동하던 상인들은 정부의 여러 차례에 걸친 금지조처에
도 불구하고 막대한 資本을 동원하고 權力과 연계하면서 회환에 적극
참여하여 謀利하고 있었다.[54] 물론 이처럼 회환에 참여하여 양계지방에
서 활동하던 京商은 大商人들이었다. 막대한 자본을 동원할 수 있었다
는 점에서 그들은 당시 場市와 僻村을 橫行하며 농촌·농민과 거래하던
小商人과는 구별되는 존재였으며, 나아가 특권세력과 연계를 맺으면서
활동하던 데에서 알 수 있듯이 特權商人의 성격을 지니고 있던 상인이
었다.

조선전기 정부는 陸商에 대해 이들의 활동을 통제·관리하고, 그들이
거두던 상업이익의 일부를 商稅의 형태로 환수하는 차원에서 여러 대책
을 마련하고 있었다. 조선 정부의 陸商對策은 太宗 10년(1410) 10월에
司諫院 左司諫大夫 柳伯淳이 올린 다음 상소에 잘 나타나 있다.

願自今 凡爲商賈者 內則漢城府 外則州縣 各於所居 置籍載名 依古者宅不

---

52) 이 시기 양계지방의 回換制와 상인의 참여활동에 대해서는 朴平植, 〈朝鮮前期
兩界地方의 '回換制'와 穀物流通〉, 《學林》14(延世大, 1992) 참조.
53) 《太宗實錄》 卷33, 太宗 17年 5月 壬辰, 2冊, 160쪽.
54) 朴平植, 앞의 〈朝鮮前期 兩界地方의 '回換制'와 穀物流通〉, 30~42쪽.

毛者 出夫里之征之制 每當行貨 納米貳石而後 乃給行狀 如有無狀而行者 許
人陳告 所齎之貨 半納於官 半給於告者 以成盛朝務本抑末之治[55]

한성부와 外方州縣에 각각 籍을 비치하여 관내에 거주하는 行商의 이
름을 기재하고, 그들로 하여금 매번 行貨時에 米 2石을 납부하게 한 다
음 行狀을 발급하되 행장이 없는 자들은 규제하자는 주장이다. 이처럼
行狀制度는 이를 통해 專業商人을 국가에서 파악하여 收稅하고, 나머지
일반 민인들의 상업종사를 억제하려는 이중의 목적에서 마련되는 제도
였다. 국초 이래 표방된 억말책[56]에 입각하여 정비되는 육상대책이었다.
   그리하여 태종 10년(1410) 11월에는 楮貨流通方案의 일환으로 한성부
에서 행상 1명당 6朔에 저화 3장을 計收한 다음 행장을 成給하였으며,
이 행장이 없는 상인의 활동을 금지시켰다.[57] 이후 행상에 대한 과세는
태종 15년(1415)에는 매월 저화 2장으로,[58] 세종 7년(1425)에는 錢文 80文
으로 조정되었고,[59] 마침내《經國大典》에 이르러서는 路引 곧 행장을
발급한 후 매월 저화 8장을 수세하는 것으로 명문화하였다.[60] 이러한
行商稅 증가는 같은 기간 동안 이루어졌던 여타 상인이나 수공업자의
세액 증가 비율을 상회하는 것으로,[61] 행상에 대한 국가의 강력한 장악·
통제 의도와, 한편에서 전개되고 있던 이들의 성장 사정을 반영하는 것
이라 하겠다.
   그런데 육상에 대한 과세와 행장의 발급이 세종대에는 한때 三南地方
에 국한되기도 하였다.

黃海江原平安咸吉道 則欲令商賈 專不往來 故行狀納稅之法 亦不立焉

---

55)《太宗實錄》卷20, 太宗 10年 10月 壬戌, 1冊, 568쪽.
56) 朴平植, 앞의〈朝鮮初期의 商業認識과 抑末策〉(本書 제1장 2절).
57)《太宗實錄》卷20, 太宗 10年 11月 甲子, 1冊, 569쪽.
58)《太宗實錄》卷29, 太宗 15年 4月 己巳, 2冊, 56쪽.
59)《世宗實錄》卷29, 世宗 7年 8月 丙戌, 2冊, 689쪽.
60)《經國大典》戶典, 雜稅.
61) 남원우, 앞의〈15세기 유통경제와 농민〉, 85~86쪽.

今也 商賈之徒 不知本意 守令亦不嚴禁 行貨之人 絡繹於道 乘時射利 爲弊
不貲[62]

三南과 달리 황해·강원·평안·함길도에서는 행상의 활동 자체를 금지
시킬 목적으로 행장을 발급하지 않았던 것이다. 경기 이북지방에 대한
이러한 행상금지는 양계지방의 備邊을 위한 軍糧의 확보문제와 관련된
조처였다. 그러나 정부의 이러한 정책의도가 당시의 행상들에게 받아들
여질 리 만무했다. 오히려 그들은 이를 이용해 行商稅마저 납부하지 않
은 채 이들 지역에서 '乘時射利'하고 있었다.

경기 이북지방에 대한 정부의 행상금지 조처는 결국 端宗 2년(1454)
이전에 벌써 해제되었던 것으로 보인다. 단종 2년(1454) 함길도 관찰사
가 이 지방의 흉년에 대한 대책으로 도성 및 諸道 상인의 入境을 금지시
킬 것을 上啓하자, 이에 대해 戶曹는

行商則有無相換 各利於已 不可禁也 但禁無路引者[63]

하자고 건의하고 있다. 즉 '有無相換'의 역할을 수행하는 행상을 금지할
수 없으므로, 단지 路引(行狀)이 없는 자만을 금하자는 案이다. 단종이
호조의 이 주장을 받아들인 것으로 보아,[64] 이미 그 이전에 함길도를
비롯한 경기 이북의 모든 지방에서도 행장을 소지한 육상의 활동은 인
정되었던 것이다.

이처럼 전국에서 행상이 성장하고 그들의 활동이 증대하는 상황이었
지만, 정부의 행상세 징수와 행장 발급이 한성부와 지방 주현에서 제대
로 이루어지지는 못하였다. 세종 17년(1445) 한성부에 따르면

前此興利人行狀成給 不考戶籍 故無恒産之徒 皆不務農業 盡爲工商 逐末
者日多[65]

---

62) 《世宗實錄》卷46, 世宗 11年 10月 甲午, 3冊, 202쪽.
63) 《端宗實錄》卷12, 端宗 2年 8月 乙丑, 6冊, 704쪽.
64) 위와 같음.

하다 하였고, 이후 세종 21년(1439)에는

居貨取利之氓(行商·坐賈 — 필자) 十常八九 行貨免稅之徒[66]

라는 실정이었다. 행장 발급이 엄격하게 이루어지지 않았을 뿐만 아니라, 행상 중 열에 여덟아홉은 상세를 납부하지 않은 채 활동하고 있었다. 그들이 행장을 교부받지 않았음은 물론이다. 행장이 없는 행상의 物貨를 沒官시키고 이들을 신고한 사람을 포상하자는 태종 11년(1411) 전라도 관찰사의 上啓[67]는, 이 시기 지방 상업계의 저러한 사정에서 비롯하는 주장이었다. 이는 억말책에 따른 일반 민인의 逐末 억제와 관련하여서도 시급한 과제였다.

요컨대 行商稅의 徵收와 行狀의 발급으로 요약될 수 있을 조선전기 정부의 陸商對策은, 그 자체가 성장하는 육상의 활동을 국가적인 차원에서 인정한 토대 위에서 마련된 것이었다. 이 시기에 수차례 내려졌던 행상에 대한 금지책이 한결같이 흉년으로 인한 임시조처였음을 고려하면,[68] 결국 정부의 대책은 육상의 활동을 전면 억제하는 것이 아니라, 전업상인으로서 이들을 허용하는 대신 그 활동을 통제·관리하면서 이익의 일부를 行商稅를 통해 정부에 귀속시키는 데 목적이 있었다. 이는 육상의 行商活動이 당시 지방 향촌사회의 自給이 불가능한 生必品과 재지 사대부의 奢侈需要까지도 공급하는 데 따르는 불가피한 조처이기도 하였다.

한편 조선전기에는 陸商과 더불어 船商 또한 국초 이래 그 성장을 지

---

65) 《世宗實錄》卷69, 世宗 17年 9月 庚午, 3冊, 649~650쪽.
66) 《世宗實錄》卷87, 世宗 21年 10月 乙酉, 4冊, 246쪽.
67) 《太宗實錄》卷21, 太宗 11年 2月 壬辰, 1冊, 576쪽.
68) 《成宗實錄》卷9, 成宗 2年 3月 庚辰, 8冊, 557쪽.
    "戶曹啓 今下三道 失農尤甚 行商 … 請限秋成 勿給商販路引 已受者 並追還 從之." 下三道의 흉년을 이유로 秋成에 한하여 路引의 발급을 중지시키고 있다. 이와 같이 이 시기 행상활동에 대한 금지조처는 대개가 흉년에 따른 임시방침이었다. 따라서 평상시 그들의 활동은 抑商政策 하에서도 별다른 제한을 받지 않았다.

속하고 있었다. 태조 7년(1398) 都堂은 司水監에서 漕運을 위해 京江의
私船과 商賈를 推刷하는 데 따른 문제를 논하면서,

　　由是 有船者 憤怨而賣其船 商賈者 畏懼而不達於京 遂使物價騰踊[69]

한다고 하였다. 사수감의 횡포로 말미암아 商賈들이 도성에 들어오지
않아 物價가 騰踊한다는 주장이다. 京江을 무대로 한 선상의 활동은 이
처럼 국초에 벌써 도성의 물가를 좌우할 정도로 활발하였다.

　이들 京江船商의 상활동은 지방을 무대로 하여서도 전개되었다. 세종
4년(1422)의 다음 조처는 선상의 그러한 활동을 전제로 하는 것이었다.

　　商船屢爲倭賊所掠 國家患之 令工曹點其船上兵器 且滿六七隻後 方許下
海 給其行狀 又令沿邊守禦官檢察[70]

　각각의 商船에 兵器를 비치시키고 6~7척이 연대한 후에야 下海를 허
용하여 行狀을 발급하고, 나아가 각 沿邊의 守禦官으로 하여금 이러한
내용을 檢察하게 하고 있다. 상선이 倭賊에게 약탈당하는 사태가 빈발
하면서 마련하는 대책으로,[71] 지방을 무대로 상활동을 펼치던 경강선상
을 보호하기 위한 조처였다.

　이와 같이 국초부터 경강의 선상은 행상으로서 전국을 무대로 상활동
을 펼치고 있었다. 이런 사정과 관련하여 세종 27년(1445)의 다음 자료
에 주목할 필요가 있다.

　　每年 各道貢稅轉運 給其船價 而人皆謀避者 以其船價 不如捉魚與興販之
利也[72]

---

69)《太祖實錄》卷15, 太祖 7年 12月 辛未, 1冊, 142쪽.
70)《世宗實錄》卷17, 世宗 4年 8月 癸卯, 2冊, 492쪽.
71) 특히 이 해(세종 4년, 1422)에는 전라·충청도 沿海에서 선상들이 자주 倭寇에
　　劫掠당하고 있었다.
　　《世宗實錄》卷15, 世宗 4年 2月 戊申, 2冊, 475쪽 ;《世宗實錄》卷16, 世宗 4年
　　7月 丙子, 2冊, 488쪽 ;《世宗實錄》卷17, 世宗 4年 8月 己亥, 2冊, 491쪽.
72)《世宗實錄》卷109, 世宗 27年 8月 戊辰, 4冊, 635쪽.

정부의 船價 지급에도 불구하고 이들이 貢稅의 漕運活動에 소극적이었던 이유는, 그로부터 얻는 이익이 捉魚나 興販活動 즉 行商으로서 거두는 이익에 비해 적기 때문이었다.[73]

穀物은 당시 선상이 취급하던 상품 중 대표적인 물품이었다. 세조 6년(1460) 국왕이 全羅道에 가서 벌이는 京商의 貿穀活動으로 그들의 所得이 倍多하지만 이를 금지할 수는 없다는 견해를 표명하자, 관인들 역시 경기 이북 지방의 흉년에도 불구하고 京中人이 飢餓에 이르지 않은 것은 이들 상인의 활동 때문이라면서 세조의 견해에 동의하고 있다.[74] 당시 都城의 穀物需給에 지대한 역할을 할 정도의 상인이라면, 전라도에서 활동하던 이들 상인은 대량으로 곡물을 운송할 수 있던 船商임에 틀림없다.

이처럼 船商의 주요 취급물품이 곡물이었기 때문에 선상의 상업활동은 전국 차원의 穀物交易網이 갖추어져 가던 15세기 후반 이후에 더욱 활발해지고 있었다.[75] 이 시기 穀物船商은 西海의 南北海路를 이용하여 북으로는 평안·황해도, 남으로는 전라·충청도 등 삼남지방에서 주로 활동하였다. 우선 平安道는 양계지방의 軍需問題와 관련하여 상인뿐만 아니라 朝官의 農莊穀까지도 他道로 반출하는 것을 엄격하게 금지하는 지역이었다.[76] 그러나 선상들은 이에 아랑곳하지 않았다. 성종 6년(1475) 호조는 최근 평안도 지방을 연결하는 海路가 始通된 이래 船商들이 買集한 곡물을 도성으로 船運하고 있어 큰 문제라고 지적하고 있다.[77] 황

---

73) 이러한 事情은 이후 중종대에도 마찬가지였다(《中宗實錄》卷65, 中宗 24年 5月 乙卯, 17冊, 122쪽).

74) 《世祖實錄》卷20, 世祖 6年 5月 丙申, 7冊, 396쪽.
　　"傳于承政院曰 聞商人等 往全羅道 以布換穀 所得倍多 然不可禁也 … 左承旨李克堪等啓 今年京畿黃海平安道凶荒太甚 然而京中人 不至於飢者 賴有商人懋遷有無故也."

75) 조선전기 穀物交易의 구체적인 양상과 商人의 활동, 交易網의 형성 등에 대해서는 朴平植, 앞의 〈朝鮮前期의 穀物交易과 參與層〉(本書 제4장 1절)에서 詳述.

76) 朴平植, 앞의 〈朝鮮前期 兩界地方의 '回換制'와 穀物流通〉, 8쪽.

77) 《成宗實錄》卷58, 成宗 6年 8月 乙未, 9冊, 253~254쪽.

해도 長淵의 長山串 때문에 이제까지 그 통행에 어려움을 겪던 西海 北
方海路가 상인들의 끈질긴 노력과 航海術 발달의 결과 安全性을 확보하
게 되자,[78] 船商 특히 貿穀船商들의 이 지역에서의 상활동이 증대해 갔
던 것이다. 성종 16년(1485)에는 이들 지역에 '京外行商이 星奔輻輳하
다'[79]는 표현이 나올 정도였다.

선상의 무곡활동은 黃海道나 三南地方에서도 마찬가지였다. 중종 20
년(1525)에는 都下 백성들이 식량을 황해·평안도의 貿穀에 의지하는 만
큼 이들 지역에서 상인의 무곡활동을 금지할 수 없다는 데에 국왕이나
대신들의 의견이 일치하고 있다.[80] 物産이 풍부하고 특히 곡물생산이 많
은 삼남지방에서 무곡선상의 활동은 더욱 활발하였다. 그리하여 중종
24년(1529) 特進官 申公濟에 따르면, 전라·충청도의 곡물이 私船에 의해
도성으로 輸入된 연후에야 京中의 穀價가 결정된다는 지경이었다.[81]

이와 같이 선상은 당시 최대의 상품이던 곡물을 전국 각 지방에서
매집하여 지역 간의 가격차를 이용하여 판매함으로써 교환이득을 확보
하였다. 특히 15세기 후반에 접어들어 전국적인 穀物交易網이 갖추어지
는 것과 함께 그들의 활동은 더욱 증대하였고, 이 과정에서 船商의 成長
은 가능하였다.

한편 선상의 활동은 貿穀에만 그치지 않았다. 그들 중에는 販鹽을 통
해 謀利하던 鹽 船商[82]이나 鐵物을 취급하던 船商,[83] 魚·藿 등의 수산물

"平安道 … 比年以來 水路始通 商船賈舶 絡繹不絶 多齎物貨 誑惑愚民 轉販貿穀
… 船運于京 而民間之穀殆盡 誠爲巨弊."
78) 本節 3)항 '地方交易機構의 形成과 都城中心 流通體系' 참조.
79) 《成宗實錄》卷185, 成宗 16年 11月 戊申, 11冊, 68쪽.
80) 《中宗實錄》卷56, 中宗 20年 閏12月 庚戌, 16冊, 479쪽.
"特進官尹熙平曰 … 今者 黃海平安道 斷禁貿穀 … 都下之民 無由得食 … 臣聞
平安黃海道 大槪有稔 請令勿禁 以便都下之民 上曰 … 黃海道 該曹立法而禁之矣
以右易無 似不當禁.
81) 《中宗實錄》卷65, 中宗 24年 5月 乙卯, 17冊, 122쪽.
"全羅忠淸等道之穀 必以私船 輸入于京中 然後京中市價 亦以此貴賤."
82) 《世宗實錄》卷77, 世宗 19年 5月 庚寅, 4冊, 69쪽;《世宗實錄》卷78, 世宗 19年
7月 甲午, 4冊, 87쪽;《中宗實錄》卷104, 中宗 39年 7月 壬寅, 19冊, 110쪽;《宣

을 배를 이용해 전국 각 지역에서 거래하던 상인[84]들도 존재하였다. 이
들이 취급하던 물품이 한결같이 自給이 불가능한 必需品이나 지역적인
특산품이었던 까닭에, 선상들은 이를 그러한 물품이 생산되지 않는 지
역으로 운반하여 판매함으로써 많은 이익을 남길 수 있었다. 隔地間交
易을 수행하는 데 따르는 이득이었다.

  선상의 행상활동에 대한 정부의 대책은 陸商에 대한 대책과 같은 차
원에서 마련되었다. 곧 그들의 활동을 통제·관리하고 나아가 그들이 거
두고 있던 상업 이익의 일부를 商稅를 통해 정부가 還收하려는 목적에
서였다. 우선 선상에게도 육상과 마찬가지로 일종의 商業許可證으로서
行狀을 발급하였다. 물론 이는 商稅 부과를 위한 조처로서《經國大典》
에 따르면, 大船은 매월 楮貨 100장, 中船은 50장, 小船은 30장을 각각
납부해야만 하였다.[85]《經國大典》의 행장 발급규정은 이후 중종대《大
典後續錄》에 가서 좀 더 세밀한 내용을 갖추게 된다.[86] 행장에 船主의
容貌나 年歲, 그리고 乘船人員을 기재하여 발급하였을 뿐만 아니라 商船
이 머무르는 곳의 지방관으로 하여금 이를 점검하게 하는 등, 이를 통해
그들의 違法活動을 철저히 막으려 하였다. 선상에 대한 정부의 이러한
방침은 그들이 부담해야 했던 商稅의 규모가 당시 市廛商人이나 手工業
者 그리고 陸商에 비해 過重하였던 사정[87]과 함께, 이 시기 선상들의 활
발한 활동과 그 성장 사정을 잘 보여주는 것이었다.

---

    祖實錄》卷11, 宣祖 11年 正月 丁巳, 21冊, 349쪽.
 83)《太宗實錄》卷28, 太宗 14年 閏9月 戊申, 2冊, 39쪽.
 84)《世宗實錄》卷122, 世宗 30年 11月 壬寅, 5冊, 104쪽 ;《瑣尾錄》第4, 丙申 3月
    29日, 5月 16日, 10月 20日(國史編纂委員會刊 活字本, 下冊, 26·41·106쪽).
 85)《經國大典》戶典, 雜稅.
 86)《大典後續錄》戶典, 雜令.
    "水商行狀 計程定限 船主容貌 年歲 人數 開錄成給 船所止泊官 詳悉點檢 如有
    奸僞 或所載之物 非本國所産 則囚禁 報監司啓聞 發船日 本曹置簿 行狀過限不納
    者 推考治罪 三江船隻 不時擲奸 點闕者 去處推問 無行狀 潛隱出入者 船主及管領
    切隣等 幷推考重論."
 87)《經國大典》의 商稅規定은 다음과 같다(기간은 每月, 화폐는 楮貨).

정부의 선상활동에 대한 통제와 課稅에도 불구하고 그들의 활동은 시기를 내려오면서 더욱 증대하였다. 특히 貿穀船商의 활동이 그러하였다. 따라서 穀物搬出에 따른 해당 지방의 食糧穀 不足을 이유로 선상의 상활동을 금지하자는 주장이 자주 제기되었고, 그것은 성종대 이래 평안도를 대상으로 해서만도 10여 차례 이상 반복되었다.[88] 그러나 이미 전국적인 穀物交易網이 갖추어지고 이를 이용한 선상들의 활동이 도성의 穀價마저 결정할 정도였던 상황에서, 무곡선상에 대한 금지조처가 제대로 시행될 수는 없었다. 국초 이래 지속된 地主·大農 위주의 農政策과 地主制의 확대 추세 속에서,[89] 지주의 수중에 집적되는 곡물을 중심으로 한 地主資本의 回轉·增殖을 위해서도 이를 매개하는 선상의 상활동은 불가피하였다. 중종 7년(1512)에 이르면, 선상의 무곡활동에 대한 금지는 이제 흉년에 따른 '一時權宜'로서만 취해지고 있다.[90]

결국 무곡선상을 비롯한 선상들에 대한 정부의 대책은 專業商人인 그들의 활동에 대한 통제와 관리, 그리고 商稅를 통한 이익의 일부 환수라는 차원에서 시행되는 것이었다. 곧 조선 정부가 상업정책으로 추진해가던 억말책의 基調 위에서 마련되는 방안이었다.

### 3) 地方交易機構의 形成과 都城中心 流通體系

鮮初 행상의 활동은 본격적인 農民交易機構로서 場市가 성립되기 이전에는 地方民들에게 거의 유일한 교역경로였다. 물론 이 시기에 지방

---

| 工 匠 | | | 坐 賈 | 陸 商 | 船 商 (水 商) | | |
|---|---|---|---|---|---|---|---|
| 上 等 | 中 等 | 下 等 | | | 大 船 | 中 船 | 下 船 |
| 9 장 | 6 장 | 3 장 | 4 장 | 8 장 | 100장 | 50장 | 30장 |

88) 朴平植, 앞의 〈朝鮮前期 兩界地方의 '回換制'와 穀物流通〉, 58∼59쪽.
89) 李景植, 〈16世紀 地主層의 動向〉,《歷史敎育》19(1976) ; 李景植, 〈朝鮮初期의 農地開墾과 大農經營〉,《韓國史硏究》75(1991) ; 李景植, 〈朝鮮前期의 力農論〉,《歷史敎育》56(1994) ; 金容燮,《朝鮮後期農學史硏究》(一潮閣, 1988), I 장.
90)《中宗實錄》卷16, 中宗 7年 7月 庚寅, 14冊, 600쪽.

민이 이용할 수 있는 교역기구가 전혀 존재하지 않았던 것은 아니었다.
지방의 行政都市 중에는 王都의 市廛과 유사한 交易機構를 갖춘 곳도
있었다. 예컨대 개성이 그러하였다.[91] 국초 개성의 交易事情을 보여주는
태종 9년(1409)의 다음 기사를 보자.

> 留後上言 舊都……自移都以後 禁開市肆 由是 以米穀貿易雜物者絶無……
> 故米價湧貴…… 富商大賈 甘心重遷者 勒令移徙新都外 各開市肆 以便貿易
> 從之[92]

漢陽으로 遷都한 이후 舊都인 개성 市廛의 開市를 금지한 조처 때문
에 米價가 湧貴하는 등의 폐단이 일자, 이를 완화하여 개시하게 한 내용
이다. 당시 개성 시전의 개시를 금지한 것은 천도 이후 개성의 시전상인
을 新都인 漢陽으로 옮겨 이들을 기반으로 도성의 시전을 정비하려는
방침에서 나온 조처였다.[93] 개성에는 이와 같이 고려조에 설립된 시전이
조선건국과 한양천도 직후의 일시적인 위축에도 불구하고 이내 복구되
어 개시되고 있었기 때문에 '富商大賈 遊手之徒 頗多'[94]하다 할 수 있었
다. 나아가 성종 9년(1478)에는

> 府民 有田者少 雖間有數頃田者 長在城中 雇人耕耨 專事販賣[95]

하다는 지경이었다. 數頃의 田地를 가진 者까지도 자기 토지를 雇人에
게 경작시키고 자신은 城中에서 '專事販賣'할 정도로 개성상업은 국초
이래 고려조의 전통을 이어 번성하고 있었다. 이러한 사정은 平壤이나
全州와 같은 지방의 행정도시에서도 大小의 차이는 있으나 비슷하였을

---

91) 조선전기 개성상업의 추이와 개성상인의 상활동에 대한 자세한 내용은 朴平
    植, 앞의 〈朝鮮前期의 開城商業과 開城商人〉(本書 제3장 2절) 참조.
92) 《太宗實錄》 卷17, 太宗 9年 3月 丙午, 1冊, 476쪽.
93) 朴平植, 〈朝鮮初期 市廛의 成立과 '禁亂'問題〉, 《韓國史硏究》 93(1996 ; 本書
    제2장 1절).
94) 《文宗實錄》 卷2, 文宗 卽位年 6月 己丑, 6冊, 245쪽.
95) 《成宗實錄》 卷95, 成宗 9年 8月 壬辰, 9冊, 636쪽.

것이라 생각된다.

그러나 당시 外方의 모든 州郡이 이러하지는 못하였다. 세종 15년 (1433) 申商은 도성 이외 各道의 州郡에는 市가 없어 민간에 錢幣가 유통될 수 없음을 강조하며, 이의 통용을 위해 중국과 같이 외방의 郡縣에 開市할 것을 건의하였다.

今我國 京都有市 各道州郡 皆無市 雖有錢幣 幣者不得市焉 反以錢爲無用之物 民不興用 依中國之制 外方郡縣 皆開市則 錢自興矣[96]

常設 또는 定期的인 교역기구가 이 시기까지 전국 각 군현에서 아직 성립되지 못하였음을 보여주고 있다.

결국 이러한 사정 하에서 지방민들이 이용할 수 있는 교역기구는 농민들 사이에 행해지던 '有無相資'의 단순교환이 아니라면, 行商과의 거래일 수밖에 없었다. 이 시기에 행상의 활동이 전국에 걸쳐 활발하게 나타나고 그들이 이를 통해 성장할 수 있는 조건은 여기에서 마련되고 있었다. 때문에 행상들은 국초 이래 '往來諸道'[97]하고 또한 '出入閭里',[98] '橫行村落'[99]하면서 상품의 지역 간 가격차에 따른 交換利益을 확보하여 갔다.

행상의 商活動은 15세기 후반 본격적인 농민교역기구로서 場市가 성립되고, 16세기 이후 이들 장시가 전국적으로 보급·확산된 다음에도 변함이 없었다. 成宗初 전라도 일대에서 처음 등장한 장시는 정부의 禁斷 방침에도 불구하고 16세기에 들어 전국으로 보급되었고, 그 開市日數 또한 증가하였다. 장시는 당시 小商品生産의 출현과 그 진전에 수반하여 성립되고 확산되던 交換經濟 農村市場이었다. 즉 고려 이래 抑賣·抑買 등 田主的 强制에 의한 交易을 통해 잉여를 수탈당해 왔던 外方 農民

---

96) 《世宗實錄》 卷59, 世宗 15年 正月 壬申, 3冊, 439쪽.
97) 《太宗實錄》 卷14, 太宗 7年 10月 己丑, 1冊, 418쪽.
98) 《世宗實錄》 卷87, 世宗 21年 11月 乙卯, 4冊, 251쪽.
99) 《世宗實錄》 卷100, 世宗 25年 6月 戊戌, 4冊, 483쪽.

들이, 私的 田主의 지배를 벗어나게 되고 그 所有權도 안정되어 감에
따라 자신들의 剩餘生産物을 자유롭고 유리하게 교역할 수 있는 조건을
마련하면서 성립시켜 갔던 農民交易機構였다.[100]

때문에 장시에서는 농민이나 수공업자들이 스스로 생산한 물품을 '自
相交易'함으로써, 이전에 상인 즉 행상을 통하던 것보다 판매물을 高價
로 판매하고 수요물을 싼값에 求得할 수 있었다.[101] 이제까지 행상들이
확보하고 있던 交換利益의 여지가 그만큼 줄어든 셈이었다. 그러나 이
런 사정에도 불구하고 장시의 보급은 한편으로 행상의 商活動 空間을
전에 없이 확대시키는 결과를 가져왔다. '諸道 皆設場門'[102]하고 '坊坊曲
曲 無不出市之地'[103]하는 상황이 조성되었기 때문이다. 이제 그들은 군이
교통이 불편한 僻村을 왕래하지 않고도, 30~40里마다 열리고 있던 장
시를 무대로 지방민이 自相交易할 수 없는 물품이나 지역적인 특산물을
판매함으로써 교역의 量과 이익의 規模를 확대시켜 갔다.[104] 더욱이 장
시의 出市日이 서로 相異하게 되면서 한달 내내 隣近에서 장시가 열리
는 하나의 場市圈이 형성되어 가자,[105] 행상은 이들 장시의 流通圈域을
매개함으로써 더 큰 이익을 확보하기도 하였다. 장시의 보급 이후 행상
은 장시에서 이루어지는 상품교역을 주도하면서 지방교역의 담당자로
서 일층 성장해 갔던 것이다.

한편 船商은 국초 이래 海路 水路를 통해 전국의 주요 지방을 연결하

---

100) 李景植, 〈16世紀 場市의 成立과 그 基盤〉, 《韓國史硏究》 57(1987).
101) 위의 글, 50쪽.
102) 《中宗實錄》 卷38, 中宗 15年 3月 己酉, 15冊, 635쪽.
103) 《中宗實錄》 卷31, 中宗 13年 正月 壬子, 15冊, 387쪽.
104) 場市의 성립과 함께 閭里를 橫行하던 행상이 완전히 사라진 것은 물론 아니다.
    예컨대 《瑣尾錄》의 저자 吳希文은 壬亂中 그의 피난처였던 忠淸道 林川에서 고
    을을 왕래하던 행상으로부터 柳器·行擔·小古里·生廣魚·石花 등을 구입하고 있
    다(《瑣尾錄》 第4, 乙未 3月 24日, 6月 21日과 丙申 10月 23日 — 上冊, 449·476쪽
    과 下冊, 106쪽). 이들은 장시의 圈域內에서 활동하던 상인들로, 대개 이 지방
    농촌에서 분해된 小商人들일 것이다.
105) 李景植, 앞의 〈16世紀 場市의 成立과 그 基盤〉, 53~56쪽.

며 상활동을 진행하던 상인들이었다. 이들은 16세기에 이르면 도성을 중심으로 南으로는 전라·충청도 沿海, 北으로는 황해·평안도 등 서해안 전역에 걸친 海路를 확보하는 한편, 강원도 및 충청도 北部 山郡을 연결하는 내륙수로까지도 개척하여 商販을 영위하기에 이르렀다.[106] 重量 多量의 物貨를 이용하여 隔地間交易을 통해서 이익을 추구하던 이들의 상활동은, 따라서 그 전개·성장과 더불어 그에 걸맞은 교역기구를 필요로 하게 되었다. 商船이 정박하는 浦口에서 직접 일반 지방민을 상대로 거래를 하는 경우도 있었지만,[107] 거래의 규모가 늘어나고 상활동이 성장함에 따라 이들과 지방민을 중개하는 새로운 中間交易機構의 필요성이 제기되었던 것이다.

선상과 지방민의 교역을 매개하는 중간교역기구의 출현은 단편적이기는 하지만 그 例를 평안도에서 벌이던 貿穀船商의 교역활동에서 확인할 수 있다. 성종 6년(1475) 戶曹는 평안도 지방을 연결하는 해로가 개통된 이래 이 지방에 商船들이 '絡繹不絶'하여 貿穀한 곡물을 도성으로 船運해 가는 사태의 심각함을 논하면서 그 대책으로

  禁絶商船 勿令往來 如有潛行鬻販者 所在守令罷黜 其行商同利人及主人 論以制書有違律 船隻及所賣物貨 並沒官[108]

하자고 하였다. 禁令에도 불구하고 潛行하여 鬻販하는 자가 있으면 그 지방의 수령과 행상 그리고 그의 상활동에 관련된 자들을 治罪하고, 이들의 船隻과 物貨를 모두 沒官하자는 주장이다. 그런데 무곡선상의 상활동에 관련된 존재로 '主人'이 거론되고 있음이 주목된다. 이 시기 江主人 또는 私主人이 도성 주변의 交通要地, 물산이 풍부한 村邑에 거주하

---

106) 田川孝三, 앞의 《李朝貢納制の研究》, 582쪽.
107) 《瑣尾錄》에서 吳希文이 인근 熊浦에 도착한 濟州商船으로부터 미역(藿)을 직접 구입하고 있음은 그러한 예의 하나라 하겠다(《瑣尾錄》第4, 丙申 3月 29日, 5月 16日, 10月 20日 ― 下冊, 26·41·106쪽).
108) 《成宗實錄》卷58, 成宗 6年 8月 乙未, 9冊, 254쪽.

며 水陸의 행상 및 都城과 開城의 시전상인에게 물화를 공급하고 있던
실정[109]에 비추어, 이 '主人'이 바로 그들과 비슷한 상인으로 생각되기
때문이다.

이러한 사실은 《各司受教》 중 明宗 20년(1565) 해당 내용인 다음 戶曹
啓目을 통해 좀 더 분명하게 확인된다.

乙丑十二月二十三日 戶曹啓目 …… 平安道 …… 戊午以後良中置 商賈貿
易穀行船是白沙餘良 宰相朝官田莊所出之穀 至亦一切禁斷 犯者乙良 全船
屬公 極邊入居 許接主人及浦監考 幷以他道殘驛定屬 留泊所在守令罷黜 色
吏決杖一百 發告者 强盜捕告例論賞 不能檢擧監司 幷推考爲白乎矣[110]

평안도에서 벌이는 船商의 무곡 선운활동 금지와 이에 관련된 자들을
治罪하자는 주장 가운데, 무곡선상과 許接하던 '主人'이 존재하였음이
거듭 확인되는 것이다. 성종 6년(1475)에 제기된 주장이 90년의 시차를
두고 명종 20년(1565)에 이르러 다시 거듭되는 모습이다. 특히 이들 主
人層에 대한 처벌 건의는 애초 制書有違律에서 16세기 중반에는 殘驛의
驛吏로 定屬하는 형태로 강화되고 있다. 평안도 沿海에서 貿穀船商들을
상대로 한 主人層의 營業活動이 그만큼 성장 발전하던 데 따른 처벌규
정의 강화라고 생각된다.

조선전기에 이와 같이 평안도 沿海 浦口에 貿穀과 관련한 主人層이
등장하고 있었다면, 이들 主人層은 바로 조선후기 貿穀主人의 경우[111]에
서와 마찬가지로 각처에서 오는 貿穀船을 접대하고 편의를 제공하는

---

109) 田川孝三, 앞의 《李朝貢納制の硏究》, 595쪽.
110) 《各司受教》 戶曹受教.
　　이 啓目의 干支 乙丑年이 明宗 20년(1565)임은, 같은 내용의 禁令이 바로 그
　　前年인 明宗 19년에도 내려진 사실을 통해 확인된다(《受教輯錄》 戶典, 雜令).
　　"平安道 … 商賈貿易 宰相朝官庄所出 亦一切禁斷 犯者 全船屬公 極邊入居
　　許接人及浦監考 及留泊所在守令色吏 從重科罪 監司推考[嘉靖 甲子(明宗 19,
　　1564 — 필자) 承傳]."
111) 李世永, 〈18·9세기 穀物市場의 형성과 流通構造의 변동〉, 《韓國史論》 9(서울
　　大, 1983), 232~233쪽.

한편 무곡선상들의 穀物買集 활동을 仲介하던 상인임에 틀림없다. 다시 말해 이 시기 무곡선상들은 그들이 海路를 통해 연결하고 있던 지방에서 地主層을 비롯한 地方民과의 직접 거래를 통해서도 곡물을 매집하였지만,[112] 한편으로는 海路·水路交通上의 요지인 浦口에 주로 거주하며 이들과 지방민과의 거래를 중개하던 貿穀主人을 통해서도 貿穀하고 있었던 것이다. 지주의 農莊穀이나 지방민의 餘裕穀이 무곡주인을 거쳐 선상으로 연결·처분되는 流通經路의 형성이었다.

물론 조선전기 主人層의 대두와 성장이 조선후기와 마찬가지로 곡물 이외에도 각 포구에서 유통되던 모든 물품과 상선들을 專管하던 江主人이나 浦口主人의 단계[113]에까지 이르렀으리라고는 생각되지 않지만, 적어도 그들의 존재나 활동이 후대의 江主人이나 浦口主人의 先行形態였음은 틀림없는 사실이다. 그리고 이들 主人層이 점차 船商들의 통제를 벗어나서 독자적인 교역기구로서 기능을 수행하게 됨으로써, 조선후기에 이르러서는 그들을 중심으로 하는 浦口流通圈이 형성될 수 있었던 것이다. 이처럼 조선전기 선상의 활동은 그 자체가 隔地間을 연결시켜 주는 지방 교역기구의 하나로서 기능함과 아울러, 평안도 무곡선상의 예에서 볼 수 있듯이 그들과 내륙의 지방민 사이를 중개하는 새로운 교역기구의 담당자로서 貿穀主人層을 성립시키기도 하였다. 선상의 활동을 매개로 地方交易機構가 점차 體系化하여 가는 과정이라 하겠다.

조선전기에는 이상에서 살펴본 바와 같이 行商이 성장하고 이들의 교역활동과 연관하여 지방의 交易機構가 형성·정비되어 가면서, 都城中心의 流通體系가 수립될 수 있었다. 선초에도 도성은 이미 전국 차원의 교역활동의 中心으로서 기능하고 있었다. 그것은 集權國家의 首都가 갖는 당연한 모습이자 성격이었다. 도성이 전국 최대의 소비도시로서 각

---

112) 李景植, 앞의 〈16世紀 地主層의 動向〉, 157~159쪽.
113) 李炳天, 〈朝鮮後期 商品流通과 旅客主人〉, 《經濟史學》 6(1983) ; 高東煥, 〈18·19세기 外方浦口의 商品流通 발달〉, 《韓國史論》 13(서울大, 1985) ; 李榮昊, 〈19세기 恩津 江景浦의 商品流通構造〉, 《韓國史論》 15(서울大, 1986).

지의 物貨가 集散되고 處分되는 곳이었기 때문이다.

도성은 王室을 비롯하여 官僚·士大夫 등 당대 최고의 소비계층이 집중하여 있는 곳으로 이미 세종 10년(1428)에 城底 10里를 포함하여 11만여의 인구를 보유하고 있었다.[114] 따라서 이들 왕실·관료·사대부·一般民人 등의 생활과 관련한 필수용품과 사치품들이 전국에서 도성으로 集中함은 必至의 경향이었다. 더욱이 도성은 集權體制 하에서 전국의 租稅穀이 모이고, 또 現物財政의 원칙에 따라 '任土作貢'의 형태로 부과되던 각지의 제반 貢物이 모이는 곳이기도 하였다. 외국 사신의 왕래과정에서 外國産 필수품이나 사치품들이 거래되는 곳 또한 도성이었다. 결국 이런 사정을 바탕으로 조선전기 도성은 국초 이래 保有 常住人口의 소비규모를 초과하여 전국의 物産이 집중·처분되는 商業都市로서의 성격을 아울러 지니게 되었던 것이다. 그리고 이는 국초 이래 조선 정부가 市廛의 설립과 감독을 통해 도성상업을 관리하고 통제하게 되는 배경이기도 하였다.[115]

도성을 중심으로 펼쳐지는 이러한 物貨流通의 中核은 당연 행상으로서 전국을 무대로 상활동을 전개하던 京商이었다. 당시 도성의 私商人은 陸商이나 船商으로서 전국을 누비고 있었다. 육상으로서 行商團을 조직하고, 또 선상으로서 6~7척 이상이 연대하여 전개하던[116] 이들의 상활동은 국초에 이미 전국 각 지방에서 전개되고 있었다. 태종 7년 (1407) 9월 정부는 함경도 靑州 이북을 왕래하는 人物들에게 각각 京中의 衙門과 所居의 地方官으로부터 印信明文을 발급받게 하였다.[117] 물론 이 印信明文은 곧 行狀이고, 이를 발급받은 상인이라 하더라도 磨天嶺 이북에 들어가는 것은 금지하였다. 그해 10월에는 같은 내용의 조처가 東西北面 전체를 대상으로 내려지고 있다.[118] 京商의 상활동은 국초에

---

114) 本書 제2장의 주 88 참조.
115) 本書 제2장 市廛의 整備와 都城商業.
116) 本節 2)항 '行商의 成長과 政府의 行商政策'.
117) 《太宗實錄》 卷14, 太宗 7年 9月 丁丑, 1冊, 417쪽.

이처럼 당시로서는 교통이 가장 불편하였을 北方에까지 미치고 있었다. 그 목적이 이 지역 民人을 상대로 한 행상활동과 野人과의 私貿易에 있었음은 물론이다. 태종 11년(1411)에는 결국 京外官의 路引이 없는 행상에 대해 그 物貨를 沒官하고 告捕者를 施賞하는 내용의 조처를 취하기에 이른다.[119]

京江을 무대로 활동하던 船商들의 外方 진출 또한 국초 이래의 현상이었다. 세종 4년(1422) 왜구의 劫掠에 대비해 私船의 출입 시 7~8척으로 作隊한 연후에 행장을 발급하는 방안을 마련하였을 때, 경강의 선상들은 工曹에서 覈實을 받은 후 그 航海가 허용되고 있다.[120] 공조의 규찰을 받는 이들 京江私船, 곧 船商은 전국 각지를 왕래하며 도성에 穀物을 비롯한 生必品을 공급하고 있던 상인이었다. 태조대에 벌써 이들의 활동이 도성의 물가를 좌우하는 형편이었다.[121] 당시 선상의 가장 중요한 취급물품은 곡물이었고, 도성의 穀物需給 安定에서 차지하는 이들의 중요성은 국왕이나 관인들 또한 인정하는 바였다.[122]

이처럼 선초 이래 이미 도성은 國內商業의 中心으로 자리하였고, 이를 바탕으로 京商은 전국에 걸친 교역활동을 전개하고 있었다. 그런 면에서 경상은 거주지를 중심으로 일반 민인과의 직접교역의 형태로 小規模 近距離交易을 담당하던 小商人들과는 구별되는 大商人들이었다. 특히 외방에 거주하는 양반이나 토호 등 지배층의 奢侈品 需要 또한 주로 이들이 공급하였을 것임을 고려하면, 전국을 망라하는 경상의 상활동 조건은 도성만이 아니라 지방에서도 마련되는 셈이었다.

조선전기에 京商의 교역활동을 토대로 하여 도성 중심의 交易體系가 수립되었다고 하더라도, 그것이 모든 商品을 포괄하는 全國的인 市場

---

118) 《太宗實錄》 卷14, 太宗 7年 10月 己丑, 1冊, 418쪽.
119) 《太宗實錄》 卷21, 太宗 11年 2月 壬辰, 1冊, 576쪽.
120) 《世宗實錄》 卷15, 世宗 4年 2月 戊申, 2冊, 475쪽.
121) 《太祖實錄》 卷15, 太祖 7年 12月 辛未, 1冊, 142쪽.
122) 주 74, 81 참조.

圈이 선초에 이미 형성되었음을 의미하는 것은 아니었다. 도성 중심의
교역체계는 우선 당대의 交通事情에 의해 현저하게 위협받고 있었다.
먼저 도성과 삼남지방을 연결하는 西海 南方海路의 경우, 태안반도 서
안 安興梁의 海路險難으로 인하여 漕船의 敗沒事故가 빈발하던 형편이
었다.

> 慶尙道漕船十六艘 至安興梁 遇風沒水[123]
> 全羅道漕船五十四艘 本月三日 過泰安安興梁 遭風 或全船敗沒 或不知所向[124]
> 榮山城初運船 到泰安安興梁 値二十一日大風 七隻漂沒[125]

　당시 정부에서는 국가재정과 직결되는 漕船의 敗沒을 막기 위하여 태
종~세조대에 安興梁을 우회하는 泰安漕渠 開鑿事業을 시도하고, 이것
이 여의치 않자 安民倉을 설치하여 이 구간에서 稅穀을 陸轉시키는 방
안을 모색하기도 하였지만 여러 사정으로 인하여 성공하지 못하였
다.[126] 漕船의 패몰사고는 漕運船의 過積과 漕卒들의 운항기술 미숙에도
그 원인이 있었지만, 기본적으로는 안흥량의 水路가 險難하였기 때문이
었다.[127]
　도성과 평안도 지방을 연결하는 西海 北方海路의 경우도 사정은 마찬
가지였다. 바로 황해도 長淵 長山串의 수로가 험난하였기 때문에 경기
에서 평안도를 연결하는 漕轉이 不通되고 있었던 것이다.

> 黃海道 長山串 以北各浦 水路驗 而漕轉亦稀[128]
> 黃海道長淵之境長山串 南入于海四五息 水路艱險 故自京畿至平安道 漕
> 轉不通[129]

---

123)《太祖實錄》卷7, 太祖 4年 5月 己酉, 1冊, 79쪽.
124)《世祖實錄》卷2, 世祖 元年 9月 壬午, 7冊, 85쪽.
125)《文宗實錄》卷7, 文宗 元年 5月 癸亥, 6冊, 392쪽.
126) 李鍾英,〈安興梁對策으로서의 泰安漕渠 및 安民倉問題〉,《東方學志》7(1963).
127) 위와 같음.
128)《世宗實錄》卷22, 世宗 5年 12月 丁卯, 2冊, 569쪽.

이 시기 漕運制度는 이상의 교통사정에 漕卒들의 避役현상이 덧붙여
지면서 이윽고 雇立制가 모색되고, 나아가서는 私船賃運으로 변통되고
있었다.[130]

官漕體系가 봉착하고 있던 교통 운수상의 난관은 경강의 선상들에게
도 마찬가지였다. 西海 南方海路의 안흥량과 北方海路의 장산곶은 당시
私商의 처지에서도 全國 交易網의 수립과 관련하여 극복하여야 할 과제
였던 것이다. 결국 이러한 교통사정을 고려할 때 선초 도성과 외방을
연결하는 교역망은 그 자체가 아직은 安定的이거나 日常的일 수는 없었
다. 陸路交通이 발달하지 못한 형편에서 대규모 원거리교역이 의존할
수밖에 없는 海路의 不通事態는 도성 중심 교역망 수립과 이를 매개하
는 상인의 활동에 결정적인 장애가 되고 있었던 것이다.

그런데 선초 海路交通上의 이상과 같은 난관은 15세기 후반 이후 상
인들에 의해 서서히 극복되어 갔다. 官漕에 있어 漕船의 패몰사고는 이
시기에도 여전하였지만,[131] 서해 북방해로는 성종초에 들어 그 安定性을
확보하여 갔다.

> 平安道 …… 比年以來 水路始通 商船賈舶 絡繹不絶[132]
> 平安道 …… 始通船運 京外行商 與夫僧俗乞丐之徒 星奔輻輳[133]
> 長山串 在古不通舟楫 而今則人多工巧 故行船便利[134]

그리하여 平安道와의 '水路始通'에 따른 貿穀船商, 주로 京江船商들의
활동이 본격 문제되기 시작하였다.[135] 서해 남방해로의 난관이었던 安興

---

129) 《世宗實錄》卷34, 世宗 8年 12月 甲戌, 3冊, 53쪽.
130) 崔完基, 앞의 《朝鮮後期船運業史研究》, 8~84쪽.
131) 李鍾英, 崔完基의 앞 論考 참조.
132) 《成宗實錄》卷58, 成宗 6年 8月 己未, 9冊, 253쪽.
133) 《成宗實錄》卷185, 成宗 16年 11月 戊申, 11冊, 68쪽.
134) 《明宗實錄》卷16, 明宗 9年 5月 庚戌, 20冊, 196쪽.
135) 이에 대한 자세한 내용은 朴平植, 앞의 〈朝鮮前期의 穀物交易과 參與層〉(本書
    제4장 1절) 참조.

梁 航海 역시 성종초를 전후하여 마찬가지로 그 안전한 통행이 가능하
게 되었다.

> 安興梁險惡 自古爲患 然私船之敗少 而公船之敗多 此非徒險惡之故 乃不
> 謹所致[136]
> 安行渡 雖曰險惡 然水有潮汐 當潮滿時 可以經過無虞[137]

이와 같이 西海 南北海路를 원활하게 疏通시킨 先驅는 물론 私船 船商
들이었다. 성종 원년(1470) 大司憲 李克墩의 다음 상소 내용은 그러한
사정을 잘 설명하고 있다.

> 船軍名爲騎船 而不習水路者頗多 不如私夫之自少業舟楫 習波濤也[138]

水路에 익숙하지 못한 船軍보다 어려서부터 舟楫을 다룬 私夫 곧 私
船人들의 航海術이 훨씬 우월하였던 것이다. 이 시기 조운대책으로 私
船賃運이 일찍이 논의되고 또 제도로서 시행[139]되는 까닭도 바로 여기에
있었다. 公船漕運은 '易致敗沒'하였지만 私船漕運은 '庶無敗覆'하기 때문
이었다.[140]

이처럼 성종초를 전후로 西海의 南北海路가 安全性을 확보하게 되면
서, 전국 교역에서 都城의 中心 기능은 더욱 강화되어 갔다. 특히 16세기
에 들어 더욱 두드러지게 전개되던 도성내의 人口集中, 防納·京中貿納
의 일반화, 사치풍조의 확산과 이에 따른 對外 私貿易의 발전 등을 기반
으로 도성의 商業的 면모는 더욱 확대되고 있었다. 이는 곧 시전상업의
발전으로 이어졌지만,[141] 다른 한편에서는 도성을 중심으로 하는 전국적

---

136) 《成宗實錄》 卷29, 成宗 4年 4月 庚辰, 9冊, 18쪽.
137) 《成宗實錄》 卷216, 成宗 19年 5月 戊子, 11冊, 339쪽.
138) 《成宗實錄》 卷3, 成宗 元年 2月 辛未, 8冊, 471쪽.
139) 崔完基, 앞의 《朝鮮後期船運業史硏究》.
140) 《成宗實錄》 卷196, 成宗 17年 10月 己丑, 11冊, 151쪽.
141) 朴平植, 〈朝鮮前期 市廛의 發展과 市役 增大〉, 《歷史敎育》 60(1996 ; 本書 제2
　　장 2절).

인 流通體系의 안정적인 수립으로 연결되고 있었다.

조세·공물 등 국가의 부세체계와 관련하여 物産이 모이던 도성은, 이제 상인들에 의해 사적으로 각지의 物貨가 집중하고 처분되는 전국적인 交換의 매개역할 또한 담당하게 되었다. 중종대에 이르면 도성의 穀價는 전라·충청도 또는 황해도의 곡물이 선상에 의해 어느 정도 반입되느냐 여부에 따라 그 貴賤이 결정된다는 형편이었다.[142] 외방에서 도성으로 곡물이 유통되는 이러한 흐름과 반대의 상황도 전개되었다. 명종 2년(1547) 헌부에 따르면 도성상인들은 흉년으로 외방의 곡가가 높게 형성되자, 도성에 반입되는 곡물을 중간에서 買占하거나 또는 도성내 곡물을 貿取하여 선운·육운을 통해 외방에 실어 나르기도 하였다.[143] 적어도 곡물의 유통 측면에서는 이 시기에 도성 중심의 교역망이 확고하게 자리 잡아 가고 있었던 것이다.[144] 이런 사정은 여타의 상품교역에서도 마찬가지로 진전되고 있었다. 중종 32년(1537) 領議政 尹殷輔가 문제 삼은 함경도 六鎭의 白磁器 사용 실태는 그 例證의 하나이다.

　此道 距京絶遠 而六鎭皆用白磁器 故必以魚物貿去 其弊大矣 勿用京白器事 監司處下諭可也[145]

함경도 六鎭이 도성과 멀리 떨어진 지역임에도 불구하고 도성의 백자기가 보급·유통되고 있어 문제되었던 것이다. 당시 도성의 물화가 함경도 변방지역에까지 유통되던 모습이다.

도성을 정점으로 하는 유통체계를 주도하던 상인은 물론 京商들이었다. 특히 육로·해로를 이용하여 국내상업을 장악하고 나아가 대외 사무역에도 적극 참여하여 商利를 확대해 가던 도성 私商人 중의 일부는,

---

142) 《中宗實錄》 卷55, 中宗 20年 10月 戊申, 16冊, 462쪽 ; 《中宗實錄》 卷65, 中宗 24年 5月 乙卯, 17冊, 122쪽.
143) 《明宗實錄》 卷56, 明宗 2年 12月 甲子, 19冊, 552쪽.
144) 이상 穀物交易과 연관한 交易網 형성에 대한 자세한 내용은 朴平植, 앞의 〈朝鮮前期의 穀物交易과 參與層〉(本書 제4장 1절) 참조.
145) 《中宗實錄》 卷86, 中宗 32年 12月 甲子, 18冊, 155쪽.

이제 그 자본의 규모나 상활동에서 여타의 상인들과 현저하게 구별되면서 '富商大賈'로 성장하고 있었으며,[146] 도성의 商權을 둘러싸고 市廛商人과 갈등을 빚기도 하였다.[147] 앞서 살펴본 바와 같이, 이 시기 연해의 포구를 중심으로 형성되어 가던 主人層 또한 이들의 전국에 걸친 교역활동과 연관하여 출현하던 상인이었다. 이들과 지방민 사이의 거래를 중개하는 中間交易機構의 형성은 곧 이들이 구축한 도성 중심의 교역체계가 더욱 안정되고 구조화할 수 있는 기반이 조성됨을 의미하였다.

그러나 이 시기 主人層의 성립이 아직은 무곡선상의 활동과 관련하여 연해의 포구에서 제한적으로 확인되는 바와 같이, 도성을 중심으로 형성된 유통체계가 전국 각지와 각종 상품을 單一價格을 토대로 하여 하나의 市場圈·交易網으로 묶어 내면서 全國市場을 구축해 내기 위해서는 국내외에 걸친 상업발달의 일층 진전을 기다려야만 하였다. 도성상인의 교역활동이 대개의 경우 상품의 地域間 價格差에 따른 이익 획득을 목표로 중간의 매개 없이 전국의 坊坊曲曲에서 직접 지방민을 상대로 이루어짐은 이러한 사정에서 비롯하는 바였고, 이것은 조선전기 지방상업의 발전이 도달한 수준을 보여주는 것이자 그 특징이기도 하였다.

---

146) 백승철, 〈16세기 부상대고(富商大賈)의 성장과 상업활동〉, 《역사와 현실》 13 (1994).
147) 本書 제2장 3절 〈非市廛系 商人의 成長과 都城의 商權紛爭〉.

## 2. 開城商業의 復舊와 開城商人

### 1) 國初의 商業再編과 開城商業의 萎縮

건국 이후, 조선 정부는 '務本抑末', '利權在上'의 상업정책 이념을 표방하고 여기에 입각하여 상업에 대한 재편을 단행하였다. 이는 상업에 대한 국가의 統制·管理를 강화하고 소경영 농민의 逐末傾向을 단속함으로써, 농업을 진흥시키고 지주·대농을 근간으로 하여 구성된 정치사회체제를 유지하고 보전하기 위한 경제정책이었다. 이를 위해 조선 정부는 상업을, 專擔者를 지정·육성하여 이들에게 맡기고 그 활동을 국가에서 파악하고 통제하는 방침을 견지하였다.[148] 도성의 市廛은 이상의 상업정책과 관련하여 가장 우선되는 재편과 정비의 대상이었다.

조선 정부가 국초 開京에서 추진한 구체적인 시전 정비 내용은 태종 10년(1410) 司憲府가 올린 '時務 8事'의 上書文에서 확인할 수 있다. 당시 사헌부는 漢陽遷都(태종 5, 1405) 이후 新都인 한양에서, 工人이 居肆가 없어 所業을 오로지 하지 못하는 사태를 우려하며 그 대책을 촉구하였다. 이 과정에서 사헌부는 새로 정비할 漢陽市制의 模範을 舊京인 개경의 그것에서 찾고 있다.

> 工不居肆 業不能專 舊京之時 布帛毛革器皿冠服鞋靴鞭勒 分店大市 至市牛馬 亦有常所 其他米穀之類 則各於所居 自遷都以來 雜處雲從之街 男女無別 商賈混淆 窺覘幾隙 務相攘竊 願令京市署 一依舊京之制 …… 從之[149]

사헌부에 따르면, 한양으로 천도하기 이전 개경에는 布帛·毛革·器皿·

---

148) 朴平植, 앞의 〈朝鮮初期의 商業認識과 抑末策〉(本書 제1장 2절).
149)《太宗實錄》卷19, 太宗 10年 正月 乙未, 1冊, 526~527쪽.

冠服·鞋靴·鞭勒 등을 취급하는 시전이 大市에 각기 店鋪를 나누어 설치
되어 있었고, 牛馬市 또한 상설 거래장소를 가지고 있었다. 또 米穀 등
곡물류는 그 수요 때문에 시전 내의 한 곳이 아니라 民이 거주하는 성내
의 各地에 여러 점포가 개설되어 있는 상황이었다. 요컨대 한양천도 이
전 개경의 시전은 業種에 따라 整然하게 구획·정비되어 있었고, 이는
태종 10년 당시 雲從街에서 '男女에 분별이 없고 商賈가 서로 섞여 있는'
상태이던 신도의 시장 사정과는 판이한 것이었다. 개경 시전을 모범으
로 하여 한양의 市制를 정비하자는 건의가 제기되고, 이것이 받아들여
지는 배경은 이러하였다.[150]

그렇다면 '舊京之時'에 이상과 같은 業種別 市廛再配置 조처가 취해진
시기는 1차 한양천도가 이루어지기 이전인 태조 원년(1392)에서 태조
3년(1394) 10월 사이의 시기와, 개경으로 還都한 다음 한양으로 재천도
하기 이전인 정종 원년(1399)에서 태종 5년(1405) 10월 사이 기간 중 어
느 때였을까? 이와 관련하여서는 태조 3년(1394) 정월의 다음 기사에
주목할 필요가 있다.

京市署請 板寫各市名 幷畫販物其下 掛於各所 俾不相雜[151]

경시서가 시전에 각기 그 名稱과 판매물품을 그려 넣은 懸板을 내걸
도록 함으로써 시전의 '相雜'을 방지하자고 건의하고 있다. 즉 개별 시전
固有의 販賣物種을 설정한 상황에서 이를 문자와 그림의 형태로 현판에
새겨 넣게 함으로써 物種別 市廛區劃을 분명히 하고, 나아가 시전의 相
雜을 막아 국가의 시전관리를 용이하게 하려는 조처였다. 경시서의 이
건의는 이전에 취해진 업종별 시전구획에 이은 보완조처였고, 결국 국
초 개경 시전에 대한 조선 정부의 재편과 정비는 태조 원년(1392)에서

---

150) 사헌부의 건의에 따라 한양의 市廛行廊 조성이 이루어지고, 市廛이 정비되는
    사정에 대해서는 朴平植, 앞의 〈朝鮮初期 市廛의 成立과 '禁亂'問題〉(本書 제2
    장 1절)에서 상술하였다.
151)《太祖實錄》卷5, 太祖 3年 正月 戊午, 1冊, 53쪽.

태조 3년(1394) 정월 이전의 시기에 취해졌던 셈이다.[152]

　건국과 함께 조선 정부가 개경의 시전을 재편·정비하게 된 것은 고려 말 시전을 위시한 도성상업계 내에서 나타났던 公的 管理體系의 혼선에 그 배경이 있었다. 고려후기 개경에는 廣化門에서 十字街에 이르는 南大街의 좌우에 1천여 칸이 넘는 市廛行廊이 조성되어 있었다.[153] 당시 국왕을 비롯한 왕실·권세가·사원 등의 지배층은 바로 이 시전을 장악하여 그들의 財富를 확대시켜 나갔다. 14세기 전반 충혜왕은 義成庫·德泉庫·寶興庫 등에서 布 4만 8천 필을 내어 시전에 직접 점포를 차리고 있으며,[154] 비슷한 시기에 금강산의 長安寺는 개경의 市廛行廊 30칸을 확보하고서 이를 傭人을 두어 경영하고 있었다.[155] 특권세력의 이와 같은 私的인 市廛投資와 獨占은, 자연히 국가 차원에서 마련된 公的인 市廛運營體系에 큰 혼선을 가져왔다. 이들에 의한 시전의 증설과 확대가 국가의 체계적인 관리방침 하에서 조정되면서 이루어지지 않고 권력에 기반하여 사적으로 전개되었기 때문에 발생되는 문제였다. 사료상에서 확인되지는 않지만, 예를 들면 同一物種을 취급하는 시전이 도성내 여러 구역

---

152) 주 149의 개경 시전의 사정을, 이와 같이 건국 이후 조선 정부의 시전정비 내용으로 이해하는 해석은 이미 金東哲에 의해 시도된 바 있다(앞의 〈고려말의 流通構造와 상인〉, 228~232쪽). 필자는 이 견해에 동의하며, 이를 개성상업의 추이와 관련하여 재음미하려는 목적에서 그 내용을 다시 정리하여 보았다. 한편 이와 달리 주 149에 나타나 있는 개경 시전의 모습을 고려말의 그것으로 추정하는 견해도 있으나(田川孝三, 앞의 《李朝貢納制の研究》, 550쪽), 김동철이 지적하고 있듯이 사헌부가 '分店大市'의 상태를 '前朝'가 아닌 '舊京之時'의 것으로 밝히고 다시 이를 遷都 이후의 상황과 비교하고 있는 것으로 보아, 시전에 대한 정비 내용을 국초 조선 정부의 施策으로 이해함이 타당하다 하겠다.
153) 北村秀人, 〈高麗時代の京市の基礎的考察 — 位置·形態を中心に〉, 《人文研究》 42-4(大阪市立大, 1990).
154) 《高麗史》 卷36, 世家36, 忠惠王 後3年 2月, 上冊, 734쪽(亞細亞文化社刊 影印本 — 이아 같음).
　　"王發義成德泉寶興布四萬八千匹 開鋪於市."
155) 《稼亭集》 卷6, 金剛山長安寺重興碑, 45쪽(《高麗名賢集》 3 : 成均館大 大東文化研究院刊 影印本).
　　"京邸 在開城府者 一區 其在市廛 爲肆傭人者 三十間."

에서 개설된다든지, 아니면 한 시전에서 높은 이익이 보장되는 여러 物
品을 중복하여 취급하는 등의 현상이겠다. 더욱이 이러한 현상이 특권
세력에 의해 주도되는 것이기에 고려 정부의 市廛規制와 團束은 그 實
效를 기할 수 없는 형편이었을 것이다.

   왕조의 교체와 지배층의 재편은 고려말의 시전문제를 정리할 수 있는
계기를 마련하였고, 실제 조선 정부의 개경 시전 재편은 시전에 대한
국가의 관리·장악을 보장하기 위한 기초작업의 하나로 단행된 것이었
다. 도성 시전에 대한 효과적인 파악과 관장을 통해 이를 매개로 전개되
는 전국 상업과 상인의 활동을 통제·관리함으로써, 抑末과 함께 국가의
利權掌握을 실현한다는 조선 정부의 商業政策構想이 이로써 관철될 수
있을 것이기 때문이었다.[156]

   건국 후 개경 시전의 정비는, 前朝의 지배세력이 지니고 있던 사적인
경제기반을 제거하여 새로운 왕조의 통치기반을 안정시키는 데에도 한
목적이 있었다. 앞서 언급한 바와 같이, 고려말기 시전을 비롯한 도성상
업이 왕실·권세가·사원 등 諸특권세력의 財富擴大의 場으로 기능하고
있었던 만큼, 이에 대한 재편과 정비는 결과적으로 고려 지배층의 경제
기반을 약화시킴과 동시에 도성상업에 대한 조선 정부의 公的 支配力을
확보할 수 있는 방안이기도 하였다.

   이처럼 고려조에 조성된 시전에 기반하면서도 이에 대한 국가의 관장
과 파악을 提高하는 방향에서 정비가 추진되고 있던 개성상업은, 이후
한양으로 遷都가 이루어지면서 크게 위축되는 상황을 맞이한다. 태조
3년(1394)의 한양천도 결정과 그 단행은 고려 이래 도성으로서 개성상
업이 누려 왔던 전국 상업에서의 球心 역할에 타격을 가져올 수밖에

---

156) 도성상업에 대한 국가의 파악을 提高하기 위한 노력은 고려말에 이미 시도되
    고 있었다. 예컨대 恭讓王 2년(1390)에는 京市에서 활동하는 工商을 빠짐없이
    파악하여 付籍하는 조처를 취하고 있다(《高麗史》 卷85, 志39, 刑法2, 禁令, 恭讓
    王 2年 4月, 中冊, 867쪽).
    "籍京市工商 其寓居隱漏不付籍者 主客論罪."

없었다.

그러나 1차 한양천도 후 다시 개경환도가 이루어지는 태조 3년(1394) 에서 정종 원년(1399) 사이에는 개성상업이 그 역할이나 비중에서 큰 타격을 입은 것으로 보이지는 않는다. 새로 마련된 계획도시였던 한양 에는 개성에 버금갈 만한 상업 관련 基幹施設이 아직 마련되어 있지 못하였다. 천도 후 3년이 지난 태조 6년(1397) 5월까지도 한양에는 체계 적인 시전행랑으로서 市鋪가 건설되지 못한 채, 경시서의 청에 따라 '日 中爲市' 곧 場市 형태의 시장이 매일 개설되는 형편이었다.[157] 국가 차원 에서 개성의 상인들을 이주시켜 신도읍의 상업기반을 다지려는 조처 또한 자료에서 확인되지 않는다. 결국 이 기간 동안 개성상업은 국초와 비교하여 별다른 변동 없이 국내상업에서 그 중심 역할을 수행하였던 것으로 추측된다. 개경환도 후 수년이 지나지 않아서 한양의 朝市가 '荒 蕪'해질 수밖에 없던 사정[158]은 바로 그 때문이었다. 개경환도 후에 개경 시전의 복구와 관련한 별다른 조처가 없었던 사실도 이러한 추정을 뒷 받침한다.

태종 5년(1405) 10월에 재차 단행된 한양천도는 1차 천도와는 그 성격 을 달리하는 것이었다. 거듭된 政爭을 거쳐 왕위에 오른 태종은 집권기 반을 다지려는 노력의 하나로 강력한 왕권에 토대하여 다시 한양으로의 천도를 단행하였다. 이 2차 한양천도는 개성상업의 盛衰와 관련하여서 도 일대 轉機를 가져왔다. 2차 한양천도 후 개성상업의 실정은 태종 9년 (1409), 開城留後의 다음 上言에 잘 나타나 있다.

弛開城留後司市肆之禁 留後上言 舊都之民 工商雜處 有無相資 自移都以 後 禁開市肆 由是 以米穀貿易雜物者絶無 富商老賈 多蓄錢穀 低昂物價 暗行 買賣 故米價湧貴 人口日減 閭里蕭然 上國使臣 往返瞻視堙沒 富商人貢 出心 重遷者 乃令移從新都外 各開市肆 以便貿易 從之[159]

<hr>

157) 《太祖實錄》卷11, 太祖 6年 5月 戊午, 1冊, 106쪽.
158) 《太宗實錄》卷1, 太宗 元年 正月 甲戌, 1冊, 193쪽.

천도 이후 정부는 開城市廛의 開市를 금지하고 舊都의 상인들을 한양
으로 이주시키는 정책을 강력하게 추진하였다. 그 결과 개시가 금지된
개성에서는 상거래가 위축되면서 일부 상인들의 物價操作과 暗去來로
인해 미곡을 비롯한 생필품의 가격이 치솟고 인구가 격감하는 사태가
벌어졌다. 개성의 도시기반은 이를 지탱해 주던 商工業이 조선 정부의
강력한 정책에 따라 위축되면서 무너져 갔고, 급기야는 개성유후가 중
국 사신의 왕래에 따른 문제를 들어 그 대책 마련을 호소하는 실정에
이르고 있었다.

반면 태종이 추진한 한양의 都市基盤 정비사업은 상공업과 관련하여
서는 태종 12년(1412) 市廛行廊 조성사업이 시작되면서 본격화하여, 이
후 태종 14년(1414) 말에 鐘樓를 중심으로 총 2,027間의 행랑이 완성됨으
로써 마무리된다. 그리고 이렇게 조성된 시전행랑에 당시 전국의 商權
을 장악하고 있던 舊都 개성의 시전상인과 부상대고들을 이주시켜 입주
·영업하게 하였던 것이다.[160] 이로써 국초 조선 정부가 구상하고 추진해
가던 都城中心, 구체적으로 시전을 매개로 한 전국 상업의 파악과 抑末
의 실현, 국가의 利權掌握 노력은 그 실효를 거둘 수 있었다.[161] 천도 이
후 정부가 개성 시전을 폐쇄하여 그 開市를 원천에서 금지하려 한 이유
도 바로 여기에 있었다. 요컨대 태종 5년 한양천도 이후, 개성상업은
정부의 도성(한양) 중심 상업재편 방침에 따라 개시 자체가 금지되면서
급격히 위축되고 그에 따른 부작용이 만연하는 형편이었다.

시전을 비롯한 개성상업의 위축은 한양천도 이후 전국의 租稅穀과
貢物 등, 집권국가가 재정·부세운영과 연관하여 장악하고 운용하는 諸
般 物貨가 새로운 도성인 한양으로 집중해 감으로써 더욱 심화되었다.
개성의 開市禁止와 상인의 한양 이주가 상업정책 차원에서 개성상업의

---

159)《太宗實錄》卷17, 太宗 9年 3月 丙午, 1冊, 476쪽.
160) 조선초기 한양의 시전 조성 경위와 시전정책에 대해서는 朴平植, 앞의 〈朝鮮
    初期 市廛의 成立과 '禁亂'問題〉(本書 제2장 1절) 참조.
161) 朴平植, 앞의 〈朝鮮初期의 商業認識과 抑末策〉(本書 제1장 2절) 참조.

위축을 가져왔다면, 천도에 따른 國家的 物流의 漢陽 집중은 前朝 이래
개성이 누려 오던 전국 상업에서의 독점적인 球心 역할을 물화의 集散
과 處分이라는 상업의 현실에서 위협하는 것이었다. 인구의 격감으로
상징되는 개성의 都市的 面貌의 위축은 이에 뒤따르는 당연한 현상이
었다.

그러나 이로써 개성상업이 몰락한 것은 아니었다. 고려 이래의 商業
傳統은 그처럼 단기간에 단절될 성질의 것이 아니었고, 조선 정부 역시
개성상업이 국내외 교역에서 담당하고 있던 비중과 역할을 또 다른 측
면에서 필요로 하였다. 그리하여 개성 시전의 개시를 금지하고 상인을
한양으로 강제 이주시키는 정책이 실시된 지 불과 몇 년 만인 태종 9년
(1409) 3월에 이르러 개성유후의 건의에 따라 개성의 '市肆之禁'은 완화
되었다. 애초 한양으로 이주되었다가 自意로 개성으로 돌아온 부상대고
만 다시 한양으로 강제 이주시키고, 그 외 개성 시전의 開市를 허용하였
던 것이다.[162] 이제 개성상업의 그러한 복구 사정과 그 기반에 대해 살펴
보기로 한다.

### 2) 開城商業의 復舊와 그 基盤

태종 9년 3월 개성의 開市가 허용되자, 한양 이주대상이 아닌 상인들
을 중심으로 하여 개성 시전은 이내 복구되었다. 한양 천도 이후에도
개성에 시전이 설치되어 영업하였던 사정은 후대의 기록이기는 하지만,
仁祖 11년(1633)의 다음 자료에서 구체적으로 확인된다.

　開城府留守鄭斗源馳啓曰 本府進士高迥等六百三十人呈狀以爲 惟我松京
商賈有征 市廛有稅 布縷粟米蔬果魚肉之出 各就其業而取辦 以應公家大小
之需 傳之二百年而無弊[163]

---

162) 주 159와 같음.
163) 《仁祖實錄》卷28, 仁祖 11年 11月 戊午, 34冊, 539쪽.

進士 高逈 등 개성부인 630인이 올린 소장에 따르면 개성에는 商稅를
부담하는 상고와 시전이 있으며, 이들은 布縷·粟米 등 公家의 大小 需要
物을 取辦하여 應役하는 市役을 국초 이래 200여 년 동안 별다른 폐단
없이 부담하고 있었다. 실제 개성은 그 官職의 分設과 坊民의 統率을 도
성인 한양과 같이하는 官府였다.[164] 이른바 '兩京'[165] 또는 '兩都'[166]體制였
다. 이는 시전을 포함한 상업체제에도 그대로 적용되어, 태종 9년 개시
허용과 함께 개성에는 곧 시전이 복구되고 영업을 재개하였던 것이다.[167]

  이처럼 개성 시전이 兩京體制의 일환으로 복구되었던 만큼, 개성 시
전에 대한 조선 정부의 管理方針이나 개성의 시전상인이 국가에 대해
지는 市役負擔은 도성의 그것을 準用하였다. 개성 시전에 대한 업종별
영업구역 구획은 한양천도 이전에 이미 단행된 바 있었다.[168] 개성 시전
의 복구와 함께 再開設된 시전 또한 이 원칙에 의거하여 그 구획이 設定
되었을 것으로 생각된다. 태종 10년(1410) 11월 의정부는 정부의 楮貨
강제통용에 반발하여 新·舊京의 工匠과 商賈들이 出市를 거부하자, 한
성부와 유후사로 하여금 이들을 窮推하여 '各於其所'에서 저화로 무역
하게 조처하고 있다.[169] 도성과 마찬가지로 개성 역시 업종에 따른 시전
의 판매구역이 설정되어 있었던 것이다.

---

164) 위와 같음.
    "本府 設官分職 統率坊民 一依漢城府."
    조선 정부가 개성에 留守府를 두고 이를 도성에 준한 체제로 운영하는 사정에
    대해서는 李存熙,〈留守府의 經營〉(《朝鮮時代地方行政制度硏究》, 一志社, 1990)
    이 참고된다.
165)《太宗實錄》卷21, 太宗 11年 正月 壬午, 1冊, 575쪽 ;《太宗實錄》卷21, 太宗
    11年 2月 丁酉, 1冊, 576쪽 ;《世祖實錄》卷3, 世祖 2年 3月 丁酉, 7冊, 122쪽.
166)《世宗實錄》卷31, 世宗 8年 正月 壬子, 3冊, 3쪽.
167) 개성 시전이 국초부터 개설되었던 사정은 19세기 중반에 편찬된《松營日記》
    에서도 확인된다. 개성의 白紬廛은 400여 년의 역사를 가진 四大廛 중의 하나였
    다[《松營日記》, 乙卯(哲宗 6, 1855), 6月 初3日].
    "廛民金仁咸所告內 白紬廛 卽本府四百年久遠四廛之一也."
168) 本節 1)항 '國初의 商業再編과 開城商業의 萎縮' 참조.
169)《太宗實錄》卷20, 太宗 10年 11月 甲子, 1冊, 569쪽.

한편 조선 정부는 개성의 시전상인을 일정한 형식을 통해 파악하여 관리하고 있었다. 이와 관련하여 세종 29년(1447) 윤4월 기록에 나타나는 개성의 '富居案'이 주목된다. 司憲府 掌令 李亨增은 兵曹判書 李宣이 개성부 유수로 재직 시에 벌인 불법행위의 하나로 다음을 들고 있다.

開城富居 凡八十人 令各望富居一人 未得望者五十人 各徵緜布三匹 摠一百五十匹 又有四人求削富居案 並徵緜布五匹 摠二十匹 又有富居咸羽之 欲以段子三匹 納賂求免 事覺卽沒其貨 又徵緜布十匹 羽之壻 亦籍富居 辭以家貧 亦徵緜布十匹[170]

당시 개성부에는 富居人이 80명에 달하였고, 이들은 모두 富居案에 등재되어 있었다. 유수 李宣은 이들로부터 온갖 명목으로 재물을 약취하였는데, 부거안으로부터 삭제를 조건으로 뇌물을 받기도 하였다. 이로 미루어 개성의 부거안은 국가가 파악하여 관리하는 개성의 富人名簿였고, 따라서 그 등재와 삭제가 임의로 이루어지는 것이 아니었음을 확인할 수 있다.

그런데 인조 26년(1648)에 개성유수 金堉이 편찬한 《松都志》에는 이 부거안과 관련하여 다음과 같은 설명을 덧붙이고 있다.

舊以市民稍實者 抄錄爲簿 謂之富居 公家百役及使命支供 皆責出於富居 輪廻勒定[171]

그에 따르면 부거안은 市民 곧 시전상인 중에 稍實한 자를 抄錄한 帳簿였다. 즉 개성 부거안의 등재대상은 단순한 富人이 아니라 바로 시전의 상인들 중 부유한 자들이었고, 이들이 바로 국가의 각종 公役과 使臣 支供을 돌아가며 부담하는 층이었다.

이처럼 개성이 부거인은 시전상인에 대한 파악을 전제로, 이들 시전

---

상인 중에서 資産의 규모가 큰 상인을 가려 뽑아 만든 장부였다. 따라서
이와 같은 방법으로 부거안이 만들어지고 또 국가에 의해 엄격한 관리
가 이루어지고 있었다면, 시전상인 전체를 파악하기 위한 市案이나 廛
案은 당연히 그보다 먼저 작성되었을 것이다.[172] 市案의 작성은 도성인
한양의 시전에서도 마찬가지였으며,[173] 이는 국가의 市廛 把握과 管理,
나아가 市役의 부과를 위해 필요한 기본적인 사전작업이기도 하였다.

조선 정부가 市案을 통해 관리하던 개성의 시전상인들 역시 국가에
대해 市役을 부담하였다. 앞의 자료에서 확인되는 '商賈有征 市廛有
稅'[174]는 각기 定額의 형태로 시전상인에게 부과되던 인두세 형식의 商
稅와 시전의 公廊稅를 의미하는 것이었다. 그 구체적인 액수를 파악할
수는 없지만, 시전의 개설과 운영에 관한 여타의 사정과 비교해 볼 때
도성 시전의 그것에 상당하였을 것으로 추측된다.[175]

그러나 개성 시전상인들이 지던 시역의 주된 형태는 도성과 마찬가지
로 국가의 각종 公役과 使臣支供을 조달하기 위한 責辦의 의무였다. 이
들은 국초부터 公家의 대소 수요물을 현물 형태로 取辦하여 應役하였으
며, 또한 사신의 지공을 責出하고 있었다.[176] 이 과정에서 개성부의 시전
에 대한 抑買行爲가 논란이 되기도 하였다.[177] 市廛責辦의 給價 원칙이
제대로 준수되지 않으면서 나타나는 문제였다. 그럼에도 불구하고 明

---

172) 개성의 富居案을 그 자체로 市案으로 이해하는 견해도 있다(田川孝三, 앞의 《李
朝貢納制の硏究》, 561쪽). 그러나 《송도지》의 설명 중 '抄錄'의 의미에 비추어
볼 때, 부거안이 곧 시안이 아니었던 것은 분명하다.

173) 朴平植, 앞의 〈朝鮮初期 市廛의 成立과 '禁亂'問題〉(本書 제2장 1절).

174) 주 163과 같음.

175) 태종 15년(1415) 행랑건설이 완료된 직후에 마련된 商稅規定에 따르면 도성
시전의 상세는 每月 工商이 楮貨 1~3장, 坐賈는 1장, 公廊稅가 每間當 연간 2장
이었다. 이후 《經國大典》에 이르면 그 액수가 공상이 매월 저화 3~9장, 좌고가
4장, 그리고 공랑세가 매 칸당 연간 40장으로 증액된다[朴平植, 앞의 〈朝鮮初期
市廛의 成立과 '禁亂'問題〉(本書 제2장 1절)].

176) 주 163, 171 참조.

177) 《世宗實錄》 卷31, 世宗 8年 正月 壬子, 3冊, 3쪽.
   "供億之費 計無所出 不得已抑買市物 故市井之徒 不堪其苦."

사신과의 무역에 필요한 苧·麻布 등의 물품은 으레 도성과 더불어 개성
의 시전상인들로부터 책판이 계속되었다.[178] 宣祖 35년(1602) 개성부 市
民이 명의 사신을 맞기 위해 설치한 結彩를 사신에 앞서 온 頭目들이
약탈한 사건[179] 또한, 개성의 시전상인이 부담하고 있던 시역의 형태를
잘 보여주고 있다. 이처럼 태종 9년 이후 복구된 개성 시전은 도성 시전
과 함께 국가재정이나 使臣支待와 관련하여 요구되는 국가의 긴급한
現物需要를 조달하는 임무를 떠안을 정도로 성장해 가고 있었다.

국초부터 개성에 업종별로 구획된 시전이 조성되어 영업하고 또 그것
이 국가에 의해 파악되어 市役을 부담하고 있었다면, 이들 시전 내에는
同業組合 형식의 組織 역시 존재하였으리라 짐작된다. 개성 시전이 고
려의 전통을 이은 것이고, 또한 同 時期 도성 시전의 사정을 비교하면
더욱 그러하나,[180] 현재로서는 그 내역을 자료상에서 확인할 수는 없
다.[181] 獨占의 商權을 보장하는 禁亂廛權이 개성에서 시전에게 보장되었
는지 여부도 불투명하다. 그러나 도성상업의 발전과 더불어 15세기 중
반 이후 비시전계 상인들이 성장하면서 市役을 담당하는 시전상인을
보호하기 위해 '禁亂廛'의 조처가 취해지고 있던 한양의 例에 비추어 볼
때,[182] 개성에서도 시전상인은 정부에 의한 商權保護를 받고 있었다고
생각된다.

국초 조선 정부의 開市禁止로 인한 일시적인 위축에도 불구하고, 위

---

178) 《世宗實錄》卷95, 世宗 24年 正月 丁卯, 4冊, 390쪽 ;《文宗實錄》卷2, 文宗 卽位
　　年 6月 己丑, 6冊, 245쪽.
179) 《宣祖實錄》卷148, 宣祖 35年 3月 己巳, 24冊, 360쪽.
180) 조선전기 도성의 시전들은 同業組合을 조직하고, '座主' '有司' 등의 職任者들
　　이 중심이 되어 조합원을 통솔하고 그들의 商權을 유지·보호하고 있었다[朴平
　　植, 앞의 〈朝鮮前期 市廛의 發展과 市役 增大〉(本書 제2장 2절)].
181) 姜萬吉은 주 167의 《松營日記》에 나오는 白紬廛을 비롯한 개성의 四大廛을
　　노성의 六矣廛에 상당하는 것으로 추정하고 있다(〈開城商人과 人蔘栽培〉,《朝
　　鮮後期 商業資本의 發達》, 高麗大學校 出版部, 1973, 99쪽). 사대전이 국초부터
　　영업하고 있는 것으로 보아, 개성 시전의 동업조합은 바로 이들 시전으로부터
　　먼저 조직되었을 것으로 추측된다.
182) 本書 제2장 3절 〈非市廛系 商人의 成長과 都城의 商權紛爭〉.

와 같이 개성에 시전이 이내 복구되고 商業都市로서의 面貌가 유지될
수 있었던 가장 큰 기반은 물론 개성이 갖고 있던 고려 이래의 商業傳統
에 있었다. 고려조 500여 년 동안 개성은 도성으로서 國內外 交易의 球
心地 역할을 수행하면서 최대의 상업도시로 번성하던 곳이었다. 13세기
전반 戶數가 10만에 이른다고 云謂되고,[183] 또 도성 안에 閭閻이 즐비할
뿐만 아니라 도성에서 국내외 교역을 위한 商船들이 모여드는 禮成江까
지 家屋이 相接할 정도였다고 하는 전성기 개성의 모습[184]은, 바로 상업
도시로서 번성하던 개성의 면모였다. 왕조의 교체와 그에 이은 천도,
조선 정부의 상업정책이 이러한 개성상업에 일시적인 타격을 주기는
하였지만, 前朝 이래의 전통을 잇고 있던 개성상인들에 의해 개성상업
은 곧바로 복구되고 발전되어 갔던 것이다. 특히 천도 이후 정부 정책에
따라 또는 商業利潤을 추구하여 한양으로 이주하였던 개성상인들 중의
일부는 여전히 개성에 그들의 상업적인 근거를 유지하고 있었다.[185] 국
초 개성상업의 복구와 발전에 이들 개성 출신 도성상인들의 역할이 컸
음은 물론이다.

호수가 10만에 이른다던 개성인구는 조선건국과 한양천도 이후 크게
격감하였다. 정치·경제·행정·국방 등의 주요 기능이 도성에 집중되는
集權國家의 특성상, 천도에 따른 개성의 인구감소는 불가피하였다. 그
럼에도 불구하고 조선전기 개성은 여타의 지방도시와 비교하여 많은
인구를 보유하고 있는 도시였다. 《世宗實錄地理志》에 따르면, 개성의
戶口는 4,819호에 인구가 8,372명이었다.[186] 그런데 《세종실록지리지》에
파악되어 있는 전국의 인구는 실제의 總人口數가 아니라 男丁의 數만이

183) 《高麗史》 卷102, 列傳15, 兪升旦, 下冊, 247쪽 ; 《高麗史節要》 卷16, 高宗 19年
    6月, 419쪽(亞細亞文化社刊 影印本).
184) 《松都志》, 土俗, 22쪽.
    "前朝全盛時 羅城之內 閭閻櫛比 午正門外 至後西江 屋幾相接."
185) 《太宗實錄》 卷21, 太宗 11年 正月 壬午, 1冊, 575쪽.
    "富商大賈工匠 兩京(漢陽과 開城 ― 필자)皆置家舍 彼此往來 暗行私術者 必有之."
186) 《世宗實錄地理志》, 舊都 開城留後司, 5冊, 614쪽.

었다.[187] 개성의 인구 8,372명 역시 壯年의 男口數였다. 따라서 개성의
壯年 男女 전체의 숫자는 대략 그 2배인 1만 6,744명 정도였을 것이다.
여기에 조선시기 壯年의 男女 인구가 전체 인구에서 차지하는 비율이
약 60퍼센트 선이었음을 고려하면,[188] 老幼를 포함한 선초 개성의 실제
총인구는 대략 2만 7,907명 곧 3만여 명에 조금 못 미치는 정도였던 것
으로 추산된다. 속현인 開城縣의 호구 844戶 2,021口를 포함하여 계산하
면 개성부 인구는 3만 4,643명으로 3만 명을 웃돌게 된다.

　조선전기, 3만여의 인구를 보유하고 있던 개성은 도성을 제외하면 平
壤과 더불어 전국에서 가장 큰 도시였다.[189] 그런데 속현을 포함하여 개
성에 소속된 墾田은《세종실록지리지》에 따르면 5,357結이었고, 그 중
水田은 10분의 3에 불과하였다.[190] 이를 다시 개성부의 호수와 비교하여
환산하면, 1호당 평균 0.95결인 셈이었다. 이는 당시《세종실록지리지》
에 파악되어 있는 여타 지방의 호당 평균 墾田面積에 비추어 볼 때 현저
하게 적은 면적이었다.[191] 성종 16년(1485) 유수 金永濡의 지적과 같이
개성부는 居民은 많으나 田地가 적은 지역이었고, 따라서 비록 豊年이
라 하더라도 興販이 아니면 살아갈 수 없는 곳이었다.[192] 고려 이래의
상업전통을 잇고 있던 개성은 조선에 들어와서도 여전히 生業의 중심이

---

187) 李樹健,〈朝鮮初期 戶口硏究〉,《嶺南大論文集 ― 人文科學篇》5(1972) ; 韓永
　　愚,〈朝鮮前期 戶口總數에 대하여〉,《인구와 생활환경》(서울대학교 인구 및 발
　　전문제연구소, 1977).
188) 韓永愚, 앞의〈朝鮮前期 戶口總數에 대하여〉.
189)《세종실록지리지》에 조사된 바에 의하면, 당시 平壤은 호수 8,125戶에 인구가
　　14,440口였다(《世宗實錄地理志》, 平壤府, 5冊, 683쪽).
190)《世宗實錄地理志》, 舊都 開城留後司, 5冊, 614쪽.
191) 당시 호당 평균 墾田面積은 경기도 9.6결, 충청도 9.8결, 경상도 7.1결, 전라도
　　11.5결, 황해도 4.5결 등이었다. 이들 지방이 戶口 編戶일 가능성을 고려하더라
　　도 개성의 호당 간전면적은 예외적으로 매우 적은 수치였다. 개성과 비견되는
　　평양은 墾田이 48,160결이었고 그 중 수전이 10분의 1보다 조금 많아서, 호당
　　평균 간전면적은 5.9결이었다.
192)《成宗實錄》卷181, 成宗 16年 7月 甲戌, 11冊, 44쪽.
　　"開城府 民多田少 雖豊年 非興販 無以爲生."

농업이 아닌 상업에 있는 商業都市였던 것이다.

상업도시로서 개성의 면모는 조선전기 實錄의 수다한 자료에서 그 실체가 확인된다. 古都로서 개성은 '民稠務劇',[193] '居民稠密 鱗次櫛比'[194]한 지역이었고, 또 大處로서 '人物繁盛'[195]한 도회지였다. 그러나 田地가 부족했기 때문에 府民의 생업에서 자연 상업의 비중이 높을 수밖에 없었다. 상업 종사는 有田者의 경우도 예외가 아니었다. 성종 9년(1478) 5월 유수 金良璥은 그러한 사정을 다음과 같이 上啓하고 있다.

府民 有田者少 雖間有數頃田者 長在城中 雇人耕耨 專事販賣[196]

개성은 원래 有田者가 적지만, 간혹 數頃의 田地를 가진 者까지도 사람을 사서 토지를 경작시키고 자신은 성내에서 상업에 전념한다는 정도였다. 개성인들이 본디 농업에 힘쓰지 않고 상업을 專業으로 하여 살아가는 사정은 당시 널리 알려진 바였다.[197] 그리고 개성상인의 활동무대는 시전을 중심으로 한 개성에 그치지 않고, 行商活動을 통해 전국을 그들의 商圈으로 하고 있었다.[198]

상업의 복구와 함께 개성의 手工業 역시 성장해 갔다. 태종 10년(1410)에 이미 개성 시전의 工商들은 정부의 楮貨 강제통용에 맞서 出市를 거부하다 제재를 당하고 있다.[199] 세종 15년(1433)에는 軍事用 焰焇의 수요 때문에 이를 이용한 靑珠·水精의 제조와 판매를 금지하였는데,[200] 이러한 靑白色珠를 燔造하는 者는 개성에 가장 많았다.[201] 성종 16년(1485)

---

193) 《成宗實錄》 卷13, 成宗 2年 12月 戊子, 8冊, 619쪽.
194) 《成宗實錄》 卷94, 成宗 9年 7月 庚辰, 9冊, 631쪽.
195) 《中宗實錄》 卷60, 中宗 23年 正月 乙未, 16冊, 617쪽.
196) 《成宗實錄》 卷95, 成宗 9年 8月 壬辰, 9冊, 636쪽.
197) 《睿宗實錄》 卷6, 睿宗 元年 6月 辛酉, 8冊, 386쪽.
    "開城府 舊都人民 素不力農 專事商販以生."
198) 개성상인이 行商으로서 벌이는 國內外交易에 대해서는 本節 3)항 '開城商人의 國內外交易과 資本集積'에서 詳述.
199) 《太宗實錄》 卷20, 太宗 10年 11月 甲子, 1冊, 569쪽.
200) 《世宗實錄》 卷62, 世宗 15年 11月 辛丑, 3冊, 527쪽.

개성상인들이 취급하는 興販之物로 거론되고 있는 孺衣·緜絮·農器具 등의 물품[202] 역시 모두 개성의 수공업적 기반에서 제조되어 판매되는 것으로 여겨진다.《松都志》에 소개된 土俗에 따르면 개성에서는 남자 가 10세를 넘으면 곧 行商을 업으로 하였고, 여자는 집안에서 일 년 내 내 草笠을 만들었다. 또 東南下里에서는 鍮器 제조를 所業으로 삼았는 데, 이렇게 만든 여러 상품이 남대문 내외 곧 시전구역에서 아침부터 저녁때까지 거래되고 있었다고 한다.[203] 개성의 상공업 도시로서의 양상 을 잘 표현하는 내용이었다.

한편 개성의 상공업 발전과 관련하여 주목되는 점의 하나는 兩班 儒 者 계층의 商業參與였다. 선조 39년(1606) 유수 申磼은 국왕에게 개성인 은 業文者 외에는 그 兄弟가 모두 행상으로서 謀生의 方途를 삼고 있기 때문에, 행상을 廢하면 生生의 길이 없다고 말하고 있다.[204] 개성 儒者層 의 상업종사는 실재의 인물로도 확인되는데, 그 대표적인 인물이 바로 宣祖代의 韓舜繼였다.[205] 그는 부친과 조부가 각기 果毅校尉와 效力副尉 를 지낸 것으로 보아 西班 계통의 양반이었다.[206] 交河에서 태어나 개성 으로 徙居하였던 그는 빈궁한 家勢 때문에 모친을 봉양하기 위해 鍮器

---

201)《世宗實錄》卷58, 世宗 14年 12月 乙巳, 3冊, 433쪽.
202)《成宗實錄》卷181, 成宗 16年 7月 甲戌, 11冊, 44쪽.
203)《松都志》, 土俗, 22쪽.
　　"男踰十歲 便業行商 女入土宇 終歲結笠 東南下里 鍮鑄爲業 每日開市於南大門 內外 日出而集 食時而罷."
204)《宣祖實錄》卷203, 宣祖 39年 9月 丙子, 25冊, 260쪽.
205) 韓舜繼에 관한 기록으로는 우선 그의 후손이 英祖代에 간행한 문집《市隱集》 이 전하고 있다(奎章閣 圖書, 奎 12424). 成渾의《牛溪集》卷6, 雜著, 雜記에 그 에 관한 逸話가 소개되어 있고(《韓國文集叢刊》, 43冊, 161쪽), 그 加減된 내용이 1648년 김육의《松都志》孝子條에 수록된 이래 이를 증보한 역대의 개성 邑誌 에 동일한 내용이 게재되어 있다(亞細亞文化社刊 邑誌 11冊 참소). 한편 金澤榮 의《重編韓代崧陽耆舊傳》隱逸傳에도 그가 소개되어 있다(《金澤榮全集》卷5, 574~575쪽, 亞細亞文化社刊).
206)《市隱集》卷2, 行狀, 墓碣銘.
　　한편 앞의《牛溪集》에는 그를 단지 鍮匠으로 표현하고 있으나, 그에 관한 여 러 기록에 비추어 墓碣銘의 내용이 옳은 듯하다.

제조 기술을 배워 낮에는 開市하고 밤에는 讀書를 業으로 삼았던 인물
이었다.[207] 그가 만든 鍮器는 품질이 우수한 데다 가격까지 싸서 購買者
들이 그에게 몰려 다른 工商들이 큰 타격을 입을 정도였다.[208] 工商으로
서 생업을 삼으면서도 利를 다투지 않고 재산을 親族에게 分與하는 등
의 善行과 異蹟으로, 그는 당대에 벌써 栗谷 李珥와 牛溪 成渾으로부터
'市隱'이라는 칭송을 받았던 인물이었다.[209] 이처럼 한순계는 그 출신이
양반이었지만 校生이 되라는 유수의 권유를 물리치고,[210] 또 당시 개성
의 大學者인 徐敬德의 '硏精講學'의 요구를 사양하면서[211] 유기의 제조와
판매에 종사하였다. '吾不作鍮匠 則老母餓'[212]가 그 이유였다.

이 시기 개성에서 儒者·識者層의 商業參與는 한순계만의 일은 아니었
던 듯하다. 한순계를 소개하고 있는 金澤榮의《重編韓代崧陽耆舊傳》隱
逸傳에는 당시 서경덕의 문하에서 市人 李均과 黃元孫 등이 受學하고
있던 사실도 보이는데,[213] 이들은 애초 시전상인이었다기보다는 한순계
와 마찬가지로 유자로서 시전에서 생계를 이어갔던 인물들로 추정된다.
후대의 기록이기는 하지만, 顯宗 원년(1660)에 개성의 儒生을 두고

　　　松都之所爲儒生 率多市井子弟[214]

207)《市隱集》卷2, 行狀, 墓碣銘.
208)《牛溪集》卷6, 雜著, 雜記(《韓國文集叢刊》, 43冊, 161쪽).
　　"勤儉不怠 器皆完善 而不貳價 是故 售者爭就之 輒辭以分與他工曰 吾何得專利
　　爲哉."
209)《市隱集》卷2, 行狀, 墓碣銘.
　　한순계는 이후 영조 15년(己未, 1739)에 개성유수 鄭羽良이 천거하여 司憲府
　　持平으로 追贈된다(墓碣銘 참조).
210)《牛溪集》卷6, 雜著, 雜記(《韓國文集叢刊》, 43冊, 161쪽).
211)《市隱集》卷2, 行狀.
212) 주 210과 같음.
213)《重編韓代崧陽耆舊傳》, 隱逸傳, 574쪽(《金澤榮全集》卷5).
　　"是時 徵士徐敬德 講道於花谷山中 市人李均黃元孫等 心慕悅之 就而受業."
214)《顯宗實錄》卷3, 顯宗 元年 11月 庚午, 36冊, 286쪽;《顯宗改修實錄》卷4, 顯宗
　　元年 11月 庚午, 37冊, 207쪽.

이라 하고 있음은 그 좋은 反證이라 하겠다.

태조 원년(1392) 이래 계속된 개성인 赴擧禁止 방침은 비록 성종 원년 (1470) 79년 만에 비로소 해제되었지만,[215] 개성 양반의 官職 특히 淸職이나 顯職 진출은 여전히 봉쇄되어 있었다.[216] 武班 역시 마찬가지여서 선조 39년(1606) 유수 申磏은 개성에 武科 出身이 다수 있음에도 불구하고 登第後 邊將으로 薦望되지 못하는 사정을 국왕에게 보고하고 있다.[217] 결국 개성인에 대한 政治的 禁錮 조처와 反朝鮮王朝的인 분위기를 배경으로 하여, 개성의 양반·유자·식자층은 儒業만이 아니라 商工業에도 종사하여 경제적인 번영을 이룸으로써 다른 지역과는 다른 독특한 社會環境을 조성하고 있었던 것이다.[218] 이러한 사정이 개성 시전이 복구되고 상공업도시로서 발전을 지속할 수 있는 한 배경이 되었음은 물론이다.

도성 중심의 商業再編과 抑末을 통한 商業掌握을 도모하던 조선 정부 또한, 또 다른 처지에서 개성의 상공업도시로서의 성격 유지를 필요로 하였다. 바로 財政運營이나 使臣支待 등과 관련된 國家需要의 調達 문제였다. 조선 정부는 상업의 영역에서 요구되는 이러한 국가수요를 국초 이래 市役의 형태로 도성의 시전에게서 우선 공급받고 있었다. 國庫 剩餘物資의 처분 또한 이들을 매개로 하여 이루어졌다. 시전을 비롯한 도성상업이 국가의 재정운영과 관련한 물품의 조달과 처분을 담당할 수 있을 정도의 유통경제적 기반을 가지고 있고, 또 도성의 시전을 위주로 전국 상업을 파악하려는 상업정책 하에서 이루어지는 관행이었다.[219]

---

215) 《松都志》 卷1, 國朝紀事, 43～44쪽.
216) 《宣祖實錄》 卷203, 宣祖 39年 9月 丙子, 25冊, 260쪽.
　　　"居於開城 則名儒者 必被人侮 立身者 例沉於下僚."
217) 《宣祖實錄》 卷204, 宣祖 39年 10月 辛丑, 25冊, 270쪽.
218) 개성 거주 양반·유자들의 이와 같은 경향은 조선후기나 한말에도 마찬가지였다. 이에 관련하여서는 다음 논문이 참고된다.
　　　유봉학, 〈朝鮮後期 開城知識人의 동향과 北學思想 수용 ― 崔漢綺와 金澤榮을 중심으로〉, 《奎章閣》 16(서울大, 1993) ; 吳星, 〈韓末 開城地方의 戶의 構成과 戶主〉, 《韓國近代商業都市研究》(國學資料院, 1997).
219) 이상의 내용에 대해서는 朴平植, 앞의 〈朝鮮初期 市廛의 成立과 '禁亂'問題〉

그런데 재정운영이나 사신지대, 경제정책의 일환으로 제기되던 국가 수요 물품의 조달과 잉여물 처분 역할은, 개성의 시전과 상인들 역시 그 한몫을 떠맡고 있었다. 태종 10년(1410) 10월 楮貨流通 振興方案의 하나로 國用에 맞지 않는 잉여물을 처분하여 시중 저화를 매입함으로써 저화유통에 대한 민간의 신뢰를 획득하려 하였을 때,[220] 이를 주재하는 和賣所는 新·舊都 두 곳에 설치되었다.[221] 태종 11년(1411) 같은 목적에서 明으로부터 馬價로 받은 絹 2천 匹을 放賣하였을 때도, 대상지역은 兩京 곧 도성과 개성이었다.[222]

도성에 시전행랑이 조성되고 시전체계가 정비된 후에도 사정은 마찬가지였다. 세종 16년(1434) 곡물가격이 치솟자 정부는 常平을 위해 도성과 개성에서 軍資監 米豆를 이용하여 각기 3천 斤과 2천 斤씩의 鑄錢을 매입하고 있다.[223] 세조 10년(1464)에는 圓覺寺의 鐘 鑄造를 위해 전국에서 銅을 官貿하면서 개성부에 1만 4,714斤 5兩 8錢을 배당하였는데,[224] 이는 전국 배당액의 57퍼센트에 해당하는 양이었다. 이후 명종 14년(1559)에도 國用 확보를 위한 採銅敬差官 파견이 논의될 때, 旱災를 이유로 差官 대신 도성과 개성에서 이를 무역하는 방안이 채택되고 있다.[225] 이상의 사례는 모두 국가가 재정운영과 관련하여 도성과 함께 개성상업을 이용하는 형태였고, 이는 곧바로 개성이 상업도시로서의 성격을 유지·보전하는 기반이 되고 있었다.

한편 개성은 明나라를 왕래하는 兩國 사신들의 주요 經宿장소였다. 한 해에 네 차례의 정규 使行과 임시로 빈번하게 파견되었던 對明使行은 매번의 使節 구성원이 40여 명에 이르렀고, 여기에 국초 이래 수시로

---

(本書 제2장 1절), 〈朝鮮前期 市廛의 發展과 市役 增大〉(本書 제2장 2절) 참조.
220) 《太宗實錄》 卷20, 太宗 10年 10月 丁巳, 1冊, 567쪽.
221) 《太宗實錄》 卷20, 太宗 10年 10月 辛酉, 1冊, 568쪽.
222) 《太宗實錄》 卷21, 太宗 11年 2月 丁酉, 1冊, 576쪽.
223) 《世宗實錄》 卷64, 世宗 16年 6月 辛未, 3冊, 575쪽.
224) 《世祖實錄》 卷33, 世祖 10年 6月 戊戌, 7冊, 631쪽.
225) 《明宗實錄》 卷25, 明宗 14年 7月 丁丑, 20冊, 523쪽.

파견되어 온 明 使臣 일행에 이르기까지, 그 접대비용은 이들이 경유하
는 해당 地方官衙에서 부담하고 있었다.[226] 개성은 이들 양국 사행이 지
나가는 주요 경유지이자 숙박지였다. 태종 13년(1413) 이후 개성부에 속
하였다가 태종 18년(1418)에 분리된 海豊과 德水縣을, 세종 8년(1426)에
이르러 다시 개성부에 合屬시키고 부근 各官에서 혁파된 寺社奴婢와 各
司奴婢 중 100명을 추가로 개성부에 充役시킨 것도 바로 개성부의 使臣
支供을 위해 내린 조처였다.[227] 개성부의 사신지대와 관련한 부담이 그
만큼 크기 때문이었다.

따라서 이들 양국 사신의 供饋, 또는 明 사신이 가지고 오는 물품을
貿易하는 문제와 관련하여서도 개성의 상업적인 도시 기반은 더욱 요구
되었다. 그리하여 市役의 일환으로 개성의 市廛과 富商에게 명나라 사신
이 가지고 온 물품을 매입하게 하거나,[228] 이들에게 명 사신과의 公貿易에
필요한 저·마포 등을 責辦시켰던 것이다.[229] 仁宗 원년(1545) 5월에 온 명
사신은 개성에서 祭物用 노루를 銀을 지불하고 직접 구입하기도 하였
다.[230] 요컨대 國用物資의 확보, 사신의 支待, 그리고 국가의 경제정책과
연관하여 전개되던 物品의 運用 과정에서도 개성은 상공업도시로서의
效用과 機能을 조선 정부로부터 인정받고 있었고, 이는 고려 이래의 상
업전통과 함께 개성상업이 복구되고 발전해 가는 한 기반이 되었다.

국초에 일시 위축되었던 시전이 복구되고 그에 이어 상공업이 발전해
가면서, 개성의 상업 발전은 도성의 그것과 종종 비교되고 있었다. 성종
24년(1493) 兵曹는 개성부의 城內 居住者가 모두 工商이어서 도성과 비

---

226) 李鉉淙, 〈對明關係〉, 《한국사》 9(국사편찬위원회, 1973), 316~327쪽.
227) 《世宗實錄》 卷31, 世宗 8年 正月 壬子, 3冊, 3쪽.
    海豊과 德水縣은 이후 세종 24년(1442)에 다시 海豊郡으로 독립·승격한다. 애
    초 開城縣과 함께 개성부의 속현이었던 松林縣두 이미 태종 18년(1418)에 臨江
    縣에 합속되어 독립되었기 때문에, 세종 24년 이후 개성부의 속현으로는 오직
    개성현만이 남게 된다(李存熙, 앞의 《朝鮮時代地方行政制度研究》, 266쪽).
228) 《世宗實錄》 卷95, 世宗 24年 正月 丁卯, 4冊, 390쪽.
229) 《文宗實錄》 卷2, 文宗 卽位年 6月 己丑, 6冊, 245쪽.
230) 《仁宗實錄》 卷2, 仁宗 元年 5月 癸亥, 19冊, 238쪽.

교하여 차이가 없다고 하였다.[231] 이러한 '商賈人 甚多'[232]의 사정은 임란 직후에는 '本府居民 皆是商販之徒'[233]하다거나, '開城府 商賈之多 不下於 京城'[234]하다고 표현되기에 이르렀다. 이제, 개성인들은 모두 商人이고 또 그 숫자가 도성의 그것에 버금간다는 정도였다.

이와 같이 개성은 고려에 이어 조선에서도 여전히 상업도시로서 발전 하고 있었고, 나아가 도성에 비견될 만큼 그 번성이 지속되었다. 舊都로 서 이른바 '兩京', '兩都' 체제로 설정되어 있던 개성은, 적어도 商工業 部面에서는 도성과 어깨를 나란히 할 만큼 그 名實이 相符하는 도시였 던 것이다.

### 3) 開城商人의 國內外交易과 資本集積

시전이 복구되고 이를 중심으로 개성의 상공업이 번성해 가는 것과 軌를 같이하여, 개성상인이 전국을 商圈으로 하여 벌이는 行商活動과 對外貿易 또한 성장을 거듭하였다. 개성인이 행상으로서 전개하는 國內 外交易은 국초부터 이루어지고 있었다. 태종 12년(1412) 牛馬의 私貿易 을 금지하기 위해 西北面에 路引法을 세워 이 지역에 대한 상인의 출입 을 금지하였을 때, 그 대상은 京商과 開城商人이었다.[235] 곧 경상과 개성 상인의 사무역 활동을 단속하기 위한 조처였던 것이다.

개성인의 行商從事 실태는 15세기 중반 이후 더욱 빈번하게 자료상에 서 확인된다. 성종 9년(1478) 掌令 林秀卿은 개성부민이 지는 국역부담 의 과중함을 언급하면서, 개성부민을 두고

本府之民 以轉販爲業 而不事農事 常雇人 以供以役[236]

231)《成宗實錄》卷277, 成宗 24年 5月 辛巳, 12冊, 313~314쪽.
     "本府城內者 皆工商之徒 與京中無異."
232)《中宗實錄》卷15, 中宗 7年 正月 甲戌, 14冊, 556쪽.
233)《宣祖實錄》卷167, 宣祖 36年 10月 乙巳, 24冊, 547쪽.
234)《宣祖實錄》卷201, 宣祖 39年 7月 丙戌, 25冊, 238쪽.
235)《太宗實錄》卷23, 太宗 12年 4月 丁巳, 1冊, 630쪽.

한다고 하였다. 개성인들은 轉販 곧 行商을 所業으로 삼고 있기 때문에
농사를 짓지 않을 뿐만 아니라, 국가에 대한 供役마저 항상 사람을 사서
대신시킨다는 정도였다. 성종 16년(1485) 큰 흉년이 들어 전국의 행상활
동을 금지하였을 때, 개성부 유수 金永濡가 '非興販 無以爲生'을 이유로
개성상인의 예외적인 행상 허용을 주청하고 있는 사정[237]은 이들의 전국
에 걸친 상업활동상을 여실히 보여주고 있다. 이후에도 '專務興販 出入
遠方',[238] '行商爲業'[239]으로 표현되는 개성상인의 전국적인 행상활동이
지속되고 확대되었음은 물론이다.

   개성인의 행상종사 실태와 그 程度는 16세기에 들어 더욱 확대되고
심화되어 갔다. 이러한 사정은 임란 직후 개성상인을 束伍軍에 편성하는
과정에서 좀 더 구체적으로 확인된다. 선조 36년(1603) 10월 備邊司는 개
성상인을 成籍하여 商販의 여가를 이용하여 鍊武시키는 방안을 건의하
면서 이를 유수 許潛으로 하여금 책임 맡게 하였다.[240] 전란을 수습하고
국방을 강화하려는 목적에서 개성상인들을 속오군에 편성시켜 군사훈련
을 시키고자 하였던 것이다. 비변사의 이 건의는 그대로 시행되었던 듯
하다. 그러자 개성에서는 이와 관련하여 예상치 못한 사태가 이내 발생
하게 되었다. 비변사의 令을 받든 개성유수 許潛이 行商에 종사하는 개성
인들을 군사훈련에만 복무하도록 강제하면서 야기되는 문제였다. 業文
者 이외에는 그 형제들까지도 모두 행상으로 생계를 도모하던 개성인들
이 이 조처로 말미암아 행상을 全廢하게 되어 生生의 길이 막힘으로써
民怨이 파다하게 되었던 것이다.[241] 결국 이 문제는 선조 39년(1606) 9월,

---

236) 《成宗實錄》 卷94, 成宗 9年 7月 庚辰, 9冊, 631쪽.
237) 《成宗實錄》 卷181, 成宗 16年 7月 甲戌, 11冊, 44쪽.
238) 《成宗實錄》 卷200, 成宗 25年 5月 乙木, 12冊, 527쪽.
239) 《燕山君日記》 卷46, 燕山君 8年 9月 己丑, 13冊, 515쪽.
240) 《宣祖實錄》 卷167, 宣祖 36年 10月 乙巳, 24冊, 547~548쪽.
241) 《宣祖實錄》 卷203, 宣祖 39年 9月 丙子, 25冊, 260쪽.
   "開城之人 業文者外 其兄其弟 皆事行商 以爲謀生之計 而前者許潛任留守時 勿
   論行商 徒事訓鍊之擧 以此民怨頗多矣 全廢行商 則必無生生之路."

개성상인의 행상활동을 허용하고 그 여력을 이용하여 훈련을 시키자는
유수 申礁의 건의를 국왕이 받아들이는 형식으로 마무리된다.[242]

그러나 이로써 개성행상의 속오군 편성에 따른 문제가 해결된 것은
아니었다. 그해 10월 유수 申礁은 전달에 자신이 올렸던 대책이 개성에
서 그대로 실행될 수 없는 사정을 다음과 같이 上啓하고 있다.

　　此地則 人民皆以行商爲業 此輩前日雖屬束伍 而勢難拘縶 全數受行狀出
入 不得已入來時敎射 則作撤無常 成才未可指日[243]

그에 따르면, 개성의 인민은 모두 '行商爲業'하기 때문에 비록 속오군
에 편성하더라도 군사훈련을 위해 잡아둘 수 없는 실정이었다. 따라서
부득이하게 모두 行狀을 받아 출입하는 이들이 개성에 돌아왔을 때를
이용하여 훈련을 시키지만, 이내 장사를 위해 떠나고 말아 그 성과를
기대할 수 없다는 것이다.

개성의 행상인을 속오군에 편성하려는 조선 정부의 노력은 이처럼
그대로 관철될 수 없었다. 그리하여 결국은 속오군에 편성된 이들 개성
상인으로부터 1인당 매년 米 20두를 訓鍊都監에서 수납하여 壯抄軍의
군량으로 사용하는 방향으로 그 정책이 수정되고 말았다.[244] 개성상인의
행상활동은 임란 후 국방 강화를 위한 조선 정부의 방침마저 변질시킬
정도로 성행하였던 것이다. 상공업도시로 번성하고 있던 개성을 기반으
로 하여 펼쳐지던 개성인의 行商活動은, 이 시기에 이르러 이만큼 그
발전을 거듭하고 있었다. 일부의 業文者를 제외하고는 양반·유자층을
포함한 開城府民 전체가 행상을 所業으로 한다는 당시 사람들의 인식
은, 바로 이와 같은 실정에서 자연스럽게 나오는 것이었다.

---

242) 위와 같음.
243) 《宣祖實錄》 卷204, 宣祖 39年 10月 辛丑, 25冊, 270쪽.
244) 《仁祖實錄》 卷48, 仁祖 25年 8月 甲午, 35冊, 308쪽.
　　"松都束伍兵 皆市井無賴 不閑弓馬 因其願 每歲許納米二十斗 以爲壯抄軍立番
之糧 入于訓鍊都監."
　　같은 내용이 金堉이 편찬한 《松都志》, 土俗, 23쪽에도 실려 있다.

개성상인의 국내교역은 상공업도시인 개성을 거점으로 하고, 또 市廛商을 비롯한 개성 富商의 자본과 연계를 맺으면서 이루어졌다. 이와 관련하여서는 개성의 金融事情을 보여주는 동시에 개성상인의 행상활동의 윤곽을 제시하고 있는 연산군 8년(1502) 9월 議政府에서의 논의가 주목된다.[245] 당시 개성부 유수 成世明은 민간의 私債를 개성부가 徵給해 왔던 기왕의 관행을 정부에서 금지하자, 다시 그 허용을 주청하였다. 성세명의 주청에 대해 의정부의 다수 관인들은 '務本抑末'의 정책이념을 강조하면서, 私債徵收가 국가와 관련된 事案이 아니고 모두 市井의 謀利輩들 사이의 문제임을 이유로 반대하였다. 그러나 일부에서는 이와 달리 개성부의 사채징수를 다시 허용하자는 논의 또한 강력하게 대두하였다. 柳洵, 申浚, 尹孝孫 등의 견해였다. 이들은 개성인들 중에서 貧者는 모두 다른 사람에게서 빚을 내어 행상을 하고 富者는 이들에게 빚을 주고 그 利息을 받아 생계를 삼고 있는 현실에서, 만약 개성부가 간여하여 그 債務關係를 해결해 주지 않으면 결과적으로 채권자와 채무자 사이의 원활한 貸借慣行이 마비되어 부자나 빈자 공히 손실을 입게 되고, 이러한 사정이 개성부의 凋殘으로 연결될 것을 우려하였다. 이 논의는 결국 개성부의 私債徵給 불허 방침을 재확인하는 선에서 마무리되었다.[246]

이처럼 개성부는 鮮初 官에서 민간의 貸借關係에 간여하지 않으면 안 될 정도로 貸借가 활발한 도시였고, 이는 바로 개성인의 전국적인 행상활동과 관련하여 전개되는 모습이었다. 1648년에 편찬된 《송도지》에서도 개성부의 남자들이 10세만 넘으면 곧 행상에 종사하는 현실을 언급하면서, 그 실태를 다음과 같이 전하고 있다.

> 此府之人 以商賈爲業 而無本錢則貸出於人 還其本而取其息 得利則從于致富 失利則盡賣田宅償之 以此訟端 皆起於徵債[247]

---

245)《燕山君日記》卷46, 燕山君 8年 9月 己丑, 13冊, 515쪽.
246) 위와 같음.

錢主로부터 대출을 받아 영위하는 개성인의 상업활동 탓에 개성부의
訟事는 모두 徵債로부터 일어난다는 정도였다. 연산군 8년 개성부 私債
의 官徵給 여부가 조정에서 논란이 되는 배경은 바로 여기에 있었다.

自己資本이나 富商·錢主로부터 차입한 자본을 이용하여 행상활동을
전개하던 개성상인은 대부분 專業商人으로서 大商人이거나 그들의 差
人이었다. 물론 약간의 차입금을 이용하여 개성부의 인근을 무대로 활
동하는 零細小商人도 다수 있었겠지만, 이 시기 조정에서 논란이 되고
국가의 상업정책과 연관하여 주목받던 개성상인은 주로 대상인들이었
다. '出入遠方'하며 '專務興販'하던[248] 개성상인들은 陸商의 경우에도 흔
히 牛馬를 소지한 상인으로 자료에 나타난다. 임란중인 선조 26년(1593)
江界·熙川·渭原 등 평안도 北邊의 군량운송이 문제되었을 때, 사헌부는
우마를 가지고 이 지방에서 활동하는 개성과 평양상인이 많으므로 이들
을 이용하자고 건의하고 있다.[249] 선조 36년(1603)에도 비변사는 개성에
서라면 비록 倉卒間이라도 상인 중에서 말을 가진 壯丁 500~600명을
聚會시킬 수 있으니, 이들을 속오군에 편성시키자고 주장하였다.[250] 말
을 가지고 전국을 무대로 행상에 종사하는 전업상인이 당시 개성에 최
소한 5백~6백 명 이상이었던 것이다.

개성인의 행상활동은 海路를 이용한 船商의 형태로도 활발하였다. 15
세기 후반 金時習(1435~1493)이 지은 《金鰲新話》 중 〈醉遊浮碧亭記〉
는 天順[251] 初年에 동료들과 함께 商船을 이끌고 평양에 간 개성 부상
洪生이 仙女를 만나 詩를 주고받는 것을 주요 내용으로 하는 소설이
다.[252] 洪生은 상당한 유교적 소양을 지닌 식자층이면서도 상선을 이끌

---

247) 《松都志》, 土俗, 22쪽.
248) 《成宗實錄》 卷290, 成宗 25年 5月 乙未, 12冊, 527쪽.
249) 《宣祖實錄》 卷35, 宣祖 26年 2月 壬辰, 21冊, 625쪽 ; 《宣祖實錄》 卷35, 宣祖
    26年 2月 甲午, 21冊, 626~627쪽.
250) 《宣祖實錄》 卷167, 宣祖 36年 10月 乙巳, 24冊, 547~548쪽.
251) 明 英宗의 연호(1457~1464).
252) 《金鰲新話》, 〈醉遊浮碧亭記〉.

고 전국에서 상활동을 벌이고 있던 당시의 개성상인을 典型으로 한 假想의 인물이었다. 김시습에 의해 소설의 주인공으로 창작될 만큼 이 시기 개성선상의 활동은 활발하였고, 또 이들 중에는 作文·作詩의 능력을 갖춘 識者 계층이 상당수 포함되어 있었던 것이다. 선조 11년(1578) 鹽판매를 위해 康翎으로 향하다 明의 遼東에 표류하여 송환된 金夢 역시 개성의 禮成江에 근거하던 선상이었다.[253]

이처럼 大商으로서 펼치던 개성상인의 행상활동은 자연 그에 걸맞은 組織體係를 형성시켜 갔을 것으로 생각된다. 조선전기 전국을 누비던 행상, 특히 대상인의 상활동이 일종의 '行商團'을 조직하여 전개되었음을 고려하면,[254] 그러한 행상인의 조직은 京商과 함께 이들 개성상인에게서 우선 출현하였을 것으로 여겨지기 때문이다. 앞서 살펴본 〈醉遊浮碧亭記〉에서 洪生과 함께 평양에 왔던 '同伴'은 바로 그러한 船商團 조직의 한 형태를 보여주고 있다.

15세기 후반 場市의 성립과 그에 이은 전국적인 확산[255]은 개성상인의 전국에 걸친 행상활동을 일층 진전시키는 계기로 작용하였다. 선상의 貿穀活動과 연관하여 16세기 중반 이후 기록상에 나타나는 沿海浦口의 主人層[256] 역시 대규모의 상거래를 하던 경상과 개성상인이 그 주요 고객이었음에 틀림없다. 조선후기 전국에 산재하던 '松房'[257]은 바로 이러한 개성상인의 국내교역을 기반으로 출현하였을 것이지만, 현재까지 조선전기에 松房으로 일컫는 개성상인의 商店이 지방에 존재하였는지는 자료상으로 확인되지 않는다. 그러나 貸借를 통한 行商從事가 일반화한

---

"天順初 松京有富室洪生 年少美容姿 有風度 又善屬文 値中秋望 與同伴 抱布貿絲于箕城 泊舟艤岸."
253)《宣祖實錄》卷11, 宣祖 11年 正月 丁巳, 21冊, 349쪽.
254) 朴平植,〈朝鮮前期의 行商과 地方交易〉,《東方學志》77·78·79合輯(1993 ; 本書 제3장 1절).
255) 李景植, 앞의〈16世紀 場市의 成立과 그 基盤〉.
256) 朴平植, 앞의〈朝鮮前期의 行商과 地方交易〉(本書 제3장 1절).
257) 姜萬吉, 앞의〈開城商人과 人蔘栽培〉; 홍희유,〈송도 4개문서(四介文書)에 반영된 송상(松商)들의 도가(都賈) 활동〉,《럭사과학》6호(1962).

개성의 사정에 비추어 볼 때,[258] 시전상인을 포함한 개성의 富商을 物主로 둔 그들의 差人과 개성상인들이 15세기 중반 이후 상업의 발전과 함께 전국에서 송방과 같은 商業網을 형성시켜 가면서 상활동을 전개하였을 가능성은 충분하다 할 것이다.

개성상인 특히 대상인은 국내교역과 더불어 對外貿易을 통해 그들의 자본을 더욱 확대해 갔다. 明과 日本, 또는 兩國을 연결하는 대외무역은 이 시기 개성 부상들의 資本集積의 주요 수단이었다. 국초 이래 강조된 조선 정부의 사무역 금지 방침에도 불구하고 경상과 개성상인의 사무역 활동은 15세기 초반에 이미 새삼스러운 것이 아니었다. 세종 5년(1423) 工曹參議 李揚의 赴京使行에는 평안도 상인으로 추정되는 孫錫과 함께 개성상인 朴獨大가 사무역을 위해 노비를 冒稱하여 따라 갔는데, 그 소지물이 파다하여 문제되고 있다.[259]

원·명 교체 이후 중국이 海禁政策을 천명하고 조선 정부가 대외 사무역을 통제하는 방침을 강화함에 따라 西海를 이용한 대중국 사무역은 급격히 위축되었지만, 赴京使行이나 陸路를 통한 상인들의 사무역·밀무역 활동은 중단되지 않았다. 견직물을 중심으로 사치품을 주로 수입하던 대중국 사무역은 銀을 결제수단으로 하여 16세기에 들어 더욱 확대되었고, 이 과정에서 국내의 銀潛採가 성행하고 또 다량의 일본산 은이 조선에 유입되고 있었다.[260] 개성상인은 경상과 함께 대중 사무역을 주도하던 상인이었다. 연산군 6년(1500), 前年의 公貿易量이 布로 4,830여 필이었음에 비해, 그해 赴京使行을 수행한 상인들의 사무역은 금은을 제외한 品外布만도 7천~8천여 필에 이르고 있었다. 경상과 개성상인들이 義州의 官奴와 軍民을 매수하여 벌이는 이러한 사무역 활동은 중국

---

258) 주 245와 247 참조.

259) 《世宗實錄》 卷22, 世宗 5年 10月 乙丑, 2冊, 560쪽.

260) 韓相權,〈16世紀 對中國 私貿易의 展開 ― 銀貿易을 중심으로〉,《金哲埈博士 華甲紀念史學論叢》(知識産業社, 1983) ; 李泰鎭,〈16세기 東아시아 경제 변동과 정치·사회적 동향〉,《朝鮮儒教社會史論》(지식산업사, 1989).

에서의 事端 발생의 우려를 낳을 지경이었다.[261] 중종 39년(1544) 은을
이용하여 중국상인과 사무역을 벌이다 발각된 의주 私奴 千石의 共犯은
개성인 李業孫과 京居人 徐業從이었다.[262] 그런데 千石의 진술에 따르면,
그는 개성인 이업손과 중국상인 사이의 사무역 과정에서 중국상인이
典當의 명목으로 이업손의 兒子를 데리고 들어가자 이를 찾으러 중국에
잠입한 인물이었다.[263] 개성상인이 도성과 의주를 연결하는 전국적인 규
모와 조직을 바탕으로 대중국 사무역을 전개하던 한 예였다. 京商 서업
종과 開城商人 이업손이 이를 주도하는 富商大賈였음은 물론이다.

한편 곡물·직물류를 수출하고 은·동 등을 주로 수입하던 대일 사무역
분야에서도 개성상인의 활동은 두드러졌다. 중종 21년(1526)에는 白黃
絲·綿紬·藥材 등을 이용한 왜인과의 사무역에서 興利하는 상인으로 경
상도와 개성상인이 구체적으로 거명되고 있다.[264] 중종 5년(1510)의 三浦
倭亂으로 인해 일시 위축되었던 대일 사무역이 곧 회복될 수 있었던
데에는 경상과 더불어 이들 개성상인의 활동이 그 배경으로 자리하고
있었다.[265] 세조 10년(1464) 원각사의 鐘 鑄造를 위해 전국 官貿量의 57퍼
센트에 이르는 1만 4,714여 斤의 銅을 개성부에 배당하였던 조처[266] 또
한, 銅이 당시 일본으로부터의 주요 수입품이었음을 고려하면[267] 개성상
인의 활발한 대일무역활동을 전제로 내려지는 것이었다.

15세기 후반 이후 사치풍조가 확산되면서 그 수요를 조달하기 위해
일층 진전되고 있던 대외무역은,[268] 壬亂을 전후하여 중국의 人蔘需要가
확대되면서 새로운 轉機를 맞이하였다. 이 과정에서 개성상인의 무역활

261)《燕山君日記》卷36, 燕山君 6年 2月 丙申, 13冊, 400쪽.
262)《中宗實錄》卷102, 中宗 39年 2月 辛卯, 19冊, 50쪽.
263)《中宗實錄》卷102, 中宗 39年 2月 壬辰, 19冊, 50쪽.
264)《中宗實錄》卷50, 中宗 21年 3月 乙巳, 16冊, 504쪽.
265) 朴平植, 앞의〈朝鮮前期 市廛의 發展과 市役 增大〉(本書 제2장 2절).
266) 주 224와 같음.
267)《中宗實錄》卷91, 中宗 34年 7月 癸酉, 18冊, 311쪽.
   "銅鐵 民之所欲也 然倭人若不持來 則國家之用不足."
268) 韓相權, 앞의〈16世紀 對中國 私貿易의 展開〉, 455~460쪽.

동 역시 인삼을 매개로 더욱 발전하였다. 人蔘은 국초 이래 중국에 대한
주요 進獻品이었고,[269] 국내에 들어온 명 사신들이 주로 요구하는 품목
의 하나였다.[270] 이를 상품으로 한 대중국 사무역 또한 일찍부터 전개되
고 있었다.[271]

  그런데 임란을 전후로 중국내의 인삼수요가 폭증하자, 대중국 인삼
사무역이 크게 증대되었다. 중국인들이 인삼을 '長生草'로 매우 귀하게
여기는 상황에서, 인삼무역은 그 이익이 100배에 이른다고 云謂되었
다.[272] 선조 26년(1593) 조선의 요청에 따라 개설된 中江開市에서 거래되
는 주요 품목이 바로 인삼이었고,[273] 중국상인들이 이를 채취하거나 구
입하기 위해 越境하고,[274] 또 胡人들이 주요 생산지인 평안도를 횡행하
는 사태가 문제되기까지 하였다.[275]

  개성상인과 경상은 이와 같이 높은 商品性을 지닌 인삼을 상품으로
취급하는 兩大 상인이었다. 선조 37년(1604) 蔘商의 現地買占에 따라 貢
蔘의 확보난이 가중되자, 咸鏡監司 徐渚은 그 민폐를 들어 蔘商에 대한
路引 발급을 건의하였다. 호조와 개성부에서 노인을 발급받은 삼상에

---

269)《世宗實錄》卷68, 世宗 17年 6月 戊申, 4冊, 634쪽 ;《睿宗實錄》卷6, 睿宗 元年
    7月 己酉, 8冊, 406쪽 ;《經國大典》, 吏典, 濟用監.
270)《太宗實錄》卷34, 太宗 17年 8月 丙戌, 2冊, 181쪽 ;《世宗實錄》卷56, 世宗 14年
    6月 辛丑, 3冊, 398쪽 ;《世宗實錄》卷62, 世宗 15年 11月 辛卯, 3冊, 526쪽 ;《成
    宗實錄》卷118, 成宗 11年 6月 庚戌, 10冊, 135쪽 ;《成宗實錄》卷157, 成宗 14年
    8月 辛巳, 10冊, 503쪽.
271)《世宗實錄》卷107, 世宗 27年 正月 壬辰·癸巳, 4冊, 604쪽 ;《中宗實錄》卷86,
    中宗 32年 12月 甲子, 18冊, 155쪽 ;《明宗實錄》卷20, 明宗 11年 正月 乙丑, 20冊,
    317쪽.
272)《宣祖實錄》卷210, 宣祖 40年 4月 辛亥, 25冊, 327쪽.
   "中國之以蔘爲貴 如長生之草 以遠方之物 爲恒用之茶 公卿士庶 莫不皆然 轉相
   販賣 其利百倍."
273)《宣祖實錄》卷142, 宣祖 34年 10月 癸未, 24冊, 304쪽 ;《宣祖實錄》卷160, 宣
    祖 36年 3月 壬申, 24冊, 458쪽 ;《宣祖實錄》卷160, 宣祖 36年 3月 甲申, 24冊,
    465쪽.
274)《宣祖實錄》卷23, 宣祖 22年 7月 丁巳, 21冊, 459쪽 ;《宣祖實錄》卷74, 宣祖 29
    年 4月 丁巳, 22冊, 693쪽 ;《宣祖實錄》卷114, 宣祖 32年 6月 癸巳, 23冊, 634쪽.
275)《宣祖實錄》卷115, 宣祖 32年 7月 甲子, 23冊, 646쪽.

국한하여 蔘産地 통행을 허용하자는 案이었다.[276] 진헌용 삼을 확보하기 위한 이 건의는 그대로 받아들여졌던 듯, 선조 39년(1606)에는 노인이 없는 상인의 蔘私採를 호조가 다시 문제 삼고 있다.[277] 이처럼 개성부가 호조와 함께 삼상에 대한 路引發給을 관장하였던 사실은, 당시 인삼이 개성상인의 주요 취급상품이었음을 잘 반증하는 것이었다.

兩界의 변방에서 주로 採取되고 있던 自然蔘을 매점한 개성상인은, 이를 防納을 통해 처분하거나 직접 중국에 수출함으로써 막대한 이익을 취할 수 있었다. 중강개시가 시작된 후 중국인의 인삼 수요가 늘면서 진헌에 적합한 인삼은 1斤이 銀 20兩에 이를 정도로 값이 폭등하였고, 그마저 삼상들이 매점하였기 때문에 인삼을 공물로 분정받은 外官에서는 부득이하게 이를 防納之徒 곧 삼상에게서 다시 구입하는 수밖에 없었다. 이로 인한 가격상승과 삼상의 폭리는 당시 조정의 큰 懸案 가운데 하나였다.[278]

개성상인들은 대중국 人蔘 私貿易에도 적극 참여하였다. 선조 39년(1606) 7월, 정부는 冬至使가 가지고 갈 禮蔘 중 不足分 40근을 도성 시전에 責辦시키면서, 그 중 15근을 개성상인에게 부담시키고 있다. 개성부의 商賈 숫자가 결코 도성보다 적지 않고, 특히 삼상이 더욱 많은 사정을 바탕으로 취해지는 조처였다.[279] 개성상인의 인삼 매점과 대중국 사무역 활동은 이처럼 조선 정부마저 이를 인정하고 이용할 정도로 활발하였다. 조선후기 人蔘商人으로서 그 명성을 국내외에 떨치던 개성상인의 면모는 이와 같이 임란을 전후로 한 시기에 이미 형성되어 있던 것이

---

276) 《宣祖實錄》 卷171, 宣祖 37年 2月 己酉, 24冊, 576쪽.
277) 《宣祖實錄》 卷200, 宣祖 39年 6月 丙寅, 25冊, 223쪽.
278) 《宣祖實錄》 卷204, 宣祖 39年 10月 己酉, 25冊, 275쪽.
　　"蔘之爲物 雖我國土産 而自中江通商 赴京私賣之後 反爲稀貴難得之貨 進獻可合一斤之價 多至二十兩之銀 防納之弊 刀蹬之患 日滋月長 … 外郡之民 旣不能自備 駄輸木布 來求於防納之徒 則其價踊貴 又倍於前."
279) 《宣祖實錄》 卷201, 宣祖 39年 7月 丙戌, 25冊, 238쪽.
　　"開城府 商賈之數 不下於京城 而蔘商尤多."

었다.

조선전기, 상공업 도시인 개성을 기반으로 하여 국내외 교역을 통해 성장을 거듭하던 개성상인은 資本集積의 규모에서 경상과 쌍벽을 이루고 있었다. 개성상인의 자본집적은 이 시기 정부가 이들에게 부과하던 각종 부담의 내용을 통해 그 程度를 짐작해 볼 수 있다. 국초 이래 정부는 중국사신들이 가져오는 물품을 公貿易으로 감당하지 못할 경우에 이를 市役의 일환으로 우선 도성의 시전상인과 부상에게 매입하게 하였다.[280] 그런데 이 市役은 종종 개성상인들에게도 동등하게 부과되고 있었다. 세종 24년(1442) 정월에는 明使의 물품을 도성과 개성의 부상·시전인에게 무역하게 하였고,[281] 문종 즉위년(1450) 6월에는 明使와의 공무역에 필요한 저·마포를 도성과 개성의 시전인에게 1肆當 20~30에서 40~50필씩, 또 부상들에게 50필씩을 각기 책판시키고 있다.[282] 이처럼 개성상인에게 부과되는 시역 부담의 내용이 도성상인과 동등하였던 것은, 바로 이들 개성상인의 商活動과 資本集積이 경상의 그것에 필적하였음을 잘 보여준다. 문종 원년(1451) 楮貨興用이 다시 논의되면서 그 방안의 하나로 各官에 貢楮貨를 배당할 때도, 여타 官에는 400~1,000張이 부과된 데 비해 개성부에는 무려 1만 장을 부담시키고 있다.[283] 물론 개성부, 개성상인의 物力을 감안하여 취해지는 조처였다.

세종 10년(1464) 梁誠之는 防納으로 인해 나라 財富의 半이 商賈에게 歸付되고 마는 현실을 지적하며 貢納制 改革案을 제기하고 있다. 새로 三司를 설치하고 그 예하에 전국 각도를 분담하는 左·右司를 두어 국가에서 공물의 代納을 관장하자는 案이었다. 경상·황해도의 공물은 좌사에서, 전라·충청도의 공물은 우사에서 담임하되, 실제 공물의 구체적인

---

280) 朴平植, 앞의 〈朝鮮初期 市廛의 成立과 '禁亂'問題〉(本書 제2장 1절), 〈朝鮮前
    期 市廛의 發展과 市役 增大〉(本書 제2장 2절).
281) 《世宗實錄》 卷95, 世宗 24年 正月 丁卯, 4冊, 390쪽.
282) 《文宗實錄》 卷2, 文宗 卽位年 6月 己丑, 6冊, 245쪽.
283) 《文宗實錄》 卷6, 文宗 元年 2月 庚午, 6冊, 354쪽.

대납 업무는 각기 京商과 開城商人에게 맡기자는 것이 그의 복안이었
다.[284] 요컨대 사적으로 전개되는 공물방납을 국가가 관장하는 체제로
바꾸고, 그 업무를 경상과 개성상인에게 대행시키자는 주장이었다. 이
는 개성상인의 全國的인 活動狀과 資本集積의 정도가 도성상인에 相當
하는 현실에서 제기 가능한 구상이었다. 당시 개성부에 대상인으로서
막대한 자본을 집적하고 있는 富商大賈가 파다하다는 인식은[285] 따라서
결코 과장되지 않은 實際의 사정이었다.

개성상인의 이러한 자본집적 탓에 그들은 때로 관리나 권세가의 私的
이고 부당한 침탈을 받기도 하였다.[286] 그러므로 개성상인들은 이를 막
고 그들의 商活動과 資産을 保全하기 위해서 특권세력과의 연계를 적극
모색하였다. 문종 즉위년(1450), 개성부상 乾直은 일찍이 宗親인 漢南君
琁와 侍養 관계를 맺고 있었다.[287] 그의 처가 中樞院使 李承孫의 私婢였
던 것으로 보아 그 역시 미천한 신분이었던 듯하며, 이러한 사정에서
그의 상활동과 자산보전을 위해 종친과의 연계를 도모하였던 것이다.[288]
국초부터 개성상인이 赴京使行을 따라 대중국 사무역에 참여할 수 있었
던 것도 사신과의 결탁이 아니면 불가능하였다.[289] 선조 40년(1607)에는
諸宮 또는 권세가와 결탁한 蔘商들의 조직적인 반발 때문에, 정부가 계
획하고 있던 상인으로부터의 蔘官貿 방침이 그 실효를 기대할 수 없었
다.[290] 이들 京外의 삼상이 주로 경상과 개성상인이었음은 물론이다.《宣

284)《世祖實錄》卷33, 世祖 10年 5月 庚辰, 7冊, 628~629쪽.
285)《文宗實錄》卷2, 文宗 卽位年 6月 己丑, 6冊, 245쪽.
　　"開城府 富商大賈 遊手之徒 頗多."
286)《太宗實錄》卷21, 太宗 11年 2月 壬辰, 1冊, 576쪽 ;《明宗實錄》卷3, 明宗 元年
　　2月 丁巳, 19冊, 397쪽.
287)《文宗實錄》卷4, 文宗 卽位年 11月 甲寅, 6冊, 316쪽.
288) 乾直의 경우, 권력과의 연계가 그의 死後 큰 물의으로 번설되었다. 그가 죽자
　　漢南君이 侍養 관계를 빌미로 그의 재산을 탈취하였고, 妻 古溫이 上典 李承孫
　　을 통해 이를 宗簿寺에 고발하였다. 그러나 한남군이 먼저 국왕에게 의뢰함으로
　　써, 오히려 고온과 이승손이 言事의 不恭함이 문제되어 義禁府에서 推鞫당하는
　　신세가 되었던 것이다(위와 같음).
289) 주 259 참조.

祖實錄》의 史臣은 이러한 사태를 두고 '朝廷의 權限이 市井으로 돌아가고 市井의 利益이 다시 權門으로 돌아가, 利로서 權을 바꾸고 權으로써 利를 바꾸는 지경'이라고 개탄하고 있다.[291] 부상대고로서 개성상인의 자본집적과 확대는 이처럼 권력과의 私的인 連繫를 한 기반으로 하여 가능한 것이었다.

이상에서 살펴본 바와 같이, 조선전기 개성은 도성에 버금가는 상업도시로 발전하고 있었고, 개성상인 역시 그 商圈이나 자본집적에서 京商에 필적하는 상인세력으로 성장하고 있었다. 개성은 조선 건국 이후 정치·행정의 부면에서는 萎縮·衰落을 면하지 못하였지만, 상업과 수공업의 부면에서는 고려 이래의 전통을 복구하고 그 발전을 지속하여 갔던 것이다. 임란 직후 조선 정부가 戰亂으로 흐트러진 流通體系를 도성을 중심으로 안정시키려는 목적에서 도성으로의 物貨流入에 장애가 되는 경기도의 場市를 일절 금지하면서도 개성만은 그 예외를 인정한 사정이나,[292] 또 兩亂 이후 정부의 노력에도 불구하고 銅錢이 보편적으로 유통되지 못하는 처지에서 유독 개성과 그 인근에서만 동전이 대소의 거래에 불편 없이 사용됨으로써 이후 전국적으로 동전유통이 가능한 실증적 근거가 되었던 사정[293] 등은 모두 이 시기 개성상업의 발전과 개성상인의 왕성한 상활동을 기반으로 전개되는 현실이었다. 아울러 개성상업의 이러한 발전은 '抑末'에 정책의 基調를 두고 도성의 시전을 중심으로 전국의 상업을 파악·통제하려 했던 조선 정부의 商業政策이 현실에서 갖는 限界를 잘 보여줌과 동시에, 그 자체가 조선전기에 펼쳐진 商業界의 實際이기도 하였다.

---

290) 《宣祖實錄》 卷211, 宣祖 40年 5月 甲子, 25冊, 331쪽.
291) 위와 같음.
   "朝廷之權 歸於市井 市井之利 歸於權門 以利易權 以權易利."
292) 《宣祖實錄》 卷129, 宣祖 33年 9月 丙寅, 24冊, 129쪽.
293) 元裕漢, 《朝鮮後期貨幣史研究》(韓國研究院, 1975), 19~21쪽.

# 제4장 商品의 交易과 國家의 流通干與

조선전기에 유통되던 物貨의 종류는 다양하였다. 이들 물화 중에서 가장 먼저 상품화하여 교역되었던 것은 穀物과 鹽이었다. 이들 상품이 그 무엇에도 우선하는 필수품임에도 불구하고 지역 또는 시기에 따라 그 需給이 원활하지 못한 물품이었기 때문이다. 곡물과 염은 당시 交換經濟에서 차지하는 비중이 양적이나 질적으로 가장 큰 상품이기도 하였다.

한편 조선전기 정부는 상업정책의 일환으로 상품의 교역에 대한 관리와 통제를 부단히 시도하고 있었다. 국가의 재정운영과 관련하여 실시하던 納穀·回換·官封 등의 조처나 官鹽의 확보와 교역 등은 그 구체의 例였다. 상품의 교역과정에 국가가 적극 개입하여 이를 運用하고 調整함으로써 국가재정을 보충하고, 나아가 상업에서 '利權在上'을 실현한다는 목적에서였다. 그러므로 개별 상품의 교역과정에는 大·小商人의 활동과 국가의 상업정책 등이 잘 나타나고 있으며, 이에 대한 검토를 통해 조선전기 상업의 특징과 성격 또한 찾아볼 수 있을 것이다.

# 1. 穀物의 交易과 그 樣相

### 1) 政府의 穀物去來와 强制交易

조선전기 최대의 穀物保有者이자 需要主體는 정부였다. 국가의 재정
운영이 기본적으로 租稅穀의 징수를 통해 이루어진다는 점에서 정부는
최대의 곡물보유자였으며, 또한 조세로 충당되지 못하는 재정문제를 交
易體系를 이용하여 보충한다는 점에서 최대의 수요주체이기도 하였다.
곧 정부가 곡물의 販賣者, 購買者로 역할하고 있었던 것이다. 그러므로
軍資나 賑恤, 常平, 貨幣流通 등과 연관해서 정부가 주도하는 곡물거래
가 항상적으로 이루어지고 있었다.

軍資穀 확보를 위한 정부의 穀物購買는 주로 兩界地方에서 실시되었
다. 당시 양계의 軍需確保를 위한 下三道 軍糧米 運送 노력이 海路事情
등으로 인하여 여의치 않자,[1] 현지에서 民間의 곡물을 貿穀하여 이를
군자에 보충하는 정책을 입안하였던 것이다. 이른바 '官貿穀' 방안이었
다. 정부가 직접 나서서 양계의 민간 곡물을 매집하는 정책이었다. 兩界
民과의 교역에서 정부는 支拂手段으로 주로 綿布를 사용하였다. 지역적
인 여건상 切用之物이었으나,[2] 현지에서 생산되지 않던 면포[3]를 사용함
으로써 좀 더 많은 곡물을 확보할 수 있었기 때문이다.

　　戶曹啓 今承傳教 平安道沿江諸邑 搬送京中布貨 貿穀以儲軍糧 請以司贍
寺綿布一萬匹 送本道 令觀察使 隨諸邑軍需有無 分授貿穀 具數以啓 從之[4]

1) 金鎔坤,〈朝鮮前期 軍糧米의 確保와 運送〉,《韓國史論》7(國史編纂委員會,
　1981);李明花,〈朝鮮初期 軍資政策과 運營實態〉(延世大 碩士學位論文, 1984).
2)《世宗實錄》卷71, 世宗 18年 正月 壬申, 3冊, 663쪽(國史編纂委員會刊 影印本 —
　이하《조선왕조실록》부분은 모두 이 간본을 참조하였다).
3)《世宗實錄》卷100, 世宗 25年 6月 戊戌, 4冊, 483쪽.

성종 2년(1471), 평안도의 沿江諸邑에 京中의 布貨를 搬送시켜 貿穀하여 軍糧으로 貯蓄하라는 傳教를 받든 호조가 司贍寺의 綿布 1만 匹을 送付할 것을 청하자, 국왕이 이를 허가하고 있다. 司贍寺 면포를 이용한 관무곡이었다.

양계지방의 관무곡이 이때 처음 시작된 것은 물론 아니었다. 이미 國初 이래 '補軍資'를 위한 하나의 방법으로 널리 시행되고 있었다. 세종 19년(1437)에도, 함길도 함흥 이남 각 官에서 還上 대신에 받아들인 布貨를 新設한 會寧·鍾城·慶源 등의 지방으로 보내 時價에 따라 貿穀하여 軍資에 보충하자는 의정부의 건의를 세종이 받아들이고 있다.[5] 관무곡에 사용된 면포가 京中 司贍寺의 것이 아니라 함길도 남부지방의 布貨라는 점만 다를 뿐, 그 交易은 성종 2년의 관무곡과 동일한 형태였다.

이와 같이 조선전기 정부는 京中의 여러 官司, 예컨대 司贍寺·軍資監·濟用監 등의 면포 외에도, 각 지방 소재의 면포를 양계지방에 수송하여 관무곡의 거래수단으로 이용하였다. 이 시기 實錄에서 양계지방의 관무곡 관련 내용을 추출하여 정리하면 [표 3]과 같다. 표에서 확인할 수 있듯이 양계지방에서 벌이는 官의 무곡활동은 거의 매년 이루어지고 있었다. '每年 送本監綿布 於本道 … 換米',[6] '每年輸入綿布 以備軍需',[7] '每年量數 輸入貿穀'[8]한다는 표현이 그러한 저간의 사정을 잘 반영하고 있다. 이와 같이 거의 每年 이루어진 관무곡의 量은 매번의 入送綿布額이 적게는 1천여 匹에서 많게는 1만여 匹에 이르렀고, 그 貿穀額이 수만 석에 이를 정도로 상당한 분량이었다.

관무곡은 그것이 官과 民 사이에 이루어지는 교역이었기 때문에, 정부에서는 減價의 原則을 강조하였다.

---

4) 《成宗實錄》 卷11, 成宗 2年 8月 己巳, 8冊, 595쪽.
5) 《世宗實錄》 卷77, 世宗 19年 5月 壬辰, 4冊, 70쪽.
6) 《睿宗實錄》 卷6, 睿宗 元年 7月 癸未, 8冊, 398쪽.
7) 《燕山君日記》 卷9, 燕山君 元年 9月 壬辰, 13冊, 36쪽.
8) 《中宗實錄》 卷21, 中宗 9年 10月 壬寅, 15冊, 33쪽.

傳旨平安道觀察使 …… 大抵官與民貿易 則於時直減價 然後民必樂從矣[9]

이후에도 이러한 減價貿穀의 원칙은 여러 차례 재확인, 강조되었다.
예컨대 예종 원년(1469)의 관무곡에서는 1匹當 時價보다 2斗씩 減價하
여 換米하고 있다.[10] 교역에 따르는 이익을 백성들에게 좀 더 많이 제공
하고자 하는 名分과, 교역을 좀 더 활성화시키기 위한 목적에서 나오는
조처였다.

그러나 국왕들의 당부에도 불구하고 실제 관무곡 과정에서 이 원칙은
제대로 준수되지 않았다. 중종 23년(1528) 同知事 尹殷輔는 무곡과정에
서 1두씩 減價하여 거래하면 公私에 불편함이 없을 것이나, 市價에 準해
서 무곡하면 猥濫之弊로 인해 그 폐해가 백성들에게 미치게 된다고 우
려하고 있다. 이에 중종 또한 官貿穀(公貿)에 따른 폐단을 인정하고 있
다.[11] 관무곡이 時價에 준해서 이루어질 경우, 양계민들이 官과의 교역
에 따른 여러 폐해로 말미암아 결과적으로 그들 소유의 곡물이 折價되
고 마는 피해를 보게 되기 때문이었다. 이 시기 국왕들이 여러 차례 관
무곡의 減價原則을 강조하였던 것도 사실은 이러한 폐단을 막기 위한
목적이었다.

관무곡 과정에서 양계민들이 입었던 피해는 여러 가지였다. 중종 11
년(1516), 特進官 尹金孫이 지적한 다음 내용은 그러한 예의 하나이다.

各道收贖木綿 令民間貿穀納官 以補軍資 然其綿布 皆爲麤惡 人不得爲衣
而其價穀 則每如定式 以此民甚苦之[12]

관무곡의 거래수단으로 사용된 면포가 모두 麤惡한 상태여서 옷을
만들어 입을 수 없을 정도인데도 불구하고, 그 가격은 定式대로 치러지

9)《世宗實錄》卷100, 世宗 25年 6月 乙酉, 4冊, 479쪽.
10)《睿宗實錄》卷6, 睿宗 元年 7月 癸未, 8冊, 398쪽.
11)《中宗實錄》卷62, 中宗 23年 7月 己丑, 17冊, 12쪽.
12)《中宗實錄》卷26, 中宗 11年 10月 丙辰, 15冊, 221쪽.

| [표 3] | 朝鮮前期의 兩界地方 官貿穀 事例 | | |

| 시    기 | 거 래 수 단 | 거 래 량 | 출 전 |
|---|---|---|---|
| 世宗 16.  7. 戊子 | 綿布 | 2,000匹 | 3-580 |
| 〃  19.  5. 壬辰 | 咸興 以南 還上穀 代納 布貨 | 不 明 | 4-70 |
| 〃  22. 12. 丙戌 | 還上穀 代納 布貨 | 10,000餘匹 | 4-327 |
| 〃  23.  1. 戊午 | 各道 義倉穀 代納 綿紬, 木綿 | 不 明 | 4-333 |
| 〃  25.  6. 乙酉 | 中外 還上穀 代納 布貨 | 〃 | 4-479 |
| 文宗卽位.10. 庚辰 | 各道 還上穀 代納 衣服, 布貨 | 〃 | 6-299 |
| 〃  元.  8. 己巳 | 各道 還上穀 代納 綿紬, 木棉, 綿花 등 | 〃 | 6-417 |
| 世祖 13. 12. 甲寅 | 內地 諸邑 綿布 | 1,000匹 | 8-153 |
| 睿宗 元.  7. 癸未 | 軍資監 綿布 | 不 明 | 8-398 |
| 〃  元.  8. 辛未 | 綿花 | 〃 | 8-412 |
| 成宗  2.  8. 己巳 | 司贍寺 綿布 | 10,000匹 | 8-595 |
| 〃   8. 11. 乙亥 | 司贍寺, 濟用監 綿布 | 不 明 | 9-526 |
| 〃  10. 12. 戊寅 | 軍資監 綿布 | 10,000匹 | 10-103 |
| 〃  11.  8. 戊午 | 綿子 | 不 明 | 10-155 |
| 〃  19.  4. 辛亥 | 國家 綿布 | 〃 | 11-329 |
| 〃  22.  5. 戊戌 | 綿布 | 1,000匹 | 12-42 |
| 〃  23.  7. 乙酉 | 綿布 | 1,500匹 | 12-206 |
| 〃  23.  9. 乙未 | 綿布 (去年貿穀) | 2,500匹 | 12-229 |
| 燕山君5.  6. 丙辰 | 軍資 綿布 | 1,000匹 | 13-364 |
| 〃   9.  3. 己卯 | 司贍寺 綿布 | 1,000匹 | 13-551 |
| 〃  11.  7. 丁酉 | 內需司 綿布 | 7,500匹 | 14-10 |
| 〃  12.  8. 丙子 | 內需司 綿布 | 2,000匹 | 14-67 |
| 中宗  6.  2. 己亥 | 咸鏡道 所在 綿布, 魚鹽, 紙 등 | 18,000餘石 | 14-494 |
| 〃   7.  6. 丙辰 | 司贍寺 綿布 | 不 明 | 14-591 |
| 〃  11.  9. 丙午 | 不用之物 | 〃 | 15-217 |
| 〃  11. 10. 丙辰 | 各道 收贖 木棉 | 〃 | 15-221 |
| 〃  18.  9. 丁丑 | 常木綿 | 1,000匹 | 16-261 |
| 〃  20. 10. 庚寅 | 綿布 | 1,000匹 | 16-458 |
| 〃  20. 11. 己未 | 下三道 綿布 | 不 明 | 16-465 |
| 〃  34.  4. 癸亥 | 各官 徵贖之布 | 〃 | 18-286 |
| 〃  38.  7. 甲子 | 綿布 (前年貿穀) | 5,000匹 | 19-6 |
| 明宗  9.  6. 甲戌 | 司贍寺 綿布 (壬子年 貿穀―明宗 7) | 3,800石 | 20-205 |
| 〃  11.  1. 甲戌 | 司贍綿布 (前年所用) | 25,000匹 | 20-318 |

＊ 시기는 王, 年, 月, 干支 順.
＊＊ 출전은 國史編纂委員會刊《朝鮮王朝實錄》영인본. 앞의 숫자는 冊數, 뒤의 숫자는 쪽수.

고 있어 백성들이 이를 고달파 한다는 지적이다. 관무곡이 강제성에 기반하여 이루어지기 때문에 나타나는 현상이었다. 따라서 백성들이 이러한 관무곡을 기피함은 자연스런 일이었다. 예종 원년(1469)에는 '商人私換' 즉 백성들과 상인들과의 교역으로 말미암아 관무곡을 위해 정부가 수송한 軍資監 면포가 팔리지 않는 형편이었다.[13]

정부와의 곡물거래가 손해를 강요할 때, 양계민들이 상인들과의 교역을 통해 이익을 도모함은 당연한 事勢였다. 중종과 대신들이 관무곡을 논의하는 자리에서 '官貿非如私貿 慮其有弊'[14]라 하여, 私貿와 달리 官貿에 그 폐가 뒤따름을 지적하였던 것은 관무곡의 저러한 사정 때문이었다. 바로 抑賣에 따른 폐단이었다. 그러나 이러한 폐단에도 불구하고 관무곡이 중단되지는 않았다. 그것이 양계지방 軍需確保를 위한 한 방안이기에 다른 代案이 제시되지 않는 한 지속될 수밖에 없었던 것이다. 따라서 '各官勒令貿穀 則恐弊及於民 勿令貿穀'[15]하자거나, 또는 관무곡 자체가 '無益於國 而有病於民'[16]하다는 부정적 인식에도 불구하고, 관무곡은 조선전기 내내 지속되었다.

관무곡에 응하는 양계민들이 입었던 피해는 이와 같은 관무곡 자체의 抑賣的 性格 외에도, 양계지방 현지 地方官의 動態와 관련하여서도 야기되었다. 즉, 양계지방에서 실제 관무곡을 담당하던 지방관은 이를 계기로 자신을 위한 營利를 도모하였고, 그로 인한 피해가 적지 않았던 것이다.[17] 때문에 정부는 '守令 尙不可與民爭利'[18]라는 인식 하에서 때로 수령들의 불법행위를 巡審하기 위한 御史를 파견하기도 하였고,[19] 수시로 監

---

13) 《睿宗實錄》 卷6, 睿宗 元年 7月 庚子, 8冊, 403쪽.
　　"戶曹啓 平安道軍需不敷 故已送軍資監綿布換穀 商人私換多 而官布不售."
14) 《中宗實錄》 卷55, 中宗 20年 10月 戊子, 16冊, 458쪽.
15) 《中宗實錄》 卷13, 中宗 6年 4月 甲辰, 14冊, 510쪽.
16) 《燕山君日記》 卷9, 燕山君 元年 9月 壬辰, 13冊, 36쪽.
17) 《中宗實錄》 卷55, 中宗 20年 11月 己未, 16冊, 465쪽.
　　"兩界軍需不敷 輸布貿穀 在不得已也 但聞守令 或憑公營私而濫取 或私用其布 以費耗穀充數 民生記怨."
18) 《中宗實錄》 卷10, 中宗 6年 2月 乙巳, 14冊, 495쪽.

司나 都事로 하여금 이를 감찰하도록 하고 있었다.[20]

이러한 조처에도 불구하고 수령들의 作弊는 근절되지 않았다. 관무곡의 과정에서 수십여 名色을 통한 '徵督百端' 행위가 여전히 백성들을 고통스럽게 하고 있었다.[21] 물론 이러한 사태는 근본적으로는 더 많은 軍資를 확보하려는 관무곡의 원래 취지 때문에 야기된 것이지만, 不用之物로 백성들을 속여 이익을 취하는 행위의 상당수는 '憑公營私'하려는 수령의 작폐로 인하여 문제되는 것이었다. 예컨대

각官守令 …… 或勒授民戶 高價徵督 民不堪其苦 因此邊郡民食亦絶[22]

하다 하듯이, 수령들의 抑賣와 高價徵督 행위는 관무곡의 과정에서 흔히 발생하는 일이었다.

양계지방 군수확보를 위한 관무곡이 갖는 抑賣의 성격은 여타 지방의 軍需貿穀에서도 마찬가지였다. 거래의 목적이 부족한 군수의 보충에 있고, 그 주체가 정부인 이상 그러한 교역의 성격은 어쩔 수 없는 것이기도 하였다. 때문에 교역의 수단으로 綿布 외에도 鹽이나 기타 雜物을 이용하기도 하였지만, 기본적으로 그 교역은 官의 강제성에 기반하여 이루어졌다. 중종 16년(1521), 造紙署 관리 李璁이 蜜(꿀)을 이용한 무곡 과정의 폐단을 논하면서

貿穀 以補軍資 終必抑賣農民 以充其穀 名爲換賣 而實强取之 豈無寃抑[23]

이라 하였던 데서 알 수 있듯이, 군수확보를 위한 官貿穀은 농민에 대한 抑賣, 곧 强制交易의 형태로 전개됨이 일반이었다.

한편 조선전기 정부의 穀物購買 활동은 賑恤穀確保策의 일환으로도

---

19)《成宗實錄》卷120, 成宗 11年 8月 庚甲, 10冊, 155쪽.
20)《成宗實錄》卷215, 成宗 19年 4月 辛亥, 11冊, 329쪽;《中宗實錄》卷55, 中宗 20年 11月 己未, 16冊, 465쪽.
21)《中宗實錄》卷26, 中宗 11年 9月 丙午, 15冊, 217쪽.
22)《燕山君日記》卷35, 燕山君 5年 10月 庚子, 13冊, 381쪽.
23)《中宗實錄》卷41, 中宗 16年 3月 癸酉, 16冊, 22쪽.

이루어지고 있었다. 이른바 '官封'은 그러한 진휼곡 확보방안의 하나였다. 官이 任意로 富實者의 곡물을 借押하여 이를 진휼곡으로 사용하는 조처였다.

> 京畿監司啓 道內各官 儲峙數少 大小私蓄雜穀 萬千石以上者 除其家一年用度外 依本宮分貸例 以還上分給 待豊年 守令督收還主 從之[24]

地方官이 穀物主의 의사와 관계없이 국가권력의 강제성에 기반하여 그들 소유의 곡물을 진휼곡으로 사용하는 모습이다. 따라서 穀物主의 처지에서 이러한 官封은 강제교역에 다름 아니었다. 官封된 곡물을 수령이 公債(還上)例에 따라 수납하여 本主에게 還給한다는 원칙[25]에도 불구하고, 그 과정에서 폐단이 없을 수 없었기 때문이다. 사실 義倉 제도가 농민의 還上穀 未納에 따른 元穀不足으로 제 기능을 못하던 당시의 상황[26]에 비추어, 이와 같이 수령에 의해 官封된 곡물이 제대로 還給되기를 기대하기는 어려운 일이었다. 정부의 官封措處는 穀物主의 처지에서 거의 失穀에 가까운 강제교역이었고, 그들이 이를 기피함은 자연스런 현상이었다.[27]

官封을 기피하는 穀物主에 대한 처벌은 중종대에 이르러 賑恤廳의 節目에 규정되기도 하였다. 중종 36년(1541) 국왕이 政院에 내린 賑恤廳節目에 따르면, 관봉의 諸過程에 대한 상세한 원칙을 마련한 다음, 분급받은 곡물을 상환하지 못한 자와 더불어 관봉을 厭憚하여 곡물을 分置·隱匿한 穀主를 처벌하도록 규정하고 있다.[28] 그러나 이러한 강제적인 조처에도 불구하고 관봉이 기본적으로 강제교역의 성격을 띠는 이상, 곡물

---

24) 《世宗實錄》卷76, 世宗 19年 正月 癸丑, 4冊, 51쪽.
25) 《中宗實錄》卷95, 中宗 36年 5月 己亥, 18冊, 465쪽.
26) 林基形, 〈朝鮮前期 救恤制度硏究〉, 《歷史學硏究》3(全南大, 1967) ; 金勳埴, 〈朝鮮初期 義倉制度硏究〉(서울大 博士學位論文, 1993).
27) 《成宗實錄》卷180, 成宗 16年 6月 甲辰, 11冊, 30쪽 ; 《成宗實錄》卷187, 成宗 17年 正月 丙子, 11冊, 92쪽.
28) 《中宗實錄》卷95, 中宗 36年 5月 己亥, 18冊, 465쪽.

주의 자발적인 참여를 기대하기는 어려운 일이었다. 성종 16년(1485) 經筵의 논의는 그러한 사정을 잘 보여주고 있다. 持平 宋軼에 따르면 忠淸道 鎭川의 경우, 積穀이 巨萬에 이르는 곡물주가 數名 거주함에도 불구하고 官封穀은 겨우 110석에 불과하였다. 그는 이러한 사태가 守令과 奸吏들의 弄法에서 비롯되었음을 지적하면서, 동시에 이러한 官封 기피가 鎭川만의 현상이 아님을 강조하고 있다. 충청도의 여타 지방에도 積穀規模가 萬石에 이르는 곡물주가 다수 존재함에도 불구하고, 監司가 보고한 관봉액은 총 1만 1천 석에 불과하다는 것이다. 결국 성종은 송일의 견해에 동의하면서, 당일 각도 관찰사로 하여금 官封 搜括에 소홀함이 없도록 하라는 敎書를 내리고 있다.[29]

積穀規模가 큰 곡물주들이 정부의 官封을 기피하고 이에 대한 정부의 搜括政策이 강화되자, 자연 그 피해는 일반 농민에게 돌아가고 있었다. 성종의 지적과 같이

官封時 無勢人則不計本主用度 盡數封之 權勢富豪 則數多必漏[30]

하는 사태가 벌어졌던 것이다. 정작 관봉의 대상이어야 할 富戶가 빠져나가는 대신에 無勢人들은 자기의 用度穀마저 관봉당하는 현상이었다. 따라서 성종 16년 진천의 관봉액 110석이나, 충청도 전체의 관봉액 1만 1천 석의 내용도 기실은 상당수가 無勢人, 즉 농민들의 용도곡으로 구성되었을 것이라 추측된다. 결국 이러한 상황에서 관봉된 곡물이 제대로 本主에게 환급될 리 없었고, 중종 37년(1542)에는 관봉된 곡물을 환

---

29) 《成宗實錄》 卷182, 成宗 16年 8月 庚辰, 11冊, 46쪽.
　　"持平宋軼啓曰 … 國家憂勤救荒 括民間有私儲者勸分 然觀諸道所封私債 類多不實 以一邑言之 鎭川官所封數 只一百十碩而已 臣詳知之 宰相辛均 上將吳有終居鎭川 皆積穀巨萬 且林福自獻二千碩 而官封只百十碩 以此觀之 其他虛僞可知是必守令聽私請 奸吏弄法而然也 … 非徒鎭川 臣聞忠州居李福崇 林川居趙益祥 皆積穀 幾至萬碩 他邑亦有如此者 而忠淸道監司所啓私穀 摠一萬一千碩而已 … 下書京畿忠淸全羅慶尙江原永安道觀察使曰 … 官封時 無勢人則不計本主用度 盡數封之 權勢富戶 則數多必漏 卿悉此意 更詳搜括 除本主用度 幷皆監封."
30) 위와 같음.

급받지 못한 穀主들이 왕의 御駕 앞에서 이를 호소하는 사태까지 발생하였다.[31]

이처럼 정부가 진휼곡 확보방안의 하나로 실시한 官封은 강제교역에 따른 곡물주의 기피로 인해 소기의 성과를 거둘 수 없었으며, 오히려 이로 인한 농민들의 피해가 가중되는 상황이었다. 官封穀의 환급에 대한 보장책이 마련되지 않는 한 이러한 상황은 개선될 수 없는 것이었다. 결국 정부는 이들 官封穀에 대한 給價方案을 마련하게 된다. 관봉에 대한 代價를 곡물이 아닌 다른 現物로 즉시 지급하는 형태였다.

傳于政院曰 …… 前者如此凶荒之歲 以百姓所儲之穀 推及於無穀之民 使官家推移償價 夫如是 則納穀之民 不無生怨 如魚箭銅鐵等物 從民願計給何如 …… 曉諭于各道可也[32]

官封에 따르는 폐단을 없애기 위해 穀主에게 납곡에 대한 대가를 魚箭이나 銅鐵 등의 형태로 지급하는 案이었다. 국가 소유물로 민간의 곡물을 매입한다는 점에서, 그것은 군자확보를 위한 官貿穀과 동일한 교역형태였다.

사실 이러한 형태의 교역은 이미 鮮初 이래 진행되고 있었다.[33] 이른바 '納穀受價' 제도였다. 그리고 이는 官의 강제성이 제거된다면 官封과 달리 활성화할 가능성이 있는 방침이었다. 중종 21년(1526) 호조는 忠州 所在 銅鐵 1만 700여 斤을 이용하여 무곡한다면, 失農한 인근 各官 境內의 民人만이 아니라 부상대고들까지 다투어 납곡할 것이기 때문에, 新租는 2,100여 석, 陳租는 2,800여 석을 무곡할 수 있을 것이라 주장하고

---

31) 《中宗實錄》 卷99, 中宗 37年 8月 乙未, 18冊, 610쪽.
32) 《中宗實錄》 卷69, 中宗 25年 10月 癸亥, 17冊, 259쪽.
33) 《太宗實錄》 卷18, 太宗 9年 12月 辛亥, 1冊, 520쪽.
    "各道富人所蓄之穀 計其本戶人口 少則二百石 多則三百石 量宜給主 其餘雜穀 官錄其數 仍置其家 萬一用調不贍 則官給價直 以充公用 無事則還給其主."
    이 경우 各官의 用調不贍 사태는 대부분 흉년으로 인해 賑恤穀이 부족한 상황이었을 것이다.

있다.[34] 관봉을 기피하던 곡물주들을 납곡에 적극 참여시키기 위한 유인책이었다.

납곡 참여를 유도하기 위해 정부는 납곡에 대한 代價로 銅鐵 외에도 魚箭[35]이나 綿布,[36] 또는 鹽[37] 등을 지급하기도 하였다. 어느 경우나 그것의 回轉을 통해 적지 않은 유통이익이 보장되는 민간의 필수품들이었다. 때문에 納穀受價 자체는 事目에 따라 給價하여 백성을 속이지 않으면 '人皆肯納私穀'[38]하리라는 중종의 언급에서 볼 수 있듯이, 곡물주에게 상당한 이익을 보장하는 거래형태였다.

官封과 달리 納穀受價에서 정부가 '從願給價',[39] '從市直給價'[40]의 원칙에 따라 대가를 제대로 지급하고 그 代價物의 처리과정에서 상당한 유통이익이 보장되자, 여기에는 여러 세력의 곡물주들이 참여하게 된다. 왕실을 비롯하여 중앙의 고위관료·양반 사대부 등의 특권세력과 상인들이 그들이었다.[41]

그러나 납곡활동이 納穀主들에게 항상 이익을 보장하였던 것은 아니었다. 官의 사정에 따라, 또는 납곡하는 곡물주의 사회적 처지에 따라, 때로 그 대가의 지급이 제대로 이루어지지 않는 경우도 적지 않았다. 명종 2년(1547) 全羅道 觀察使 金光轍은 拜辭하는 자리에서 명종에게 救荒策을 論하는 가운데

34)《中宗實錄》卷56, 中宗 21年 正月 庚子, 16冊, 492쪽.
35)《中宗實錄》卷69, 中宗 25年 10月 癸亥, 17冊, 259쪽 ;《中宗實錄》卷98, 中宗 37年 4月 己未, 18冊, 568쪽 ;《明宗實錄》卷15, 明宗 8年 8月 乙酉, 20冊, 153쪽.
36)《中宗實錄》卷95, 中宗 36年 4月 癸酉, 18冊, 460쪽 ;《明宗實錄》卷6, 明宗 2年 11月 甲午, 19冊, 547쪽 ;《明宗實錄》卷17, 明宗 9年 12月 辛卯, 20冊, 251쪽.
37)《世宗實錄》卷74, 世宗 18年 8月 甲戌, 4冊, 26쪽 ;《世祖實錄》卷35, 世祖 11年 2月 乙酉, 7冊, 672쪽 ;《中宗實錄》卷73, 中宗 28年 正月 辛亥, 17冊, 388쪽.
38)《中宗實錄》卷95, 中宗 36年 5月 癸巳, 18冊, 464쪽.
39)《明宗實錄》卷6, 明宗 2年 11月 甲午, 19冊, 547쪽.
40)《明宗實錄》卷14, 明宗 8年 5月 乙丑, 20冊, 134쪽.
41) 이들의 납곡활동에 대해서는 本節 3)항 '穀物交易의 主導層과 特權交易'에서 詳述.

　　前者 私儲納官救民 而不卽給價 今者 民不肯納 勢固然也[42]

라 하고 있다. 납곡에 대한 給價가 제때에 즉시 이루어지지 않아 백성들
이 납곡을 기피한다는 것이다. 이러한 사정은 명종 9년(1554)에 慶尙左
道 救荒敬差官으로 파견된 李友閔의 狀啓에서도 다시 확인되는 바와 같
이,[43] 당시 납곡과정에서 일반적으로 나타나는 또 다른 一面이었다.[44] 결
국 이는 강제교역이자, '官封'의 형태였다.

　　국가가 강제로 민간의 곡물을 매입하고 그 대가를 제대로 지급하지
않는 강제교역은 당시 주로 일반 民人과의 사이에 이루어졌고, 그 피해
는 자연 이들이 볼 수밖에 없었다. 곡물을 다수 보유하고 있던 지주나
상인들의 처지에서 납곡은 그들의 餘裕穀을 回轉시키는 과정이었기 때
문에, 대가가 즉시 지급되지 않아도 당장의 타격이 큰 것은 아니었다.
더욱이 그들은 여러 방법을 통해 이러한 교역을 기피하거나, 대가를 제
때에 지급받을 수도 있는 세력이었다. 그러나 일반 민인의 경우, 관봉의
예에서 보듯이 납곡에 응하는 곡물이 餘裕穀일 리 없었기 때문에 대가
가 지급되지 않는 경우는 물론이고, 給價가 제때에 이루어지지 않을 경
우에도 이는 당장 延命과 관련하여 중요한 문제가 아닐 수 없었다.

　　이와 같이 納穀價가 제때에 지급되지 않을 경우, 납곡주들은 납곡가
를 수령받을 권리를 때로 상인들에게 賣渡하기도 하였다. 특히 餘裕穀
이 아닌 자신의 用度穀을 강제로 납곡당했던 곡물주들에게는, 이러한
선택이 불가피한 것이었다. 명종 3년(1548)의 다음 기록을 보자.

　　戶曹啓目 辛丑年 用私儲穀 賑救饑民 而守令不卽還償 穀主等 不得已賣與
興利之徒[45]

---

42) 《明宗實錄》卷6, 明宗 2年 11月 甲午, 19冊, 547쪽.
43) 《明宗實錄》卷17, 明宗 9年 12月 辛卯, 20冊, 251쪽.
　　"私儲穀價 累年不償 有穀之人 閉糶不救."
44) 이러한 사정은 이후 선조대에도 마찬가지였다(《宣祖實錄》卷4, 宣祖 3年 4月
　　辛酉, 21冊, 223쪽).

辛丑年(중종 36, 1541)에 납곡한 穀主들이 이에 대한 還償이 즉시 이루어지지 않자, 부득이하게 (납곡가를 수령받을 권리를) 상인들에게 매도하고 있다. 辛丑年의 納穀價가 명종 3년까지 7년 동안이나 지급되지 않았던 것이다. 이 경우 상인들이 곡주들로부터 低價에 그 권리를 매입하고, 이후 官으로부터 납곡가를 수령받아 謀利할 수 있었음은 물론이다. 당시 納穀價 受領權利를 매매하는 행위는 상당히 일반적이었던 것으로 보인다. 선조 13년(1580) 司憲府는 同知敦寧 尹玉이 지난 辛酉年(명종16, 1561)에 兩南의 納穀人으로부터 그 권리를 買得했다고 托言하여 호조로부터 600여 同의 면포를 허위로 受出해 간 사실을 들어 그의 파직을 주장하였다.[46] 이때 그가 도용한 양남지방 납곡인의 수가 700여 명에 이르고 있는 점으로 보아, 당시 납곡에 대한 정부의 給價는 원칙과 달리 제대로 지급되지 않았고, 곡주들은 이때 納穀價 受領權利를 상인을 비롯한 타인에게 매도함으로써 생계를 유지하였던 것으로 보인다. 尹玉은 이러한 사정을 이용하여 '托言買得'함으로써 막대한 양의 면포를 호조로부터 수령해 갈 수 있었던 것이다.

요컨대 이 시기 진휼곡 확보를 위해 정부가 벌이던 對民 곡물교역 또한 군자곡 확보를 위한 교역에서와 마찬가지로, 기본적으로 국가권력의 강제성이라는 기반 위에서 전개되고 있었다. '官封'의 교역형태가 전형적으로 그러하였으며, '納穀受價' 역시 급가가 제대로 이루어지지 않았기 때문에 穀主의 편에서는 강제교역이었다. 물론 이 과정에서 특권세력이나 그들과 연계된 상인들은 이를 이용하여 상당한 교역이익을

---

45)《明宗實錄》卷7, 明宗 3年 4月 壬子, 19冊, 580쪽.
46)《宣祖實錄》卷14, 宣祖 13年 8月 甲辰, 21冊, 366쪽 ;《宣祖實錄》卷14, 宣祖 13年 10月 甲辰, 21冊, 367쪽.
尹玉의 이 非理에 대한 논의는 명종 당대에도 있었다(《明宗實錄》卷28, 明宗 17年 3月 癸丑, 20冊, 619쪽). 단, 명종대의 기록에는 그가 횡령한 액수가 100여 동으로 되어 있어, 위 선조 13년의 기사와 차이가 있다. 그러나 명종대의 기록이 신원을 알 수 없는 幼學 李彦明의 상소인 것으로 미루어 보아, 선조대의 사헌부 주장이 옳을 듯하다.

남길 수 있었으나, 거개의 일반 민인들은 교역의 강제성으로 인한 손해
를 감수하지 않으면 안 되었던 것이다.

한편 조선전기에는 이상에서 살펴본 바와 같은 정부의 穀物購買를 위
한 거래 외에도, 政府保有穀의 放出과 관련한 교역도 진행되고 있었다.
그 규모나 양의 측면에서 購買를 위한 교역과 비교할 수는 없었지만,
예컨대 貨幣流通이나 賑恤, 常平 등을 목적으로 하는 정부 보유곡의 방
출이 단속적으로 전개되었던 것이다.

鮮初 태종~세종대에는 주지하듯이 楮貨·銅錢을 유통시키기 위하여
정책적인 차원의 노력이 꾸준하게 진행되었다.[47] 이 과정에서 정부는 저
화나 동전의 유통을 촉진시키기 위해 兌換保證의 일환으로 政府保有穀
을 일정량 放出하여 민간의 錢幣로 교환해 주는 조처를 시행하였다. 이
른바 '米幣相換'策이었고, 이를 위해 都城과 開城에 和賣所라는 상설기구
를 설치하기도 하였다.[48] 이러한 조처는 물론 화폐를 유통시키려는 의도
에서 마련된 일시적인 것이었지만, 그 자체가 정부 보유곡의 방출을 통
해 이루어진다는 점에서 동시에 곡물교역의 한 형태이기도 하였다.

命戶曹曰 霖雨太甚 米價湧貴 民生可慮 其以軍資陳米一萬石 買楮貨于民
間 貧乏人 爲先給之[49]

세종 3년(1421), 이렇게 방출된 곡물은 1만 석에 이를 정도의 상당한
분량이었다.

정부보유곡의 방출에서는 일반적으로 時價에 따라 和賣가 이루어졌
지만,[50] 때로 그 조처가 화폐유통과 아울러 진휼책으로서의 성격도 가지
고 있었기 때문에 경우에 따라 減價의 원칙이 내세워지기도 하였다. 예

47) 李鍾英,〈朝鮮初 貨幣制의 變遷〉,《人文科學》7(延世大, 1962).
48) 태종~세종대 米幣相換의 구체적인 추이에 대해서는 金勳埴, 앞의〈朝鮮初期
    義倉制度硏究〉, 157~164쪽 참조.
49)《世宗實錄》卷12, 世宗 3年 6月 庚戌, 2冊, 435쪽.
50)《世宗實錄》卷3, 世宗 元年 4月 癸巳, 2冊, 312쪽 ;《世宗實錄》卷38, 世宗 9年
    10月 丙寅, 3冊, 97쪽.

컨대 세종 3년 4월에는 楮貨 1장당 米는 1斗 5升, 小麥은 3斗를 분급해 줌으로써, 時價인 米 2升에 비해 파격적인 우대를 하고 있다.[51] 화폐의 원활한 유통과 진휼을 목적으로 한 조처였다. 따라서 그 화매대상은 자연 小民이나 '鰥寡孤獨殘廢疾者'가 우선이었지만,[52] 여기에 다른 有力者層이 끼어듦으로써 문제가 발생되고 있었다.

和賣 …… 不計錢文多少 但從自願和賣 人皆爭先換之 强有力者得之 老弱者 竟日不得一升米[53]

和賣米를 强有力者가 買占하는 데 따르는 문제였다. 이러한 화매미 매점행위는 이미 태종대에도 京中商賈, 殖財之徒들에 의해 일반적으로 나타나던 현상이었다.[54] 심지어는 '中外倉廩 … 以貿易楮貨 使軍食皆入於商賈之家'[55]하다는 표현이 나올 정도였다. 상인의 곡물 매집활동이 정부에서 방출하던 보유곡에까지 미치던 하나의 예였다.

정부 보유곡의 방출은 진휼이나 상평을 목적으로 하여서도 이루어졌다. 위에서 살펴본 화폐유통을 위한 보유곡 방출이 세종대를 끝으로 화폐유통정책이 현실적으로 폐기됨과 동시에 중단되었던 사정과 달리, 진휼·상평을 위한 보유곡 방출은 단속적이기는 하였지만 조선전기 내내 지속되었다. '糶糴' 또는 '糶糴之法'이라 부르기도 하였던 常平倉制는 中外에 설치한 상평창을 통해 穀價가 비쌀 때 비축곡물을 싼 값으로 판매하여 布를 사들이고, 곡가가 헐할 때 비축한 포로 곡물을 비싸게 매입하는 제도였다.[56] 穀價를 조절함으로써 飢民을 구제하고자 하는 일종의 진

---

51)《世宗實錄》卷11, 世宗 3年 4月 戊戌, 2冊, 427쪽.
52)《太宗實錄》卷23, 太宗 12年 4月 庚申, 1冊, 630쪽 ;《世宗實錄》卷3, 世宗 元年 4月 癸巳, 2冊, 312쪽.
53)《世宗實錄》卷51, 世宗 13年 3月 庚寅, 3冊, 305쪽.
54)《太宗實錄》卷3, 太宗 2年 4月 癸丑, 1冊, 229쪽 ;《太宗實錄》卷6, 太宗 3年 9月 庚辰, 1冊, 276쪽.
55)《太宗實錄》卷3, 太宗 2年 4月 癸丑, 1冊, 229쪽.
56)《經國大典》戶典, 倉庫條.

휼책이었다. 때문에 상평의 원리를 이용한 보유곡 방출[糶糴]은 상평창이라고 하는 별도의 기구가 설치되기 이전부터 진휼책의 일환으로, 軍資穀이나 義倉穀 등 정부 보유곡을 재원으로 하여 실시되고 있었다.[57] 세종대 '米穀布貨相換之法',[58] '糶糴之法',[59] '米布相換之法'[60] 등의 명칭으로 이루어지던 거래는 모두 그러한 형태였다.

상평창제 또는 상평의 원리를 이용한 정부 보유곡 방출은 그 목적이 궁극적으로 市中의 穀價를 하락시킴으로써 飢民을 구제하는 데 있었기 때문에 자연 減價交易을 원칙으로 하였다. 세종 27년(1445)에는 충청·경상·전라도의 의창곡 각 1천 석을 '散穀收貨'하면서 市價에 1斗씩 加給하도록 하였고,[61] 성종 23년(1492)에는 時價(면포 1匹當 미 2斗)에 1斗 5升을 덧붙여 주도록 하였으며,[62] 중종 36년(1541)에도 1匹當 5升씩 하던 '市上行用綿布'를 匹當 1斗에 매입하도록 하고 있다.[63] 모두가 기민을 구제하기 위한 배려에서 나온 조처였고, 따라서 거래대상은 당연히 식량문제 해결에 어려움을 겪고 있던 小民일 수밖에 없었다.

그러나 정부의 노력에도 불구하고 상평창제나 정부 보유곡 방출을 통한 常平活動이 소기의 성과를 거두지 못한 채, 일시적인 시행과 중지를 반복하였던 이유는 다른 데 있었다. 바로 市廛商人을 비롯한 富商大賈의 방출곡 買占에 따른 문제였다.

　　常平倉糶米納布……市井豪右 因以賤直納官 而得厚利 富者益富 貧者無利[64]

市井豪右, 곧 市廛商人들이 정부의 방출미를 매점함으로써 厚利를 획

---

57) 林基形, 앞의 〈朝鮮前期 救恤制度研究〉, 91~109쪽.
58) 《世宗實錄》 卷109, 世宗 27年 8月 己酉, 4冊, 632쪽.
59) 《世宗實錄》 卷109, 世宗 27年 8月 乙丑, 4冊, 633쪽.
60) 《世宗實錄》 卷115, 世宗 29年 2月 丙申, 5冊, 5쪽.
61) 《世宗實錄》 卷107, 世宗 27年 3月 癸巳, 4冊, 610쪽 ; 《世宗實錄》 卷109, 世宗 27年 8月 己酉, 4冊, 632쪽.
62) 《成宗實錄》 卷263, 成宗 23年 3月 丁亥, 12冊, 161쪽.
63) 《中宗實錄》 卷95, 中宗 36年 6月 辛未, 18冊, 475쪽.
64) 《燕山君日記》 卷29, 燕山君 4年 5月 戊戌, 13冊, 310쪽.

득하는 모습이다. 이러한 사정은 조선전기 내내 일반적인 현상이었고, 상평창제가 지속하여 시행되지 못한 이유로 줄곧 거론되던 것이었다. 때문에 방출미를 매점하는 이들에 대한 처벌을 논의하고, 마침내 그것을 立法化하기도 하였다.[65] 그만큼 정부 방출미를 매점함으로써 謀利하던 부상대고의 활동이 활발하였던 것이다.

그러나 정부의 상평책이 제대로 시행될 수 없었던 이유가 상인들의 매점행위 때문만은 아니었다. 상평책 시행상의 문제만이 아니라 상평제도 그 자체에도 문제가 없지 않았다. 바로 거래주체가 政府나 官인 데에서 비롯되는 강제교역의 문제였다. 세종 27년(1445) 국왕은 삼남지방의 감사들에게 '米穀布貨相換之法'을 행하는 과정에서 '私家自相交易'의 편리함과 비교하여 지체 없이 미곡을 지급할 것을 命하고 있다.[66] 상평을 위한 교역에서 일반적인 교역과 달리, 곡물이 즉시 지급되지 않던 현실 때문에 내려진 조처였다. 이러한 사정은 이후 16세기에 들어서도 마찬가지였다. 중종 20년(1525) 戶曹는

常平倉之法美矣 而所給之米陳腐 所納之布必准尺 以此民不肯[67]

이라 진단하고 있다. 상평법이 시행되지 못한 이유를 官에서 반드시 準尺布를 요구하고, 그나마 지급되는 米가 陳腐하기 때문이라는 것이다. 官의 이러한 준척포 요구는 물론 나중의 貿穀을 위한 대비책이었지만,[68] 당시 이미 麤布가 일반으로 常用되고 있던 현실[69]에서 상평미의 방출대상인 貧民이 준척포를 구입한다는 것은 사실상 불가능하였다.[70] 또한 경

65)《成宗實錄》卷139, 成宗 13年 3月 己丑, 10冊, 310쪽;《中宗實錄》卷55, 中宗 20年 9月 癸未, 16冊, 455쪽;《中宗實錄》卷55, 中宗 20年 9月 乙酉, 16冊, 457쪽.
66)《世宗實錄》卷109, 世宗 27年 8月 己酉, 4冊, 632쪽.
67)《中宗實錄》卷55, 中宗 20年 11月 甲戌, 16冊, 470쪽.
68)《中宗實錄》卷55, 中宗 20年 11月 辛巳, 16冊, 472쪽.
69) 宋在璇,〈16世紀 綿布의 貨幣機能〉,《邊太燮博士華甲紀念史學論叢》(三英社, 1985).
70)《中宗實錄》卷95, 中宗 36年 6月 庚午, 18冊, 475쪽.
    "近來市上行用綿布 尤甚麤惡 品好長准綿布 則貧民不能自備."

우에 따라 지급받은 米가 陳腐米이거나 '塵土相雜'할 경우,[71] 民이 이에
應하지 않는 것은 당연한 일이었다. 상평을 위한 정부 보유곡의 방출이
갖는 强制交易으로서의 성격이었다.

이 시기 시전상인과 부상대고들이 常平策을 이용하여 謀利할 수 있는
계기는 이상과 같이 常平倉 제도 그 자체의 성격에도 내재하여 있었다.
이러한 사정을 중종 20년(1525) 大司諫 南世準은

> 常平舊制 其子惠之意切矣 爲有司者 點退貿布 奉行失其當 爲下吏者 挾私
> 弄術 受納惟其心 富者易納 貧者難受[72]

하다고 표현하고 있다. 有司나 下吏들이 '點退貿布'하고 '挾私弄術'하는
속에서 富者들만이 이들과 연계하여 방출미를 매점함으로써 厚利를 확
보할 수 있었던 것이다. 결국 조선전기의 상평창제는 원래 진휼을 위해
강구되었지만, 제도 자체가 갖는 강제교역의 성격과 여기에 정부 방출
미를 매점하여 모리하려는 상인들의 적극적인 노력이 덧붙여짐으로써
소기의 성과를 거두지 못한 채 시행과 중단이 반복되고 있었다.

요컨대, 조선전기 정부의 곡물거래는 그것의 購買·放出 여부에 관계
없이 모두 국가의 재정운영의 일환으로 이루어지고 있었다. 따라서 그
것은 일반적으로 抑賣·抑買의 형태로 전개되었고, 商業的인 交易原理에
의거하는 거래는 아니었다. 때문에 官交易은 대부분 거래상대에게 손해
를 강요하였지만 그 대상이 왕실·관료·사대부 등의 특권세력일 경우에
는 이들의 이익을 옹호하고 보장하는 방향으로 진행되고 있었다. 곡물
의 교역과정에서 나타난 封建商業의 한 단면이자, 상업정책의 이념으로
서 '利權在上'이 상품교역에서 실현되어 가는 實際였다.

---

71) 《中宗實錄》 卷55, 中宗 20年 10月 戊申, 16冊, 462쪽.
　　"今方設常平糴 而但聞米皆塵土相雜 民不得蒙實惠."
72) 《中宗實錄》 卷55, 中宗 20年 11月 丁丑, 16冊, 471쪽.

### 2) 民間의 穀物交易과 交易網

米穀을 비롯한 穀物은 그 무엇에도 우선하는 생필품이었음에도 불구하고, 지역이나 시기 또는 豊凶에 따라 需給이 불안정한 物貨였다. 때문에 衣料品·鹽 등과 더불어 곡물은 그 교환이 일찍부터 그리고 광범위하게 전개된 대표적인 물품이었다. 조선은 물론이려니와 고려시기 또는 그 이전부터 곡물을 상품으로 하는 교환과정은 해당 시기의 경제구조에 조응하여 형태나 성격을 달리하면서 진행되었던 것이다.[73] 잉여곡물과 생필품을 직접 바꾸는 '有無相換'의 物物交換 형태로부터 상인이 시장을 매개로 하여 전개하던 교역에 이르기까지 그 형태는 다양하였다. 그런데 前者인 '有無相換' 형태의 거래가 分業과 剩餘의 발생 이래 존재하던 超時期的인 형태였음에 비해, 後者 형태의 거래가 이루어지기 위해서는 이를 위한 전제조건의 충족이 필요하였다. 곧 곡물 상품화의 전제조건으로서 생산력과 소비인구의 확보, 상인, 시장, 운송매체와 교역의 장 등이 형성되지 않으면 안 되는 것이다.[74]

조선전기는 바로 이러한 곡물 상품화의 전제조건들이 형성되어,[75] 상품화한 곡물이 활발하게 교역되던 시기였다. 그리하여 정부의 곡물거래 외에도, 민간차원에서 여러 형태의 교역이 진행되고 있었다. 특히 收租權의 약화·소멸이 農民剩餘의 자유로운 판매를 보장함으로써 전반적으로 교환경제의 발전을 촉진시키고 있던 사정[76]을 기반으로, 生必品의 구입, 食糧穀의 확보, 剩餘穀의 처분 등과 관련하여 농민의 곡물교역 참여가 확대되고 있던 추세였다.

---

73) 田村專之助, 〈高麗朝における米價の變動について〉, 《東方學報》 13-3(東京, 1942) ; 田村專之助, 〈高麗朝における米穀の生産と供結とについて〉 (上) (下), 《東方學報》 14-3·15-1(東京, 1943·1944).

74) 崔完基, 〈朝鮮中期의 穀物去來와 그 類型 — 賣出活動을 중심으로〉, 《韓國史研究》 76(1992), 50쪽.

75) 위의 글, 49~54쪽.

76) 李景植, 〈16世紀 場市의 成立과 그 基盤〉, 《韓國史研究》 57(1987).

이 같은 농민의 교환과정 참여 확대는 우선은 농민들 상호간의 교역으로 전개되었겠지만, 필연적으로 이 과정에 개재함으로써 이익을 꾀하려는 상인들의 적극적인 활동을 유발시켰다. 세종 19년(1437)에는 경기 이남지방에 흉년이 들자 상인들이 면포를 이용하여 경기 이북에서 買米한 후, 이를 穀價가 비싼 경기 이남에서 처분하고 있었는데, 흉년이 특히 심하였던 충청도 公州에서는 면포 1필의 米價가 米 2斗에 불과하였지만 미곡을 구입하려는 자가 많아 상인이 도로에 잇따른다고 할 정도였다.[77] 예종 원년(1469)에도 경상도에 흉년이 들자 雲峯을 넘어 '齎米買布'하려는 全羅之氓이 도로에 相望하다고 지적되고 있다.[78] 흉년으로 말미암아 인근 경상도의 穀價가 오르자, 이를 이용하여 謀利하고자 경상도를 왕래하는 전라도 상인들의 모습이었다.

이상의 두 사례는 곡물의 地域間 價格差를 이용한 상인들의 교역활동이었다. 풍흉에 따라 형성된 지방간의 穀價差가 곡물시장 형성과 상인의 활동배경이 되었던 것이다. 따라서 자연조건의 제약에서 크게 벗어날 수 없었던 조선전기에 이러한 형태의 곡물교역은 거의 항상적으로 전개되었고, 이 과정을 매개함으로써 이익을 도모하는 상인의 활동 역시 활발하였다.

곡물의 교역은 都城과 地方 사이에서 대량으로 전개되었다. 세조 6년(1460)의 다음 기사를 살펴보자.

> 傳于承政院曰 聞商人等 往全羅道 以布換穀 所得倍多 然不可禁也 …… 左承旨李克堪等啓 今年京畿黃海平安道 凶荒太甚 然而京中人 不至於飢者 賴有商人懋遷有無故也[79]

---

77) 《世宗實錄》 卷76, 世宗 19年 2月 己巳, 4冊, 52쪽.
  "去年春夏早乾 川井皆涸 京畿南道及東南四道 皆失農業 忠淸道尤甚 … 京畿北道 以北各道 五穀稍登 商賈之徒 以貨布買米於北 賣米於南者 相繼於道 忠州道公州等處 米二斗直 綿布一匹 爭持綿布 求米穀者 猶恐不及."
78) 《睿宗實錄》 卷3, 睿宗 元年 2月 癸丑, 8冊, 333쪽.
  "慶尙道饑 … 聞全羅之氓 齎米逾雲峯 入慶尙道地界 買綿布者 道路相望 而一匹直 不過二三斗 其飢饉至矣."

세조는 상인들이 전라도를 왕래하며 '以布換穀'함으로써 所得이 倍多하지만, 이를 금지하는 것이 불가하다고 하고 있다. 나아가 左承旨 李克堪 등은 그해 경기·황해·평안도의 凶荒이 아주 심함에도 불구하고 京中人이 굶주리지 않은 사정이 이들 상인의 懋遷活動 때문이라고 하고 있다. 우리는 이 기사를 통해 이 시기 곡물교역과 관련한 몇 가지 중요한 사실을 확인할 수 있다. 그것은 첫째, 도성의 곡물시장에 전라·경기·황해·평안도의 곡물이 반입되고 있다는 점, 둘째, 도성과 이들 지방을 연결하는 곡물상인의 활동이 도성의 穀物需給에 중요한 역할을 한다는 점, 셋째, 곡물상인의 상업활동을 정부에서도 적극적으로 금지하지 않고 있다는 점 등이다.

조선전기 도성은 최대의 곡물시장이었다. 도성은 정치·행정의 중심지로서 전국 최대의 인구를 보유하고 있었고, 이는 자연히 최대 곡물시장의 형성을 가져왔다. 국초 도성 정비사업이 완료되고 조선의 국가체제가 안정되기 시작하면서 도성의 인구는 꾸준히 증가하였고, 그 결과 세종 10년(1428)에 이르면 정부의 파악에 의하더라도 城底 10里를 포함하여 戶數 1만 8,522戶에 人口 10만 9,372口에 이르고 있었다.[80] 이 약 11만 도성인구의 1년 米穀消費量은 대략 53만 5천 석에 달하였을 것으로 추정된다.[81] 따라서 세종 18년(1436)의 국가 1년 支費米가 5만 7천여

---

79) 《世祖實錄》 卷20, 世祖 6年 5月 丙申, 7冊, 396쪽.
80) 《世宗實錄》 卷40, 世宗 10年 閏4月 己丑, 3冊, 128쪽.
   선초의 도성인구에 대해서는 本書 제2장의 주 88 참조.
81) 이러한 추정은 正祖 7년(1783) 左承旨 柳義養의 계산방식에 의거하여 산출한 것이다. 그는 1783년 도성인구 20여 만 명의 1년 미곡 소비량을 1인당 하루 米 2升 소비를 전제로 하여 100여 만 석으로 추산하면서, 이 중 20여 만 석은 地部 및 貢價에서 支出된 것이고, 20여 만 석은 居京士大夫들의 外方 田土로부터 운송된 私穀이라고 말하고 있다(《承政院日記》 1540冊, 正祖 7年 9月 9日, 83冊, 421쪽).
   "義養曰 都下人民 今爲二十萬餘口 而日計二升 則一年常食百萬石米 而目今地部所管諸倉及他餘貢價所出米穀 零零注合 終不滿二十萬石 私家穀物 則士大夫富少貧多 家家所謂秋收之輸入城中者 都不滿二十萬餘石米矣."
   金容燮, 姜萬吉은 이 계산에 의거하여, 도성의 1년 미곡 소비량 중 나머지 60여

석,[82] 중종 25년(1530)과 명종 즉위년(1545)의 국가 1년 所用이 각각 16만 석[83]과 13만여 석[84]이었다는 사실과, 도성에 거주하는 지주가 外方田土로부터 운송해 오는 미곡이 약 10여 만 석 정도일 것이라는 추정[85]을 통해 볼 때, 이 시기 도성의 미곡 소비량 중 20여 만 석 이상이 상인에 의한 공급량이라는 계산이 나오게 된다.[86] 물론 이러한 추정에는 많은 무리가 개재하고 있다. 즉 국가 1년 支費米의 정확한 사용내역을 알 수 없고 또한 도성거주 지주의 운송량 자체도 추정치에 불과하기 때문에, 위와 같은 계산방식에 의거하여 당시 상인의 미곡공급량을 정확히 산출해 내는 일은 사실 불가능하다. 그러나 적어도 이러한 추정을 통해 상당한 양의 미곡이 상인에 의해 外方으로부터 도성의 穀物市場에 반입되고 있었던 경향은 파악할 수 있다 하겠다.[87]

---

만 석은 商人이 조달하는 것으로 보고 있다[金容燮, 《增補版 朝鮮後期農業史研究》 II(一潮閣, 1990), 306쪽 ; 姜萬吉, 《朝鮮後期 商業資本의 發達》(高麗大學校出版部, 1973), 80~81쪽]. 筆者 또한 이 견해에 동의한다. 참고로 국초 이래 成人 1인의 하루 米 消費量은 대략 2~3升으로 계산되고 있다(《太宗實錄》 卷23, 太宗 12年 正月 庚子, 1冊, 621쪽 ; 《世宗實錄》 卷60, 世宗 15年 6月 乙酉, 3冊, 481쪽 ; 《宣祖實錄》 卷74, 宣祖 29年 4月 丁丑, 22冊, 692쪽).

82) 《世宗實錄》 卷74, 世宗 18年 7月 己酉, 4冊, 22쪽.
   "議政府據戶曹呈啓 國家一年支費米 五萬七千二百八十石."

83) 《中宗實錄》 卷67, 中宗 25年 正月 庚戌, 17冊, 184쪽.
   "常時經費之數計之 則去年多三朔所用 乃至四萬餘石 以此推之 一年所用 幾至十六萬石."

84) 《明宗實錄》 卷2, 明宗 卽位年 11月 庚申, 19冊, 361쪽.
   "一年支用米 十二萬六千二百八石."

85) 이 추정치는 주 81의 추정방식에 의거하여 산출한 수치이다. 즉 도성인구가 20여 만 명일 때 도성거주 지주의 외방미곡 운송량이 20여 만 석임을 전제로, 이 시기 지주의 운송 미곡량을 그 절반으로 추정한 것이다.

86) 실제 조선후기에도, 英祖 32년(1756)에 右議政 申晚은 "都下許多民命之秋後賴活 專在於私家船卜及米商貿穀"이라 하여, 都城人의 延命이 私家의 船運穀과 米商의 貿易穀에 달려 있음을 지적하고 있다(《備邊司謄錄》 131冊, 英祖 32年 10月 22日, 12冊, 902쪽).

87) 이상의 都城 米穀消費量 계산과 이에 따른 商人供給量 추산은 實錄에 나타나는 정부의 통계치에 근거한 것이다. 그러나 아래의 기사에서 볼 수 있듯이, 흉년을 당하여 家産牛馬를 가지고 도성에 와서 換米하여 延命하는 지방민이 이 시기에 적지 않았던 만큼, 그 수치의 加減은 어느 정도 예상할 수 있다(《世宗實錄》

요컨대 鮮初 도성에는 이미 상당한 규모의 곡물시장이 형성되어 있었
으며, 여기에 곡물상인이 외방으로부터 무곡한 곡물을 공급함으로써 그
수급을 조절하고 있었다. 앞서 언급한 세조 6년(1460) 기사에서 보듯이,
왕과 대신들이 이들 곡물상인의 상업활동을 불가피한 것으로 이해하고
있던 사정은 바로 이러한 현실에서 말미암은 것이었다.

그러나 선초 도성과 외방을 연결하는 곡물상인의 활동은 아직은 恒常
的이거나 安定된 형태는 아니었다. 무엇보다 우선 이 시기의 교통사정
이 그러한 교역구조의 안정화를 가로막는 장애요인이었다. 陸上交通이
발달하지 못한 당시 형편에서 곡물과 같은 상품의 隔地間 交易은 대부
분 海路나 水路에 의지하지 않을 수 없었으나, 선초 도성과 三南·平安地
方을 연결하는 西海 南北海路는 아직 안전성을 확보하지 못하고 있었
다.[88] 따라서 이러한 교통사정을 배경으로 전개되는 곡물상인의 隔地間
遠隔地 交易活動이 항상적이거나 안정될 수는 없었다. 곧 상당한 위험
을 감수하는 곡물교역이었다.

선초 곡물교역의 불안정성은 15세기 후반에 이르면서 점차 극복되어
가고 있었다. 그것은 궁극적으로 곡물교역의 안정화·체계화를 지향하
는 것이었고, 바로 도성과 외방이 하나의 交易網 속에 망라되어 가는
과정이었다. 특히 소지주나 일반 민인들이 정부와의 官交易에서 일반적
으로 현저한 불이익을 강요당하던 저간의 사정[89]을 고려할 때, 민간 곡
물교역의 확대현상과 상인의 활동은 충분히 예견되는 것이기도 하였다.
성종 6년(1475)의 다음 기사는 그러한 변화를 설명하는 하나의 단서가

卷75, 世宗 18年 11月 丙辰, 4冊, 41쪽).
"今因京城以南下三道凶歉 爭持家産牛馬 到市換米 故市肆比舊增冗."
또 도성 이외 地方都市의 소비곡물 또한 상낭당이 상인네 희애 공급되었을
것으로 추정되나, 관계 자료의 부족으로 살펴보지 못하였다. 차후 지방도시의
인구추정 등을 통해 새로운 접근방법을 모색하여 이에 대한 보충이 요구된다.
88) 이 시기 海路交通의 사정에 대해서는 本書 제3장 1절 3)항 '地方交易機構의
形成과 都城中心 流通體系' 참조.
89) 本節 1)항 '政府의 穀物去來와 强制交易'.

될 수 있으리라 생각한다.

　戶曹啓 …… 平安道 …… 比年以來 水路始通 商船賈舶 絡繹不絶 多齎物
貨 誑惑愚民 轉販貿穀 …… 船運于京 而民間之穀殆盡 誠爲巨弊 今後 禁絶
商船 勿令往來 如有潛行鬻販者 所在守令罷黜 其行商同利人及主人 論以制
書有違律 船隻及所齎物貨 並沒官 從之[90]

　최근 평안도와 도성을 연결하는 海路가 始通된 이래 상인들의 선박이
끊이지 않는다는 지적이다. 나아가 이들이 평안도에서 買集한 곡물을
도성으로 船運하여 민간의 곡물이 탕진되고 있으니, 今後로는 商船들의
왕래를 금지하고 潛行하여 鬻販하는 상인이나 그 所在 守令 및 행상에
관련된 자들을 논죄하고, 그들 상인의 船隻이나 物貨는 沒官시키자는
주장이다. 이른바 '貿穀船商'의 평안도에서의 무곡활동을 금지하자는 주
장이었다.

　국초 이래 정부는 평안도에서 벌이던 상인들의 무곡활동과 그들의
매집곡을 비롯한 모든 私儲穀의 他道搬出을 법으로 규제하고 있었다.
양계지방의 軍需 확보를 위한 강제조처였다.[91] 더욱이 현실적인 장산곶
의 해로 사정 때문에 양계지방의 私儲穀과 상인의 買集穀은 부분적으로
는 他道로 반출되기도 하였지만, 거의 대부분은 '回換'이나 '官貿穀'을
통해서 현지에서 처분됨이 일반적인 상황이었다.[92] 그런데 성종초에 이
르러 위 사료에서 보듯이 그러한 상황에 변화가 일고 있었다. 바로 海路
의 안정에 따른 변화였다. 평안도와 도성을 연결하는 해로가 安全性을
확보하기 시작하면서 평안도와 여타 지방을 연결하는 곡물상인의 활동
이 두드러지게 되었던 것이다. 물론 이러한 상인의 활동은 위 戶曹의
주장에서 보듯이 여전히 不法이었다. 그러나 해로가 안정되고 곡물의

---

90)《成宗實錄》卷58, 成宗 6年 8月 己未, 9冊, 253~254쪽.
91) 朴平植,〈朝鮮前期 兩界地方의 '回換制'와 穀物流通〉,《學林》14(延世大, 1992),
　　8~9쪽.
92) 위와 같음.

지역 간 가격차에 의한 상업이익이 보장되는 한, 상인의 활동은 정부의 의지와 달리 위축될 성질의 것이 아니었다. 성종 16년(1485) 大司憲 李瓊소은 船運이 始通된 이래 이들 상인의 '星奔輻輳'함이 금년에 더욱 심하다고 지적하고 있다.[93]

성종 24년(1493), 尹弼商은 이와 같이 양계지방의 곡물이 도성으로 반출되는 사태의 배경을

平安道 綿布稀貴 米價賤 且通水路 輸轉易 故興販者多往[94]

이라고 분석하고 있다. 평안도의 지역적인 여건상 綿布가 稀貴하고 米價가 賤한 데다가 水路가 通하여 그 곡물의 輸轉이 容易하기 때문이라는 것이다. 평안도 지방을 연결하는 해로가 개통되자 상인들이 면포를 이용하여 賤價의 곡물을 매집하고, 이를 도성으로 운반하여 처분함으로써 큰 이익을 남기던 당시의 상황을 간파한 지적이다.

15세기 후반 이후 본격적으로 전개된 도성과 평안도 사이의 곡물교역은 16세기에 접어들면서 더욱 확대되고 있었다. 더욱이 이 시기에 이르러 양계지방에는 세종대 이후 국가 차원에서 정력적으로 추진하였던 北方開拓事業의 결과가 서서히 現實化하여, 下三道 徙民을 중심으로 富民이 출현하고 貧富差가 현저해짐으로써 농촌분화의 양상마저 보이고 있었다.[95] 나아가 북방개척사업의 추진에도 불구하고 15세기 중반까지는 그다지 설치되지 않았던 居京 兩班·地主層의 農莊[96]이 16세기에 이르러 교통과 운수문제가 어느 정도 해결되자 점차 늘어가기 시작하였다.

下三道則海澤稍有可耕之處 爭相築防 至無餘地 故今後移就平安道而爲[97]

---

93) 《成宗實錄》卷185, 成宗 16年 11月 戊申, 11冊, 68쪽.
94) 《成宗實錄》卷277, 成宗 24年 5月 甲申, 12冊, 314쪽.
95) 李景植, 〈朝鮮初期의 北方開拓과 農業開發〉, 《歷史敎育》52(1992), 28~29쪽.
96) 위의 글, 27쪽.

平安道 …… 士大夫農庄 多在於本道[98]
關西一道 …… 近年權勢之家 廣占田庄於沿海郡邑[99]

조선초기의 農地開墾, 大農經營의 발달과 진전[100]이 양계지방에 가져
온 결과였다. 결국 이상과 같은 성종초의 海路 개통과 선초 이래의 북방
개척사업, 이에 따른 지주층의 농장확대 등의 조건은 이 지역에서 활동
하던 곡물상인의 商活動 空間을 전에 없이 확대시키는 배경이 되었다.
곧 도성과 평안도, 나아가 양계지방을 하나로 연결시키는 穀物交易網의
형성이었다. 이와 관련하여 중종 21년(1526)의 다음 사료에 주목할 필요
가 있다.

傳于政院曰 朝經筵 吏曹判書許硡言 平安道安州以北 農事稍稔 而禁其通
貿 故京師穀貴 且平安道私穀雖多 民不蓄積 故無補於國穀云 硡爲本道監司
必熟見而有是啓也 限秋成勿禁事 其招政府郞官 收議于合坐日 來啓[101]

일찍이 평안도 감사를 지낸 바 있는 吏曹判書 許硡은 평안도 安州 이
북의 農事가 풍년임에도 불구하고, 정부에서 상인의 무곡활동을 금지시
켰기 때문에 京師(都城)의 곡물이 貴해졌다고 지적하고 있다. 아울러 그
는 평안도에는 私穀이 자못 많으나, 백성들이 이를 축적하지 않기 때문
에 결국은 備邊을 위한 정부의 곡물확보에 아무런 도움이 되지 않음을
들어, 상인들의 무곡활동을 금지하지 말 것을 주장하기까지 하였다. 이
에 대해 중종은 그의 경력에 비추어 이 견해가 熟見일 것이라 하여, 상
인의 무곡활동을 허용할 것을 政府郞官에 논의하게 하고 있다. 평안도
에서 이루어지던 상인의 무곡활동이 도성의 穀價에까지 영향을 주던

97)《明宗實錄》卷16, 明宗 9年 5月 庚戌, 20冊, 195쪽.
98)《明宗實錄》卷24, 明宗 13年 10月 己酉, 20冊, 487쪽.
99)《明宗實錄》卷31, 明宗 20年 12月 癸未, 21冊, 55쪽.
100) 李景植,〈朝鮮初期의 農地開墾과 大農經營〉,《韓國史硏究》75(1991).
101)《中宗實錄》卷56, 中宗 21年 2月 乙亥, 16冊, 499쪽.

당시의 상황을 잘 보여주는 例이다.

이상과 같이 15세기 후반, 특히 16세기 이후 평안도를 비롯한 양계지방은 도성의 곡물시장과 하나의 교역망으로 연결되고 있었다. 西海 北方海路의 안전성 확보와 더불어 형성된 이러한 교역망은, 지역간 곡가차를 이용하여 謀利하려는 곡물상인의 적극적인 활동 속에서 構築된 것이었다. 당시 정부는 양계지방의 군수확보와 관련하여 이들 상인의 貿穀船運 활동을 규제하는 조치를 지속적으로 취하였지만,[102] 그 실효를 기대할 수는 없었다. 이미 양계지방과 도성이 하나의 교역망으로 연결되고, 이를 이용한 곡물상인의 활동이 京中의 穀價에 영향을 줄 정도였던 상황에서, 곡물상인의 활동에 대한 금지 조처는 京中人의 생활과 관련하여서도 그대로 시행될 수는 없는 것이었다.

> 戶曹啓曰 平安道監司書狀云 四民各有其業 貿遷有無 古今通行 不可偏禁 然道內失農 以一時權宜 貿穀商船嚴禁何如 上允之[103]

이제 곡물상인의 貿穀船運 활동에 대한 금지 조처는 그야말로 흉년에 따른 '一時權宜'일 수밖에 없었다. 이후 도성과 양계지방을 연결하는 곡물상인의 활동은, 명종 21년(1566) 憲府의 표현대로 '牟利之輩 輻輳興販'[104]의 형세로 지속되면서 더욱 확대되고 있었다.

外方이 도성의 곡물시장과 연결되어 곡물이 교역되던 사정은 황해도역시 마찬가지였다. 당시 황해도는 중국의 곡창지대인 蘇州·松州에 비견되고 있었고, 황해도의 풍흉에 따라 都下의 足食 여부가 좌우된다고하는 형편이었다.

> 黃海道 亦如中原之蘇松也 黃海道豊稔 則都下賴以足食 今年黃海道沿海

---

102) 성종대 이후, 양계지방에서 활동하는 穀物商人(貿穀船商)에 대한 금지조처는 實錄에서만도 10여 차례 이상 확인된다. 이에 대해서는 朴平植, 앞의 〈朝鮮前期 兩界地方의 '回換制'와 穀物流通〉, 58쪽의 주 156 참조.

103)《中宗實錄》卷16, 中宗 7年 7月 庚寅, 14冊, 600쪽.

104)《明宗實錄》卷33, 明宗 21年 12月 己丑, 21冊, 135쪽.

郡邑 失農尤甚 都下布價賤 而米價翔貴 民生甚艱[105]

중종 20년(1525)에는 황해도 沿海郡邑의 失農으로 말미암아 都下의 米價가 翔貴하여 民生이 甚艱하게 되었던 것이다.

황해도는 지리적으로 도성과 인접할 뿐만 아니라, 교통·운수 사정 또한 水運·陸運으로 쉽게 도성과 연결될 수 있어 상인들의 활동에 더없이 좋은 조건을 갖추고 있었다.[106] 때문에 일찍부터 곡물상인의 주요 활동 무대가 되고 있었고,[107] 이들의 활동은 16세기 이후 居京地主·兩班層의 농장이 이 지역에 늘어가면서[108] 더욱 활발해졌다. 양계지방의 군수문제와 관련하여 황해도에서 곡물상인의 활동을 금지하자는 주장이 때로 제기되기도 하였지만,[109] 위에서 보았듯이 도성의 穀物需給에 영향을 주던 그들의 활동이 금지될 수는 없었다.[110] 당시 황해도에서 펼치던 상인들의 무곡활동은 평안도와 마찬가지로, 수요에 비해 공급이 부족한 綿布를 주로 이용하였던 것으로 보인다.[111]

西海 北方海路를 이용하여 경기 이북지방에서 펼쳐지던 곡물상인의 활동이 위와 같고, 이들 지역이 도성의 곡물시장과 연결되고 있었다면, 농업 선진지대로서 곡물의 생산이 풍부하던 三南地方에서 상인의 활동은 더욱 활발할 수밖에 없었다. 그 중 특히 전라도는 황해도와 더불어 도성의 곡물수급에 중요한 비중을 차지하는 지방이었다.

---

105)《中宗實錄》卷55, 中宗 20年 10月 戊申, 16冊, 462쪽.
106)《成宗實錄》卷182, 成宗 16年 8月 甲申, 11冊, 47쪽.
107)《端宗實錄》卷3, 端宗 卽位年 閏9月 辛未, 6冊, 541쪽.
108) 李泰鎭,〈16세기 沿海地域의 堰田 개발 ― 戚臣政治의 經濟的 背景 一端〉《韓國社會史硏究》(지식산업사, 1986), 236~238쪽.
109)《中宗實錄》卷56, 中宗 20年 12月 辛亥, 16冊, 479쪽.
110)《中宗實錄》卷56, 中宗 20年 12月 甲寅, 16冊, 480쪽.
111)《鶴峯集》續集 卷2, 黃海道巡撫時疏, 癸未(《韓國文集叢刊》, 48冊, 198쪽).
     "本道木花不産 尺布如金 故京商知其然 馱布下來 乘時翔價 半正之布 必捧二十 餘斗."

我國 黃海全羅道 豊稔然後 都內之民 得賴以生[112]

때문에 전라도에서는 일찍부터 무곡을 위한 상인들의 활동이 활발하였으며,[113] 15세기 중반에 이미 이들의 활동이 京中人의 기근 극복에 큰 기여를 하고 있었다.[114]

전라도를 비롯한 下三道를 무대로 전개하던 곡물상인의 활동은 15세기 후반 이후 더욱 확대되었다. 특히 16세기 들어 나타난 科田體制의 붕괴, 토지에 대한 收租權的 支配權利의 약화·소멸 등의 사태는 자연 양반·지주층의 土地所有慾을 자극하여 地主制의 발달, 農莊의 확대로 이어지고 있었다.[115] 이 과정에서 농업 선진지대인 삼남지방에 이들 지주의 농장이 집중하여 분포하게 되었음은 물론이다.

삼남지방에서의 지주제의 발달, 농장의 확대는 지주의 수중에 상당한 양의 剩餘穀을 축적시키고 있었다. 예컨대 성종 16년(1485) 충청도 鎭川의 宰相 辛均과 上將 吳有終은 그 積穀이 巨萬이고, 忠州의 李福崇, 林川의 趙益祥은 積穀이 萬石에 이른다고 할 정도였다.[116] 또 진천 거주 林福은 비록 신분은 천인이었으나 자신의 私穀을 8천 석이라 밝히기도 하였다.[117] 전라도의 경우에도 성종 16년(1485) 南平에 거주하는 私奴 家同이 從良을 목적으로 2천 석의 납곡의사를 밝히고 있으며,[118] 중종 13년(1518) 順天 등의 지방에서는 豪富之民 一家의 적곡규모가 萬餘石 혹은 五六千石에 이르고 있었다.[119] 지주의 처지에서 이들 곡물은 그 일부를

---

112) 《中宗實錄》 卷55, 中宗 20年 10月 戊申, 16冊, 462쪽.
113) 《世宗實錄》 卷74, 世宗 18年 7月 庚申, 4冊, 25쪽.
114) 주 79와 같음.
115) 李景植, 〈16世紀 地主層의 動向〉, 《歷史敎育》 19(1976).
116) 주 29와 같음.
117) 《成宗實錄》 卷182, 成宗 16年 8月 乙未, 11冊, 48쪽.
118) 《成宗實錄》 卷182, 成宗 16年 8月 戊申, 11冊, 50쪽.
119) 《中宗實錄》 卷33, 中宗 13年 5月 乙丑, 15冊, 445쪽.
　　"順天等處 豪富之民 一家之積 或至萬石 或至五六千石."

자신의 사치생활, 자식의 교육비, 결혼비용 등으로 쓰기도 하였지만, 대부분은 상품으로서 시장에 투자하여 회전시켜야만 했다.[120] 居京地主의 경우에는 이러한 農莊穀을 도성으로 운반하여 처분하기도 하였지만, 외방에 거주하는 지주는 이를 納穀이나 高利貸에 재투자하지 않는 한 상인들과의 거래를 통해 처분하지 않으면 안 되었다.[121]

지주제의 발달과 농장의 확대에 따라 축적된 地主 剩餘穀은 곡물상인의 주요 買集對象이 되었다. 그러나 곡물상인의 매집대상이 地主穀에만 국한되지는 않았다. 15세기 후반에 출현한 場市는 주로 삼남지방을 중심으로 확대되었는데,[122] 16세기에 이르면 벌써 '諸道 皆設場門'[123]하여 '無不出市之地'[124]하다 할 정도로 확산되고 있었다. 장시의 주된 교역물은 물론 곡물이었다.[125] 따라서 삼남지방에서 활동하던 곡물상인이 이들 장시에서 교역되던 곡물을 매집대상으로 함은 당연한 일이었다.

상인에 의해 매집된 지주의 농장곡, 농민의 잉여곡은 그 상인의 활동기반에 따라 때로는 외방에서 외방으로, 또는 외방에서 도성으로 운송되어 처분되었다. 특히 외방이 도성의 곡물시장에 편입된 16세기 이후에는 주로 규모가 큰 곡물상인, 예컨대 船商의 買集穀을 중심으로 하여 도성으로 운송되었을 것이라 생각된다. 특히 농업 선진지대인 삼남지방의 경우 그 규모와 양이 여타 지방에 비해 컸으리라는 점 또한 어렵지 않게 짐작할 수 있겠다. 중종 24년(1529), 漕轉과 관련하여 私船의 징발 여부를 논의하는 자리에서 나온 特進官 申公濟의 주장을 살펴보자.

---

120) 崔完基, 앞의 〈朝鮮中期의 穀物去來와 그 類型〉, 51쪽.
121) 李景植, 앞의 〈16世紀 地主層의 動向〉, 157~159쪽.
122) 李景植, 앞의 〈16世紀 場市의 成立과 그 基盤〉.
123) 《中宗實錄》 卷38, 中宗 15年 3月 己酉, 15冊, 635쪽.
124) 《中宗實錄》 卷31, 中宗 13年 正月 壬子, 15冊, 387쪽.
125) 場市에서 직접 곡물상인에 의해 穀物이 거래되던 사정을 보여주는 사료는 實錄에서 찾아볼 수 없으나, 다음과 같은 기록은 그러한 교역내역을 보여주는 것이라 생각한다(《中宗實錄》 卷97, 中宗 37年 3月 乙亥, 18冊, 562쪽).
    "慶尙道上道敬差官李瀵書狀曰 … 各處場市 米穀漸至稀貴 民間資貨之物 亦爲乏絕."

其人(私船人 — 필자)之興利 雖不關於國家 然全羅忠淸等道之穀 必以私
船 輸入于京中 然後京中市價 亦以此貴賤也[126]

그에 따르면, 당시 전라·충청도의 곡물이 私船에 의해 京中에 輸入된
연후에야 京中 穀價의 貴賤이 결정되고 있었다. 물론 위 기사의 사선에
는 단순히 삼남지방의 농장곡을 居京地主에게 운송해 줌으로써 賃運料
를 지급받는 船運業者도 포함되었겠지만, 16세기 이후 그들 선운업자
의 활동이 주로 船商, 그 중에서도 貿穀船商의 형태로 전개되었음을 고
려하면,[127] 이들 선상의 대부분을 곡물상인으로 보아 크게 무리는 없을
것이다.

결국 양계·황해도 지방의 곡물과 더불어 삼남지방에서 상인이 매집
한 곡물도 도성 곡물시장의 穀價調節에 큰 영향을 주고 있었다. 이러한
현상은 바로 외방이 도성의 곡물시장과 하나의 교역망으로 연결되면서
나타나는 현상이자, 그 교역구조가 안정화 체계화하면서 진전되는 결과
였다. 또한 그것은 곡물상인들의 商活動이 이전의 危險負擔을 점차 극
복하여 감을 의미하는 것이기도 하였다.[128] 이 시기 평안도 지방에서 沿
岸浦口를 중심으로 貿穀主人層이 형성되고 있던 사정 또한 이와 관련되

---

126) 《中宗實錄》卷65, 中宗 24年 5月 乙卯, 17冊, 122쪽.
127) 崔完基,《朝鮮後期船運業史硏究》(一潮閣, 1989), 65~84쪽 ; 朴平植,〈朝鮮前
    期의 行商과 地方交易〉,《東方學志》77·78·79合輯(1993 ; 本書 제3장 1절).
128) 조선초기 상인들의 삼남지방 진출을 가로막던 중요한 장애요인의 하나였던
    西海 南方海路의 安興梁 海路問題는 이 과정에서 점차 극복되어 갔던 것으로
    보인다. 물론 안흥량 문제는 조선후기에도 국가의 재정문제와 관련하여 조정에
    서 漕船의 敗沒에 따른 대책이 계속 논의되고는 있었다(李鍾英,〈安興梁對策으
    로서의 泰安漕渠 및 安民倉問題〉,《東方學志》7, 1963). 그러나 16세기 이후 안
    흥량에서 일어났던 선박의 패몰사고는 대부분 官漕의 경우였다. 또한 비슷한
    시기에 西海 北方海路의 瓦山串 수로문제가 해결되었던 사정과 당시 섬운업자
    나 선상의 활발한 활동상(주 127과 같음) 등을 고려하면, 적어도 선상들의 상활
    동에서는 서해 남방해로의 항해가 15세기 후반 이후 그 위험을 극복하면서 안
    전성을 확보하여 갔던 것으로 보인다. 이와 관련해서는 성종 19년(1488)의 다음
    자료도 주목된다(《成宗實錄》卷216, 成宗 19年 5月 戊子, 11冊, 339쪽).
    "安行渡 雖曰險惡 然水有潮汐 當潮滿時 可以經過無虞."

는 것이었다.[129] 각처에서 오는 貿穀船을 접대하고 편의를 제공하는 한
편, 貿穀船商의 곡물매집활동을 중개하던 이들 貿穀主人의 출현은 바로
곡물의 교역구조가 그만큼 안정화 체계화하여 가는 현상을 반영하는
것이기 때문이다.

西海 南北海路를 이용하여 형성된 外方과 都城 사이의 穀物交易網은,
이상에서 살펴본 바와 같이 주로 외방에서 도성으로 곡물이 유입되는
구조를 지니고 있었다. 곡물상인이 매집한 곡물의 경우에 그 경향은 더
욱 두드러졌다. 물론 이러한 곡물의 유통형태는 당시 도성이 지니고 있
던 곡물시장으로서의 都市的 樣相 때문이었다. 도성은 선초 세종대에
벌써 11만여 명의 인구를 보유한 소비도시였다.[130] 더욱이 도성의 坊里
人은 그 대부분이 '工商出入營産之徒'[131]인 상황이어서, 地主와 勢家에
소속된 사람을 제외하면 거의가 곡물의 소비인구로서 생활하고 있었다.
여기에 덧붙여 당시 도성 주변의 민인들까지 '距京不遠 民或負柴 貿穀資
生'[132]하는 형편이었기 때문에, 도성의 곡물시장은 실상 京畿 주변의 지
방까지 포함하고 있었다. 당대 곡물상인은 이러한 도성의 곡물소비시장
으로서의 성격을 십분 활용하여 외방의 곡물을 도성으로 운송하여 처분
함으로써 商利를 도모하였던 것이다.

15세기 후반 이후 도성의 곡물시장은 量的으로 더욱 확대되고 있었
다. 이는 도성인구가 크게 증가하고, 특히 외방의 인구가 도성에 집중하
면서 나타나는 현상이었다. 도성의 人口集中 문제는 성종대에 조정에서
본격 논의된 이래, 16세기에 들어 더욱 심화되었다. 중종대에 논란이
된 城內 住宅問題의 심각성은 그 단적인 모습이었다. 이 시기 도성의
인구증가는 외방의 인구가 도성에 집중하는 데 따른 相對增加에 그 본
질이 있었다. 곧 사회경제상의 변동에 따른 逐末風潮의 擴散에 수반하

---

129) 朴平植, 앞의 〈朝鮮前期의 行商과 地方交易〉(本書 제3장 1절).
130) 주 80과 같음.
131) 《成宗實錄》 卷3, 成宗 元年 2月 癸酉, 8冊, 472쪽.
132) 《成宗實錄》 卷138, 成宗 13年 2月 丙辰, 10冊, 300쪽.

는 현상이었던 것이다.[133]

　도성의 인구증가는 자연 시중 상품가격의 폭등으로 연결되었다.

　　游手之徒 多聚京師 故市價 亦因以踊貴也[134]

　이 과정에서 穀價 또한 앙등하였음은 물론이다. 특히 외방에서 도성
으로 몰려든 사람들은 '外方之人 皆聚京師 爲工商之業 … 皆游手而食'[135]
하고, '游惰之輩 皆聚京師 業商賈'[136]하다 하듯이, 대부분이 순수한 곡물
의 소비인구였다. 도성의 곡가가 이 시기에 폭등하게 됨은 따라서 자연
스러운 일이었다. 실제 도성의 米價는 세종대 이래 명종대까지 騰貴樣
相을 보였는데, 단기적으로는 16세기 특히 중종 후반 이후 폭등하는 현
상을 보이고 있었다.[137] 도성 미가의 폭등에는 여러 요인이 그 배경으로
작용하였지만, 위에서 지적한 대로 당시 도성인구의 급격한 증가가 주
된 원인이었다.

　조선전기 곡물유통의 주된 양상으로 외방의 곡물이 도성으로 유입되
는 구조가 자리 잡게 된 직접적인 계기는 이상에 있었다. 더욱이 당시
도성의 米價는 외방의 그것에 비해 2배 이상 높게 형성되고 있었다.[138]
결국 이상과 같은 조건, 즉 15세기 후반 특히 16세기 중종대 이래 전개
된 도성으로의 인구집중, 도성과 외방 사이에 형성된 穀價差는 상인이
지역 간 곡가차를 이용하여 遠隔地 交易活動을 펼칠 수 있는 현실적 기
반이 되고 있었다. 곡물상인은 바로 이러한 조건에서 외방의 곡물을 매
집하여 도성의 곡물시장으로 운송하여 처분하였던 것이다. 외방의 곡물
이 도성으로 반입되는 교역구조는 이 과정에서 형성되는 것이었다.

133) 이상 15세기 후반 이후 도성인구의 증가문제와 그 배경에 대해서는 朴平植,〈朝
　　鮮前期 市廛의 發展과 市役 增大〉,《歷史敎育》60(1996 ; 本書 제2장 2절) 참조
134)《中宗實錄》卷56, 中宗 21年 4月 癸亥, 16冊, 506쪽.
135)《中宗實錄》卷25, 中宗 11年 5月 壬辰, 15冊, 170쪽.
136)《中宗實錄》卷56, 中宗 21年 正月 癸卯, 16冊, 494쪽.
137) 李正守,〈朝鮮前期의 米價變動〉,《釜大史學》17(1993), 284쪽.
138) 위의 글, 285쪽.

그러나 도성과 외방을 연결하는 곡물교역망 아래에서 위와 같은 외방에서 도성으로의 곡물유통만이 펼쳐졌던 것은 아니다. 그 빈도와 양이 적기는 하였지만, 도성의 곡물이 외방으로 반출되는 유통경향 또한 나타나고 있었다. 명종 2년(1547)의 다음 기록은 이와 관련하여 주목할 만한 내용을 담고 있다.

　　憲府啓曰 …… 京中牟利之徒 欲受重價 外方船運穀物 要於中路 遮截販貿使不得入京 且京中穀物 亦多貿取 假托從仕人員家奴 冒受戶曹公文 船輸陸運 納于各官 又多載物貨 分往各道 眩誘愚民 貿取升斗 稱爲私儲 以逞取利之謀 都下穀貴 一升之直 已至三匹 外方穀物 亦匱竭[139]

憲府는 상인의 納穀參與에 따른 폐단을 논하는 가운데, 그들의 납곡을 위한 곡물매집방법으로 다음 세 가지를 열거하고 있다. 첫째, 외방에서 도성으로 船運되는 곡물의 中間買占, 둘째, 貿取한 京中穀物의 假托納穀, 셋째, ‘分往各道’하여 貿米한 곡물을 납곡하는 등의 방법이다. 이 중 세 번째의 매집방법은 당시 납곡참여가 적지 않은 이득을 보장하던 사정을 이용하여 상인들이 흔히 전개하던 商活動의 하나였다.[140] 그러나 첫 번째, 두 번째의 곡물매집방법은 이 시기 곡물유통과 관련하여 매우 주목되는 것이었다. 곧 도성의 사상인들이 도성으로 유입되는 외방곡물이나 또는 도성의 곡물을 매집하여 외방에서 納穀하는 형태였다. 당시 도성의 곡물이 상인들에 의해 외방으로 반출되기도 하였음을 보여주는 하나의 例인 것이다.

물론 이러한 곡물유통의 흐름이 당시 보편적인 상황은 아니었다. 도성과 외방의 穀價差를 고려할 때,[141] 이는 예외적인 것일 수밖에 없었다. 실제 위 명종 2년의 기록 또한 외방의 官에 납곡하기 위한 경중 매집곡의 반출이었지, 지방에서의 민간교역을 전제로 한 것은 아니었다. 외방

139) 《明宗實錄》 卷6, 明宗 2年 12月 甲子, 19冊, 552쪽.
140) 本節 3)항 ‘穀物交易의 主導層과 特權交易’.
141) 주 138과 같음.

에서 도성으로 또는 도성에서 외방으로의 곡물유통이 日常化하는 단계, 곧 全國的인 穀物市場의 형성을 위해서는 그에 상응하는 사회경제구조의 진전이 요구되었지만, 16세기 조선사회는 아직 그러한 단계에 이르지는 못한 실정이었다.[142] 그러나 적어도 이러한 都城穀物의 外方搬出 사례가, 도성과 외방 사이에 형성되고 있던 곡물의 교역구조가 점차 안정화 체계화하는 방향으로 전개되면서 확대되고 있음을 의미한다는 사실은 분명하다 하겠다.

### 3) 穀物交易의 主導層과 特權交易

곡물을 상품으로 한 교역활동을 주도해 가던 세력은 다양하였다. 특히 조선전기에 곡물, 그 중에서도 米穀은 그 자체가 하나의 상품이었을 뿐만 아니라, 여타의 상품거래에서 布와 더불어 支拂手段으로 기능하고 있었다. 따라서 교역을 통해 상인의 수중에 集積된 미곡은 집적과 동시에 이제는 상품으로서 처분되지 않으면 안 되었다. 곡물의 보관상의 어려움 때문에도 그러한 과정은 필요하였다. 때문에 이 시기 상인은 그 취급물품이 다양함에도 불구하고 자연히 일면 穀物商人으로서의 성격을 아울러 지니고 있었다.

이러한 형태로 곡물을 매집하고 이를 다시 상품으로 처분하는 대표적인 상인이 바로 行商, 그 중에서도 특히 陸商이었다. 국초 이래 주로 少量 輕量의 농촌사회 필수품들, 예컨대 衣裳物이나 鞋靴類, 草笠·鍮器·梳· 針·粉이나 農器具 등을 판매하며 전국을 누비던 陸商들이 所持物의 판매대가로 농민들로부터 수령하였던 것은 주로 米·布였다.[143] '外方 … 興

---

142) 전국적인 곡물시장이 성립되고, 이에 따라 도성에 集散된 곡물이 외방으로 분산되는 현상이 보편적으로 나타나는 것은 18·19세기 이후로 보아야 할 것이다, 이에 대해서는 다음 논문 참조.
　　李世永, 〈18·9세기 穀物市場의 형성과 流通構造의 변동〉, 《韓國史論》 9(서울大, 1983) ; 高東煥, 〈18·19세기 서울 京江地域의 商業發達〉(서울大 博士學位論文, 1993), 174쪽.
143) 朴平植, 앞의 〈朝鮮前期의 行商과 地方交易〉(本書 제3장 1절).

利人 專用米布'[144]하던 실정이었다. 陸商의 매집대상은 米·布 중에서도 특히 米를 포함한 곡물에 집중되어 있었다.[145] 육상은 이렇게 매집한 곡물을 도성이나 여타 穀價가 높은 지방에서 다시 판매함으로써 이차적인 교역이익을 확보할 수 있었다. 육상의 買集穀 處分은 그들의 활동영역과 관련하여 이루어졌을 것으로 생각된다. 京商의 경우에는 당시 都城과 外方 사이의 穀價差를 고려할 때 주로 매집곡을 도성으로 운반하여 처분하고, 地方行商의 경우에는 그들이 활동하던 지역이나 혹은 인근에서 이를 판매하였을 것이다.

그러나 당시 陸商의 활동이 곡물교역에서 차지하는 비중은 그다지 크지 않았다. 京商이나 開城行商의 예에서 보듯이 일부의 專業化한 대상인이 전국에서 활동하고는 있었지만, 이들을 제외하면 대부분은 자본이나 거래의 규모에서 小商人의 범주에 드는 존재였기 때문이다. 무엇보다 그들의 商活動이 陸路를 이용하여 전개되고 있었던 만큼, 수레나 牛馬를 이용한다 하더라도 거래의 규모와 그 결과 매집되는 곡물의 양은 제한될 수밖에 없었다. 따라서 그들의 활동이 비록 '橫行諸道 … 出入閭里'[146]하면서 전국을 무대로 전개되고, 나아가 15세기 후반 場市의 등장 이후에 더욱 활발해졌다 하더라도, 그것이 이 시기 곡물교역에서 큰 비중을 차지할 수는 없었다.

조선전기 곡물의 교역과정을 주도하던 세력으로는 우선 王室, 중앙의 高位官僚, 지방의 兩班 士大夫 등 특권세력을 들 수 있다. 특히 왕실은 최대의 지주로서 그들의 農莊穀 處分과 관련하여, 또는 권력에 기반한 곡물의 買集과 處分活動을 통해 곡물의 교역과정에 적극 개입하고 있었

---

144)《太宗實錄》卷29, 太宗 15年 正月 丁巳, 2冊, 51쪽.
145)《世宗實錄》卷74, 世宗 18年 7月 庚申, 4冊, 25쪽.
　　"興販之人 橫行里閭 誑誘買賣 無識愚民 不顧將來 以數少之穀 買不緊之物."
　　《成宗實錄》卷5, 成宗 元年 5月 庚子, 8冊, 501쪽.
　　"京中興利人 多齎民間不緊物貨 橫行閭里 眩惑刀蹬 愚民不計朝夕之資 盡費所儲之穀'."
146)《世宗實錄》卷87, 世宗 21年 11月 乙卯, 4冊, 251쪽.

다. 왕실의 곡물을 이용한 상업활동은 자연 그들의 특권을 최대한 보장
받을 수 있는 거래형태, 곧 정부의 재정운영과 연관된 交易의 場에서
주로 전개되었다. 곧 官交易 분야에서였다. 양계지방의 軍資穀 확보를
위해 정책적으로 실시하고 있던 回換에 참여하여 謀利하던 활동은 그
대표적인 모습이었다.[147] 王子·駙馬家 심지어는 大妃殿까지를 포함한 왕
실세력은 그들의 양계지방 農莊穀과 所蓄穀을 회환을 통해 처분하여 막
대한 이익을 챙기고 있었다. 이 과정에서 그들은 回換價로 곡물 대신
魚箭이나 良質의 면포를 지급받기도 하였으며, 여타 회환의 경우보다
重價를 수령하기도 하였다. 모두 그들이 지닌 諸特權에 기반한 課外의
謀利였다. 왕실세력은 자신이 직접 회환의 주체가 되거나, 또는 그들과
연계를 맺은 상인들을 내세워 회환에 적극 참여하였으며, 그 回換米의
量이 종종 1만여 석에 이를 정도였다.[148]

정부와의 거래가 왕실세력에게 커다란 이익을 보장하였던 만큼, 그들
의 納穀行爲는 군자곡 확보를 위한 회한에만 국한되지 않았다. 세종 10
년(1428)과 명종 4년(1549)의 다음 기록을 보자.

傳旨戶曹 本宮之穀 在利川者 一千五百石 在咸興高原者 一千五百石 其令
所在官 依還上例 分給居民 至秋納于國庫 以京中各司米 換之[149]
傳于政院曰 宋世珩啓 以咸鏡道內需之粟救荒云 依啓救荒後 從內需司所欲
之物 而題給 可也[150]

賑恤穀 확보를 위해 각 지역에 소재한 本宮 및 內需司의 곡물이 '納穀
受價'의 형태로 처분되는 모습이다. 회환과 같은 원리로 시행되는 이러
한 納穀의 代價는 위에서 보듯이, 京中各司米만이 아니라 그들의 요구에
따라 다른 형태로도 지급되었다. 예컨대 魚箭·綿布·鹽·銅·鐵 등의 형태

147) 朴平植, 앞의 〈朝鮮前期 兩界地方의 '回換制'와 穀物流通〉, 19~30쪽.
148) 위의 글, 21쪽.
149)《世宗實錄》卷39, 世宗 10年 正月 壬子, 3冊, 113쪽.
150)《明宗實錄》卷9, 明宗 4年 9月 丁亥, 19冊, 669쪽.

였다. 실제 명종 8년(1553) 헌부는, 納穀價로 공주·왕자 諸家에 입안된 어전 때문에 최근 漁商이 不行하고 魚鹽이 극히 貴해져 都城人이 이를 구입할 수 없다고 진언하고 있다.[151] 당시 왕실을 비롯한 權勢家들이 魚 箭·鹽場을 折受를 통해 장악함으로써 특권적이며 독점적인 이익을 관 철시키던 행위[152]가 납곡과 연관하여 이루어지는 모습이었다.

왕실세력의 납곡은 그 자체가 특권에 의거해 이루어짐으로써 막대한 이익을 보장하였다. 그들은 납곡을 위한 곡물로 우선은 그들의 농장곡 을 이용하였지만, 이것이 여의치 않을 경우에는 민간으로부터 곡물을 매집하여 여기에 응하기도 하였다.

> 傳曰 內需司縣布 七千五百匹 送咸鏡道 令安邊永興北靑定平端川明川會 寧鍾城 貿米九千石 還納本官 以京倉米 換給內需司[153]

연산군 11년(1505) 7월, 內需司는 면포 7,500필을 함경도 各官으로 移 送하여 米 9천 석을 買集한 후, 이를 현지에 納官하고 그 대가를 京倉米 로 환급받고 있다. 민간의 미곡을 면포 1필당 18두의 비율로 매집한 셈 이었다. 이러한 곡물의 매집과정에서 또한 그들의 특권이 작용하였음은 물론이다. 한편 그해 10월 연산군은 '興淸'세력과 연계를 맺은 상인들이 전국에서 벌이던 抑賣活動을 한때 금지하였다가 곧 이를 철회하였다. 이에 대해 實錄의 史臣은 당시 市井의 상인들이 왕실의 委差·別坐를 칭 하면서 전국에서 抑賣하던 모습과 수령이 그들의 요청을 들어줄 수밖에 없던 사정을 特記하면서, 국왕의 이 철회 결정을 비판하고 있다.[154] 여기

---

151) 《明宗實錄》 卷15, 明宗 8年 8月 乙酉, 20冊, 153쪽.
    "今者公主王子諸家 … 或稱納穀之價 幷海漁箭 盡爲立案 … 自五六年以來 漁商 不行 魚鹽極貴 城中之人 食不得魚."
152) 남원우, 〈16世紀 '山林川澤'의 折受에 대한 硏究〉(延世大 碩士學位論文, 1988).
153) 《燕山君日記》 卷58, 燕山君 11年 7月 丁酉, 14冊, 10쪽.
154) 《燕山君日記》 卷60, 燕山君 11年 10月 戊辰, 14冊, 24쪽.
    "是時市井之人 稱淑媛族類者 因緣請托 奉諭旨于諸道 或稱委差 或稱別坐 駄載 市買雜物 群到各官 令守令分定於民 以求倍簁之利 或不稱欲 則紬辱守令 守令不 得已侵責於民 收其直以與之 人人不堪其苦."

에서는 抑賣의 주체로 市井商人을 설정하고 있지만, 이는 이미 왕실세력의 그러한 활동을 전제로 하는 것이었다. 실제 연산군 12년(1506)에 국왕으로부터 경상도에서 면포를 이용한 貿穀을 허락받은 朴之祥과 金山은 바로 淑容의 族親들이었다.[155]

결국 왕실세력의 納穀은 그에 응할 곡물의 매집에서부터 그 代價의 수령에 이르기까지 철저하게 특권에 기반한 이익을 보장하는 정부와의 거래형태였다. 따라서 왕실세력이 여기에 적극 參與하여 謀利함은 당연한 事勢였다. 그러나 한편으로 이는 국가재정의 엄청난 손실을 수반하는 것이기도 하였다. 주로 貴戚姻婭들이 주체가 되어 전개하는 納穀受價가 國儲를 耗費시키는 '欺詐取利' 행태라는 명종 7년(1552) 大司諫의 지적[156]은, 저간의 사정을 잘 보여주는 언급이었다.

왕실세력의 곡물매입활동은 政府保有穀에도 미치고 있었고, 여기에서도 역시 그들의 특권은 보장되었다. 연산군 11년(1505) 8월, 興淸 仁非는 경상도 州倉에 면포 7,500필을 納官하고서 그 대가로 충주 可興倉의 미 1만 석을 지급받았다.

傳曰 興淸仁非 慶尙道州倉 納綿布七千五百匹 價給忠州可興倉米一萬碩[157]

면포 1필당 米 20두를 수령한 셈이다. 그런데 당시의 米價를 고려할 때 이는 대단한 특혜였다. 연산군 11년의 미가를 알 수 없어 정확한 비교를 할 수는 없지만, 實錄의 자료에 의거하면 흉년을 기준으로 할 경우 연산군 11년을 전후한 都城의 米價는 匹當 2~3두 미만이었다.[158] 따라서 도성과 외방 사이의 穀價差와 豊凶을 고려한다 하더라도, 興淸 仁非가

155)《燕山君日記》卷61, 燕山君 12年 2月 癸酉, 14冊, 41쪽.
　　 "傳曰 朴之祥金山 慶尙道廳上綿布 令各官貿穀以給 之祥等 乃淑容族親也."
156)《明宗實錄》卷13, 明宗 7年 2月 丁巳, 20冊, 72~73쪽.
　　 "大司諫金澍等上箚曰 … 納穀受價 耗費國儲 蟊賊之大者 而欺詐取利 多出於貴戚姻婭之間 而莫之禁."
157)《燕山君日記》卷59, 燕山君 11年 8月 己未, 14冊, 13쪽.
158) 李正守, 앞의〈朝鮮前期의 米價變動〉, 281쪽.

納布의 대가로 필당 20두의 미곡을 수령한 것은 그의 특권이 아니고서는 불가능한 일이었다.[159] 이는 같은 해 7월 내수사가 回換에 참여하기 위해 함경도에서 면포 1필당 米 18두의 비율로 민간으로부터 9천 석을 貿米하던 사정[160]과 함께, 당시 왕실세력의 곡물매입활동이 대부분 특권에 기반하여 이루어지고 있었음을 잘 보여주는 하나의 사례였다.

후에 연산군의 失政을 비판하는 과정에서 주된 근거의 하나로 열거되던 興淸 및 王室勢力에 대한 특혜 부여는 이후에도 마찬가지였다. 회환의 시행과정에서 볼 수 있듯이, 곡물의 매집이나 처분과 관련하여 왕실세력에 부여하던 특혜조처는 이후 중종~명종대에도 변함없이 지속되었던 것이다.[161] 중종 38년(1543) 헌부의 지적과 같이 內需司를 비롯한 왕실세력은 여전히 各道에 그들의 別差를 보냄으로써 '憑公謀利'하고 있었다.[162] 결국 이 시기 社會構成의 성격상 왕실세력의 특권에 기반한 곡물의 매집이나 처분활동은 정부가 금지할 수 없었고, 왕실세력은 이러한 조건을 이용하여 막대한 交易利益을 확보하였던 것이다.

한편 조선전기 곡물교역의 주도층에는 중앙의 高位官僚나 지방의 兩班 士大夫들이 있었다. 물론 官人 士大夫의 곡물매집과 처분활동 역시 그들이 지닌 사회적 특권을 보장받을 수 있는 정부와의 거래에서 우선 이루어졌다. 回換에서도 양계지방 출신의 居京從仕者나 居京地主의 농장곡 회환은 商人回換과는 달리 줄곧 허용되었다.[163] 綾城君 具致寬과 高靈君 申叔舟가 평안도의 私儲穀 1천 석을 회환시키고, 回換價로 지급

159) 같은 연산군 11년 9월에 安孫 또한 五升綿布 1만 匹을 司贍寺에 납부하고, 軍資監 新米를 匹當 20斗의 비율로 지급받고 있다. 약 1만 3,300여 석의 분량이었다. 그의 신분과 관련한 특기사항이 없어 구체적으로 알 수는 없지만, 그 역시 특권세력과 연계된 인물이었음에 틀림없다(《燕山君日記》 卷59, 燕山君 11年 9月 辛亥, 14冊, 22쪽).
160) 주 153과 같음.
161) 朴平植, 앞의 〈朝鮮前期 兩界地方의 '回換制'와 穀物流通〉, 23~29쪽.
162) 《中宗實錄》 卷100, 中宗 38年 3月 丁巳, 18冊, 667쪽.
    "憲府啓曰 內需司書題等 以別差下去各道 憑公謀利."
163) 朴平植, 앞의 〈朝鮮前期 兩界地方의 '回換制'와 穀物流通〉.

받은 경상도 곡물로 다시 貿布하여 이익을 倍加시킨 예는 그 대표적인
것이었다.[164]

納穀 또한 이들의 곡물처분 경로의 하나였다.

> 兩司啓曰 戶曹判書鄭世虎 本以貪饕無厭之人 …… 與市人同謀 納穀於各
> 邑 甘心不恥[165]

현직 호조판서인 鄭世虎가 상인과 공모하여 각 읍에 납곡하는 모습이
다. 아마도 진휼곡 확보를 위한 납곡에 참여함으로써 謀利하려 한 것으
로 생각되는데, 그가 현직 호조판서로서 兩司의 탄핵을 받고 있는 점이
이채롭다. 그만큼 그의 납곡을 통한 謀利行爲가 적극적이었던 데 따른
결과일 것이다.

고위관료나 양반 사대부들의 곡물교역 참여는 정부와의 거래에 국한
되지 않았다. 특히 15세기 후반 이후 전국이 하나의 交易網으로 연결되
면서, 그들은 民間의 穀物市場에 적극 개입하고 있었다. '今宰相殖貨者
多'[166]하는 사회 분위기 속에서 그들의 殖貨活動은 곡물을 상품으로 하
여서도 활발하였다. 연산군대의 尹弼商[167]에 이어 그의 식화활동이 조정
에서 큰 논란이 되었던 명종대 權臣 尹元衡의 경우를 보자.

> 領議政尹元衡 …… 米粟紅腐 賤如泥沙 以爲此物 難於久儲 遂盡召鍮器之
> 商 擧一市持名色之器 車載馬駄 雲集其門 以米相販 積如丘山[168]

領議政 尹元衡은 저장이 어려운 米粟을 이용하여 鍮器商으로부터 鍮
器를 매입하여 이를 산처럼 쌓아두고 있었다. 다른 기록에는 이를 다음

---

164) 曺伸,《謏聞瑣錄》(《稗林》, 5冊, 8쪽).
　　"具綾城申高靈 各以平安道私儲穀一千斛 納官爲軍儲 換撥于慶尙道 以穀貿布
　　其利倍焉."
165)《明宗實錄》卷13, 明宗 7年 9月 壬午, 20冊, 100쪽.
166)《成宗實錄》卷182, 成宗 16年 8月 庚辰, 11冊, 46쪽.
167)《燕山君日記》卷53, 燕山君 10年 閏4月 己卯, 13冊, 614쪽.
168)《明宗實錄》卷31, 明宗 20年 8月 丁卯, 21冊, 24~25쪽.

과 같이 표현하고 있다.

前領議政尹元衡 …… 招集廛商 開市其家 靑銅白金 車輦馬駄 而雲擾於門 手持看品 上下市直 而貿販山積 市上之物 一朝幾空[169]

市廛商人을 자기 집으로 불러들여 市價를 조정하고 貿販한 物品을 산처럼 쌓아두어 市上의 物品이 하루아침에 거의 빌 지경이라는 것이다. 과장된 표현이기는 하지만, 그의 곡물 판매규모가 어느 정도였던가를 짐작하게 하는 대목이다. 그가 시전상인에게 매도하였던 곡물이 官家의 힘을 빌려 개발한 海澤과, 廣占한 沿海와 內地의 良田에서 수확한 所出이었음은 물론이다.[170]

윤원형의 경우에서 보듯이 권력을 이용한 海澤開發과 田莊廣占의 行態는 당시 權勢家들의 일반적인 모습이었다. 선초 이래 계속된 農地開墾事業은 주로 權勢家들이 주도하면서 下三道에서 우선 전개되었고, 이 지역의 新田開發이 어느 정도 한계에 이르자 16세기에 들어서 양계지방으로까지 확대되고 있었다.[171] 평안도 역시 '士大夫農庄 多在於本道'[172]하던 형편이었다. 당시 居京 權勢家들의 農莊 所出穀은 자기 소유의 선박이나, 아니면 船運業者들에 의해 都城으로 운반되고 있었다.[173] 따라서 도성에 선운된 이들 권세가들의 농장곡 중에서 剩餘分은 자연 위 尹元衡의 예에서 보듯이, 도성의 상인들에게 처분될 수밖에 없었다. 윤원형의 행위가 문제된 것은 결국 그의 곡물판매에 원인이 있었던 것이 아니라, 首相의 신분으로서 상인과 마찬가지로 교역과정에 직접 참여하였기

---

169)《明宗實錄》卷31, 明宗 20年 8月 戊寅, 21冊, 27~28쪽.
170)《明宗實錄》卷31, 明宗 20年 8月 丁卯, 21冊, 25쪽.
171) 주 97~99와 같음. 조선전기 農地開墾에 대한 구체적인 내용은 다음 논문 참조.
　　李景植, 앞의〈16世紀 地主層의 動向〉; 李景植, 앞의〈朝鮮初期의 農地開墾과 大農經營〉; 李景植, 앞의〈朝鮮初期의 北方開拓과 農業開發〉; 李泰鎭, 앞의〈16세기 沿海地域의 堰田 개발〉.
172) 주 98과 같음.
173) 崔完基, 앞의《朝鮮後期船運業史硏究》, 78~84쪽.

때문이었다.[174]

이 시기 중앙관료나 양반 사대부들은 민간의 貿穀活動을 통해서도 商業利益을 도모하였다. 이 경우 물론 무곡행위 자체는 그들 자신이 수행하지 않고 奴婢나 상인을 통해 代行하였다. 세종 2년(1420) 安邊都護府使 金孟城은 이들 士大夫家 奴僕들의 商販活動을 관찰사로 하여금 痛懲케 하라고 요구하고 있다.[175] 무곡활동에서도 이러한 사정은 마찬가지였을 것이다. 명종 15년(1560)의 다음 기록은 그러한 예의 하나이다.

> 以平安道觀察使狀啓 下于政院曰 …… 西京商船禁斷 不是難行之事 而前庶尹李師聖 名爲文臣 冒赴大處 不奉君命 暗挾私情 婚家奴子 許入城底 累日留連 公然販貿[176]

前庶尹 李師聖이 西京의 商船禁斷 조치를 어기고 查頓家 奴子의 '城底販貿'를 허용하여 문제가 되고 있다. 당시 양계지방의 行船禁止가 무곡선상들의 貿穀船運 활동으로 인한 軍糧不足 사태를 예방하기 위해 내려진 조치였음을 고려할 때,[177] 이 경우 이사성의 查頓家 奴子는 바로 무곡선상이었던 것으로 보인다. 결국 이사성의 사돈가는 奴子를 앞세워 무곡선상활동에 종사하였고, 양계지방 행선금지 조치에도 불구하고 권세를 이용하여 平壤에서 貿販할 수 있었던 것이다. 회환·납곡과 같은 정부와의 거래에서만이 아니라, 일반 백성을 상대로 한 양반 사대부의 무곡활동에서도 그들의 상업활동이 특권에 기반하여 전개되었음을 잘 보여주는 사례라 하겠다. 그리고 이는 왕실의 곡물교역과 함께, 상업에서이들에게 보장되던 '利權在上'의 결과였다.[178]

---

174) 《明宗實錄》卷31, 明宗 20年 8月 丁卯, 21冊, 25쪽.
   "身爲首相 而恥行商賈之事."
175) 《世宗實錄》卷10, 世宗 2年 11月 己巳, 2冊, 414쪽.
176) 《明宗實錄》卷26, 明宗 15年 7月 壬申, 20冊, 561쪽.
177) 주 91과 같음.
178) 權勢家 양반층의 곡물을 상품으로 한 상업활동이 이상과 같다면, 그 외 京外에 거주하는 일반 양반가문의 곡물교역 역시 규모의 차이는 있다 하더라도 이와

조선전기에 왕실이나 관료 등 특권세력과 더불어 곡물교역을 주도하던 세력에는 또한 船商·市廛商人 등 이른바 富商大賈들이 있었다. 중량 다량의 物品을 취급하던 船商은 상활동의 규모나 범위가 陸商과는 비교할 수 없을 정도로 크고 넓은 大商人이었다.[179] 배를 가지고 海路·水路를 이용하여 전국을 교역무대로 활동하던 선상의 가장 큰 취급상품은 바로 곡물이었다. 특히 당시 최대의 소비시장인 都城의 京江을 중심으로 활동하던 京江船商들은 선초 이래 貿穀船商으로서 곡물매집을 위해 전국에서 활동하고 있었다.[180]

이들 선상은 在地 中小地主의 지주·대농경영과 그 결과물인 地主資本의 회전과 증식을 위해 반드시 필요한 상인이었다. 왕실이나 고위 관인 등 大地主들은 앞서 살펴본 바와 같이 그들의 農莊穀을 관교역 또는 시전기구를 통해 직접 처분하거나 代理商人을 내세워 회전시킬 수 있었지만, 재지 중소지주의 처지에서 剩餘穀物의 처분은 지방을 왕래하던 선상에 의존하지 않을 수 없었다. 이런 사정에서 조선 정부는 抑末策에 의거하여 선상의 商活動을 인정하는 한편으로, 行狀制度를 통해 그 활동을 관리하고 통제하는 방침을 견지하고 있었다.[181]

도성의 市廛商人과 사상인 중의 富商大賈는 이들 京江船商과 연계를 맺으면서 도성상업을 장악하고 있던 세력이었다. 그러므로 조선전기에

---

비슷한 형태로 전개되었을 것이다. 노비를 앞세운 兩班家의 상업활동에 대해서는 다음 논문이 참고된다.

金容晩, 〈朝鮮時代 私奴婢의 存在形態 一研究 — 身分上 地位와 使役形態를 中心으로〉, 《民族文化論叢》 11(嶺南大, 1990), 111~114쪽 ; 李樹健, 〈嶺南學派 形成의 社會·經濟的 基盤〉, 《嶺南學派의 形成과 展開》(一潮閣, 1995), 91~109쪽, 257~269쪽 ; 김건태, 〈16세기 양반지주층의 경제활동〉, 《역사와 현실》 16(1995), 146~148쪽.

179) 朴平植, 앞의 〈朝鮮前期의 行商과 地方交易〉(本書 제3장 1절).
180) 崔完基, 앞의 《朝鮮後期船運業史研究》, 65~84쪽 ; 崔完基, 앞의 〈朝鮮中期의 貿穀船商〉 ; 崔完基, 앞의 〈朝鮮中期의 穀物去來와 그 類型〉 ; 朴平植, 앞의 〈朝鮮前期의 行商과 地方交易〉(本書 제3장 1절).
181) 朴平植, 〈朝鮮初期의 商業認識과 抑末策〉, 《東方學志》 104(1999 ; 本書 제1장 2절).

대규모 자본과 상업활동을 통해 도성을 비롯한 전국의 곡물교역을 실제
에서 주도해 가던 세력은, 바로 富商大賈로서 이들 곧 船商·市廛商人·都
城의 富商들이었다.

부상대고의 곡물교역은 주로 특권세력과의 연계를 바탕으로 이루어
졌다. 특히 정부와의 교역형태인 회환이나 납곡에 참여하는 상인들의
경우, 그러한 경향은 보편적인 현상이었다. 연산군 3년(1497)에 判書 李
世佐 등은 성종의 後宮인 昭儀金氏의 평안도 回換 요청을 국왕이 승낙
하자, 이에 대하여

　　此必富商大賈 依附金氏 多齎綿布 或貿粟民間而納之 或納布於守令 守令
以其道綿布價貴 受之不辭[182]

라며 반대하였다. 金氏의 회환 요청이 실은 그에 依附한 부상대고의 사
주에 의한 것이기 때문에 허락해서는 안 된다는 주장이었다. 왕실을 이
용한 상인들의 회환 참여는 연산군대만의 관행이 아니라, 당시 보편적인
현상으로 되풀이되고 있었다.[183] 양계지방의 商人回換이 상인의 現地貿
穀에 따르는 폐단 때문에 일상으로 금지되던 현실에서, 그에 대처하는
부상대고의 대응방안이었다. 결국 이 시기 부상대고들은 왕실을 비롯한
특권 권력에 기생하여 회환에 참여함으로써, 回換米의 매집과정이나 그
代價의 수령을 통해 막대한 교역이익을 확보할 수 있었던 것이다.

부상대고의 特權에 寄生한 상업활동은 여타의 納穀에서도 마찬가지
였다. 앞서 인용한 바 있듯이 명종 2년(1547) 진휼을 위한 納穀令이 내리
자, 京中의 牟利之徒들은 外方에서 船運되어 오는 곡물을 중간에서 買占
하거나 경중곡물을 貿取한 연후에, 이를 '假托從仕人員家奴 冒受戶曹公
文 船輸陸運 納于各官'[184]하고 있었다. 납곡에 따르는 이익 확보를 위해
노성에서 배십한 곡물을 居京 官僚의 農莊穀으로 기탁하여 지방에서 納

182)《燕山君日記》卷21, 燕山君 3年 正月 甲寅, 13冊, 181쪽.
183) 朴平植, 앞의〈朝鮮前期 兩界地方의 '回換制'와 穀物流通〉, 30~41쪽.
184) 주 139와 같음.

官하였던 것이다. 이후 명종 6년(1551)에도 부상대고들은 '因緣勢家'하
여 각 州郡民으로부터 매집한 곡물을 勢家의 農庄所出이라 例稱하여 納
穀함으로써 重價를 수령하고 있다.[185]

　회환·납곡의 과정에서 富商大賈와 權勢家 사이에 맺어진 이상과 같
은 연계는 相補的인 성격의 것이었다.

　　史臣曰 …… 富商大賈 乘時射利 爭貿雜穀納官 而冒巨室之名 請受京倉米
　其利倍蓰 巨室亦坐取其賂 瘠公肥私 莫甚於此[186]

　부상대고들은 이를 통해 그 이익을 倍蓰시킬 수 있었으며, 권세가는
상인들로부터 取賂함으로써 손쉽게 私益을 챙길 수 있었다. 이처럼 특권
세력에 기반한 부상대고의 납곡활동은 '瘠公肥私'하여 국가재정에 상당
한 손실을 가져오는 행위였다. 그러나 이들의 활동이 왕실을 비롯한 특권
세력의 名義로 또는 그를 假托하여 이루어지는 한, 그것은 당대 사회에서
금지될 수 있는 것이 아니었다. 15~16세기, 부상대고의 특권에 기생한
곡물의 매집과 처분활동은 회환이나 납곡과 관련하여 끊임없이 계속되
고 있었다.

　한편 선상과 시전상인 등 大商人들은 민간의 곡물교역 역시 주도해 갔
다.[187] 특히 15세기 후반 이후 西海 南北海路의 항해가 안전성을 확보하고,
도성과 외방을 연결하는 穀物交易網이 안정화 체계화하면서 이들의 활동
은 더욱 활발해졌다. 곡물의 민간교역에 종사하던 부상대고의 상업활동
은 곡물의 地域間 가격차를 이용하여 謀利하는 遠隔地 交易形態였다. 회
환이나 납곡에서 특권세력에 寄生함으로써 교역이익을 확보하였다면, 원
격지 교역에서는 豊凶 또는 時期에 따른 地域間 穀價差가 교역이익의 원
천이었다. 실제 도성에 인구가 집중된 결과 나타나는 도성과 외방 사이의
일상적인 곡가차는 이들 부상대고의 商活動의 주요 기반이었다.

─────────────

185)《明宗實錄》卷12, 明宗 6年 12月 癸酉, 20冊, 65쪽.
186)《成宗實錄》卷267, 成宗 23年 7月 乙酉, 12冊, 206쪽.
187) 本節 2)항 '民間의 穀物交易과 交易網'.

그러나 이들의 교역이익 확보방안은 여기에 그치지 않았다. 부상대고들은 人爲的인 穀價操縱을 통해서도 그 이익을 도모하고 있었다. 詐欺去來에서부터 買占·賣惜에 따른 投機行爲에 이르기까지 그 방법은 다양하였다. 詐欺去來 행위는 선초 이래 계속되던 원초적인 謀利方法이었다.

　　市肆賣米者 務要射利 競相誑人 買用大斗大升 賣用小斗小升 或雜沙石[188]

도성의 곡물상인들이 度量衡을 속이거나, 곡물에 沙石을 섞음으로써 不正利益을 꾀하였던 것이다. 따라서 이들의 假僞行爲에 대한 단속이 계속되었지만,[189] '或漬以水 或雜塵沙 恣行欺詐'[190]하는 不法의 곡물교역은 이후에도 여전히 지속되고 있었다.

부상대고의 買占·賣惜을 통한 投機行爲는 여기에서 한걸음 더 나아간 방법이었다. 특히 최대 곡물시장인 도성에서의 투기행위는 외방에서 船運되는 곡물의 매점에 그치지 않고,[191] 정부의 糴糶活動에까지 미치고 있었다. 당시 정부의 常平·賑恤米 放出이 항상 격렬한 논란의 대상이 되었던 이유는 이들의 매점행위 때문이었다.[192] 심지어는 정부의 常平米 방출이 원래의 목적과 달리 '富益富 貧益貧' 현상만을 초래한다고 비판받는 실정이었다.[193] 중종 20년(1525) 10월, 당시 米價는 布 1匹當 10升에 불과하였으나 상평미는 필당 3두의 비율로 방출되었다. 그러자 부상대고들이 관리와 결탁하거나 또는 貧民의 名義를 빌려 이를 매점함으로써 그 이익을 獨占하고 있었다.[194] 중종 36년(1541) 6월에도, 京中富商은 빈

188)《世宗實錄》卷76, 世宗 19年 2月 辛未, 4冊, 53쪽.
189)《世宗實錄》卷110, 世宗 27年 11月 乙酉, 4冊, 644쪽.
190)《成宗實錄》卷133, 成宗 12年 9月 甲戌, 10冊, 254쪽.
191) 주 139와 같음.
192) 林基形, 金勳埴의 앞 논문 및 本節 1)의 '政府의 穀物去來와 强制交易' 참조.
193) 주 64와 같음.
194)《中宗實錄》卷55, 中宗 20年 10月 丁亥, 16冊, 457쪽.
　　"戶曹啓曰 … 常平倉 … 市直則一匹 纔得十斗 常平倉則 至於三斗 雖曰出千百石 皆富商大賈所貿 而不及於貧民."
　　原文에는 당시 米價가 布 1匹에 10斗로 나와 있다. 그러나 이는 분명한 10升의

민 명의로 상평미를 필당 1두 4승으로 매점하여, 그 중 2승은 명의를
빌려 준 빈민에게 분급하고 나머지 1두 2승을 차지하고 있다.[195]

부상대고의 곡물 매점행위는 穀價가 賤할 때에도 마찬가지였다. 명종
4년(1549) 1월 知經筵事 申光漢은 지금과 같은 穀賤時에 상평법에 따라
정부가 糶米하지 않으면 결국,

    富商大賈 獨專其利 民間之穀 盡入其手[196]

할 것이라 역설하고 있다. 부상대고가 민간의 곡물을 買占하여 이후 穀
價가 비쌀 때 판매함으로써 그 이익을 獨占할 것이라는 주장이었다. 상
인들의 매점에 따른 投機利益을 간파한 지적이었다.

곡물교역을 실제의 교역과정에서 주도해 가던 부상대고들은, 이처럼
穀價가 쌀 때 매점한 곡물을 穀價가 앙등하였을 때 처분함으로써 매점·
매석에 따른 投機利益을 확보할 수 있었다. 중종 5년(1510) '近來雖有豊
年 穀貴如金'[197]하다는 金應箕의 지적은 이러한 사정에서 나오는 것이었
다. 풍년임에도 불구하고 '穀貴如金'한 실정은 바로 투기이익 확보를 노
린 부상대고의 人爲的인 穀價操縱에서 야기되었던 것이다.

결국 조선전기 곡물교역의 주도층인 특권세력이나 부상대고의 상업
활동에서 나타나는 특징은 '特權性', '寄生性', '投機性' 등으로 요약할 수
있겠다. 왕실·권세가 등의 활동이 그들이 지닌 諸特權에 기반하여 수행
되었다면, 부상대고의 활동은 주로 특권에 寄生하거나 아니면 買占·賣
惜의 投機行爲를 통해 전개되었던 것이다. 곧 特權交易의 형태로서, 곡
물의 교역과정에서 나타나는 封建商業의 實際였다.

　　誤記이다. 중종 20년의 미가에 대해서는 李正守, 앞의 〈朝鮮前期의 米價變動〉,
　　281쪽 참조.
195) 《中宗實錄》 卷95, 中宗 36年 6月 庚午, 18冊, 475쪽.
196) 《明宗實錄》 卷9, 明宗 4年 正月 戊子, 19冊, 622쪽.
197) 《中宗實錄》 卷12, 中宗 5年 8月 戊戌, 14冊, 457쪽.

## 2. 鹽의 生産과 交易

### 1) 國初의 鹽法改革과 鹽政의 推移

鹽은 곡물과 더불어 民生의 必需食品이다. 염의 이 같은 商品性에 착
안한 고려 정부는 14세기에 들어 그 생산과 교역을 국가에서 장악하여
이를 국가재정의 한 기반으로 삼고 있었다. 鹽 專賣制로서 榷鹽制의 실
시였다.[198] 충선왕대 재정개혁의 일환으로 추진된 榷鹽制는 애초 鹽戶로
부터 일정액의 鹽稅만을 징수하던 徵稅制를 혁파하고, 전국의 모든 鹽
盆을 국가에 소속시켜 국가가 이를 일원적으로 관리하는 鹽의 專賣制였
다. 각염제 하에서 염의 생산과 판매는 국가의 철저한 관리와 통제 속에
서 이루어졌다. 定役戶로서 鹽戶는 매년 국가에서 지정한 貢鹽額을 생
산 납부해야 하였고, 그 부담이 과중하여 염 생산은 賤役視되고 있었다.
한편 염의 판매 역시 국가가 직접 장악하여 民間商人의 개입은 제도적
으로 배제되었다.[199]

그러나 高麗末에 이르러 이러한 전매제는 생산부문에서 鹽戶의 逃避·
離散에 따른 供給鹽의 부족, 유통부문에서의 管鹽官들의 부정, 權豪의
鹽盆 奪占에 따른 私鹽의 성행 등으로 인해 붕괴되고 있었다. 이 과정에
서 염의 購買代價로서 민이 부담하던 鹽價布는 현실에서 '鹽稅'라는 새
로운 항목의 稅가 되고 말았다.[200] 恭愍王 19년(1370) 門下府의 다음 啓文

---

198) 고려시기 鹽業의 실태와 鹽政에 대해서는 다음 논고가 있다.
　　白南雲,〈鹽의 專賣〉,《朝鮮封建社會經濟史》(上)(改造社, 1937)·內藤雋輔,
　　〈高麗時代の鹽法について〉,《漢文學紀要羽田論叢》(1950;《朝鮮史研究》, 1961
　　에 收錄);孫弘烈,〈高麗時代의 鹽業制度〉,《淸大史林》3(1979);姜順吉,〈忠
　　宣王의 鹽法改革과 鹽戶〉,《韓國史研究》48(1985);權寧國,〈14세기 榷鹽制의
　　成立과 運用〉,《韓國史論》13(서울大, 1985).
199) 姜順吉, 權寧國의 앞 논문.

은 그러한 여말의 사정을 잘 전하고 있다

> 權鹽之法尙矣 是以先王置鹽倉於海濱之州 乃令深陸之民 納稅和賣 以通
> 上下之利 近者法久弊生 納稅而未受者 或至十年 民無所賴 私販遽興 非先王
> 之本意也 請自今令鹽戶安其所業 又使守令償民所納 仍禁私販 王從之[201]

民이 염세를 납입하고도 심지어 10여 년 동안이나 염을 분급받지 못하는 사정 때문에 바야흐로 '私販遽興'하는 상황이었지만, 각염제는 여전히 고집되고 있었다. 여기에 덧붙여 국가기강의 해이와 함께 鹽盆이 여타의 山林川澤과 마찬가지로 權豪들에 의해 奪占되어 감으로써,[202] 權鹽으로서의 고려의 鹽法은 붕괴되고 이로 인해 鹽戶나 民의 고충이 가중되는 형편이었다.

이처럼 고려말 鹽政運營에서 제기되는 문제는 국가의 權鹽法 강행에 따른 여러 폐단과 權豪들의 鹽盆 奪占·私占이라는 兩 系統에서 비롯하고 있었다. 따라서 그 해결을 위해서는 두 계통의 문제를 동시에 해소하는 대안이 마련되지 않으면 안 되었다.

국초 조선 국가의 鹽政에 대한 정비방안은 山林·漁場 등을 포함하는 山林川澤 일반에 대한 처리 방향의 틀 속에서 마련되었다. 요컨대 '山林川澤 與民共之'의 이념체계에 기반해서였다.[203] 고려말 이래 산림·어장·염분 등 산림천택에 해당하는 지역은 權豪들에 의해 私占됨으로써 국가의 收稅 대상에서 제외됨은 물론, 이를 이용하여 생계를 유지해 가는 일반 民의 생존기반을 무너뜨리고 있었다.[204] 때문에 조선건국 후, 정부

---

200) 權寧國, 앞의 〈14세기 權鹽制의 成立과 運用〉.
201) 《高麗史》卷79, 殖貨2, 鹽法, 恭愍王 19年 2月, 中冊, 742쪽(亞細亞文化社刊 影印本 — 이하 같음).
202) 고려말 權豪들의 鹽盆을 비롯한 山林川澤 奪占 상황은 조선 文宗代에 이르러 다음과 같이 언급되고 있다(《文宗實錄》卷4, 文宗 卽位年 10月, 庚辰, 6冊, 303쪽). "前朝亦用古制 而取其利 今觀式目都監形止案 各邑鹽盆坐數 魚梁網所 蘆田結卜 俱載無遺 至于季世 權豪占奪."
203) 조선시기 山林川澤의 개념, 유형과 그 운영원리에 대해서는 남원우, 앞의 〈16世紀 '山林川澤'의 折受에 대한 硏究〉참조.

는 산림천택에 대한 儒敎 傳來의 '與民共之' 이념에 입각하여 이들 지역을 개인이 독점하여 이익을 專斷하는 행위를 강력하게 금지하였다. 鄭道傳의 《朝鮮經國典》에서 강조된 이 원칙[205]은, 이후 太祖 6년(1397)에 가서 다음과 같이 구체 정책으로 실행된다.

> 諫官上書言事 …… 山場水梁 一國人民所共利者也 或爲權勢擅執權利者有焉 甚非公義也 願自今下令 州府郡縣 考其境內山場水梁 如有專擅者 則將其姓名 一一告于憲司 憲司啓聞科罪 痛禁其弊 守令有阿勢畏威 匿不申報者 罪同 上兪允施行[206]

山場·水梁, 곧 산림천택이 '一國人民所共利'의 대상임을 규정하고 이를 擅執하여 權利하는 권세가들을 국가 차원에서 조사 처벌하였던 것이다. 이후 조선 국가는 산림천택에 대한 '與民共之'의 원칙을 견지하면서, 이를 役制度, 進上·貢物制度, 雜稅制度 등과 연계시켜 인민지배를 실현하여 가고 있었다.[207]

산림천택에 대한 조선 정부의 이상과 같은 정책 방향은 염의 생산과 교역을 둘러싼 국가정책에서도 그 바탕이 되었다. 榷鹽制의 폐지와 권세가의 鹽盆 私占 금지라는 조선 鹽政의 기본 骨幹은 바로 여기에 근거하는 것이었다.

건국초 정부의 염정은 外形上 고려의 專賣制 전통을 이어 염의 생산과 교역에 대한 국가 차원의 관리를 도모하고 있었다. 다소 장황하지만 《朝鮮經國典》 鹽法條의 내용을 살펴보면 아래와 같다.

---

204) 山林이 그 중심이기는 하지만, 고려말의 山林川澤 문제와 이에 대한 조선 국가의 정비방안으로서 山林政策과 人民支配에 대해서는 다음 논문이 자세하다. 김선경, 〈朝鮮前期의 山林制度 ― 소산독가의 山林政策과 이민지배〉, 《國史館論叢》 56(1994).

205) 《朝鮮經國典》 上, 賦典, 山場·水梁, 217~218쪽(國史編纂委員會刊 活字本 《三峯集》 ― 이하 같음).

206) 《太祖實錄》 卷11, 太祖 6年 4月 丁未, 1冊, 105쪽.

207) 특히 山林政策과 人民支配의 방식에 대해서는 주 204의 김선경 논문 참조.

鹽出於海而民用之 不可無者也 前朝自忠宣王 立鹽法 使民納布受鹽 以資
國用 及其法弊 布入於官 鹽不及已 民甚苦之 殿下卽位 首降德音 一革前朝弊
法 每沿海州郡 置鹽場而官爲煮鹽 聽民將其所有之物 或布或米 無論精粗多
寡 親就鹽所 稱時價之高低 計直受鹽 然後納價物焉 蓋與民同其利 非禁而権
之也[208]

정도전에 따르면 태조는 즉위 이후 前朝의 弊法을 혁파하고서 각 연
해주군에 鹽場을 설치하여 '官爲煮鹽'하게 하였다. 동시에 고려의 '納布
受鹽'制에 따른 폐단, 곧 민이 鹽稅 명목으로 納布하고서도 그 代價鹽을
제대로 지급받지 못하는 문제를 해결하기 위해 민으로 하여금 米布의
精粗·多寡에 관계없이 鹽所에서 時價에 따라 官鹽을 즉시 매입할 수 있
게 조치하였다.

官鹽 판매방법의 변화를 제외한다면 국가에서 염의 생산과 교역을
전담하는 각염제의 틀에서 크게 벗어나지 않은 내용으로 이해된다. 특
히 연해주군에 염장을 설치하여 '官爲煮鹽'하게 한 조처는 염 생산을 국
가에서 장악하려는 의지의 표현으로 보인다. 실제 태조는 卽位教書에서
각도에서 생산한 염을 按廉使·鹽場官의 책임 하에 민과 무역하여 國用
에 보충하도록 지시하고 있다.[209] 즉위교서를 반포한 그날 제정한 百官
의 제도에서도 중앙에 鹽稅를 관장하는 義鹽倉을 두고 있는데,[210] 이 또
한 고려 공민왕대에 염 전매 업무를 담당하기 위해 설치한 '의염창'제[211]
를 그대로 이어받은 조처였다. 언뜻 보아 조선의 염법 또한 고려와 마찬
가지로 專賣制에 기초한 것으로 이해되는 것이다.[212]

---

208) 《朝鮮經國典》上, 賦典, 鹽法, 217쪽.
209) 《太祖實錄》 卷1, 太祖 元年 7月 丁未, 1冊, 22쪽.
     "其各道燔煮之鹽 仰按廉使下鹽場官 與民貿易 以充國用."
210) 《太祖實錄》 卷1, 太祖 元年 7月 丁未, 1冊, 25쪽.
     "義鹽倉掌鹽稅事."
211) 權寧國, 앞의 〈14세기 権鹽制의 成立과 運用〉, 40쪽의 주 92 참조.
212) 國初 鹽政改革 논의의 이러한 사정과, 이후 국가의 재정보충을 위한 権鹽論議
     에 주목한 기왕의 연구자들은 여기에 근거하여 조선 鹽政의 기본 방향이 염의

그렇다면 정도전이 조선의 염법을 가리켜 '蓋與民同其利 非禁而榷之'[213]한 제도라고 그 성격을 규정한 이유는 어디에 있을까. 결론적으로 말해 《朝鮮經國典》에서 언급하고 있는 염법개혁의 내용은 실은 官鹽의 유통에 관한 제한적인 내용에 불과하였다. 즉 전매제를 혁파하고서 진행되는 조선의 염법을 전제로, 관염의 유통이 갖는 개혁적인 성격을 고려의 '納布受鹽'의 제도와 비교하는 내용이었던 것이다.

조선 건국 후, 염정 분야에서 단행되었던 개혁의 요체는 국가의 專賣制 포기, 곧 私鹽의 생산과 교역에 대한 허용에 있었다. 이미 卽位敎書에서 태조는 苦役을 담당하는 騎船軍에 대해 賦役蠲免, 助戶加定 방침을 표명하면서 그들이 거두는 魚鹽之利에 대해서 公榷하지 말도록 지시하고 있다.[214] 연해의 船軍이 燔煮한 염에 대해 '自取'를 허용함으로써 鹽盆私置와 私販을 엄금하였던 고려의 각염제와 달리 사염을 인정하였던 것이다.

조선 정부의 사염 허용에 대한 방침은 태조 3년(1394)의 다음 기사를 통해 좀 더 분명하게 확인할 수 있다.

都評議使司 請以公私魚鹽梁 盡屬司宰監[215]

---

생산과 교역을 국가가 장악하는 專賣制에 기초해 있는 것으로 이해하여 왔다[高承濟,〈李朝鹽制의 基本構造〉,《서울大論文集》3(1956) ; 高承濟,〈李朝鹽業의 經濟構造〉,《서울大論文集》4(1956 ; 이상 논문은 모두《近世韓國産業史硏究》, 大東文化社, 1959에 收錄) ; 朴容淑,〈朝鮮初期의 鹽業考〉,《釜山大文理大論文集》16(1977) ; 申芝鉉,〈鹽業〉,《한국사》10(국사편찬위원회, 1977) ; 申芝鉉,〈염업〉,《한국사》24(국사편찬위원회, 1994)]. 그러나 이러한 통설적인 견해에도 불구하고 이하 본문에서 서술하듯이 조선 鹽法의 특질은 고려와 비교하여 전매제를 포기하고 私鹽의 생산과 교역을 허용한 데 있었다. 이에 대해서는 일찍이 劉承源이 서초의 鹽干 문제를 다루면서 언급한 바 있다[劉承源,〈朝鮮初期의 鹽干〉,《韓國學報》17(1979), 31~37쪽(《朝鮮初期身分制硏究》, 乙酉文化社, 1984에 收錄)].

213) 주 208과 같음.
214)《太祖實錄》卷1, 太祖 元年 7月 丁未, 1冊, 22쪽.
  "騎船軍 委身危險 盡力扞禦 在所矜恤 其令所在官司 蠲免賦役 加定助戶 輪番遞騎 其魚鹽之利 聽其自取 毋得公榷."

鹽盆과 魚梁에 대한 收稅 업무를 司宰監으로 이속하자는 도평의사사
의 건의이다. 애초 염세에 대한 관장은 義鹽倉의 업무였는데,[216] 이때에
이르러 어량과 더불어 그 수세 업무를 사재감으로 옮기자는 건의가 제
기되었던 것이다.[217] 어쨌든 公魚鹽梁 외에 私魚鹽梁, 곧 公鹽盆 외에 私
鹽盆이 국가에 의해 인정되고, 이를 국가기관에서 파악하고 있던 사실
이 확인된다. 물론 收稅를 위한 조처였다.

한편 태조 6년(1397) 10월 정부는 이들 수세대상으로서 염분·어량에
대한 정확한 실태 파악과 課稅를 위해 監察을 각도에 파견하였다. 연해
주군의 鹽盆·鹽區·魚梁·水梁의 소출의 多少를 헤아려 '定稅成籍'하기
위한 조처였다.[218] 그런데 다음해인 태조 7년(1398) 1월 慶尙道都觀察使
를 경유해 보낸 知永川事 禹均의 다음 陳言은 국초 조선 염정의 구체
내용을 파악하는 데 매우 중요한 내용을 담고 있다.

　　今乃分遣朝官沿海諸州 公私魚鹽與各浦所産 一皆考問 備書公籍 欲歲收
其稅 以備國用 可爲良法矣 然側聞海濱甫集之民 聞是令下 恐公家權利爲患
復爲流亡者 比比有之 予恐欲利於國 而反無益也 竊以爲姑待數年 畜恒産重
遷徙 然後擧行是法 未爲晚也 都堂上言 以爲今年 且依舊額收稅 以待後年 更
考所出多寡 酌定其稅 以便民生[219]

우선 前年에 내려진 정부의 조처는 각처에 파견한 조관을 통해 沿海
諸州의 公私魚鹽과 各浦의 所産을 파악, '備書公籍'하여 수세함으로써

---

215)《太祖實錄》卷5, 太祖 3年 正月 戊午, 1冊, 53쪽.

216) 주 210과 같음.

217) 도평의사사의 이 건의는 그대로 수용되어 태조 3년(1394)에 의염창이 폐지되
고 그 업무가 사재감에 이속된 듯하다(《世宗實錄》卷111, 世宗 28年 2月 丙午,
4冊, 654쪽).
　　"領議政黃喜曰 前朝設義鹽倉 … 本朝因而行之 逮罷 義鹽倉移屬司宰監."

218)《太祖實錄》卷12, 太祖 6年 10月 丙戌, 1冊, 110쪽.
　　"分遣監察於各道 愼以裏右道豊海道 朴軒忠淸道 崔滈慶尙道 高休全羅道 踏驗
沿海州郡 鹽盆鹽區魚梁水梁 量所出多少 定其稅成籍."

219)《太祖實錄》卷13, 太祖 7年 正月 己未, 1冊, 114쪽.

國用에 대비하고자 한 것이었다. 私鹽의 허용을 전제로 하는 수세방침
이었던 셈이다. 그런데 우균에 따르면 당시 연해민들은 정부의 이 조처
를 다시 국가에서 権鹽制를 시행하기 위한 절차로 이해하여 급기야는
유망하는 사태가 벌어지고 있었다. 때문에 그는 사염 허용을 전제로 좀
더 정확한 收稅資源 파악을 목적으로 하였던 전년의 조처를 民의 '畜恒
産'을 기다려 수년 후에 시행하자고 건의하고 있는 것이다. 都堂 역시
그의 견해를 수용하여 舊額에 따라 수세하고, 소출의 多寡에 따른 鹽盆
稅의 酌定은 후년을 기다리자고 상언하고 있다.

그러나 사염을 허용하는 한, 그에 대한 국가의 수세는 시급한 과제였
다. 그러므로 이상과 같은 반대의견의 개진에도 불구하고 그 해(1398)
4월 태조는 三司와 各道 敬差官에게 鹽稅[220]의 多少를 점검하도록 명하
였다.[221] 그 이후 경차관의 보고 내용을 자료에서 확인할 수는 없지만,
이로써 조선은 비로소 전국 소재 公·私鹽盆에 대한 정확한 수세자료를
확보할 수 있었고, 이에 따른 課稅는 私鹽人이 제도적으로 사염의 생산
과 교역을 국가로부터 허용받는 근거가 되기도 하였다.

그러면 이제 정도전이 《朝鮮經國典》에서 언급한 '每沿海州郡 置鹽場
而官爲煮鹽'[222]의 의미를 새겨볼 차례이다. 그 시행상의 문란에도 불구하
고 강력한 각염제를 시행하였던 고려의 鹽政 전통을 이은 조선에서도,
건국 직후부터 염의 생산과 교역에 대한 관리는 국가 차원의 중요한
과제가 아닐 수 없었다. 権鹽을 포기함으로써 염 생산이 국가재정에서
차지하는 비중이 비록 감소하였다 하더라도 염 생산자들이 부담하는
鹽稅는 국가에서 放棄할 수 없는 주요한 稅源의 하나였기 때문이다. 더
욱이 염의 생산과 그 교역이 민의 생계에서 차지하는 비중과 연관하여

---

220) 이때의 鹽稅는 물론 고려에서처럼 염을 국가로부터 매입하는 민이 납부하는
    稅布를 의미하는 것이 아니라, 염 생산자가 국가에 대해 내는 公課로서의 염세
    이다.
221) 《太祖實錄》 卷13, 太祖 7年 4月 庚辰, 1冊, 119쪽.
    "命三司同各道敬差官 點煮海燔沙鹽稅多少 及魚梁船稅多少."
222) 주 208과 같음.

염정의 정비는 新生國家가 시급히 해결해야 할 과제이기도 하였다. 이를 위해 조선 정부는 前朝의 각염제 하에서 염 생산자들을 鹽戶로 차정하여 그들의 全生産額에 해당하는 貢鹽을 수납하던 鹽政體系를 원용하고 있었다. 즉 국가 차원에서 각 연해주군에 鹽場을 설치하고 여기에 기왕의 염호들을 身役의 하나로 定役시킴으로써 염의 안정적인 생산과 貢鹽의 확보를 기도하였던 것이다. 이른바 貢鹽干,[223] 公干[224] 또는 式干[225] 이 바로 그들로, 국가는 이들을 따로 鹽籍에 편성하여 관리하였다.[226]

身良役賤 계층으로서 貢鹽干은 그들의 生業과 身役이 일치하는 염 생산자였다.[227] 그들은 각자 自備한 物力을 바탕으로 鹽盆을 설치하고 일정한 지역의 해변에 대한 占有를 인정받아 염 생산에 종사하고 있었으나, 그들의 이러한 생업은 국가에 의해 定役戶 곧 貢鹽干으로 차정됨으로써 이루어지는 것이었고, 그만큼 국가의 강력한 통제 관리의 대상으로 존재하는 형편이었다. 이들 소유의 염분이 公鹽盆 또는 貢鹽盆[228]으로 지칭됨도 이런 사정에서였다. 국가는 이들 官設 鹽場에서 이루어지는 염간의 염 생산과정에 대한 관리와 그들로부터 貢鹽을 수취하는 업무를 담임시키기 위해 鹽場官을 두고 있었다.[229]

물론 전술한 바와 같이 국초에도 이미 私鹽은 이른바 私干[230]에 의해 생산되어 유통되고 있었다.[231] 이들은 국가의 역체계와 관계없이 스스로

---

223) 《太宗實錄》 卷28, 太宗 14年 9月 戊寅, 2冊, 35쪽.
224) 《世宗實錄地理志》 全羅道, 沃溝縣·扶安縣·興德縣·順天都護府·高興縣.
225) 《世宗實錄》 卷109, 世宗 27年 8月 戊辰, 4冊, 635쪽.
226) 《世宗實錄》 卷109, 世宗 27年 8月 戊辰, 4冊, 635~636쪽.
　　　 "鹽干 … 名在干籍 不得回避 又無他生理."
　　　 "司宰監專掌其事 考其鹽干之籍 不使有隱漏閑役者."
227) 劉承源, 앞의 〈朝鮮初期의 鹽干〉.
228) 《慶尙道地理志》 소재 각 군현의 鹽盆 기사.
229) 鹽場官은 榷鹽制下 고려에서 염의 收稅 및 販賣를 담당할 목적으로 설치된 職制였다(姜順吉, 榷鹽國의 앞 논문). 조선에서도 그 직제가 그대로 설치되었음은 태조의 즉위교서에 이미 염장관이 나타나는 사실을 통해 확인할 수 있다(주 209와 같음).
230) 《世宗實錄》 卷109, 世宗 27年 8月 戊辰, 4冊, 635쪽.

물력을 투자한 염분에서 염을 생산하여 판매하면서 납세하던 존재였다. 곧 다른 신역을 지닌 채 염업에 종사하던 사람들이었다.[232] 이에 비해, 公干 곧 貢鹽干은 국가에 의해 역체계의 일환으로 편성되어 국가에서 설정한 특정 염장에서 貢鹽을 生産·納貢하지 않으면 안 되었다. 鹽場은 바로 이들을 차역시키기 위해 국가에서 설정한 특정한 해변의 염 생산 지였다. 또한 이들의 염 생산은 염장관을 통한 국가의 엄격한 통제 관리 하에서 이루어지는 것이었다. 정도전이 말한 '置鹽場而官爲煮鹽'의 의미 는 이상에서 서술한 공염간의 염 생산조건을 전제로 하는 언급이었다. 따라서 결코 前朝에서와 같이 국가에서 염의 생산과 판매를 전담 관리 하는 상황을 의미하지는 않는 것이라 하겠다.

太宗 14년(1414) 戶曹判書 朴信의 課鹽法에 대한 다음 啓文은 그러한 국초 염정 운영의 사정을 분명하게 보여주고 있다.

今國家沿海州郡 置貢鹽干 又收私鹽稅 其數不爲不多[233]

사염세를 부담하는 私干 외에 국가는 연해주군에 貢鹽干을 두었고, 이들이 생업이자 신역으로서 염을 생산 납공하는 곳이 바로 鹽場이었던 것이다.[234] 이 시기 염간이 身良役賤 계층의 하나로서 賤役人으로 인식되 던 것[235]도 바로 이처럼 국가의 엄격한 생산강제 아래에서 염간의 염

---

231) 私干의 존재와 鹽稅 부담에 대해서는 劉承源, 앞의 〈朝鮮初期의 鹽干〉, 48~50 쪽 참조. 이들이 생산한 염의 교역과 그 확대 문제에 대해서는 이하 本節 4)항 '私鹽의 生産과 交易擴大'에서 詳述.

232) 《度支志》 外篇 卷8, 版籍司 財用部, 漁鹽 事實.
  "式干 無他役而世傳其業 … 私干 有他役而兼爲資生."

233) 《太宗實錄》 卷28, 太宗 14年 9月 戊寅, 2冊, 35쪽.

234) 국초의 鹽場에 대한 이러한 관념은, 이후 염업의 발전과 함께 염 생산자의 鹽 盆所有, 鹽生産海邊(鹽田)에 대한 占有의 권리가 확대되면서 염 생산시설 일반 을 지칭하는 개념으로 전화한다. 예컨대 仁祖 3년(1625)의 다음 기록은 그렇게 전화한 염장의 개념을 의미한다고 생각된다(《仁祖實錄》 卷10, 仁祖 3年 10月 壬寅, 34冊, 45쪽).
  "今者 魚箭鹽場 各有主者."

235) 《定宗實錄》 卷1, 定宗 元年 2月 庚寅, 1冊, 144쪽.

생산이 이루어지던 사정에서 연유하는 것이었다. 그리하여 이러한 상황을 바탕으로 공염간의 염 생산에 대한 국가의 강력한 統制 介在 행위가 '官爲煮鹽'의 형태로 관념될 수 있었던 것이다.[236] 태조의 즉위교서에서 언급된 '各道燔煮之鹽'[237] 역시 이런 관념 속에서, 국가가 염간을 동원하여 생산한 염이 아니라 염간으로부터 수취한 貢·稅鹽을 의미하는 표현이었다.

결국 국초 조선 정부가 추진한 鹽法改革의 기본 방향은 고려의 각염제를 폐지하는 데 있었다. 이제 定役戶인 貢鹽干은 身役의 일환으로 貢鹽을, 私干은 私鹽稅를 부담하면 되었다.[238] 그들이 물력을 투자하여 설치한 鹽盆에 대한 소유권은 공·사간 모두에게 인정되었고, 염 생산지역인 해변에 대한 점유 또한 인정되었다. 그들이 생산한 염 역시 貢·稅鹽을 제외하면 자유로운 판매가 보장되었다.[239] 정도전의 표현대로 '蓋與民同其利 非禁而権之'[240]하는 제도였고, 염정의 일대개혁이었다. 조선 정부의 염정에 대한 이러한 개혁조처는 비단 염 생산자들의 생산조건만을 향상시키려는 소극적인 목적에서 취해진 것은 아니었다. 고려말 염세로 價布를 납입하고서도 염을 제때에 지급받지 못하는 사람이 열에 여덟아홉에 이르던 사정과,[241] 이로 인해 권세가들이 장악하여 생산한 私鹽이

---

"騎船格軍 非鹽干賤者."

236) 국초 鹽干의 염 생산에 대한 이러한 관념은 태종 11년(1411) 11월 사간원의 상소문에서도 확인된다(《太宗實錄》 卷22, 太宗 11年 11月 辛巳, 1冊, 611쪽).
"鹽又切於民用 不可一日無也 國家設鹽場官 使燔之易民布貨 民甚便之."

237) 주 209와 같음.

238) 貢鹽干의 貢鹽은 지역에 따라 약간의 차이는 있으나 대체로 세종대 연간 20여 석에서 성종대에 이르면 8석으로 인하 조정된다. 이에 비해 私干의 稅鹽은 동시기에 모두 4석으로 변동이 없다(劉承源, 앞의 〈朝鮮初期의 鹽干〉).

239) 《世宗實錄》 卷109, 世宗 27年 8月 戊辰, 4冊, 635쪽.
"一歲所貢 式干則十石 私干則四石 其餘則任其所用 持價來買者 東西沓至 故雖不事農業 衣食自足."

240) 주 208과 같음.

241) 《高麗史》 卷79, 志33, 食貨2, 鹽法, 忠肅王 5年 5月, 中冊, 741쪽.
"今鹽場官 先徵價布 鹽不及民者 十常八九."

高價로 私販되던 현실[242]에 비추어 볼 때, 이러한 염정개혁이 가져오는 일반 민인의 생활향상 효과는 적지 않은 것이었다. 토지·조세제도로서의 科田法의 제정 실시에서 의도하였던 新王朝 開創의 名分이 鹽政 분야에서도 각염제의 폐지로 실현되고 있었던 것이다.

한편 각염의 폐지와 함께 국초에 단행된 鹽法改革의 또 다른 중요한 내용은 염 생산자, 곧 염간 이외 권세가 등의 鹽盆私置를 금지하는 데 있었다. 물론 고려 역시 개인에 의한 鹽盆私置를 엄격하게 금지하였지만, 이는 어디까지나 염전매를 관철시키기 위해 私鹽의 유통을 막는 차원에서 이루어지는 것이었다.[243] 그러나 각염제의 문란과 동시에 麗末에 이르러 權豪들의 염분 奪占과 私置는 다시 횡행하였고, 이는 사염의 유통 확대로 이어지고 있었다.[244] 이렇게 권호에 의해 장악 유통되는 私鹽이 국가의 官鹽에 못지 않게 高價이고 이로 인해 민의 고충이 컸음은 물론이었다.

국초 조선 정부는 이러한 사염의 폐단을 근원에서 방지하기 위해 염간이 아닌 權勢家 개인의 鹽盆私置와 奪占을 금지하였다. 이 역시 '山場水梁 一國人民所共利者'[245]라는 山林川澤에 대한 '與民共之'의 이념에 근거하여 취해지는 조처였다. 때문에 이를 專擅하여 権利하는 자는 국가가 엄격하게 조사하여 처벌하고, 권세가의 위세에 눌려 이를 보고하지 않는 수령 또한 治罪하고 있었다.[246]

염분의 私置와 私占을 금하는 이러한 원칙은 국초에는 대체로 준수되었던 것으로 보인다. 예컨대 태조 7년(1398)에 迎日監務 盧植과 鹽場官 趙以道는 염분을 私置하였다가 중앙에서 경차관이 파견되자 이를 毁盆한 혐의로 憲司에 의해 탄핵되었다.[247] 지방관이고 염 생산과 수세를 담

---

242) 주 201과 같음.
243) 《高麗史》 卷79, 志33, 食貨2, 鹽法, 忠宣王 元年 2月, 中冊, 471쪽.
　　"私置鹽盆及私相貿易者 嚴行治罪."
244) 姜順吉, 權寧國의 앞 논문.
245) 주 206과 같음.
246) 위와 같음.

임하는 염장관인 이들이 처벌되는 것으로 보아, 당시 개인이 염분을 사
치·운영하는 행위가 법으로 금지되었고 적발 시에 처벌됨이 常例였던
사실은 분명하다.

그러나 염분의 설치와 경영이 가져다 줄 경제적 이익은 권세가의 鹽
分私置 금지라는 국초 이래 원칙의 遵行을 어렵게 하였다 이와 관련하
여 睿宗 원년(1469)의 다음 자료가 주목된다.

  傳旨戶曹曰 江陵府蒜山堤堰 給上元寺 且免雜役及鹽盆稅[248]

호조에 내린 국왕의 傳旨 가운데에 上元寺의 염분세를 면제하라는 지
시가 포함되어 있다. 상원사 소유의 私鹽盆이 존재하고 이에 대한 課稅
가 이루어지던 사정에서 국왕의 特旨로 그 염분세가 면제되고 있는 것
이다. 상원사의 사염분은 물론 상원사가 物力을 투자하여 만든 염분으
로 그 所有權이 同寺에 있는 염분이겠다. 이 염분의 염 생산이 상원사의
승려에 의해 이루어졌는지 아니면 鹽戶에게 代價를 징수하면서 貸與하
였는지는 확인할 수 없지만, 위 내용으로 보아 당시 상원사가 상당한
수량의 염분을 소유하고 있음은 분명하다 하겠다. 한편 이러한 鹽盆 私
有의 추세는 이후 더욱 확대되었던 듯하다. 15세기 말엽인 成宗 23년
(1492)에는 洛山寺 소유의 私鹽盆이 많다는 사실이 구체적으로 지적되
고 있기 때문이다.[249]

이상 鹽盆私置와 所有의 사례는 모두 동해안에 소재한 寺刹과 관련된
내용이지만, 그러한 추세는 당대의 권세가나 양반 사대부, 토호 등에게
도 마찬가지였을 것이다.[250] 또 이들은 私置한 염분을, 노비 등을 동원하

247)《太祖實錄》卷13, 太祖 7年 3月 丙子, 1冊, 119쪽.
  "憲司劾 … 迎日監務盧植 鹽場官趙以道 … 以道植私置鹽盆 聞敬差官至 毁盆 請
  收職牒 處之外方 … 命 … 杖以道植流于外."
248)《睿宗實錄》卷3, 睿宗 元年 2月 己亥, 8冊, 329쪽.
249)《成宗實錄》卷261, 成宗 23年 正月 戊子, 12冊, 134쪽.
  "侍講官姜謙曰 … 洛山寺 私鹽盆 亦多."
250) 권세가나 양반 사대부의 鹽盆所有는 燕山君 12년(1506)에 昇平府夫人의 염분

여 自營하는 경우도 없지 않았겠지만, 대개는 염 생산자들에게 대여하고 그 대가를 수취하는 형식으로 경영하였으리라 짐작된다. 그렇다면 염간 이외 권세가나 개인의 염분 사치와 사점을 금하던 국초 정부의 방침은 15세기 전반을 거치면서 무너지고, 개인의 鹽分私有를 인정한 바탕에서 그에 대한 염분세가 부과되고 있었던 셈이다.

이와 관련하여 조선의 기본 법전인《經國大典》에 실려 있는 鹽盆과 鹽稅에 대한 규정을 살펴볼 필요가 있다.

> 諸道魚箭鹽盆 分等成籍 藏於本曹本道本邑 漏籍者 杖八十 其利沒官 私占魚箭者同 魚箭分給貧民 三年而遞[251]

염분은 어전과 더불어 分等成籍의 형태로 국가에 의해 파악되고 있었고, 漏籍者는 처벌되었다. 그런데 어전의 사점에 대한 처벌규정이 明示되어 있음에 비해 염분의 사치나 사점에 대한 규정이 빠져 있는 점이 흥미롭다. 국초 이래 산장·어량·염분 등 山林川澤이 '與民共之'의 이념 하에 개인에 의한 사점이 금지되면서 동일한 차원에서 취급되어 왔음을 고려하면,《經國大典》의 위 내용은 염분에 대한 국가정책이 변화되었음을 보여주고 있는 것이다.[252]

요컨대 15세기 전반을 거치면서 염 생산자인 貢鹽干이나 私干 외에 權勢家나 寺刹 등이 物力을 투자하여 私置한 鹽盆이 증가하면서 이를 금지하던 국초의 정책은 무너지고 있었다. 나아가 그러한 鹽盆私置의 증대라는 사정에 조응하여 그들의 鹽分所有를 인정하고서 이에 대해 收稅하는 방향으로 국가의 鹽業政策이 바뀌었고,《經國大典》의 위 규정은 그렇게 변화된 국가정책을 반영한 것이었다. 이러한 염업정책의 변

---

을 몰수하여 張淑容에게 지급한 사실에서 그 實例가 확인된다(《燕山君日記》卷63, 燕山君 12年 8月 癸丑, 14冊, 63쪽).

251)《經國大典》戶典, 魚鹽.

252) 山林에 대한 私占禁止는《經國大典》刑典 禁制條에 그 내용이 명시되어 있다. "私占柴草場者 並杖八十."

화는 당대 인구의 증가에 따라 염 소비량이 급증하던 현실에서 염 생산
의 증대, 그 중 특히 私鹽의 생산과 교역이 확대되던 사정을 배경으로
나타나는 것이었다.[253] 각염제 폐지라는 국초의 원칙을 유지하면서도 鹽
業發展에 따라 진행되는 지배층의 염업에 대한 投資를 인정하는 방향으
로 조선전기의 鹽政이 변화하고 있었던 셈이다.

### 2) 官鹽의 確保와 運用

조선전기 権鹽制의 폐지와 私鹽의 허용에도 불구하고 염의 생산과 교
역에 대한 국가의 관심은 지대하였고, 그에 따라 염의 생산·유통에 대한
국가의 干與 정도 역시 매우 높았다. 각염의 포기에 따라 염의 생산이나
그 유통과정을 국가가 일원적으로 專擔할 방도는 없었지만, 조선 정부
는 가능한 한 그 과정을 국가의 관리와 통제 하에 두려고 노력하였던
것이다. 이를 통한 국가재정의 보충이라는 측면 외에도, 고려말 権鹽의
강행과 권세가의 私鹽盛行이 가져왔던 사회적 폐단, 곧 민의 현실적인
고충을 해결하는 차원에서도 그 필요성이 절실하였기 때문이다. 특히
염은 민의 食生活에 없어서는 안 될 必須食品으로 그 중요성이 主食인
穀物에 버금가는 식품이었다.[254]

전매제가 폐지된 현실에서 조선 정부의 염 생산과 교역에 대한 간여,
이를 통한 국가재정의 보충, 민생 향상을 위한 노력은 이제 鹽稅의 징수
와 그 관리정책을 통해서 기도되었다. 정부가 장악할 수 있는 염을 이용
하여 민과의 교역을 통해 상기의 목적을 달성하는 방법이었다. 이른바
官鹽 또는 公鹽의 확보와 유통문제였고,[255] 이는 바로 '利權在上'의 이념

---

253) 이 시기 私鹽의 생산과 교역 확대에 대해서는 이하 本節 4)항에서 詳述.
254) 《太宗實錄》卷22, 太宗 11年 11月 辛巳, 1冊, 611쪽.
　　"鹽 又切於民用 不可一日無也."
　　《太宗實錄》卷28, 太宗 14年 9月 戊寅, 2冊, 35쪽.
　　"鹽 乃民之所資以生者 其重 次於五穀."
255) 이 시기 公鹽의 개념에 대해서는 이미 劉承源이 앞의 〈朝鮮初期의 鹽干〉, 47
　　쪽, 주 71에서 정리한 바 있다. 여기에서 그는 公鹽을 王土思想 하의 公田과 비교

에 바탕하여 추진되는 정책이었다.[256]

조선전기에 국가가 장악하는 염에는 우선 鹽干의 貢鹽이 있었다. 앞에서 살펴본 바와 같이 국가는 전국의 연해에 鹽場을 두고 여기에 貢鹽干들을 身役으로 差役시켰다. 물론 염 생산에 필요한 일체의 所要物品, 예컨대 鹽盆·鹽幕·柴木 등은 염간의 自備였고 따라서 그 시설물은 염간의 所有였다. 염장은 이들 염분이 소재하는 共有의 해변에 설정되었고, 여기에서 이루어지는 염 생산과 貢鹽 징수를 위해 鹽場官을 설치하였다.[257]

이들 공염간의 염 생산은 그것이 신역의 일환이고 국가의 강력한 生産强制 하에 이루어졌기 때문에 '官爲煮鹽'한다고 인식될 정도였다.[258] 그런 만큼 그들의 貢鹽額數 또한 적지 않은 분량이었다. 세종 원년(1419) 황해도 염간은 1년에 每戶當 24石을,[259] 강원도 염간은 세종 9년(1427) 이전까지 1名當 20石을 부담하고 있었다.[260] 당시 강원도 감사는 민간의 弊瘼을 보고하면서 염간의 처지를 다음과 같이 묘사하고 있다.

道內嶺東各官貢鹽 鹽干每一名 歲收二十石 此輩煮鹽代耕 以資其生 近因沿邊禁松令嚴 柴于遠地 以致牛馬倒損 每年稅鹽 未充其額 人甚病之 請減半

하여, 전국의 모든 鹽盆, 국가가 定役戶를 동원하는 염분(貢鹽盆), 국가 직속의 염분(官盆)과 그 염분 소유에 따른 염의 생산·유통행위 일체를 포함하는 것으로 정의하였다. 필자는 이런 개념 규정에 기본적으로 동의하나, 생산시설로서 鹽盆과 상품으로서 鹽을 포함하는 개념으로서의 공염 규정에는 의문이 있다. 따라서 이 절에서는 공염을 私的 所有와 流通의 영역에 있는 私鹽과 대비시켜 국가에서 장악하여 유통시키는 염으로 그 의미를 국한하여 사용하고자 한다. 당시 자료에서는 이러한 의미의 염에 대해 官鹽, 公鹽 또는 國鹽 등 다양한 표현을 쓰고 있다.

256) 朴平植, 앞의 〈朝鮮初期의 商業認識과 抑末策〉(本書 제1장 2절).
257) 국초에 설치된 鹽場官 職制는 이후 세종 18년(1436)에 혁파되고 그 임무는 해당 지역 수령이 兼掌하게 된다(《世宗實錄》卷75, 世宗 18年 10月 癸亥, 4冊, 33쪽). "罷諸道鹽場官 令其官守令兼掌."
258) 本節 1)항 '國初의 鹽法改革과 鹽政의 推移' 참조.
259) 《世宗實錄》卷5, 世宗 元年 10月 乙未, 2冊, 342쪽.
260) 《世宗實錄》卷36, 世宗 9年 4月 壬午, 3冊, 69쪽.

每年一名 毋過十石 以便民生 …… 上 命鹽稅減半[261]

煮鹽으로써 農耕을 대신하는 이들은 특히 禁松令으로 인해 柴木 조달에 큰 어려움을 겪는 실정이었고,[262] 이러한 사정이 참작되어 이들의 공염은 연 10석으로 인하 조정되었다. 貢鹽干 곧 式干의 공염은 세종 27년(1445)에도 10석으로 확인된다.[263] 이후 이들 식간의 공염은 성종 16년(1485) 이전 어느 땐가 다시 연간 8석으로 인하되었고,[264] 이 액수가 조선전기 내내 공염으로 부과된 것으로 보인다.[265]

이 시기 국가에서 差役한 공염간의 전체 숫자를 확인할 수 없기 때문에 그 貢鹽總額을 추정할 수는 없지만 전국적으로 상당한 액수였을 것임은 짐작된다. 예컨대 《世宗實錄地理志》에 따르면 全羅道에 염분이 소재한 郡縣은 14개 지방이었고, 그 중 公·私干의 수를 파악하고 있는 9개 군현의 염간의 수는 724명, 그들이 납부한 공·세염은 총 6,892석이었다.[266] 물론 이 官鹽 總額은 공염간의 공염 외에도 私干의 私鹽稅가 포함된 수치이다. 그러나 이를 감안하더라도 선초 국가에서 공염을 통해 확보하는 관염은 적지 않은 액수였다. 고려 忠宣王 원년(1309) 2월에 각염제를 시행하면서 국가가 파악한 전국의 鹽盆은 616坐, 鹽戶는 892戶에

261) 위와 같음.
262) 鹽田의 有無에 관계없이 煮鹽方式으로 염을 생산하던 당시에, 염 생산의 가장 큰 어려움은 柴木 조달에 있었다. 煮鹽式 製鹽法에서 燃料 문제에 대해서는 金昊鍾, 〈朝鮮後期 製鹽에 있어서 燃料問題〉, 《大丘史學》 26(1984) 참조. 또 이 시기 製鹽方法에 대해서는 高承濟, 朴容淑, 申芝鉉의 앞 논문 참조.
263) 주 239와 같음.
264) 《成宗實錄》 卷183, 成宗 16年 9月 甲子, 11冊, 53쪽.
   "式干 納稅鹽八石 私干 四石."
265) 磻溪 柳馨遠에 따르면 17세기 후반 전라도 扶安·茂長의 염세는 盆當 8석이었고(《磻溪隨錄》 卷1, 田制 上), 肅宗 22年(1696) 충청도 泰安·瑞山의 염세 역시 분당 8석이었다(《度支志》 外篇 卷8, 版籍司 財用部, 漁鹽 事實).
266) 이 중 靈光郡에는 鹽干이 1,129명, 貢鹽이 1,290석으로 나타나 있다. 그러나 다른 군현의 경우와 이 시기 貢·稅鹽의 액수를 고려하면 염간의 수 1,129명은 129명의 誤記인 듯하다. 본문의 염간수는 이 校正한 수치에 의거한 것이다.

諸道의 鹽價布는 4만 匹, 이를 당시 估價에 의해 산정하면 鹽으로 8만 石이었다.[267] 그 중 전라도에 소재한 염분은 126좌에 염호가 220호였다.

《世宗實錄地理志》가 편찬된 端宗 2년(1454)과 고려 충선왕 원년(1309) 사이에 보이는 이러한 통계치, 곧 鹽盆數[268]와 鹽干數의 차이는 고려시기 국가의 관리에서 빠져 있던 多數 私鹽盆의 존재나 또는 兩時期 사이의 염 생산의 발전에 따른 결과로 해석된다.[269] 여하튼 각염제 하에서 고려 정부가 장악했던 염의 총액이 8만여 석이었음에 비해, 각염이 폐지된 상태에서 전라도 한 지방, 그것도 염 생산 14개 郡縣 중 9개 군현에서 국가가 貢·稅鹽으로 거두었던 관염의 총액은 7천여 석에 이르렀다. 특히 《世宗實錄地理志》의 공염액이 애초 20여 석 이상이었던 공염이 10석으로 인하된 이후의 통계임을 고려하면, 이 이전까지 국가에서 공염을 통해 장악할 수 있었던 관염의 양은 그보다 훨씬 많은 액수였다고 추정된다.

한편 조선전기 국가가 官鹽으로 확보하던 두 번째 형태의 염은 私干들이 납부하던 私鹽稅였다. 국초 鹽法改革의 일환으로 사염이 허용된 후, 제염업에 종사하던 사염인, 사간들은 鹽稅를 납입하고 있었다. 이들 사간은 다른 신역을 가진 채 염업에 종사하던 자들이었으므로,[270] 그들의 세염은 공염간의 공염에 비해 액수가 적었다. 이들 사간의 세염액은 세종 27년(1445)과 성종 16년(1485)의 자료에 모두 4석으로 나오는 것으

---

267)《高麗史》卷79, 志33, 食貨2, 鹽法, 忠宣王 元年 2月, 中冊, 741쪽.
　　이때에 파악된 전국의 鹽盆·鹽戶數를 各 道別로 구분하면 다음과 같다.

| | 楊廣道 | 慶尙道 | 全羅道 | 平壤道 | 江陵道 | 西海道 | 計 |
|---|---|---|---|---|---|---|---|
| 鹽盆 | 126 | 174 | 126 | 98 | 43 | 49 | 616 |
| 鹽戶 | 231 | 195 | 220 | 122 | 75 | 49 | 892 |

268)《世宗實錄地理志》전라도조에 염분이 파악된 군현은 靈光郡과 茂長縣뿐이다. 그러나 이 두 군현 소재 염분만으로도 그 수가 143좌여서, 충선왕 원년의 전라도 전체 염분수 126좌를 초과하고 있다.
269) 權寧國, 앞의 〈14세기 権鹽制의 成立과 運用〉, 22쪽.
270) 주 232와 같음.

로 보아,[271] 국초 이래 연 4석이었던 듯하다.

당시 사간들의 私鹽盆이 전체 염분에서 차지하는 비중이나 그들의 稅鹽總額 등에 대해서는 자료의 미비로 확인할 수 없다. 그러나 세종 6년(1424)에 간행된 《慶尙道地理志》 소재의 염분 기사를 통해 15세기 초반 사염분이 차지했던 비중의 대략은 추정해 볼 수 있다. 이때 조사된 경상도 소재의 염분 1,302좌 중 사염분은 총 336좌로 전체 염분의 25.8퍼 센트에 해당하였다. 나머지의 대다수는 貢鹽盆이었고, 이 밖에 약간의 軍須鹽盆이 있었다.[272] 세종초 1개도의 조사라는 점과 사염분의 漏落 가 능성이 매우 클 것임을 유념하면 이를 전국적인 수치로 연역할 수는 없겠지만, 국초 사염분이 전체 염분에서 점하고 있던 비중의 대략은 추 정할 수 있겠다. 그리고 이후 사염의 생산과 교역이 확대되는 데 따라 그 비중이 올라갔을 가능성 또한 충분히 상정할 수 있겠다.[273] 나아가 태종 14년(1414)에 벌써 '私鹽稅 其數不爲不多'하였던 사정을 고려하 면,[274] 이러한 사염분의 확대 추세와 함께 전체 관염에서 사염세가 차지 하는 비중 역시 증대하여 갔을 것이다.

국가가 장악하는 관염의 세 번째 형태는 船軍(水軍)이 생산하는 염이 었다.[275] 애초 赴防中인 수군의 糧餉에 충당할 목적으로 시작된 水軍煮鹽 은 이후 제도로서 置廢를 거듭하다 결국은 水軍 고유의 役의 하나로 《續

---

271) 주 239, 264와 같음.
272) 劉承源, 앞의 〈朝鮮初期의 鹽干〉, 42~43쪽.

|  | 貢鹽盆 | 私鹽盆 | 軍須鹽盆 | 計 |
|---|---|---|---|---|
| 坐　數 | 906 | 336 | 60 | 1,302 |
| 百分率(%) | 69.6 | 25.8 | 4.6 | 100 |

273) 15세기 전반을 경과하면서 진행되는 私鹽의 확대 경향에 대해서는 이하 本節 4항 '私鹽의 生産과 交易擴大'에서 詳述.
274) 주 233과 같음.
275) 선초 水軍煮鹽의 형태와 그 추이에 대해서는 다음 논문 참조.
　　李載龒, 〈朝鮮前期의 水軍〉, 《韓國史硏究》 5(1970) ; 劉承源, 앞의 〈朝鮮初期 의 鹽干〉, 49~52쪽.

六典》에 규정된다.[276] 貿穀을 통한 軍糧補充이 그 목적이었다. 그런데 이후 세종대를 거치면서 수군 자염은 補軍糧의 목적과 아울러 救荒을 위한 煮鹽이 강조되었고,[277] 그 내용이《經國大典》戶典 備荒條에 규정되기에 이르렀다.[278]

水軍煮鹽은 그 자체가 수군 역의 일환으로 강제되는 것이기에 鹽釜를 스스로 제조하는 등 수군에게 큰 苦役이었다.[279] 세조 2년(1456)에는 충청·전라·경상도 도관찰사가 이들 수군의 屯田耕作, 煮鹽 동원으로 인해 防禦에 지장이 있다고 보고할 정도였다.[280] 더욱이 당시 수군의 자염역은 수군 1인당 매월 鹽 2石을 수납하는 형태로 발전하고 있었다.[281] 이른바 수군의 '月課鹽'이었다.[282] 공염간의 공염 수납과 형태상 동일한 방식이었고, 그 양 또한 적지 않은 액수였다. 성종 5년(1474)에는 수군이 土木之役과 煮鹽役으로 인해 날로 '流亡四散'한다는 지경이었다.[283]

그러나 국가의 입장에서 수군을 이용한 煮鹽은 손쉬운 官鹽確保의 방안이었다. 조선 국가는 이미 선초에 煮鹽水軍을 따로 배정하였고,[284] 그

---

276)《世宗實錄》卷86, 世宗 21年 7月 丙寅, 4冊, 227쪽.
　　 "續典云 各浦船軍 當無事時 煮鹽營田海産採取等事 隨宜擧行 若國家無事 則軍
　　 糧補乏 實爲急務 不可廢也."
277)《世宗實錄》卷74, 世宗 18年 7月 己亥, 4冊, 21쪽 ;《世宗實錄》卷117, 世宗 29年
　　 9月 壬子, 5冊, 38쪽 ;《成宗實錄》卷20, 成宗 3年 7月 甲子, 8冊, 676쪽 ;《成宗實
　　 錄》卷180, 成宗 16年 6月 壬辰, 11冊, 26쪽.
278)《經國大典》戶典, 備荒.
　　 "諸鎭 令當番水軍 煮鹽採海菜 具數報觀察使 … 觀察使 每節季啓聞."
279)《文宗實錄》卷4, 文宗 卽位年 10月 庚辰, 6冊, 299쪽 ;《成宗實錄》卷76, 成宗
　　 8年 2月 乙未, 9冊, 423쪽 ;《成宗實錄》卷106, 成宗 10年 7月 丙寅, 10冊, 33쪽.
280)《世祖實錄》卷4, 世祖 2年 7月 壬午, 7冊, 143쪽.
281)《世宗實錄》卷43, 世宗 11年 正月 己未, 3冊, 161쪽 ;《世祖實錄》卷5, 世祖 2年
　　 11月 壬午, 7冊, 157쪽 ;《成宗實錄》卷232, 成宗 20年 9月 丙子, 11冊, 518~519쪽.
282)《大典續錄》戶典, 支供 ;《成宗實錄》卷48, 成宗 5年 10月 辛丑, 9冊, 157쪽.
283)《成宗實錄》卷44, 成宗 5年 閏6月 丁酉, 9冊, 118쪽.
284)《世宗實錄》卷43, 世宗 11年 正月 己未, 3冊, 161쪽.
　　 "刑曹啓 乃而浦千戶曺顔仲 濫增法外鹽軍九人 每月收鹽人二石."
　　 각 포의 水軍 지휘관들이 私利를 위해 鹽軍을 增額한 사례이다. 이를 통해 볼
　　 때 수군 중 일부를 煮鹽役에 차역시켜 '鹽軍'으로 삼는 제도는 이미 세종 11년

이후 지방에 따라 그 정원을 늘이기까지 하였다.[285] 16세기 초반 중종
5년(1510)에 이르러 그 폐단이 지적되면서 각 포의 煮鹽軍을 勿定하자는
건의가 제기되기도 하였지만,[286] 그 후에도 사정은 여전하였다.[287] 아울
러 당시 수군의 代立이 일반화하는 추세 속에서,[288] 煮鹽分(月課鹽)을 穀
布로 貿納시키는 방안이 시행되기도 하였지만 이 또한 族徵·隣徵으로
연결되어 폐단이 적지 않았다.[289] 이후 月課鹽 중 2分을 本色으로 나머지
8分을 貿穀하여 所居의 官에 납부하게 조처하였지만, 이 역시 海邊과
山郡의 鹽價 차이로 인해 산군에 거주하는 수군에게는 두 배의 부담이
되고 있었다.[290] 해변의 염가는 鹽 1斗에 租 1斗였지만, '鹽貴穀賤'한 산군
에서는 염 1두가 조 2두의 가격이었기 때문이다. 결국 이 문제는 중종
12년(1517)에 들어 해변과 산군을 막론하고 수군의 납부액 산정기준을
염 1두당 조 1두로 규정하여 恒式을 삼음으로써 해결되었지만,[291] 이로
써 水軍의 煮鹽役은 또 하나의 租稅가 되고 말았다. 이른바 '鹽租'는 바

---

　　(1429) 이전에 시행된 듯하다.

285)《成宗實錄》卷180, 成宗 16年 6月 壬辰, 11冊, 26쪽.
　　"京畿視察使魚世謙 來啓救荒節目 … 其三曰 救荒鹽醬爲最 煮鹽水軍 只四十八
　　名而已 甚不足 請依辛丑年例 准給百名 … 傳曰 依所啓."

286)《中宗實錄》卷12, 中宗 5年 10月 壬子, 14冊, 473쪽.
　　"司勇金世瑚上疏凡十八條 … 其一 請勿定各浦煮鹽軍."

287)《中宗實錄》卷31, 中宗 12年 12月 庚戌, 15冊, 365쪽;《中宗實錄》卷48, 中宗
　　18年 6月 乙丑, 16冊, 239~240쪽.

288) 李載龒, 앞의〈朝鮮前期의 水軍〉.

289)《中宗實錄》卷31, 中宗 12年 12月 庚戌, 15冊, 365쪽.
　　"諫院啓曰 沿海各官各浦煮鹽軍 貿納穀布 積年未納者 分徵隣族 民多逃散."

290)《中宗實錄》卷31, 中宗 12年 12月 己未, 15冊, 370쪽.
　　"憲府啓曰 各浦水軍救荒鹽 鎭將不徵本色 濫徵布物 戶曹爲公事 十分爲率 二分
　　以本色納各浦 八分以貿穀納諸所居官 海邊各官則鹽賤穀貴 故鹽一斗直租一斗 山
　　郡則鹽貴穀賤 故鹽一斗直租二斗 然則日課一日一斗 一朔幾至二石 山郡則直租四
　　石 水軍至爲怨苦."

291)《中宗實錄》卷31, 中宗 12年 12月 辛酉, 15冊, 370쪽.
　　"戶曹啓曰 鹽租事 前年慶尚道觀察使孫仲暾啓本 以爲年歲凶荒 請限明年九月
　　勿論山郡 皆令鹽一斗租一斗相准納官云 該曹據啓本施行 而今者 臺諫所啓至當
　　不必限今年九月而已 永爲恒式可也 傳曰可."

로 이를 지칭함이었다.[292]

국가가 장악하는 官鹽에는 또한 官이 직접 物力을 투자하여 설치한 官盆에서 생산하는 염이 있었다. 이 시기 지방의 各官은 救荒鹽의 확보나 貿穀을 통한 賑恤을 위해 자염이 가능한 지역에 직접 염분을 설치하여 염을 생산하기도 하였다.[293] 특히 국가적인 차원에서 전국 沿海에 관분을 설치하고 여기에서 생산한 염을 이용하여 義倉이나 軍資 등의 국가재정에 보충하려는 정책적인 시도가 세종대에 논의되고, 세종 27년(1445)에 일시 시행된 바 있다.[294] 이른바 '義鹽法'이 그것으로, 연해의 군현에 관분을 설치하고 그 生産鹽을 무곡해서 義倉에 돌리자는 방안이었다. 시험 초기의 상당한 성과에도 불구하고 의염법은 시행 이듬해인 세종 28년(1446) 5월에 중단되고 만다. 애초의 의도와 달리 義鹽敬差官들이 私鹽盆을 탈취하고 이를 権鹽制의 부활로 여긴 사염간들이 염 생산을 포기한 데 따른 市中 鹽價의 상승 때문이었다.[295]

세종대 義鹽法의 실패에도 불구하고 이후에도 조선 정부는 지방 各官 차원에서 관분을 설치하여 자염하는 방안을 장려하고 있었다. 鹽利가 '利權在上' 차원에서 결코 放棄할 수 없는 財源이었기 때문이다. 世祖 11년(1465)의 다음 자료를 보자.

戶曹啓 經國大典 凡諸鎮諸浦 可捕魚處結箭 有柴薪處置鹽盆 其魚鹽之數 移文本曹 第其多少 以行賞罰[296]

捕魚處와 柴木의 조달이 가능한 지역에 魚箭과 官盆을 설치하여 그

292) 위와 같음 ;《各司受教》戶曹受教, 丁巳(宣祖 10, 1577) 5月 15日 戶曹啓目.
293)《世宗實錄》卷74 世宗 18年 7月 己亥, 4冊, 21쪽.
294) 세종대의 鹽法論議에 대해서는 이미 다음 논문에서 자세히 검토된 바 있으므로, 그 자세한 始末은 다음 논문을 참조.
劉承源, 앞의 〈朝鮮初期의 鹽干〉, 37~42쪽 ; 金勳埴, 앞의 〈朝鮮初期 義倉制度 研究〉, 139~148쪽.
295) 위와 같음.
296)《世祖實錄》卷35, 世祖 11年 3月 庚申, 7冊, 676쪽.

소득의 다소에 따라 수령에 상벌을 내리는 규정이 세조대에 편찬된《經國大典》에 실려 있었던 것이다.[297] 당시 定平府使와 瓮津縣令은 이러한 官盆煮鹽을 통해 각기 稻穀 700석과 816석을 마련하여 '補軍資'함으로써 施賞받고 있다.[298] 세조 11년(1465) 경상도에 令을 내려 강원도의 구황에 필요한 鐵盆 100部를 '鑄作輸送'토록 하였던 것도, 바로 강원도의 官盆煮鹽을 위한 조처였다.[299] 이렇게 주조된 철분 100부는 이후 강원도에서 염호에게 분급되었고, 이들 염호로부터 매월 鹽 1斛씩을 수납한 강원도는 그 염을 빈민에게 나누어 주거나 換穀하여 備荒用으로 사용하였다.[300]

한편 沿海面을 갖지 못한 內陸 郡縣에서는 인근 沿海 군현의 일부를 割屬시켜 염분을 설치하기도 하였다. 세종 15년(1433)에 咸吉道 吉州·鏡城 兩邑의 魚鹽所出之地를 寧北鎭에 推移 割屬한 바 있으며,[301] 세조 12년(1466)에도 평안도 順安縣人이 인근 永柔縣의 寧遠·柔遠·通解·延德 등 4읍을 魚鹽利 확보를 목적으로 本縣에 할속시켜 줄 것을 요청하자 그 중 延德을 순안현에 이속시킨 바 있다.[302] 여기에는 물론 私鹽盆도 설치되었겠지만, 이를 정부 차원에서 割屬시킨 사정을 고려하면 官盆 또한 설치되어 所屬縣에 관염을 공급하였을 것이다. 成宗 5년(1474)에도 永安道 利城縣에 수십 년 전에 설치된 甲山府의 염분이 있었음이 확인된다.[303]

私鹽 생산이 원활하지 못한 북부지방의 변방 郡縣에서는 官盆에 鹽戶 외에도 軍士들을 동원하여 煮鹽함이 일반이었다. 水軍을 동원하여 자염하는 방식과 동일한 원리·형태였다. 때문에 이들 軍戶의 煮鹽役에는 水

---

297) 성종 16년(1485)에 편찬된《經國大典》에는 이 내용이 빠져 있다. 지방에서 이 조처가 제대로 遵行되지 않음으로 해서 삭제된 듯하다.

298) 주 296과 같음.

299)《世祖實錄》卷37, 世祖 11年 12月 乙酉, 7冊, 715쪽.

300)《世祖實錄》卷41, 世祖 13年 2月 癸丑, 8冊, 61쪽.

301)《世宗實錄》卷62, 世宗 15年 12月 辛酉, 3冊, 531쪽.

302)《世祖實錄》卷38, 世祖 12年 正月 乙巳, 8冊, 1쪽.

303)《成宗實錄》卷40, 成宗 5年 3月 丙戌, 9冊, 93쪽.

軍煮鹽의 경우에서와 마찬가지로 소정의 納付額이 설정되었고, 燕山君 9년(1503)에는 그로 인한 폐단이 문제되고 있다.[304] 督徵에 따른 군호의 逃散 문제였고, 사정은 이후 宣祖代에 들어서도 마찬가지였다.[305]

결국 이상에서 살펴본 官鹽의 유형 가운데에서 水軍이나 軍士를 차역하여 煮鹽하는 염분이나 官에서 物力을 투자한 염분은 그 所有權이 해당 官에 있는 형태였다. 이른바 '諸道官鹽盆'이었고,[306] 여기에서 생산되는 염은 '貿穀布'를 통해 군자나 진휼, 또는 여타의 용도로 이용되었다. 예컨대 《慶尙道地理志》에 보이는 경상도 소재 총 60坐의 '軍須鹽盆'은 그 설치목적이 軍須의 조달에 있었기 때문에 붙여진 명칭이며, 염 생산을 水軍이 담당하였으므로 소속 浦의 이름을 明記하였던 것이다. 이에 비해 貢鹽干과 私鹽干의 염분은 각기 염 생산자들이 物力을 自備하여 설치한 것으로 당연히 그 소유권이 그들에게 있는 私鹽盆이었다. 염 생산을 身役으로 하는지의 여부에 따라 그들의 부담을 '貢鹽'이나 '稅鹽'으로 분류하고 또 그 세액에 차이가 있기는 하였지만, 鹽盆 所有를 전제로 한 收稅라는 점에서는 공통이었다. 공염간의 '공염'을 '염세'로도 지칭한 것은 바로 이 때문이었다.[307]

이처럼 貢鹽을 포함한 鹽稅나 또는 官盆煮鹽을 통해 확보된 염, 곧 官鹽은 다양한 所用處를 가지고 있었다. 조선전기 정부는 이들 관염을 크게 보아 중앙에서 직접 수세하여 國用에 충당하는 부분과, 해당 소속 군현에서 확보하여 다양한 용도에 이바지하게 하는 형태로 나누어 運用함으로써 중앙과 지방의 재정을 보충하였다. 《經國大典》에는 염분에 대한 '分等成籍' 규정을 명시한 후에 그 鹽稅의 運用에 대해 다음과 같은 원칙을 설정하고 있다.

304) 《燕山君日記》 卷48, 燕山君 9年 2月 庚戌, 13冊, 543쪽.
　　"刑曹正郎朴永文曰 … 五鎭鹽盆 以軍戶循環煮取 定數輸納 每有不充其數 守令嚴加督徵 因此牛馬盡斃 家産蕩然 逃散者相繼不已."
305) 《宣祖實錄》 卷2, 宣祖 元年 6月 壬午, 21冊, 195쪽.
306) 《世宗實錄》 卷105, 世宗 26年 7月 辛酉, 4冊, 569쪽.
307) 《世宗實錄》 卷36, 世宗 9年 4月 壬午, 3冊, 69쪽.

鹽盆遙隔諸邑 置鹽倉 輸稅鹽換穀布 補軍資 京畿忠淸黃海道稅鹽 則司宰
監上納外 分輸軍資監及鹽倉 …… 諸道救荒鹽 除救荒所需外 並貿穀 …… 每
年貿穀補軍資之數 觀察使 具錄啓聞[308]

염분이 멀리 떨어져 있는 諸邑에 鹽倉을 두고 稅鹽을 실어 와 穀布로
바꿔 軍資에 보충시키는 규정이다. 그런데 당시 염창은 비단 內陸 郡縣
에만 설치된 것이 아니었다. 염창의 설치가 고려 이래의 제도를 이어
받은 것인 만큼[309] 沿海의 군현에 우선 설치되었고,[310] 《經國大典》의 위
규정은 고려와 달리 내륙 군현에도 염창을 설치하였음을 보여주는 내용
이다.[311]

그런데 《經國大典》 염세 규정에서 파악할 수 있는 또 다른 중요한
염세 운용의 원칙은 京畿·忠淸·黃海道의 세염만을 現物의 형태로 중앙
정부에서 수세하여 이용한다는 점이다. 당시 전국 소재의 염분을 모두
국가가 파악하여 成籍하고는 있었지만, 그 중 호조에서 현물 형태로 稅
鹽을 직접 수납하는 지역은 도성에서 근거리에 있는 경기·충청·황해
3道에 불과하였던 것이다. 당시 이들 3도의 現物 稅鹽은 우선 司宰監에
상납되어 왕실의 所用을 비롯한 國用에 충당되었고, 나머지가 도성의
軍資監과 현지 3도 군현의 염창에 나누어 수송되었다.

이에 비해 이들 3도의 稅鹽 가운데 현지의 염창에 留置되는 세염을
비롯하여 여타 지방의 세염은 중앙에 그대로 상납되지 않았다. 위 《經
國大典》의 규정대로 현지에서 '換穀布'되어 軍資를 비롯한 國用에 보충
되었던 것이다. 이러한 염세 운용의 방침은 세종 원년(1419) 大司憲 申商
의 鹽干 貢鹽에 대한 다음 啓文을 통해 좀 더 구체적으로 알 수 있다.

---

308) 《經國大典》 戶典, 魚鹽.
309) 姜順吉, 權寧國의 앞 논문.
310) 이 시기 연해 군현의 鹽倉은 《世宗實錄地理志》慶尙道, 全羅道條에서 총 12개
    의 所在가 확인된다. 조사된 염창 12개가 모두 연해에 설치된 것을 보면, 鹽場官
    의 임무와 결부하여 대부분의 염창이 연해에 소재하였음을 추측할 수 있다.
311) 內陸郡縣의 鹽倉은 세조 11년(1465)에 경기도 長湍과 積城에 소재한 염창이
    확인된다(《世祖實錄》 卷35, 世祖 11年 2月 乙酉, 7冊, 672쪽).

　　慶尙全羅兩道及忠淸道下面諸處所煮鹽 本不爲國用 而於所在換布貨 輸於
濟用監 但以京畿黃海道及忠淸道上面所煮鹽爲國用[312]

　　경기도·황해도·충청도 上面 鹽干의 所煮鹽, 곧 貢鹽이 현물의 형태로
국용에 사용되는 데 비해, 나머지 지방의 공염은 현지에서 貿布하여 그
布貨를 濟用監으로 수송하도록 되어 있었다.[313] 당대 기록에 나타나는
'鹽稅布',[314] '鹽稅之布',[315] '鹽布'[316]는 바로 이와 같이 私鹽盆에서 거둔 세
염을 지방 각관이 貿布하여 중앙의 제용감이나 여타 그 수세를 分屬받
은 官署에 상납하는 稅布였다.《世宗實錄地理志》全羅道 羅州牧條에 따
르면, 나주의 貢鹽 2,590석은 羅州牧使의 관장 하에 면포로 바꾸어 국용
에 보태게 규정되어 있고, 성종 23년(1492)에 간행된《大典續錄》戶典
收稅條에는 나주 외에도 靈光의 세염을 모두 貿布하여 校書館에 납입시
켜 印書의 비용에 충당하도록 조처하고 있다.

　　호조에서 파악하여 수세하던 사염분의 鹽稅나 鹽稅布는 그것이 국가
재정의 한 부분이었기 때문에 위와 같은 용도 외에도 필요에 따라 各驛
의 供饋之需,[317] 回換·納穀·官封에 대한 代價,[318] 私船賃運價,[319] 또는 官貿
穀·官貿銀의 支拂手段[320] 등으로도 이용되었다. 당시 鹽稅 收稅上의 폐

---

312)《世宗實錄》卷5, 世宗 元年 8月 甲戌, 2冊, 329쪽.
313) 실제 이 3도 이외 지방의 稅鹽이 貿布되어 제용감에 수송되었음은 세종 8년
　　(1426) 4월 咸吉道 鹽稅의 상납 사례에서 확인된다(《世宗實錄》卷32, 世宗 8年
　　4月 辛卯, 3冊, 24쪽).
314)《中宗實錄》卷25, 中宗 11年 7月 甲午, 15冊, 198쪽;《中宗實錄》卷65, 中宗
　　24年 4月 辛巳·壬午, 17冊, 111쪽;《中宗實錄》卷82, 中宗 31年 10月 癸未, 17冊,
　　683쪽;《明宗實錄》卷7, 明宗 3年 正月 壬午, 19冊, 556쪽;《宣祖實錄》卷7, 宣
　　祖 6年 4月 丙子, 21冊, 262쪽.
315)《中宗實錄》卷95, 中宗 36年 6月 丁巳, 18冊, 470쪽.
316)《中宗實錄》卷50, 中宗 22年 7月 癸未, 16冊, 583쪽.
317)《世祖實錄》卷30, 世祖 9年 正月 戊午, 7冊, 564쪽,《成宗實錄》卷261, 成宗
　　23年 正月 己卯, 12冊, 131쪽.
318)《世宗實錄》卷73, 世宗 18年 閏6月 癸未, 4冊, 9쪽;《中宗實錄》卷65, 中宗 24
　　年 4月 辛巳·壬午, 17冊, 111쪽;《中宗實錄》卷73, 中宗 28年 正月 辛亥, 17冊,
　　388쪽.
319)《中宗實錄》卷59, 中宗 22年 7月 癸未, 16冊, 583쪽.

단에 관해 논란이 있었음에도 불구하고,[321] 鹽稅收取의 實質을 기하자는
논의가 제기되고 이를 위해 敬差官의 파견을 검토하고 또 시행하였던
것[322] 역시, 사염분의 염세를 국가재정의 일환으로 파악하여 운용하던
사정에서 나오는 것이었다.

이처럼 전국의 해안에 소재하던 염분 중에서 그 所有權이 생산자 개
인에게 있던 私鹽盆, 즉 공염간과 사염간의 염분은 호조가 파악하여 그
염세를 지역에 따라 現物 또는 穀布와 교환하여 중앙재정에 충당하거나
또는 軍資로 이용하였다. 이른바 '戶曹案付'의 鹽盆이고 鹽稅였다.[323] 그
런데 해당 지방의 官에서 物力을 투자하여 설치한 염분, 즉 官盆에서
생산한 관염은 이런 사염분의 세염과는 그 처리방식을 달리하였던 듯하
다. 우선 수군이 생산한 관염은 애초 수군의 糧餉에 충당하는 것이 그
목적이었지만, 세종대를 거치면서 救荒으로써의 용도가 더욱 강조되었
고, 《經國大典》에 이르러서는 아예 水軍煮鹽이 備荒條에 규정되었다.[324]
물론 이후에도 수군자염 관염은 여전히 救荒과 함께 軍資를 보충하는
데에도 충당하고 있다.[325] 당시 관찰사는 이들 수군자염 관염의 이용 결
과를 매 節季마다 중앙에 보고하게끔 되어 있었다.[326] 요컨대 수군이 자
염하는 官鹽盆을 국가가 파악은 하고 있었지만, 여기에서 생산한 官鹽
은 현물의 형태이든 아니면 貿易한 穀布이든지, 中央에 납부하지 않은
채 현지에서 救荒鹽이나 軍資에 보충하였던 것이다.

---

320) 《中宗實錄》卷13, 中宗 6年 4月 甲辰, 14冊, 510쪽;《中宗實錄》卷95, 中宗 36年
    6月 丁巳, 18冊, 470쪽.
321) 《明宗實錄》卷23, 明宗 12年 10月 庚子, 20冊, 446쪽.
322) 《世祖實錄》卷22, 世祖 6年 閏11月 辛亥, 7冊, 435쪽;《成宗實錄》卷184, 成宗
    16年 10月 甲辰, 11冊, 66쪽;《中宗實錄》卷7, 中宗 4年 2月 甲戌, 14冊, 311쪽;《冲
    齋集》卷4, 日記, 己巳年(中宗4, 1509) 2月(《韓國文集叢刊》, 19冊, 390쪽).
323) 《世祖實錄》卷46, 世祖 14年 6月 丙午, 8冊, 194쪽.
324) 주 276, 277, 278 참조.
325) 《成宗實錄》卷105, 成宗 10年 6月 癸巳, 10冊, 24쪽;《成宗實錄》卷286, 成宗
    25年 正月 癸巳, 12冊, 459쪽;《成宗實錄》卷290, 成宗 25年 5月 癸卯, 12冊, 533쪽.
326) 주 278과 같음.

한편 여러 목적으로 沿海 各官에서 설치한 官盆의 所煮鹽 역시 마찬
가지였다. 이와 관련해서는 16세기 후반 紹修書院의 有司를 대신해서
朴承任이 호조에 올렸던 上書 내용이 참고가 된다. 당시 賜額書院이었
던 慶尙道 豊基에 있는 소수서원에는 전임 관찰사 安玹이 이속시킨 인
근 熊川의 魚基 3所와, 그가 監營의 官布를 내어 寧海·盈德 등에 설치한
官鹽盆 3坐가 분속되어 있었다. 그런데 후임 감사들이 그 수납에 신경을
쓰지 않아 제때에 어물과 염이 공급되지 않자, 소수서원측은 그 배경
설명과 함께 다음과 같은 조처를 호조에 건의하였다.

> 彼魚也鹽也 …… 顧其檢督 秖係於監司 籍記不管於該曹 故當輸之官 無所
> 畏憚 而使朝廷曠代之盛學 遽至於此 私憂過計 竊以爲上項魚基鹽盆 並與其輸
> 稅之額 錄在地官考績之案 歲察其輸否 登之解由 檢以殿最 一依常供之例[327]

영해·영덕 소재 관분의 收稅에 대한 文籍이 호조에 있지 않고 그 관리
감독이 監司에 위임되어 있는 데 따른 문제이므로, 이들 관분을 다른
사염분의 경우와 마찬가지로 地官(戶曹)의 案에 올려 解由時에 확인함
으로써 그 收稅에 實을 기할 수 있게 해 달라는 요구였다. 당시 지방
각관에서 설치한 관분은 사염분과 달리 호조의 收稅案에 오르지 않은
채, 지방에서 독자로 관리감독하면서 여기에서 얻은 관염을 구황염이나
혹은 여타의 지방경비에 보충하고 있었던 것이다.

요컨대 조선전기 국가에서 官鹽으로 확보하는 염은, 염분의 소유권
귀속에 따라 크게 두 가지 형태로 나뉘어 각기 중앙과 지방의 재정에
충당되고 있었다. 우선 戶曹의 稅案에 올라 있는 사염분의 공·세염은
現物 또는 지방에서 貿布된 형태로 중앙에 상납되어 中央財政에 귀속되
거나 또는 貿穀을 통해 현지의 軍資에 보충되고 있었다. 이에 비해 지방
관에서 설치한 관염분은 관찰사를 경유해 중앙의 감독을 받기는 하였기
만, 여기에서 생산된 관염 자체는 地方財政으로 충당되어 救荒鹽이나

---

327)《嘯皐文集》卷1, 書, 代紹修書院有司上戶曹書(《韓國文集叢刊》, 36冊, 291쪽).

여타의 용도로 이용되고, 또는 水軍煮鹽分을 중심으로 현지 軍資에 보충되었던 것이다. 염분의 所有·收稅處의 系統이 달랐고, 따라서 여기에서 확보되는 관염 또한 그 처분과 이용방식이 달랐던 셈이다. 세조 14년 (1468) 6월에 八道觀察使에게 내린 지시는 이러한 官鹽運用의 원칙을 잘 보여주고 있다.

> 諭八道觀察使曰 …… 於沿海州縣 戶曹案付外 守令私收魚鹽之稅者 具錄 以聞[328]

사염분에서 守令이 戶曹 案付의 鹽稅 외에 추가로 魚鹽之稅를 私收하는 것을 금지하는 내용이다. 중앙의 收稅資源인 鹽干을 보호하는 조처로서 수령의 지방재정 확보 노력으로 인해 중앙재정이 타격받지 않도록 하는 차원에서 취해졌던 것이다.

물론 관염의 귀속에 대한 이런 원칙은 경우에 따라 변동 조정되기도 하였다. 예컨대 해당 지역의 흉년으로 인해 중앙에 상납하는 鹽이나 鹽稅布를 留置시켜 救荒資源으로 이용하는 사례가 여기에 해당한다.[329] 그러나 이런 조처에도 불구하고 사염분의 稅鹽과 관염분의 所煮鹽을 분리하여 운용하는 官鹽運用의 방침은 이후에도 여전히 원칙으로서 준수되었다. 세조 11년(1456) 경기도 관찰사가 長湍과 積城의 鹽倉鹽 각 100석을 和賣가 이루어지지 않는 사정을 이유로 각 읍의 救荒鹽으로 돌릴 것을 건의한 데 대해, 호조는 이들 鹽이 이미 '已輸於倉 錄會計'된 것임을 상기시키면서 民과의 화매를 통해 輕貨는 濟用監으로 米穀은 소재 읍의 군자에 보충하도록 지시하고 있다. 아울러 부족한 구황염은 본도의 諸浦鹽, 곧 水軍 所煮鹽으로 충당하도록 하였다.[330] 사염분으로부터

---

328) 《世祖實錄》 卷46, 世祖 14年 6月 丙午, 8冊, 194쪽.
329) 《世宗實錄》 卷74, 世宗 18年 8月 甲戌, 4冊, 26쪽.
   "江原道監司啓曰 今當年歉 飢民救荒 不可不慮 乞以國庫鹽八百石 換穀賑濟 從之."
   《世祖實錄》 卷8, 世祖 3年 7月 辛卯, 7冊, 213쪽.
   "傳旨戶曹曰 下三道貢鹽勿貿布 以備明年救荒."

수세한 염창의 稅鹽과 水軍所煮鹽이 系統이 다르고, 또 그 運用處가 다른 사정에서 나오는 조처였다.

### 3) 官鹽의 流通方式과 抑賣

염분의 소속 여부에 따른 官鹽 歸屬處의 차이에도 불구하고 현물로 국용에 충당하는 鹽과 각 지방의 救荒鹽을 제외하면, 조선전기 국가에서 장악하는 관염은 '貿穀布'의 형태로 民과의 교역을 통해 중앙과 지방 재정에 충당되었다. 官鹽이자 한편 商品으로서 유통되는 염이었다.

이 시기 都城에서 유통되는 관염은 앞에서 살펴본 바와 같이 경기·충청·황해도의 사염분에서 수세하여 도성에 現物 형태로 輸納하는 稅鹽 중에서 司宰監에 공급되는 國用分을 제외한 鹽이었다.[331] 도성내 官鹽 流通政策의 沿革에 대해서는 세종 28년(1446) 領議政 黃喜가 그 始末을 언급한 바 있어 참고된다.[332] 그에 따르면 애초 조선 정부는 이들 관염을 고려의 '頒鹽'制에 의거, 義鹽倉의 주관 하에 鰥寡孤獨으로 하여금 매 春秋에 麤布 1필을 납부하게 하고 鹽 20斗씩을 지급하는 방식으로 유통시키고 있었다. 그런데 이후 義鹽倉이 혁파되고 그 업무가 사재감으로 이속되면서 1品의 관리에서부터 平民·鰥寡孤獨에 이르기까지 도성민들에게 布·楮貨·銅錢 등을 받고 鹽 15斗씩을 지급하였다가, 후에 다시 환과고독에게만 지급하는 형태로 바뀌었다. 그러다가 마침내 세종 26년 (1444) 2월에 이르러서는 도성내의 관염 유통을 軍資監에 전담시키고, 그 易價米로 별도의 義倉을 설치하여 還上·賑濟에 충당하게 하였다.[333]

---

330) 《世祖實錄》 卷35, 世祖 11年 2月 乙酉, 7冊, 672쪽.
331) 주 308과 같음.
332) 《世宗實錄》 卷111, 世宗 20年 2月 丙午, 4冊, 654쪽.
   "前朝設義鹽倉 置權務判官 屬於版圖 每春秋 先自鰥寡孤獨 納麤布一疋受鹽二十斗 謂之頒鹽 本朝因而行之 逮罷 義鹽倉移屬司宰監 自一品至權務平民鰥寡孤獨 或納布或納楮貨銅錢之受鹽十五斗 後只給鰥寡孤獨 不給各品 後變而屬於軍鹽監 納米一斗受鹽五斗 此義鹽沿革之本末 而義鹽之遺意則尙存."
333) 군자감이 도성내 관염 유통의 업무를 담임하는 사정은 세종 26년(1444) 2월의 다음 기록에서 확인된다(《世宗實錄》 卷103, 世宗 26年 2月 甲辰, 4冊, 544쪽).

당시 도성에서 정부가 유통시키던 官鹽을 '義鹽'이라 부른 것은 관염을 市價에 의하지 않고 窮民 구제를 목적으로 헐값에 판매하기 때문이었다. 黃喜에 따르면 도성의 義鹽價는 국초에 麤布 1匹當 鹽 20斗였다가 이후 15두로 인상되었고, 군자감이 의염 업무를 맡은 세종 26년(1444)에는 米 1斗當 鹽 5斗로 和賣하고 있었다. 그런데 세종 28년(1446) 2월에 이르러 호조와 의정부의 건의에 따라 鹽戶의 '艱苦燔煮'에 비해 그 가격이 지나치게 헐하다는 이유로 미 1두당 염 3두로 인상하였다. 당시 도성 市中의 鹽價는 미 1두에 염 2두였다. 領相 黃喜는 이 결정을 두고 '義鹽變爲利鹽'이라 하여 和賣價 인상에 반대하였다.[334]

황희의 반대의견이 받아들여지지 않은 것으로 보아 이후 도성내에서 유통되는 관염, 즉 의염의 화매가는 시가보다 1두 많은 미 1두당 염 3두로 인상된 듯하다. 이와 같이 도성에서 유통되는 官鹽은 義鹽으로서 '優價和賣'의 방침에 따라 환과고독을 비롯한 도성민의 食鹽으로 공급함이 원칙이었다. 그러나 도성내 의염 유통의 현실은 이런 원칙과는 달리 전개됨이 일반이었다. 그 헐한 가격 때문에 누구나 이를 다투어 구입하려 하였으나 담당관리들의 농간으로 和賣時 염 지급이 며칠씩 지연되기 일쑤였고, 심지어는 10여 일 이상 왕복한 후에도 구입을 못 하는 경우마저 있었다.[335] 우선공급대상이 아닌 時散各品의 관인들이 이를 先買하는 현상도 도성민의 의염 구입을 어렵게 하였다.[336] 세종 27년(1445) 集賢殿 直提學 李季甸은 당시 논의되던 義鹽法을 반대하는 논거의 하나로 이를 들고 있다. 도성의 의염이 비록 시가에 비해 1∼2分 정도 싼 것은 사실

---

"戶曹啓 … 請自今義鹽 令軍資監收管 優價易米 別立義倉 乃於鰥寡孤獨貧乏之 人 隨歲豊歉 或給還上 或給賑濟 以施實惠 從之."
　　주 332의 軍鹽監은 곧 官鹽 판매 업무를 전제로 붙여진 軍資監의 異稱일 것이다.
334)《世宗實錄》卷111, 世宗 28年 2月 丙午, 4冊, 654쪽.
335)《世宗實錄》卷109, 世宗 27年 8月 戊辰, 4冊, 635쪽.
336)《世宗實錄》卷103, 世宗 26年 2月 甲辰, 4冊, 544쪽.
　　"戶曹啓 義鹽之設 專爲鰥寡孤獨之人 近來先賣於時散各品 惠不及窮民 有違立法之意."

이나, 이러한 폐단을 고려하면 市廛에 가서 바로 구입하는 편이 더 낫다는 견해였다.[337] 義鹽으로서 도성의 官鹽流通이 가지고 있던 名과 實의 차이였다.

다음은 地方에서 이루어지던 官鹽의 유통 사정을 살펴보자. 국초 정부는 지방민으로 하여금 米布의 精粗·多寡에 관계없이 시가에 의거하여 직접 관염을 구입하게 하였다.[338] 한편 태종 9년(1409) 이후 교환 수단을 米만으로 한정하였다가 폐단이 일자, 태종 11년(1411) 11월에 다시 米·布·楮貨 등으로 교역할 수 있게 조처하였다.[339] 이러한 규정은 후에 ‘稅鹽換穀布’라는 내용으로 《經國大典》에 수록되었다.

그런데 조선전기 지방민의 鹽 購入 사정은 지역에 따라 그 형편이 매우 상이하였다. 염 생산지역인 沿海의 경우 민이 직접 鹽倉이나 鹽戶 또는 鹽 商人들에게서 구입할 수 있었지만, 연해로부터 멀리 떨어진 內陸郡縣의 경우에는 民生에 절실한 식품인 염을 구입하는 것이 쉬운 일이 아니었다. 이 시기 鹽 需給에 큰 곤란을 겪고 있던 대표적인 지역은 兩界地方의 邊方郡縣, 태백산맥으로 東海와의 교통이 어려웠던 嶺西地方과 忠淸道 내륙지방, 그리고 嶺南 內陸의 군현들이었다. 때문에 救荒에 대처하고 民生을 안정시키는 차원에서 이들 지역에 대한 官鹽 공급이 국가적인 차원에서 수시로 논의되었다.

양계지방, 그 중 특히 邊方에 소재한 군현민들은 食鹽問題로 큰 고통을 겪고 있었다. 함경도의 경우 “食鹽이 最貴하여 海水를 직접 마시거나 海菜를 태워 먹는다”고 하는 지경이었다.[340] 내륙에 소재한 지방의 사정은 더욱 어려웠을 것이다. 성종 2년(1471) 이래 5鎭의 군현에 구황을 위한 官鹽盆을 설치하여 煮鹽하였던 것도 이런 사정 때문이었다.[341] 평안

---

337) 주 335와 같음.
338) 주 208과 같음.
339) 《太宗實錄》卷22, 太宗 11年 11月 辛巳, 1冊, 611쪽.
340) 《中宗實錄》卷18, 中宗 8年 8月 癸卯, 14冊, 670쪽.
341) 《成宗實錄》卷57, 成宗 6年 7月 辛酉, 9冊, 242쪽.

도의 변방에 소재한 군현 역시 사정은 마찬가지였다. 江界를 비롯한 鴨綠江邊 諸邑의 민들은 식염 구입을 위해 農牛·戰馬에 米布를 싣고 연해의 鹽産地를 왕래하다가 牛馬의 태반이 疲斃한다는 형편이었다.[342] 따라서 당시 정부는 식염 공급이 원활하지 못한 변방의 군현민들에게 鹽價를 本邑에 납입케 하여 軍資에 보충하고, 대신 연해의 관염을 수송하여 분급하는 방안을 마련하고 있었다. 세조 10년(1464)에는 安州 등 연해에서 생산한 관염을 晴川江을 이용하여 東路로는 寧邊의 水上과, 西路로는 雲山의 靑山山城에 설치한 鹽倉에 수송하여, 각각 江界·渭原·理山과 昌城·璧潼·朔州의 郡縣民에게 공급하는 방안이 채택되었다.[343] 또 평안도 연해의 관염을 義州에 모아 압록강을 이용하여 공급하는 방안도 모색되었다.[344] 변방의 軍資와 食鹽問題를 동시에 해결하려는 목적에서 추진하는 관염 공급정책이었다.

연해로부터 멀리 떨어진 영서지방과 충청도 내륙지방 역시 관염 공급의 필요성이 절실하였다. 정부는 이들 지역에 서해에서 생산한 관염을 漢江을 이용하여 공급하거나, 영동지방의 관염을 공급하였다. 세조 8년(1462)에는 경기도 會計鹽 800석을 站船으로 영서지방에 轉輸하고, 강원도 회계염 200석을 麟蹄·楊口·洪川·春川·原州·旌善 등지로 수송하였다.[345] 또 세조 11년(1465)에는 경기 貢鹽 중 군자감에 수납된 관염을 回去하는 漕轉船을 이용해 원주의 興原倉과 충주의 慶原倉에 수송하여 이들 지역에서 미포와 교환하게 하였다.[346]

경상도의 내륙 군현에 대한 관염 공급은 洛東江을 이용하여 이루어졌다. 이미 태종대에 그 사례가 보이는 낙동강을 이용한 관염 공급[347]은 이후 더욱 활성화한 듯하다. 성종 16년(1485)에는 경상도 관염을 善山·

---

342)《世祖實錄》卷2, 世祖 元年 11月 辛巳, 7冊, 95쪽.
343)《世祖實錄》卷34, 世祖 10年 8月 壬午, 7冊, 643쪽.
344)《世祖實錄》卷26, 世祖 7年 11月 癸亥, 7冊, 499쪽.
345)《世祖實錄》卷27, 世祖 8年 2月 乙未, 7冊, 523쪽.
346)《世祖實錄》卷35, 世祖 11年 4月 丁丑, 7冊, 680쪽.
347)《太宗實錄》卷14, 太宗 7年 7月 戊寅, 1冊, 407쪽.

尚州 등지에서 轉賣할 경우 그 가격이 倍蓰에 이른다고 언급되고 있다.[348] 특히 경상도 지방에서는 이미 세종대에 本錢鹽을 조성하여 낙동강 江岸의 各官에서 和賣한 사례가 보이고 있다.[349] 조선후기에 일반화한 本錢鹽은, 지방의 營門이나 軍門에서 군량과 지방재정 확보를 목적으로 미리 염호에게 穀物이나 錢을 지급한 후 나중에 생산한 염을 확보하는 방법으로 일종의 先買制였다.[350] 관염 외에도 이러한 본전염을 조성하여 되팖으로써도 지방재정을 辦出하였던 것이다.

한편 이와 같이 지방에서 和賣되는 官鹽 역시 '義鹽'이라 부르는 데서 알 수 있듯이,[351] '優價和賣'가 그 원칙이었다.[352] 그러나 지방 각관에서 이루어지던 관염의 유통과정에서 이 원칙이 준수되기는 힘들었다. 관염의 화매가 국용과 더불어 군자나 지방재정의 보충에 그 목적이 있었던 만큼, 지방 군현을 비롯한 和賣主體가 이를 손쉬운 財政辦出 방도로 이용하였기 때문이다.

세종대 '義鹽法' 논의에서 그 반대자들이 내세운 가장 중요한 논거의 하나가 바로 官의 화매 시에 나타나는 抑賣·給價遲延·抑配 등의 폐단이었고,[353] 이러한 우려는 곧 현실로 나타났다. 즉 세종 28년(1446) 의염법 폐지의 배경이 되었던 民間 鹽價 상승의 원인의 하나가 바로 관염 억매를 위한 民間 私賣의 금지에 있었던 것이다.[354] 고려말 사회적으로 크게

348)《成宗實錄》卷184, 成宗 16年 10月 乙酉, 11冊, 60쪽.
349)《世宗實錄》卷109, 世宗 27年 8月 戊辰, 4冊, 635쪽.
   "慶尙道本錢鹽 船輸洛東江 分布各官和賣."
350) 英祖 12년(1736) 황해도 本錢鹽 조성의 한 사례를 들면 다음과 같다〔〈黃海道長連縣龍洞宮折受所在鹽盆及漁箭與犯標境界開錄成冊〉,《內需司庄土文績》, (奎19307) 14冊].
   "自監營管餉庫 每年給本錢 貿鹽收捧."
351)《太宗實錄》卷28, 太宗 14年 9月 戊寅, 2冊, 35쪽.
352)《世宗實錄》卷88, 世宗 22年 3月 乙丑, 4冊, 277쪽 ;《世宗實錄》卷105, 世宗 26年 7月 辛酉, 4冊, 569쪽 ;《成宗實錄》卷10, 成宗 2年 4月 丁卯, 8冊, 567쪽.
353)《世宗實錄》卷109, 世宗 27年 7月 乙未, 4冊, 629쪽 ;《世宗實錄》卷109, 世宗 27年 8月 戊辰, 4冊, 634~636쪽 ;《世宗實錄》卷109, 世宗 27年 9月 乙亥, 4冊, 637쪽.

문제되었던 権鹽의 폐단이 의염법의 실시와 함께 재발한 것이었다.

국초 이래 관염 和賣에서 으레 나타났던 이러한 抑賣 문제[355]는 의염법의 혁파 이후에도 마찬가지였다. 세조 2년(1456) 국왕은 8도 관찰사에게 〈曉民諭書〉를 내리면서, '反同'이라는 명칭으로 이루어지던 수령의 魚鹽抑賣 행위를 금지시키고 있다.[356] 그럼에도 불구하고 세조 11년(1465) 경기도 長湍과 積城 염창의 관염이 사가는 사람이 없어 '日就消融'하였던 것도 그 和賣價가 높았기 때문이며,[357] 관염이 高價로 인해 팔리지 않고 '久積消融'한 사정은 성종대에 들어서도 마찬가지였다.[358] 결국 이렇게 정상적으로 화매되지 못한 관염은 민에 대한 抑賣로 이어지게 마련이었다. 당시 경상도에서 운영하고 있던 本錢鹽 역시 전형적인 억매였다.[359] 성종 25년(1494) 국왕은 이러한 관염 화매의 폐단을 시정하기 위해 換穀時에 減 1斗할 것을 命하고, 또 당시 許琮은 화매가를 定價하지 말고 時價에 聯動시킬 것을 주장하기도 하였다.[360]

그러나 官鹽和賣時의 抑賣 폐단이 이로써 시정될 수는 없었다. 특히 관염은 그 공급이 민간의 鹽 필요시기인 春 3~4월, 秋 7~8월을 맞추지 못하였기 때문에 民이 더욱 買入을 꺼려 하였고, 이는 다시 官의 抑賣로 이어지고 있었다.[361] 조선전기 정부가 주관하는 穀物流通에서 나타나는 抑賣의 경향[362]과 함께, 국가가 주도하는 상품의 유통과정에서 관철되던 封建的 特性이 官鹽의 流通過程에서도 나타나고 있었던 것이다. 조선 정부가 '利權在上'의 이념에 입각하여 官鹽流通을 중앙과 지방재정을 보

---

354) 《世宗實錄》卷111, 世宗 28年 2月 辛酉, 4冊, 656쪽.
355) 《太宗實錄》卷5, 太宗 3年 6月 壬申, 1冊, 269쪽.
356) 《世祖實錄》卷5, 世祖 2年 11月 己丑, 7冊, 158쪽.
357) 《世祖實錄》卷35, 世祖 11年 2月 乙酉, 7冊, 672쪽.
358) 《成宗實錄》卷10, 成宗 2年 4月 丁卯, 8冊, 567쪽.
359) 《世宗實錄》卷109, 世宗 27年 8月 戊辰, 4冊, 635쪽.
360) 《成宗實錄》卷286, 成宗 25年 正月 癸巳, 12冊, 459쪽.
361) 《燕山君日記》卷27, 燕山君 3年 9月 丙寅, 13冊, 282쪽.
362) 朴平植, 〈朝鮮前期의 穀物交易과 參與層〉, 《韓國史研究》85(1994 ; 本書 제4 장 1절).

충하기 위한 방도의 하나로 운용하던 사정에서 당연히 뒤따르는 현상이
었다.

### 4) 私鹽의 生産과 交易擴大

官鹽이 염간의 貢·稅鹽과 官鹽盆에서 생산한 염으로서 국가의 재정운
영과 관련하여 유통되는 형태였다면, 私鹽은 이를 제외한 私的 所有와
流通의 영역에 속해 있는 염이었다. 더 구체적으로는 貢鹽을 제외한 貢
鹽干의 생산 염과 私鹽干이 생산한 염 중에서 稅鹽을 제외한 모든 염이
여기에 해당하였다. 조선 건국과 함께 고려 이래의 權鹽制를 폐지하였
기 때문에 이들 사염의 생산과 그 사적인 교역은 법과 제도상 용인되었
고, 이런 기반에서 사염의 생산과 교역은 관염의 그것과 대비를 이루면
서 꾸준히 증대하여 갔다.

이 시기 私鹽業의 발전은 염이 갖는 絶對 必要性에 바탕하고 있었다.
염은 '切於民用 不可一日無'[363]하고 '民生日用 莫急於鹽'[364]하다는 食品이
었고, 따라서 '其重 次於五穀'[365]하였다. 염에 대한 需要는 凶年일 경우
더욱 절실하였다. 饑饉에 빠져 草食으로 延命하더라도 반드시 鹽醬을
섞어 먹어야 浮腫에 이르지 않기 때문이었다.[366] 장마 끝인 7~8월과 더
불어 보릿고개 시기인 春 3~4월에 민의 염 수요가 집중되었던 것[367]은
이런 이유에서였다. 정부가 權鹽을 표방하여 사염의 생산과 유통을 제
도로써 금지하던 高麗朝에도 국법을 어긴 사염이 특히 권세가를 중심으
로 만연하였던 것도 바로 염이 갖는 이상과 같은 民生에서의 불가결함
때문이었다.

각염의 폐지와 함께 조선 정부는 國用鹽의 안정적인 공급을 위해 전

---

363) 《太宗實錄》 卷22, 太宗 11年 11月 辛巳, 1冊, 611쪽.
364) 《世宗實錄》 卷88, 世宗 22年 正月 丁巳, 4冊, 262쪽.
365) 《太宗實錄》 卷28, 太宗 14年 9月 戊寅, 2冊, 35쪽.
366) 《世宗實錄》 卷17, 世宗 4年 8月 己酉, 2冊, 493쪽.
  "饑饉人民 雖草食 必待鹽醬以食 不至浮腫."
367) 《燕山君日記》 卷27, 燕山君 3年 9月 丙寅, 13冊, 282쪽.

조 이래 국가가 파악하여 오던 염 생산자를 貢鹽干으로 차역시켜, 그들의 身役과 生業을 일치시킴으로써 貢鹽을 확보하고 있었다. 그런데 동시에 사염이 허용되었던 탓에 이제 전국의 연해에는 기왕에 염업에 종사해 오던 공염간 외에도 사염인들이 煮鹽을 위한 염분을 설치하여 갔다. 煮鹽方式의 차이에도 불구하고,[368] 우리나라 全海岸에서 염 생산이 가능하던 사정[369] 때문에 수많은 私鹽人, 곧 私鹽干들이 염 생산에 종사하기 시작하였던 것이다.

염은 그 絶對 必要性으로 인해 대단한 商品性을 갖는 物品이었다. 세종 원년(1419) 황해도 감사가 염간의 1년 貢鹽額 24석이 과다함을 언급하자, 당시 官人들은 어염의 이익이 無窮하기 때문에 비록 20여 석을 거두어도 重斂이 아니라고 지적하고 있다.[370] 실제 일반 민의 食鹽에 대한 요구는 沿海와 山郡을 막론하고 절실한 데가 있었다. 예컨대

　　近海居民 尙艱於食鹽 況遠居之民乎 民之望鹽 甚於飢渴 一聞鹽船 至於近境 則爭持米布 奔走求買 如恐不及[371]

하는 형편이었다. 민의 염에 대한 渴望이 飢渴보다 심하다는 정도였다. 선초 공염간의 貢鹽 過多가 문제되어 그 액수가 20여 석에서 8석으로

---

368) 조선전기 煮鹽方式은 크게 보아 鐵盆을 이용하는 海水直煮式과 주로 土盆을 이용하는 (無堤)鹽田式으로 구분된다(高承濟, 朴容淑, 申芝鉉의 앞 논문). 前者는 주로 東海岸에서, 그리고 後者는 西·南海岸에서 이용하는 방식이었다. 물론 그 生産性은 토분을 이용하는 염전식이 월등하였다(《世宗實錄》 卷117, 世宗 29年 9月 壬子, 5冊, 38쪽).
　　"用釜鐵而煎 經日夜而出素者 東海之鹽也 塗泥爲釜 或一日而再成鹹者 西南之鹽也 西南勞役稍歇 功倍於東海矣."
369) 《世宗實錄》 卷109, 世宗 27年 8月 戊辰, 4冊, 634쪽.
　　"我國 三面濱海 且地勢 東西狹南北長 魚鹽所出之地 甚廣."
　　《世宗實錄》 卷117, 世宗 29年 9月 壬子, 5冊, 38쪽.
　　"我東方 三面濱海 皆爲煮鹽之地."
370) 《世宗實錄》 卷5, 世宗 元年 10月 乙未, 2冊, 342쪽.
　　"魚鹽之利 其出無窮 雖收二十餘石 未爲重斂."
371) 《世宗實錄》 卷77, 世宗 19年 5月 庚寅, 4冊, 70쪽.

인하되었음에도 불구하고,[372] 당시 관인들이 鹽業을 일러 '功省而利多'하고 더욱이 '薄稅之外 無他賦役'한 생업이라 인식하였던 것[373]도 이 때문이다.

선초 염과 그 생산을 둘러싼 이런 사정을 바탕으로, 염간들은 그들이 생산한 염의 일부를 공염이나 세염으로 납부하고 나머지를 사염으로 처분함으로써 생계를 유지해 갔다.

式干則十石 私干則四石 其餘則任其所用 持價來買者 東西沓至 故雖不事農業 衣食自足[374]

염을 구입하려는 자가 東西에서 沓至하였기 때문에 농사를 짓지 않고 염 생산을 專業으로 하고서도 衣食이 自足할 수 있었던 것이다.

조선전기 염간의 염 생산은 家族 단위의 노동력에 기반한 小規模生産이 대부분이었다고 생각된다. 이러한 사정은 고려에서도 마찬가지였다.[375] 이 시기의 鹽 生産規模를 추정하는 데에는 세종 19년(1437) 6월의 다음 자료가 참고가 될 수 있겠다.

戶曹啓 來七月望前 分遣敬差官于八道 審定鹽場魚梁 鹽場則每一盆一番定鹽漢五名 分二番役使[376]

호조는 義鹽法의 실시를 강력히 주장하면서 각관에 설치할 官盆의 노동력 동원방식을 위와 같이 건의하였다. 즉, 鹽場의 염분 하나에 鹽漢 5명씩을 差定하는 방안이었다. 이때 호조를 중심으로 추진한 官鹽盆 設置案이 당시 일반 염분의 염 생산 사정을 전제로 마련되었을 것임을 고려하면, 5인 정도를 염분 하나를 운영하는 데 필요한 노동력 숫자로

---

372) 本節 2)항 '官鹽의 確保와 運用'.
373) 《世宗實錄》 卷77, 世宗 19年 5月 庚寅, 4冊, 70쪽.
374) 《世宗實錄》 卷109, 世宗 27年 8月 戊辰, 4冊, 635쪽.
375) 姜順吉, 權寧國의 앞 논문.
376) 《世宗實錄》 卷77, 世宗 19年 6月 壬午, 4冊, 83~84쪽.

추정할 수 있겠다. 요컨대 5인 정도로 구성된 1戶의 가족이 하나의 염분
에서 생업으로서 염을 생산하는 형태가 이 시기 鹽業生産의 일반 유형
임을 짐작할 수 있는 것이다.

이 시기 염업의 생산규모를 가족단위의 소규모 생산으로 추정하는
데에는 당시 公鹽干의 貢鹽 收貢 단위 역시 참고가 될 수 있겠다. 선초
공염간의 염공은 그 收貢 단위가 戶나 名으로 각기 달리 나타나고 있
다.[377] 이들이 身役으로 편성되어 있기 때문에 등장하는 파악 단위로, 당
대 염 생산이 가족 노동력을 이용한 소규모 형태였음을 가정하면 신역
단위로서 戶나 名(丁)은 동일한 의미로 생각되는 것이다. 곧 염분 하나
를 설치하고 여기에서 가족 노동력에 기초하여 염을 생산하는 鹽干이
1戶 또는 1名으로 파악되는 셈이다. '鹽貢 計丁而收之'는 이런 원칙에서
나온 표현이다.[378]

한편 선초 私鹽干의 염 생산 역시 공염간과 마찬가지로 가족 노동력
에 기초한 형태가 대부분이었다고 생각된다.《世宗實錄地理志》全羅道
條에는 私干을 公干과 동일하게 名을 단위로 파악하고, 여기에 근거하
여 해당 군현의 貢·稅鹽 總額을 산정하고 있다.[379] 또 세종 27년(1445)
集賢殿 直提學 李季甸은 염간의 염 생산 사정을 두고 다음과 같이 표현
하고 있다.

　　鹽干 獨辦熁鹽之事 故獨專其利[380]

염간은 鹽盆의 조성으로부터 柴木의 조달에 이르기까지 全過程을 獨
辦, 곧 가족 노동력에 기초하여 독자로 수행하면서 자염하고 있었던 것
이다. 특히 당시 정부가 '山林川澤 與民共之'의 이념에 따라 염 생산자
이외 지배층의 염분 私置와 奪占을 금지하였음을 고려하면,[381] 공간·사

---

377) 주 259, 260과 같음.
378)《世宗實錄》卷5, 世宗 元年 8月 甲戌, 2冊, 329쪽.
379)《世宗實錄地理志》全羅道, 沃溝縣·扶安縣·興德縣·順天都護府·高興縣條.
380)《世宗實錄》卷109, 世宗 27年 8月 戊辰, 4冊, 635쪽.

간의 가족 노동력에 기초한 소규모 염 생산형태는 이 시기 조선 정부가
추진하던 鹽政의 기본 방향과도 부합하는 것이었다.

염간이 생산한 私鹽은 전국에서 官鹽과 더불어 유통되었다. 우선 도
성에는 국초 이래 市廛의 一員으로 鹽廛이 설치·운영되었다. 당시 성내
에는 內鹽廛이 있었고,[382] 또 성 밖 龍山에는 龍山鹽廛이 소재하여 여기
에 소속된 鹽商들이 '坐市行賣'하면서 염 판매에 종사하였다.[383] 특히 城
內만이 아니라 城外에 별도의 염전이 설립되어 운영된 사실이 주목된
다.[384] 이 시기에 성내의 上·下米廛 외에도 昭義門 밖에 門外米廛이 별도
로 설립되어 있던 사정을 고려하면,[385] 이러한 米·鹽廛의 분화 양상은
米·鹽이 城底民을 포함한 都城民의 생계에 절대적인 필수품이었던 데
서 연유한 것으로 생각된다. 성내의 내염전이 原型의 시전이었다면 용
산의 염전은 도성과 그 주변의 인구증가와 더불어 신설된 것이었겠다.
때문에 龍山鹽廛人들은 內鹽廛의 商圈이 아닌 성 밖 店鋪에서 坐市하면
서 한편으로 성 내외에서 鹽行商에도 종사하였던 것이다. 규모 역시 내
염전보다 소규모였을 것이다.

당시 이들 도성 염전의 염 판매는 민간의 사적인 유통영역 속에서
이루어졌기 때문에, '優價'로 공급되던 관염보다는 高價인 市價를 유지
하였던 듯하다. 그러나 그런 만큼 官의 介在와 그에 따른 抑賣의 소지가
없이 時價에 의한 교역이 가능하기도 하였다. 세종 27년(1445) 이계전이

381) 本節 1)항 '國初의 鹽法改革과 鹽政의 推移'.
382) 《承政院日記》 634冊, 英祖 3年 3月 11日, 34冊, 583쪽.
383) 《市弊》, 龍山鹽廛(《韓國商業史資料叢書》 2冊, 593쪽).
384) 이상 조선전기 鹽廛에 대한 기록은 모두 18세기의 자료이고, 또 각기 시전의
　　 白己主張이기 때문에 그 신빙성에 의문이 없지 않다. 그러나 국초 이래 必需品
　　 을 중심으로 다수의 시전이 설립되었고, 이들이 국가에 대한 市役을 부담하고
　　 있던 사실을 고려하면 이러한 鹽廛의 설립과 운영은 충분히 수긍된다 하겠다.
　　 조선전기 시전의 성립과 발전에 대해서는 朴平植, 〈朝鮮初期 市廛의 成立과 '禁
　　 亂'問題〉, 《韓國史硏究》 93(1996 ; 本書 제2장 1절)과 朴平植, 앞의 〈朝鮮前期
　　 市廛의 發展과 市役 增大〉(本書 제2장 2절) 참조.
385) 朴平植, 앞의 〈朝鮮初期 市廛의 成立과 '禁亂'問題〉(本書 제2장 1절)의 [표 2]
　　 '조선후기 기록에서 확인되는 조선전기의 市廛'.

도성내에서 義鹽의 형태로 유통되던 군자감 관염이 갖는 억매적 성격
을, 시전 내 염전의 '卽時市價交易'의 형태와 비교하면서 폐단으로 지적
하였던 것은 이런 사정 때문이었다.[386]

지방에서 이루어지던 私鹽의 유통은 沿海와 山郡에 따라 그 내용을
달리하였다. 우선 沿海의 경우 鹽商人들의 활동 여지는 그만큼 좁을 수
밖에 없었다. 소비자인 民이 직접 염을 연해의 생산자로부터 구입하는
것이 가능하였기 때문이다. '持價來買者 東西沓至'하였던 것이다.[387] 반
면 해안으로부터 멀리 떨어진 內陸郡縣의 경우 食鹽의 확보는 매우 절
실하면서도 곤란한 문제였다. 이 시기 관염 유통정책이 兩界 내륙의 邊
方 군현이나 嶺西·忠淸道 지방의 내륙군현, 그리고 嶺南의 내륙지방을
중심으로 국가 차원에서 시행되었던 것도 이런 사정 때문이었다.[388] 물
론 이들 내륙 소재 郡縣民들 역시 수백 리의 險路를 넘어 徒步 또는 牛馬
를 이용하여 직접 식염을 구입하기도 하였다.[389] 그러나 그 어려움을 고
려할 때 이들 지방의 식염은 관염이나 혹은 鹽商이 공급하는 사염에
의존하지 않을 수 없었다.

결국 식염이 희귀한 지방의 염 공급은 주로 염상에 의해 이루어졌다.
당시 염상은 그 거래규모나 활동형태에 따라 각기 陸商과 船商의 형태
로 활동하였다. 전자가 소규모 近距離 行商이었다면, 후자는 보다 大規
模 遠距離 行商이었다.[390] 염 상인들은 주로 연해의 염간들로부터 염을
구입하여 이를 牛馬나 船舶을 이용하여 鹽價가 高價인 지역에서 되팔았
지만, 경우에 따라서는 和賣되는 官鹽을 買集하기도 하였다. 이미 태종
14년(1414)에 그 폐단이 지적된 바 있는 이들의 관염 매집행위는,[391] 이후

---

386) 주 337과 같음.
387) 주 374와 같음.
388) 本節 3)항 '官鹽의 流通方式과 抑賣' 참조.
389) 《世祖實錄》 卷2, 世祖 元年 11月 辛巳, 7冊, 95쪽 ; 《世祖實錄》 卷26, 世祖 7年
    11月 癸亥, 7冊, 499쪽 ; 《世祖實錄》 卷34, 世祖 10年 8月 壬午, 7冊, 643쪽.
390) 朴平植, 앞의 〈朝鮮前期의 行商과 地方交易〉(本書 제3장 1절).
391) 《太宗實錄》 卷28, 太宗 14年 9月 戊寅, 2冊, 35쪽.

세종 22년(1440)에도 여전하여 議政府 左參贊 河演이 그 폐단을 다시 언급하고 있다.

慶尙道左右道 鹽倉買布之鹽 其價大輕 故非七豪奸吏 不得交易 因無國家利民之本意[392]

優價로 放賣되는 경상도 관염을 七豪奸吏들이 아니면 교역할 수 없다는 지적이다. 이들 土豪나 奸吏들은 이렇게 매집한 관염을 民間交易機構를 이용하여 고가로 판매함으로써 큰 이득을 챙길 수 있었을 것이다. 매집한 관염의 판매는 물론 노비 등 그들의 家人이 담당하였겠지만, 이는 곧 지방 권세가들이 권력을 이용하여 관염을 先占하고 이를 사염으로 교역시키는 염상활동에 참여하는 모습이었다.

선초 鹽商에는 도보나 우마를 이용한 小規模 陸商이 다수였을 것으로 생각되나,[393] 이 밖에도 배를 이용하여 지역 간의 대규모 교역에 종사하는 鹽 船商들이 활동하고 있었다. 세종 12년(1430)에는 鹽 船商活動을 하다 풍랑으로 인해 중국에 표류한 白龍 등 17명이 송환된 적이 있으며,[394] 이러한 염 선상의 더욱 구체적인 활동모습은 세종 19년(1437)의 다음 기록을 통해 살펴볼 수 있다.

全羅道監司啓 通津縣船軍宋勿金 以販鹽 率商船三艘 泊于海島 夜遇倭船

---

392)《世宗實錄》卷88, 世宗 22年 3月 乙丑, 4冊, 277쪽.
393) 조선초기 자료에서 근거리 교역을 행하는 鹽商의 존재를 찾아보기는 힘들다. 그러나 魚鹽利를 좇아 海邊이나 海島에 散居하거나 入居했던 私鹽干들은(《世宗實錄》卷39, 世宗 10年 正月 丁亥, 3冊, 106쪽;《世宗實錄》卷87, 世宗 21年 11月 丙寅, 4冊, 254쪽;《世祖實錄》卷3, 世祖 2年 2月 辛丑, 7冊, 113쪽), 그들이 생산한 염을 來買者에게 판매하는 한편으로, 직접 '往來興販'하기도 하였다(《世祖實錄》卷25, 世祖 7年 8月 癸酉, 7冊, 478쪽). 鹽商으로서 食鹽이 귀한 지방의 閭里에서 벌이는 陸商活動이다. 場市가 출현한 이후 이들의 활동은 장시를 기반으로 더욱 확대되었을 것이다. 壬亂期에 馬를 이용하여 장시에서 販鹽하던 상인이 바로 이러한 유형이었다[《瑣尾錄》第3, 甲午 6月 初4日(國史編纂委員會刊 活字本 — 下冊), 326쪽].
394)《世宗實錄》卷49, 世宗 12年 7月 乙卯, 3冊, 246쪽.

相戰 勿金投石夾擊 斬賊三級 賊船覆沒 餘賊皆死[395]

전라도 감사의 보고에 따르면, 왜적과 相戰하여 戰果를 올린 船軍 宋勿金은 경기도 通津縣 소속으로 販鹽次 상선 3척을 이끌고서 전라도의 海島에 와 있던 인물이었다. 경기도 소속의 商船들이 鹽 購買를 위해 전라도 해안에 갔었던 것이다. 아마도 이들은 평소 염 생산량이 많아 鹽價가 싼 전라도 일대에서 식염을 구매하여, 염가가 높은 京江 일대에서 판매하던 염 선상이었다고 추측된다. 그들이 遠距離 航海를 감수하고 전라도 해안에까지 운항한 사실로 보아, 이 시기에 이루어지던 隔地間 交易으로서 전형적인 船商活動의 한 모습으로 파악되는 것이다. 조금 후대의 사실이기는 하지만 通津 인근 황해도 延安의 魚鹽이 京江에서 유통되고 있던 사정[396]을 고려하면, 宋勿金이 3척이나 되는 상선을 이끌고 전라도 일대에서 貿販한 대량의 鹽 역시 다수의 염 소비자가 거주하는 京江 일대에서의 판매를 목적으로 하였다고 추정된다. 地域間의 鹽 價格差를 이용한 선상들의 활동이었고, 이러한 상행위는 海路를 통해 都城과 연결되는 西海를 중심으로 당시 일반적으로 이루어졌다고 생각된다.

이처럼 염상들에 의해 전개되던 私鹽의 流通은 官鹽과 함께 선초에 이미 전국 차원에서 食鹽의 안정적인 供給을 낳고 있었다. 세종 27년(1445) 李季甸은 義鹽法을 위한 국가의 官鹽盆 增設案에 극력 반대하면서 그 근거의 하나로 당시의 鹽 需給狀況을 두고,

至於窮村僻巷 雖未周足 亦未聞不得食鹽之人[397]

이라 표현하고 있다. 비록 窮村僻巷일지라도 두루 足한 것은 아니지만

395)《世宗實錄》卷78, 世宗 19年 7月 甲午, 4冊, 87쪽.
396)《成宗實錄》卷101, 成宗 10年 2月 甲寅, 9冊, 696쪽 ;《成宗實錄》卷201, 成宗 18年 3月 丁巳, 11冊, 197쪽.
397)《世宗實錄》卷109, 世宗 27年 8月 戊辰, 4冊, 634쪽.

식염을 구입하지 못하는 사람은 없다는 지적이다. 이어 이계전은 곧바로 官盆의 增設이 관염의 過多生産으로 이어지고 결국은 수령이 이를 戶口의 多少에 따라 分給하는 형식으로 抑配·抑賣함으로써 민의 고통이 뒤따를 것이라고 예상하고 있다.[398] 선초의 食鹽 需給事情은 이미 국가가 더 이상 介在하지 않아도 민이 이를 충분히 구입할 수 있을 만큼, 관염과 사염을 통해 안정적으로 運用되고 있었던 것이다.

선초 食鹽 需給에서 사염의 생산과 유통이 차지하는 비중은 관염의 그것보다 높았다고 생각된다. 세종 6년(1424) 경상도의 경우 사염분이 차지하는 비중이 25.8퍼센트로 공염분의 그것보다 낮게 나타나지만,[399] 사염분의 누락 가능성과 염분의 生産性, 공염분에서 생산된 염 중에서 公干이 사염으로 처분하는 분량 등을 고려하면 실제 유통에서 사염의 비중은 관염의 그것보다 높았다고 생각되는 것이다. 三面의 沿海 각 지역에서 염 생산이 가능하여 사염 생산이 이루어지던 사정[400] 외에도, 국왕의 의지에 의거하여 세종대에 추진하였던 義鹽法의 실패 경위에서 그러한 내역을 잘 짐작해 볼 수 있다. 애초 세종 19년(1437)에 의염법 推進主體들이 이를 權鹽論 곧 사염의 생산과 유통을 금지하는 방향에서 추진하였을 때,[401] 세종은 이를 두고

    禁私鹽而官專其利 乃近於理財 非美事[402]

라 하여 반대하였다. 그러고 나서 그는 '無搉鹽理財之譏'하는 방안을 모색하도록 지시하였다.[403] 또 세종 26년(1444) 首陽大君은 의염법의 시행

---

398) 위와 같음,
399) 주 272와 같음.
400) 주 369와 같음.
401) 《世宗實錄》 卷77, 世宗 19年 4月 己卯, 4冊, 69쪽.
   "官爲煮鹽 則須禁私鹽 庶可以廣布官鹽於民 而公家所收多矣 … 搉鹽之法 古之好高論者 必先焉 然不爲公鹽則已 如煮公鹽 則當禁私鹽."
402) 위와 같음.
403) 위와 같음.

과정에서 官鹽盆이 아닌 (私)鹽盆의 탈취가 불가함을 강조하고 있다.[404] 사염에 대한 이와 같은 국가의 허용 방침은 물론 의염법 실시를 '與民爭利' 정책으로 여기는 臺諫을 중심으로 하는 官人들의 반대 때문이었다.[405] 그러나 한편으로 그 배경에는 이미 국가가 금지할 수 없을 정도로 성장하여 民의 食鹽 供給을 담당하고 있던 私鹽業의 발전이 자리하고 있었다. 요컨대 당대 食鹽의 생산과 수급에서 私鹽은 이미 국가가 부정할 수 없을 정도의 높은 비중을 차지하고 있었던 것이다.

權鹽에 대한 우려에도 불구하고 세종 27년(1445) 의염법은 官盆增設을 통해 義倉穀을 마련한다는 목적에서 추진되었다.[406] 그러자 애초에 예상되었던 사염 생산의 萎縮이 곧 현실로 나타나기 시작하였다. 의염법이 權鹽하는 방안이 아니라 단지 宜鹽空地에 官盆을 증설하는 형태였음에도 불구하고,[407] 사염분의 탈취현상이 벌어졌고 심지어는 私鹽의 거래마저도 금지하는 사태[408]로 이어졌던 것이다. 이런 현실에서 사염인들은 자신들이 각염제 하에서 과중한 부담을 져야 하는 鹽戶로 차정될까 우려하여 '不肯煮賣'하였고, 이로 인해 鹽價가 폭등하는 사태가 빚어졌다.[409] 실제 의염법 실시 이전에 米 1斗當 3~6斗 하던 시중의 鹽價는, 그 실시 후에 3배 이상 폭등하여 미 1두에 겨우 염 1~2두를 교환할 수 있을 정도로 상승하였다.[410] 의염법의 실시에 따른 사염 생산의 축소, 교역의 위축이 가져온 결과였다. 이로써 의염법은 그 시행 초기의 성과

---

404) 《世宗實錄》 卷105, 世宗 26年 7月 辛酉, 4冊, 569쪽.
405) 《世宗實錄》 卷109, 世宗 27年 8月 戊辰, 4冊, 634~636쪽 ; 《世宗實錄》 卷109, 世宗 27年 9月 乙亥, 4冊, 637쪽.
406) 세종대 義鹽法의 實施 經緯에 대해서는 주 294에서 언급한 劉承源, 金勳埴의 앞 논문 참조.
407) 《世宗實錄》 卷111, 世宗 28年 2月 辛丑, 4冊, 653쪽 ; 《世宗實錄》 卷112, 世宗 28年 4月 丙寅, 4冊, 667쪽.
408) 《世宗實錄》 卷111, 世宗 28年 2月 辛酉, 4冊, 656쪽.
409) 《世宗實錄》 卷112, 世宗 28年 4月 丁卯, 4冊, 667쪽.
    "司諫院右司諫卜孝敬等上疏曰 … 義鹽之法 雖是爲民 然亦新法 人皆厭之 且私鹽之人 恐將付籍 不肯煮賣 因此鹽價陡峻 民悉病焉."
410) 《世宗實錄》 卷112, 世宗 28年 5月 庚午, 4冊, 669쪽.

에도 불구하고 시행 1년 만에 중단되고 말았다. 당시 집현전 직제학 이
계전은 이러한 의염법 폐지를 生民之病을 제거한 쾌거로 評하고 있다.[411]
의염법 혁파 이후, 私鹽 生産이 복구되고 그 유통이 재개됨으로써 市中
의 鹽價가 안정된 상황을 두고 이르는 표현이겠다.

　조선초기 私鹽 생산과 그 유통이 전체 鹽 需給에서 차지하던 비중은,
당시 官鹽이 일반적으로 抑賣의 형태로 유통되던 현실[412]에서 이후 더욱
확대되고 있었다. 특히 15~16세기에 걸쳐 人口의 급격한 증가가 이루
어지면서 사염의 생산과 그 교역은 더욱 확대되었다. 조선전기 人口問
題에 관한 기왕의 연구에 따르면, 국초 약 450여 만의 인구는 16세기
말에 이르면 대략 960여 만에 이르러 거의 2배 이상의 증가를 보였다.[413]
이러한 인구증가는 여러 부분에서 심대한 經濟的 變動을 불러일으켰을
것이고, 그 영향은 염의 생산과 교역 분야에서도 마찬가지였다. 바로
食鹽 소비량의 절대 증가와 그에 따른 염 생산과 교역의 확대 현상이었
다. 鹽이 여타의 食品과 달리 代替物이 있을 수 없고, 또 生命의 보존에

---

411)《世宗實錄》卷112, 世宗 28年 6月 甲寅, 4冊, 680쪽.
412) 本節 3)항 '官鹽의 流通方式과 抑賣'.
413) 조선전기 人口增加에 대한 기왕의 諸見解는 다음 표와 같다. 본문의 數値는
　　이들 각각의 견해가 지니는 人口推計上의 오류를 감안하여, 이 시기 인구의 증
　　가분을 그 中間値로 暫定하여 본 것이다.

(단위 : 만 명)

| 연 도 | (A) | (B) | (C) |
|---|---|---|---|
| 1400년 | | 449 | 573 |
| 1426년 | 383 | | 636 |
| 1519년 | 410 | 721 | 1,047 |
| 1590년 | | 958 | 1,404 |
| 1690년 | 695 | | 1,603 |

(A) 金載珍,《韓國의 戶口와 經濟發展》(博英社, 1967).
(B) 韓永愚,〈朝鮮前期 戶口總數에 대하여〉,《인구와 생활환경》(서울대학교
　　 인구 및 발전문제연구소, 1977).
(C) 權泰煥·愼鏞廈,〈朝鮮王朝時代 人口推定에 關한 一試論〉,《東亞文化》
　　 14(1977).

314 제 4 장 商品의 交易과 國家의 流通干與

必需品이었음을 고려하면 이 시기에 나타난 2배 이상의 인구증가는 곧바로 그만큼의 식염 소비량의 증대로 이어지게 마련이었다.

인구증가에 따른 食鹽 소비량의 증대는 염의 商品性을 더욱 높임으로써 염 생산의 증대로 이어졌다. 성종 20년(1489) 경상도 관찰사 金礪石은 당시 密陽의 守山堤 國屯田 경작에 동원하던 水軍을 煮鹽으로 돌리면, 그 生産鹽의 貿穀을 통해 屯田의 1년 소출보다 더 많은 官穀을 확보할 수 있다고 건의하고 있다.[414] 水軍煮鹽의 收益性이 屯田耕作보다 우월하기 때문이었다. 중종 5년(1510) 황해도 관찰사 南袞이 前年의 還上 逋欠穀을 煮鹽貿穀을 통해 보충하려 하였던 것도,[415] 바로 식염 소비량의 증대에 따라 鹽業의 수익성이 더욱 높아졌음을 보여주는 사례의 하나였다.

이러한 염업의 수익성 증대는 私鹽業에서 더욱 두드러졌다. 私鹽에 대한 국가의 허용방침 속에서 국초 이래 발전하고 있던 鹽干의 염 생산은, 인구증가에 따른 鹽 需要의 增大에 맞춰 16세기에 들어 더욱 확대되고 있었다. 명종 22년(1567)에는 충청도 南陽에 거주하는 李文 등 60여 명의 鹽干이 煮鹽用 薪을 채취하기 위해 4척의 배에 분승하여 海島에 갔다가 唐倭未辨之賊에 劫奪당한 사실이 보고되고 있다.[416] 60여 명에 달하는 염간들이 煮鹽用 燃料 조달을 위해 4척이나 되는 선박을 동원하여 조직적으로 움직이고 있는 사정을 통해, 충청도 남양을 중심으로 하는 당대 사염업의 발전 사정을 추정해 볼 수 있겠다.

한편 선조 18년(1585) 충청도에 파견된 御史 姜紳이 올린 馳啓는 그러한 사염업의 발전 사정을 더욱 분명하게 보여주고 있다. 그에 따르면 당시 國用船材의 産處는 海西의 長淵·湖西의 安眠·湖南의 邊山 등의 지

---

414) 《成宗實錄》卷232, 成宗 20年 9月 丙子, 11冊, 518~519쪽.
415) 《中宗實錄》卷10, 中宗 5年 2月 丁酉, 14冊, 411쪽 ; 《冲齋集》卷5, 日記, 庚午 (中宗 5) 2月(《韓國文集叢刊》, 19冊, 417쪽).
416) 《明宗實錄》卷34, 明宗 22年 3月 甲戌, 21冊, 147쪽 ; 《德溪集》卷4, 啓, 請命備 邊司措置備禦啓(《韓國文集叢刊》, 38冊, 126쪽).

역이었고, 이들 지역에서 기왕에 이루어지던 權勢家(沈通源·尹元衡·李樑 등)들의 材木 斬伐 행위는 近年의 禁法에 의해 거의 사라진 상태였다. 國用船材의 확보를 위한 禁松政策이었다. 그런데 문제는 전혀 다른 측면에서 다시 제기되고 있었다. 즉 염간의 煮鹽을 위한 松木 斫伐 사태였다.

> 安眠串居民 以鹽爲業者 窟穴其中 晝夜斫伐 以煮其鹽 夫船材之養 非至於百歲 則不能成材 而今以么麽小民 斫取之濫 有甚於舊日權勢之家[417]

安眠串에 거주하는 염간들의 자염을 위한 松木 斫伐이 지난날 권세가들이 이 지역을 私占하던 때보다 더욱 심한 형편이라는 지적이다. 때문에 그는 안면곶의 鹽盆을 금단하고 해당 관리로 하여금 이후 규찰시키자고 건의하고 있다.[418] 충청도 안면곶은 이미 세조 3년(1457)에도 鹽夫들의 작벌로 인한 '松木殆盡' 사태가 문제되어, 居民을 刷出하고 인근 泰安·瑞山 등의 地方官과 處置使에게 그 禁伐을 지시한 바 있는 지역이었다.[419] 안면곶과 인근 태안·서산 등지가 염의 主要産地인 탓에 제기되는 문제였고, 16세기에 들어 염업의 발전에 따라 그 정도가 더욱 심화하였음을 보여주는 내용이다.

선조 18년(1585) 御史 姜紳은 충청도의 安眠만을 예로 들어 船材 보호를 위한 斫伐 禁止를 주청하고 있지만, 그가 船材培養處로 언급한 다른 지역 역시 당대 염의 주요산지였다. 그렇다면 황해도의 長淵이나 전라도의 邊山 일대에서도 자염을 위한 염간들의 松木 斫伐 행위는 동일한 차원에서 문제되었음에 틀림없다. 요컨대 당시 정부의 國用木材 확보를 위한 禁松政策이 염간의 柴木 확보 노력과 마찰을 빚는 모습이었고,[420]

---

417) 《宣祖實錄》 卷19, 宣祖 18年 4月 庚午, 21冊, 419쪽.
418) 위와 같음.
419) 《世祖實錄》 卷6, 世祖 3年 正月 辛巳, 7冊, 171쪽.
420) 조선전기 국가의 禁松政策에 대해서는 김선경, 앞의 〈朝鮮前期의 山林制度〉 95~101쪽 참조.

이러한 사태는 바로 15~16세기에 전개되던 염 소비량 증대에 따른 사염 생산의 확대 추세를 잘 보여주는 것이라 하겠다.

이처럼 인구증가와 염 소비량 급증에 따른 鹽業의 수익성 증대를 기반으로 사염업이 발전하게 되면서, 국초에 정부가 '與民共之'의 원칙 하에서 표방했던 염간 이외 권세가·양반 사대부 등의 鹽盆私置 禁止 방침 역시 무너져 갔다. 本節 1)항에서 살펴본 바와 같이 寺刹이나 권세가들이 설치한 이들 소유의 염분이 증가하여 갔고, 마침내 정부는 이러한 현실을 수용하여 이들의 염분 소유를 인정하는 대신 收稅하는 방향으로 鹽政을 수정하였던 것이다.[421] 《經國大典》에 山林川澤으로서 柴場이나 魚箭의 私占禁止를 明示하고 있음에 비해, 염분에 대한 사점 금지를 규정하지 않았던 것은 바로 이러한 염정의 변화를 法 規定으로 반영한 때문이었다.[422]

양반 사대부나 권세가들의 염분 소유가 허용된 이후, 이들은 전국 각지에 物力을 동원하여 염분을 설치하거나 여러 방법으로 기왕의 염분을 私占함으로써 염 생산에 따른 이익을 획득하여 갔다. 연산군 12년(1506)에 국왕이 몰수한 昇平府夫人의 염분을 張淑容에게 지급하였던 것[423]도, 이 소유 염분에서 거두는 이익이 적지 않았기 때문일 것이다.

그런데 16세기 후반에 이르면 鹽盆所有라는 방법 말고도, 권세가들이 염업으로부터 이익을 거두는 또 다른 형태가 출현하고 있었다. 염분이 소재한 연해의 鹽田面을 私占하는 방법이었다. 선조 22년(1590)에 평안도 監司 尹斗壽가 올린 다음 書狀은 바로 이에 대한 내용을 담고 있다.

平安監司尹斗壽書狀 天福稱名人 托稱王子君奴子 冒呈戶曹 咸從縣民等煮鹽蒙利之地 盡爲折受 使居民失立業 其案還收 咸從顯令金光玉 曚然折給 罷黜事[424]

---

421) 本節 1)항 '國初의 鹽法改革과 鹽政의 推移'.
422) 위와 같음.
423) 《燕山君日記》卷63, 燕山君 12年 8月 癸丑, 14冊, 63쪽.
　　"傳曰 昇平府夫人魚箭鹽盆 並給張淑容."

天福이라는 인물이 王子君의 奴子를 칭탁하여 호조로부터 평안도 咸
從縣民들의 煮鹽蒙利之地, 곧 염분이 소재한 鹽田面을 折受받음으로써
발생한 문제였다. 이로 인해 함종현의 염간들이 실업하는 사태가 빚어
지자, 평안감사가 그 立案의 還收와 이를 절급한 현령의 罷黜을 건의하
였던 것이다.

당시 염분이 설치되는 沿海의 土地, 다시 말해 鹽田面은 '山林川澤'의
일환으로서 개인의 獨占이나 所有를 불허하여 民에게 開放되어 있는 곳
이었다.[425] 그런데 15세기 후반 이후 왕실을 중심으로 하는 권세가는, 三
南에 이어 平安道에 이르기까지 연해의 海澤地를 立案이나 賜牌의 형식
으로 折受받아 개간함으로써 소유권을 인정받고 있었다.[426] 정부의 開墾
장려 정책과 권세가의 所有土地 확대 노력이 결합됨으로써 나타나는
현상이었다.

선조 22년(1590) 평안감사 윤두수의 보고는, 왕실을 비롯한 권세가의
折受 행위가 海澤地 折受를 名目으로 염분이 설치된 연해의 鹽田面에까
지 이르고 있음을 보여주고 있다. 애초 이들 염전면은 염분을 소유하고
자염하는 鹽戶가 이용하는 共有地였다. 염분이 毁撤되지 않는 이상, 염
호의 지속적인 占有가 보장되는 공유지인 것이다. 그런데 이제 권세가
들이 無主의 海澤地임을 근거로 절수를 통해 이를 獨占하는 사태가 벌
어졌던 것이다. 권세가들이 절수지에 소재한 염분의 염호로부터 일정한
이용의 대가를 징수하였음은 물론이겠고, 咸從縣 염호의 실업은 그 부
담의 과중함 때문일 것이다.

天福의 함종현 鹽田面 折受 문제는 그가 王子君의 奴子를 칭탁하여
현재 이용되고 있는 염전면을 절수하였기 때문에 감사가 문제 삼은 사
건이었다. 따라서 그렇지 않은 왕실과 권세가들의 절수는 일반으로 이

---

424) 《宣祖實錄》 卷23, 宣祖 22年 正月 甲戌, 21冊, 456쪽.
425) 남원우, 앞의 〈16世紀 '山林川澤'의 折受에 대한 研究〉, 6쪽.
426) 李景植, 앞의 〈16世紀 地主層의 動向〉; 李泰鎭, 앞의 〈16세기 沿海地域의 堰
田 개발〉.

루어지고 있었던 것으로 생각된다.[427] 당시 魚箭·柴場에서 전개되던 이
들의 절수 경향과 동일한 모습이었다.[428] 鹽田에 대한 권세가의 私占과
徵收行爲는 물론 不法이었지만, 그 추세는 壬亂 이후에도 여전하였다.[429]
염업의 수익성이 증대되면서 권세가들이 그들 소유의 염분을 늘려가는
한편으로, 권력에 기반하여 기왕의 염호의 염분을 사점함으로써 경제적
이득을 취하는 또 다른 방도인 셈이었다.

　이상과 같은 염업의 수익성 제고와 사염의 생산 증대는 곧바로 그
交易의 擴大로 연결되었다. 특히 16세기에 들어 지역 간의 가격차를 이
용하여 대규모의 염 교역을 수행하는 鹽船商의 활동이 자료에 빈번하
게 나타난다. 중종 33년(1538)에는 官人으로서 鹽船을 운영하였던 李沆
의 행위가 史臣의 褒貶으로 기록되어 있고,[430] 중종 39년(1544)에는 충청
도 韓山의 염간 安孫 등 8인이 販鹽次 배를 이용하여 황해도로 가다 荒
唐船에 劫掠당하기도 하였다.[431] 또 선조 11년(1578)에는 販鹽을 위해 황
해도 康翎으로 향하던 開城 西江 거주 金夢 등의 배가 풍랑을 만나 遼東
地方으로 표류하였다가 송환되었으며,[432] 선조 36년(1603)에는 평안도
咸從縣 출신 奴 貴鶴·李莫松 등의 鹽船이 三和縣 海上에서 水賊에게 약
탈당한 기록이 보인다.[433] 모두 지역 간의 鹽 價格差를 이용하여 謀利하

---

427)《鶴峯集》卷3, 箚, 請停築城仍陳時弊箚(《韓國文集叢刊》, 48冊, 78쪽).
　　 "江海魚鹽之地 悉稱立案."
428) 16세기 들어 盛行하는 권세가들의 魚箭·柴場 折受 경향에 대해서는 남원우,
　　 앞의 〈16世紀 '山林川澤'의 折受에 대한 硏究〉, 16~37쪽 참조.
429) 壬亂 이후 정부는 왕실재정의 곤궁을 이유로 여러 宮房에 鹽盆에 대한 收稅權
　　 을 折受의 형태로 分給하게 된다. 그리고 이 와중에서 왕실과 권세가들이 염분
　　 이 소재한 鹽田面을 海澤地로서 절수받아 그로부터 收稅하는 경향 또한 더욱
　　 확대된다. 이른바 '基主'로서의 권리가 그것이다. 조선후기 鹽盆私占 문제는
　　 위 兩者가 복합된 형태였다. 그 중 '基主'로서의 권리는《續大典》에 이르러 부정
　　 되고, 수세권 절수 역시 均役法 실시를 통해 해결된다. 이상 조선후기 鹽盆私占
　　 과 鹽稅運用에 대해서는 兪泌朝, 〈17·18세기 전반 鹽業 발전과 鹽盆私占〉,《韓
　　 國史論》36(서울大, 1996) 참조.
430)《中宗實錄》卷87, 中宗 33年 3月 丙戌, 18冊, 173쪽.
431)《中宗實錄》卷104, 中宗 39年 7月 壬寅, 19冊, 110쪽.
432)《宣祖實錄》卷11, 宣祖 11年 正月 丁巳, 21冊, 349쪽.

는 船商活動이었고, 특히 충청도 한산의 염간들은 그들이 생산한 염을 직접 선박을 이용하여 황해도에서 販鹽하고 있었다. 생산 염을 상인에게 賣渡하는 것보다, 직접 염 소비자들에게 판매하는 船商活動의 이익이 크기 때문에 그들 자신이 선박을 마련하여 船商으로 나섰던 것이다. 배를 이용하여 鹽 需要時機인 7월에 맞춰 그들의 商活動이 이루어지는 사정으로 보아, 그들의 鹽 生産規模 또한 선초와 달리 소규모는 아니었을 것으로 추정된다.

염 생산이 증대되고 그 교역이 확대되면서 염상들은 주로 지역 간의 가격차를 이용하여 상활동을 벌였지만, 獨占行爲를 통해 인위적인 鹽價 上昇을 기도하기도 하였다. 예컨대 중종 12년(1517) 경상도 내륙지방은 凶年에 덧붙인 魚鹽 가격의 상승으로 큰 고통을 겪고 있었다. 洛東江을 통한 선박의 출입이 가능함에도 불구하고 이런 사태가 빚어진 까닭은 낙동강 下流之人이 염 판매의 이익을 독점하고자, 강을 거슬러 올라가는 염 선상활동이 不利하다는 訛言으로 脅動한 때문이었다.[434] 낙동강 하류에 근거하여 활동하는 鹽商들이 독점을 통한 가격 상승을 도모하여 다른 선상들의 낙동강을 통한 내륙진출을 방해한 결과였다.[435]

이 시기 염상들의 선상활동은 위 낙동강 염상의 예에서 보듯이, 주로 沿海에서 江을 이용해 내륙으로 진출하여 販鹽하는 방식으로 전개되었다. 《瑣尾錄》의 著者 吳希文은 壬亂中 충청도 林川에 寓居하면서, 錦江을 거슬러 올라와 인근 咸悅의 熊浦에 정박해 있던 濟州船商으로부터 미역 등 해산물을 구입하고 있다.[436] 鹽 역시 마찬가지였을 것이다. 특히

---

433)《宣祖實錄》卷163, 宣祖 36年 6月 丁未, 24冊, 496쪽.
434)《中宗實錄》卷27, 中宗 12年 2月 丁未, 15冊, 257쪽.
435)《新增東國輿地勝覽》에는 金海의 都要渚 民을 두고 농업에 종사하지 않고도 '尙販上游諸郡 以爲別産'이라고 표현하고 있다(《新增東國輿地勝覽》卷32, 金海, 山川條). 본문에서 언급한 洛東江 下流之人은 바로 이 도요저 민들과 같이 낙동강을 근거로 魚鹽 등 海産物을 경상도 내륙지방에 공급하던 상인들이라 추측된다. 김해의 도요저 거주민이 원래 200여 호였다가, 《新增東國輿地勝覽》이 편찬되는 중종대에 400여 호로 증가한 사정 또한, 이러한 낙동강을 근거로 한 船商活動의 발전과 관계있는 것으로 생각된다.

해로·수로를 이용하는 염상의 더욱 구체적인 활동사정은 임란중 糧餉 확보 방안의 일환으로 煮鹽貿穀을 건의한 柳成龍의 上啓를 참고할 수 있겠다. 그는 연해의 염호들을 동원하여 생산한 官鹽의 판매경로를 모색하면서 바다와 연결된 내륙 수로의 이용을 건의하였다. 즉 錦江을 통한 충청도 내륙 일대, 漢江·龍津을 통한 영동·충청·경기도 내륙지방, 臨津江·碧瀾渡를 통한 경기·황해·강원도 내륙지방, 그리고 大同江·晴川江·鴨綠江을 통한 양계 내륙지방에서의 官鹽 판매를 건의하고 있다.[437] 물론 이는 官鹽의 판매경로로서 모색된 방안이었지만, 이것이 또한 바로 당시 私鹽의 판매와 유통경로일 것으로 추측되는 것이다. 해로와 내륙수로를 연결하며 전개하던 鹽 船商들의 일반적인 상활동을 토대로 이와 같은 방안이 구상된 것이라 생각되기 때문이다.

이상에서 살펴본 바와 같이 15~16세기에 걸쳐 나타난 人口의 지속적이고도 급격한 증가는 食鹽의 소비량 증대로 이어졌고, 이는 다시 염업 그 중 특히 私鹽의 生産과 交易이 확대되는 결과로 연결되고 있었다. 그리고 이러한 염의 교역 확대는 당시의 穀物流通에서 나타나는 동일한 사정과 아울러,[438] 국내의 商品流通이 한층 더 발전하는 모습을 보여주는 사례의 하나였다. 따라서 조선전기 도성상업의 발전, 場市의 성립과 확산 등으로 대표되는 상업발전의 諸樣相도 바로 이러한 商品의 流通擴大에 근거하여 나타나는 변화이고 발전이라 하겠다.

---

436) 《瑣尾錄》第四, 丙申 3月 29日, 5月 16日(下冊, 26·41쪽).
437) 《西厓集》卷7, 啓辭, 請措置糧餉啓(《韓國文集叢刊》, 52冊, 153~155쪽).
438) 朴平植, 앞의 〈朝鮮前期의 穀物交易과 參與層〉(本書 제4장 1절).

# 제5장 商業의 發達과 商業政策의 變化

  조선전기, 정부는 市廛과 大·小商人에 대한 파악을 통해 상업을 독점하여 관장하고, 지주·대농경영의 위축을 초래하는 소농·전호농민의 逐末傾向을 단속하려 하였다. 그러나 抑末策 하에서도 역설적으로 商業은 상인·교역기구·상품교역 등 그 諸分野에서 더욱 발전하여 갔다. 이 과정에서 지주·대농과 소농경제의 상업과의 관련은 더욱 밀접해졌고, 이에 따른 分化 역시 격심해졌다. 지배층과 民人 일반의 逐末風潮는 이런 사정을 바탕으로 확산되고 심화되는 추세였다. 이는 15세기 후반 이후에 문제되고 16세기에 들어 일층 진전되던 현상이었다.

  상업의 확대와 발전 속에서 官人·儒者들의 商業認識과 商業論은 변화하고 있었으며, 정부의 抑末策 또한 조정되고 쇠퇴하여 갔다. 그리하여 '務本抑末'의 상업론을 고집하는 한편에서 生財觀에 대한 새로운 이해와 적극적인 상업인식이 출현하였고, 이는 '以末補本'論으로 이어지면서 상업·재정운영에 대한 국가정책의 변동까지를 모색하기에 이르렀다. 물론 상업론의 분기와 억말책의 쇠퇴는 그에 따른 적지 않은 갈등을 수반하면서 진행되던 현상이었다.

# 1. 殖貨·逐末風潮의 擴散과 그 問題

　조선전기 土地·農業分野에서 전개되고 있던 제반 변동은 收租權 및 그에 근거한 지배의 약화·소멸과 이에 상반하여 나타나는 所有權의 안정·강화에서 비롯한 것이었고,[1] 이는 한편으로 지배층 및 민인 일반의 경제인식과 경제활동에도 커다란 변화를 초래하였다. 그리하여 왕실·관인·사대부·토호 등 지배층 전체에서는 所有土地의 확대 노력과 함께 다양한 유형의 殖貨傾向이 경쟁적으로 등장하였고, 민인 일반에서도 逐末의 趨勢가 크게 일어나고 있었다.

　수조권에 기반한 土地·民人支配가 점차 소멸되어 가는 현실에서 兩班 士大夫들은 우선은 토지의 겸병과 地主制의 확대를 통해 경제기반을 확보하여 민인지배를 유지하고 실현해 갔지만,[2] 한편으로 새로이 토지 이외의 생산수단 곧 山林川澤이나 그 産物의 생산·교환과정인 末業分野에 대한 占有와 支配를 확대하여 갔다. 山林川澤 私占은 이에 대한 장악과 독점을 통해 민인지배를 관철시키는 한편, 그 산물의 교환과정을 통해 막대한 商業利益을 확보할 수 있는 방편인 까닭에 당시 지배층이 전력으로 추구하던 바였다.[3]

　官人 士大夫 계층의 殖貨는 商業 분야에서도 대단하고 적극적인 형세로 추구되었다. '本業'으로 인식하여 매진해 왔던 농업과 토지경영만이

---

1)  李景植, 《朝鮮前期土地制度研究》(一潮閣,  1986) ; 李景植, 《朝鮮前期土地制度 研究》[Ⅱ](지식산업사, 1998).
2)  李景植, 〈16世紀 地主層의 動向〉, 《歷史敎育》 19(1976) ; 李景植, 〈朝鮮前期 兩班의 土地所有와 封建〉, 《東方學志》 94(1996).
3)  남원우, 〈16世紀 '山林川澤'의 折受에 대한 研究〉(延世大 碩士學位論文, 1988) ; 김선경, 〈朝鮮前期의 山林制度 — 조선국가의 山林政策과 인민지배〉, 《國史館 論叢》 56(1994).

아니라 이제까지 '末業'으로 규정하여 오던 상업에도 적극 참여하고 투자하여, 이를 통해 확대된 지주경영의 산물을 回轉·增殖함으로써 그들 社會的 處地의 보존을 도모하였던 것이다. 이 시기 널리 확산되고 있던 地主層의 土地集積·集中은 교환경제와 밀접한 관련 속에서 전개되는 현상이었다. 지주층은 각기 그 규모에 상응하는 交易機構와의 연결을 통해 地主經營의 다양한 産物을 처분하여 富力의 재생산을 달성해 갔던 것이다.[4] 穀物의 경우, 이들은 納穀·回換 등 정부의 재정체계를 이용한 거래만이 아니라 民間市場을 이용하여서도 활발한 교역을 전개하고 있었다.[5] 土地所有의 확대와 地主制 운영의 결과 축적된 剩餘穀物의 處分 經路로 납곡이나 회환을 이용하고, 나아가 買占·抑賣 등 특권에 기초하여 전개하는 곡물의 買集과 處分 과정을 통해서도 커다란 이익을 보장 받고 있었던 것이다. 지배층의 상업참여를 통한 財富蓄積은 鹽이나 綿布 등 여타 物貨의 경우에도 마찬가지였다.[6]

관인 사대부층의 商業 參與는 성종대 이후에 크게 발전하던 對外貿易, 특히 對中 奢侈品 貿易과 관련하여 또한 논란이 되고 있었다. 16세기에 들어 銀을 중심으로 하는 對中國 私貿易이 크게 번성하면서,[7] 富商大賈들과 결탁하여 펼쳐지던 이들의 사무역 활동은 당대 言官들의 주요 攻駁 대상이 되었다. 성종대의 李季孫·尹甫·韓僩·林繼昌·李秉正·李長生·孫溍·李睦·邊處寧,[8] 중종대의 李安忠·尹元衡·閔荃·金萬鈞·元混·

---

4) 李景植, 앞의 〈16世紀 地主層의 動向〉.
5) 朴平植, 〈朝鮮前期의 穀物交易과 參與層〉,《韓國史研究》85(1994 ; 本書 제4장 1절).
6) 이러한 사실은 16세기에 兩班地主層이 財富蓄積을 위해 交易機構와 場市를 적극 활용하고 있는 사례에서 확인된다(李樹健, 〈嶺南學派 形成의 社會·經濟的 基盤〉,《嶺南學派의 形成과 展開》, 一潮閣, 1995, 91∼109쪽, 257∼269쪽 ; 김건태, 〈16세기 양반지주층의 경제활동〉,《역사와 현실》16, 1995, 146∼148쪽).
7) 韓相權, 〈16世紀 對中國 私貿易의 展開 ― 銀貿易을 中心으로〉,《金哲埈博士華甲紀念史學論叢》(지식산업사, 1983).
8)《成宗實錄》卷164, 成宗 15年 3月 癸丑, 10冊, 581쪽(國史編纂委員會刊 影印本 ― 이하 같음) ;《成宗實錄》卷251, 成宗 22年 3月 乙巳, 12冊, 6∼7쪽 ;《成宗實錄》卷264, 成宗 23年 4月 己未, 12冊, 171쪽.

李洪男·柳希齡,[9] 명종대의 沈通源·金澍,[10] 선조대의 閔仁伯[11] 등은 상인을 '率帶赴京'하였다가 처벌되거나 논란이 된 대표적인 官人들이었다. 관인들의 사무역을 통한 殖貨는 이 시기에 이만큼 日常의 차원에서 전개·확대되고 있었다.

15세기 후반 이후 그 유통경제적 성격을 강화시켜 가고 있던 防納역시, 상업을 이용한 지배층의 주요 殖貨方法 가운데 하나였다.[12] 봉건권력과의 公的 私的 연계를 바탕으로 전개하던 방납활동에는 위로는 王子諸宮 公卿士大夫에서 아래로 吏胥 京商에 이르기까지 다양한 세력이 참여하여 모리하고 있었다.[13] 특히 중앙의 고위 官人이나 戚里들의 방납은 당시 커다란 사회문제의 하나였다. 성종 21년(1490)의 吏曹參判 尹殷老,[14] 명종 6년(1551)의 領中樞府使 李芑,[15] 명종 7년(1552)의 戶曹判書 鄭世虎,[16] 명종 20년(1565)의 領議政 尹元衡[17] 등은 방납과 관련하여 당대 言官들로부터 彈劾받은 대표적 인물들이었다. 이들의 방납에 商人이나 중앙과 지방의 吏胥들이 개재하여 모리하였음은 물론이다. 선조원년(1568) 曺植은 당시 이서들이 방납의 권리를 文卷의 형태로 자손에게 世傳하는 현실을 언급하며 그 폐단을 極論하고 있다.[18] 上下를 不問

---

9)《中宗實錄》卷96, 中宗 36年 8月 庚申, 18冊, 493쪽 ;《中宗實錄》卷102, 中宗 39年 2月 庚辰, 19冊, 41쪽 ;《中宗實錄》卷102, 中宗 39年 2月 壬午, 19冊, 44쪽 ;《中宗實錄》卷102, 中宗 39年 2月 癸巳, 19冊, 51쪽.

10)《明宗實錄》卷21, 明宗 11年 11月 丁巳, 20冊, 371~372쪽 ;《明宗實錄》卷29, 明宗 18年 6月 戊辰, 20冊, 651쪽.

11)《宣祖實錄》卷173, 宣祖 37年 4月 庚戌, 24冊, 606~607쪽.

12) 이지원,〈16·17세기 전반 貢物防納의 構造와 流通經濟的 性格〉,《李載龒博士 還曆紀念韓國史學論叢》(한울, 1990).

13)《宣祖實錄》卷171, 宣祖 37年 2月 丁酉, 24冊, 568쪽.
"上自王子諸宮 公卿大夫之家 下至吏胥京商之輩 唯務貪利之重 莫顧廉恥之喪 凡列邑大小貢物 爭占防納 濫徵之弊 至此之甚."

14)《成宗實錄》卷240, 成宗 21年 5月 辛酉·壬戌, 11冊, 592쪽.

15)《明宗實錄》卷12, 明宗 6年 10月 己卯, 20冊, 49~50쪽.

16)《明宗實錄》卷13, 明宗 7年 9月 壬午, 20冊, 100쪽.

17)《明宗實錄》卷31, 明宗 20年 8月 丁卯·戊寅, 21冊, 26~28쪽.

18)《宣祖實錄》卷2, 宣祖 元年 5月 乙亥, 21冊, 194쪽.

하고 당시 지배층 일반에서 전개하던 殖貨行態의 한 양상인 셈이었다.

王室을 비롯한 지배층은 이와 같이 국내외의 교역참여나 방납 등의 상업활동을 통해 전에 없는 財富를 축적해 갈 수 있었다. 그리하여 15세기 후반 이후에는 중앙만이 아니라[19] 지방에서도 積穀이 巨萬에 이르는 관인 토호들이 늘어갔고,[20] 성종·연산조의 권신 尹弼商 같은 이는 상인 沈金孫과 더불어 그 재산규모가 綿布로 1천여 同(5만 匹)에 이른다고 特記될 정도였다.[21]

이처럼 成宗朝를 전후하여 크게 확산되던 商業參與와 殖貨風潮는 지배층 전체에서 나타나는 것이었지만, 그 중 특히 몇몇 인물은 그 方法의 不法性, 程度의 過多 때문에 당시 조정에서 크게 논란이 되었다. 성종대의 鄭麟趾·尹弼商·尹殷老·鄭崇祖,[22] 연산군대의 尹弼商,[23] 중종대의 金安老·尹元衡,[24] 명종대의 鄭世虎·尹元衡[25] 등은 그 대표적인 고위 관인들이었다. '謀利宰相,'[26] '殖貨宰相,'[27] '市井宰相'[28] 등으로 卑稱되던 이들

19)《成宗實錄》卷93, 成宗 9年 6月 乙巳, 9冊, 612쪽.
 "滿朝宰相 先貪後富 積穀鉅萬者 不知其數."
20)《成宗實錄》卷182, 成宗 16年 8月 庚辰, 11冊, 46쪽 ;《中宗實錄》卷33, 中宗 13年 5月 乙丑, 15冊, 445쪽.
21)《諛聞瑣錄》(《稗林》, 5冊, 25쪽).
22)《成宗實錄》卷89, 成宗 9年 2月 癸丑·甲寅·乙卯, 9冊, 559~561쪽 ;《成宗實錄》卷181, 成宗 16年 7月 壬子·甲寅·乙卯, 11冊, 34~38쪽 ;《成宗實錄》卷203, 成宗 18年 5月 丁巳, 11冊, 214쪽 ;《成宗實錄》卷240, 成宗 21年 5月 辛酉·壬戌, 11冊, 592쪽 ;《成宗實錄》卷241, 成宗 21年 6月 癸未·戊子·癸巳·戊戌·庚子·辛丑, 11冊, 602~609쪽 ;《成宗實錄》卷242, 成宗 21年 7月 癸亥, 11冊, 616쪽 ;《成宗實錄》卷279, 成宗 24年 6月 甲戌·丁丑, 12冊, 344·347쪽 ;《成宗實錄》卷279, 成宗 24年 6月 辛卯·壬辰, 12冊, 350~351쪽 ;《成宗實錄》卷284, 成宗 24年 11月 癸丑, 12冊, 442쪽 ;《成宗實錄》卷291, 成宗 25年 6月 戊辰, 12冊, 543쪽.
23)《燕山君日記》卷52, 燕山君 10年 4月 戊午, 13冊, 607쪽 ;《燕山君日記》卷53, 燕山君 10年 閏4月 己卯, 13冊, 614쪽.
24)《中宗實錄》卷85, 中宗 32年 10月 庚午, 18冊, 100쪽 ;《中宗實錄》卷102, 中宗 39年 2月 庚辰, 19冊, 41쪽.
25)《明宗實錄》卷12, 明宗 6年 9月 癸卯, 20冊, 42쪽 ;《明宗實錄》卷13, 明宗 7年 9月 壬午, 20冊, 100쪽 ;《明宗實錄》卷15, 明宗 8年 12月 丙申, 20冊, 177쪽 ;《明宗實錄》卷31, 明宗 20年 8月 丁卯·戊寅, 21冊, 25·28쪽.
26)《成宗實錄》卷280, 成宗 24年 7月 丁酉, 12冊, 354쪽.

의 상업참여와 이를 통한 식화·치부는 위에서 언급한 全分野에 걸쳐
전개되었다. 명종 20년(1565) 領相 尹元衡의 경우, 그는 海澤地의 多占과
官奴를 동원한 경영, 市廛商을 동원한 米穀·鍮器交易, 防納, 私貿易, 柴
場私占 등을 통해[29] 王室과 國家에 버금가는 富를 축적하고 있었다.[30]
정도의 차이는 있겠지만 이러한 行態는 윤원형에게만 한정될 리 없는
것이었고, 당시 지주제의 확대과정에서 특히 중앙의 권세가를 중심으로
하는 大地主들에게 공통되게 나타나는 地主經營의 방법이었다.[31]

　15세기 중반 이후, 특히 16세기에 들어 더욱 확산되고 있던 지배층의
商業參與와 獨占, 그리고 殖貨風潮는 당시 民人 전체의 경제·사회생활
에도 커다란 변동을 불러일으켰다. 지배층의 식화가 土地의 兼幷만이
아니라 山林川澤으로 대표되는 土地外 生産手段에 대한 私占까지도 수
반하고 있었기 때문에, 사회 저변의 민인들은 이제 소유토지를 상실하
고 地主-佃戶關係에 편입되는 한편으로, 이전까지 共有의 이념 하에서
이용해 왔던 토지 외의 生産基盤 등에서도 또 다른 支配-被支配關係 속
에 편제되지 않을 수 없었다. 그러나 이와 동시에 진행되고 있던 收租權
의 소멸과 所有權의 안정·강화는 小經營 農民의 처지에서 그 經理의 自
律性과 그에 따른 上昇을 가능케 하는 조건이기도 하였다. 수조권 분급
에 근거한 신분제적 토지·인신지배가 약화됨으로써 농업경영에서만이
아니라 그 産物이나 剩餘의 자유로운 任意處分 역시 보장되고 있었던
것이다. 요컨대 小商品生産과 그 交換을 위한 與件의 조성이었다. 逐末
의 風潮는 이런 사정을 바탕으로 지배층의 식화추구 경향과 맞물리면서

---

27)《燕山君日記》卷52, 燕山君 10年 4月 戊午, 13冊, 607쪽.
28)《明宗實錄》卷15, 明宗 8年 12月 丙申, 20冊, 177쪽.
29)《明宗實錄》卷31, 明宗 20年 8月 丁卯·戊寅, 21冊, 25·28쪽.
30)《明宗實錄》卷12, 明宗 6年 9月 癸卯, 20冊, 42쪽.
　　"富擬王室."
　　《明宗實錄》卷31, 明宗 20年 8月 丁卯, 21冊, 25쪽.
　　"家富於有國 身侈於王者."
31)《明宗實錄》卷15, 明宗 8年 10月 丙申, 20冊, 168~169쪽.

사회 전체에 널리 확산되어 갔다.

　민인들의 逐末 경향은 선초에도 나타나던 현상이었다.[32] 그러나 그것
이 하나의 社會問題로 대두하여 그에 대한 대책이 정부 차원에서 심각
하게 논의되기 시작한 것은 15세기 중·후반 성종대 이후의 일이었다.
바로 農民的 交易機構로서 場市가 출현하여 널리 확산되는 時點과 일치
하고 또 그와 연관하여 전개되는 현상이었다. 때문에 逐末禁止 논의는
으레 지방에서는 장시에 대한 禁抑方針과 함께 제기됨이 일반이었다.

　성종 3년(1472) 국왕이 傳旨를 통해 '生財在於務本 裕財在於節用'이라
는 경제운용의 대원칙을 상기시키며 逐末과 奢侈風潮의 禁斷을 강조하
였음에도 불구하고,[33] 이후 축말의 경향은 京外를 막론하고 사회 전반에
널리 확산되어 갔다. '近年以來 逐末者 甚衆'[34]으로 표현되는 逐末傾向은
이제 日常의 風潮가 되었으며,[35] 그 정도는 16세기에 들어 더욱 심화되
었다. 중종 12년(1517) 侍講官 李淸에 따르면,

　　今四方之民 十分而九分趨末 一分爲本業[36]

한다는 지경이었다. 그 자체 과장된 표현임에 분명하지만, 성종 6년
(1475)까지 '今游手者 殆半於民'[37]하다던 末業人口의 비율이 16세기에 들
어서서는 이처럼 90퍼센트에 이른다고 云謂될 정도였다. 그만큼 축말의
풍조는 사회 전반에 걸쳐 광범위하게 퍼져가고 있었다. 중종 12년(1517)
大司憲 金璫은 세종의 勸農敎旨를 進獻하며 勸農을 강조하는 자리에서,

---

　32)《世宗實錄》卷69, 世宗 17年 9月 庚午, 3冊, 650쪽 ;《世宗實錄》卷77, 世宗 19年
　　5月 庚寅, 4冊, 70쪽 ;《世宗實錄》卷87, 世宗 21年 11月 庚戌, 4冊, 250쪽 ;《世祖
　　實錄》卷24, 世祖 7年 6月 戊子, 7冊, 469쪽.
　33)《成宗實錄》卷21, 成宗 3年 8月 丁亥, 8冊, 682쪽.
　34)《成宗實錄》卷55, 成宗 6年 5月 辛酉, 9冊, 224쪽.
　35)《燕山君日記》卷1, 燕山君 元年 正月 丁酉, 12冊, 632쪽 ;《燕山君日記》卷33,
　　燕山君 5年 5月 丙子, 13冊, 360쪽 ;《中宗實錄》卷12, 中宗 5年 8月 戊戌, 14冊,
　　457쪽.
　36)《中宗實錄》卷29, 中宗 12年 8月 戊申, 15冊, 304쪽.
　37)《成宗實錄》卷55, 成宗 6年 5月 辛酉, 9冊, 224쪽.

축말풍조가 성행하여 단지 頑鈍 貧悴하여 他業에 나아갈 수 없는 者만
이 農業에 종사할 뿐이라고 한탄하기까지 하였다.[38] 16세기에 들어 민인
의 축말경향은 이만큼 심각하였고, 그에 대한 대책은 이제 절실한 課題
가 되었다.

逐末의 원인은 官人에 따라 견해를 달리하며 다양하게 파악되었다.
或者는 이를 과중한 賦役에 따른 避役의 결과로,[39] 或者는 燕山君의 弊政
에 따른 결과로,[40] 또는 守令의 侵虐 때문으로도 이해하였다.[41] 公·私債
의 부담이나 凶荒의 결과로써 축말풍조를 설명하는 論者도 있었다.[42] 그
원인을 무엇으로 보든, 축말의 경향은 반드시 鎭定되지 않으면 안 되었
다. 소경영 농민, 전호농민의 농업으로부터의 이탈이 결국은 이들의 土
地緊縛에 기초하여 운영되는 지주·대농경영을 근저에서 위축시키고,
나아가 국가의 재정·경제운영을 마비시킬 것이기 때문이다. '務本抑末'
의 경제정책의 이념에 비추어 抑末은 당연한 바였고, 시급한 대책이 요
청되는 문제였다.

축말의 원인에 대한 다양한 견해에도 불구하고 당시 官人·儒者들은
그 대책을 우선은 務農·力農의 강조에서 찾는 데 異見이 없었다. 곧 勸
農·力農論의 제기였고, 이러한 관점에서 '무본억말'의 내용을 담은 敎書
와 傳旨를 수시로 내리기도 하고,[43] 또 권농·역농의 방안을 구체적인 정
책으로 마련하여 시행하고도 있었다.[44] 그러나 이러한 인식과 대책에도

---

38) 《中宗實錄》卷27, 中宗 12年 正月 丁亥, 15冊, 251쪽.
39) 《成宗實錄》卷229, 成宗 20年 6月 丙辰, 11冊, 495쪽 ; 《中宗實錄》卷27, 中宗
    12年 正月 戊子, 15冊, 251쪽 ; 《中宗實錄》卷29, 中宗 12年 8月 戊申, 15冊,
    304쪽.
40) 《中宗實錄》卷20, 中宗 9年 2月 丁巳, 15冊, 6쪽.
41) 《中宗實錄》卷21, 中宗 9年 11月 癸酉, 15冊, 42쪽.
42) 《中宗實錄》卷29, 中宗 12年 8月 戊申, 15冊, 304쪽 ; 《中宗實錄》卷56, 中宗
    21年 正月 癸卯, 16冊, 494쪽.
43) 《成宗實錄》卷21, 成宗 3年 8月 丁亥, 8冊, 682쪽 ; 《燕山君日記》卷1, 燕山君
    元年 正月 丁酉, 12冊, 632쪽 ; 《中宗實錄》卷18, 中宗 8年 3月 乙未, 14冊, 651~
    652쪽 ; 《中宗實錄》卷60, 中宗 23年 2月 丙辰, 16冊, 632쪽.
44) 金容燮, 〈朝鮮初期의 勸農政策〉, 《東方學志》 42(1984) ; 李景植, 〈朝鮮前期의

불구하고 축말의 경향은 都城과 外方을 막론하고 전국에서 확산되어
갔다. 당대 축말풍조가 근본적으로 地主制의 발달과 그에 따른 농촌·농
민분화, 그리고 종래 抑買·抑賣 등 田主的 强制에 의해 수탈당해 왔던
농민들의 剩餘를 수조권의 소멸·약화에 따라 이제 그들이 자유롭게 판
매할 수 있게 됨으로써 형성되는 小商品生産의 출현과 그 진전에 바탕
하여 전개되는 현상이었기 때문이다.[45]

성종초에 전라도 일대에서 출현하였던 場市는 이러한 민인들의 축말
경향과 맞물리면서 이내 전국으로 확산 보급될 수 있었다.[46] 장시는 이
미 중종 15년(1520)에 이르면 '諸道 皆設場門'[47]하다 할 정도로 전국에
확산되었고, 한 달 내의 開市日數 역시 증가하여 갔다. 예컨대 중종 28년
(1533) 충청도 관찰사 蘇世讓은 道內 장시에 대해 '一月三日出市'를 허용
하고 있지만,[48] 선조 40년(1607)에 이르면 '一朔三十日內 無不見市之日'[49]
하다 하여 실제 한 商圈內에서 매일같이 장시가 개시되고 있었다. 명종
원년(1546) 各官 장시의 開市日을 일률적으로 동일하게 정하도록 한 조
처[50]는 이처럼 '出市日 或異'에 따라 同一 商圈內에서 항시 장시가 열리
는 상황을 막아 축말의 경향을 억제하려는 데 목적이 있었다. 전라도의
出市者만도 幾萬餘人에 이른다는 중종 15년(1520) 領事 南袞의 지적[51]은
이와 같은 場市의 확산과 逐末人口의 증가 사정을 바탕으로 나오는 것
이었다.

外方의 場市가 늘어나는 逐末人口의 주요 활동무대였다면, 都城商業
역시 인구의 증가와 함께 크게 번성하고 있었다.[52] 15세기 중반 이후

力農論〉,《歷史敎育》56(1994).
45) 李景植, 앞의 〈16世紀 地主層의 動向〉; 李景植, 〈16世紀 場市의 成立과 그 基盤〉,《韓國史硏究》57(1987).
46) 李景植, 앞의 〈16世紀 場市의 成立과 그 基盤〉.
47)《中宗實錄》卷38, 中宗 15年 3月 己酉, 15冊, 635쪽.
48)《中宗實錄》卷74, 中宗 28年 4月 戊子, 17冊, 410쪽.
49)《宣祖實錄》卷212, 宣祖 40年 6月 乙卯, 25冊, 345쪽.
50)《明宗實錄》卷3, 明宗 元年 2月 庚戌, 19冊, 394쪽.
51)《中宗實錄》卷38, 中宗 15年 3月 己酉, 15冊, 635쪽.

도성으로 몰려들던 外方人들은 京中에서 주로 工·商業에 종사함으로써
생계를 이어갔다.[52] 이 시기 축말의 경향은 특히 도성 주변에서 심각하
여, 田土를 아예 팔아버리거나 혹은 他人에게 並耕시키고 자신은 '入京
逐末'한다는 지경이었다.[54] 중종 19년(1524), 國王과 大臣들은 이러한 사
태를 두고 '畿甸之民 皆投入京師 遊手逐末'한다 하여 심각하게 받아들이
고 있었다.[55] 도성이 인구증가와 함께 商業都市로서의 성격을 강화해 가
면서 나타나는 현상이었다. 성종 3년(1472) 조선 정부가 기왕의 市廛區
域을 확대하고 뒤이어 대대적인 市廛再編 조처를 취했던 것은 이런 사
정을 기반으로 해서였다.[56]

도성과 외방을 막론하고 동일하게 전개되던 축말풍조에 대해서는 문
제의 심각성에 상응하게 많은 官人·儒者들이 우려를 표명하고 그 대책
을 언급하고 있었다. 중종 9년(1514) 大司諫 崔淑生의 上疏는 당대 逐末
의 실태와 그에 대한 官人들의 대책을 잘 정리하여 보여주고 있다. 그에
따르면 외방의 場市, 도성의 市廛에서 벌어지던 민인들의 逐末·邀利 추
세가 본업인 農業 疲弊의 근본 원인이었다. 따라서 '曲坊委巷 莫不出市'
하는 형편에서 '新立市門'만이라도 革罷함으로써 민을 本業으로 돌아가
게 하자는 것이 그의 대책의 요지였다.[57] 이제 민인의 逐末趨勢는 이를
全面 禁壓할 수만은 없는 形勢에 이르고 있었던 것이다.

상업을 이용해 그 産物을 처분함으로써 利得을 확대하는 형태의 농업

52) 朴平植, 〈朝鮮前期 市廛의 發展과 市役 增大〉, 《歷史敎育》60(1996 ; 本書 제2
장 2절).
53) 《中宗實錄》卷25, 中宗 11年 5月 壬辰, 15冊, 170쪽.
  "今百姓 捨本逐末者多 外方之人 多聚京中 爲工商之業 而務農者少."
54) 《中宗實錄》卷51, 中宗 19年 10月 癸巳, 16冊, 343쪽.
55) 《中宗實錄》卷51, 中宗 19年 10月 辛丑, 16冊, 346쪽.
56) 주 52와 같음.
57) 《中宗實錄》卷21, 中宗 9年 10月 甲寅, 15冊, 38쪽.
  "游手逐末者 反居優饒 則相與賣牛買馬 爭事行販 外而場門 奸盜所寄 內而市井
濫僞所聚 以至曲坊委巷 莫不出市 以邀纖利 日盛月滋 本業之荒 實由於此 失今不
圖 勢將難救 宜倣炎漢故事 排抑商賈 使不得盛 新立市門 亦宜盡革 驅民於農 以勸
本業."

경영은 이제 지주·대농에게서만 고려되는 것이 아니었다. 지주제의 확산 추세 속에서 우선은 지주층이 시전·대외무역·방납이나 선상·장시 등의 교역기구와 각기 연계를 맺으면서 富力의 확대와 재생산을 도모하였지만,[58] 이러한 경향은 이제 일반 민인과 농민들 사이에서도 마찬가지였다. 중종 4년(1509) 南道의 민인들은 상업이익을 탐하여 農時에도 農事에 힘쓰지 않고 工商에만 열심일 뿐이었다. 이로 인해 倭와의 교역이 이루어지는 남도에는 安東의 蠶繭과 金海의 麻絲가 도로에 가득하고, 이것들이 모두 倭로 수송된다는 실정이었다.[59] 상업과의 연관은 地主·大農만이 아니라 小農經濟에서도 이만큼 밀접해지고 있었고, 이는 다시금 農村·農民分化를 加速시키는 배경이 되고 있었다.

15세기 중반 이후, 위로는 王室·官人·士大夫에서 아래로는 民人에 이르기까지 사회 전반에서 추구하던 이상과 같은 殖貨·逐末風潮는 결국 사회적으로 심각한 富의 集中과 偏在 현상을 낳았다. 이른바 '富益富 貧益貧'[60] 현상이었다. 그리하여 富者는 '田連阡陌'[61]하고 '積穀巨萬'[62]에 이르러 이들의 奢侈行態가 또 다른 社會問題가 되었지만,[63] 貧者는 '無立錐

---

58) 李景植, 앞의 〈16世紀 地主層의 動向〉.

59)《中宗實錄》卷8, 中宗 4年 3月 丙辰, 14冊, 321쪽.
　　"南道居民 亦貪貿利 方耕耔之時 不事稼穡 全務工商 安東之蠶繭 金海之麻絲 相望於道路 而盡輸於倭."

60)《中宗實錄》卷12, 中宗 5年 9月 辛未, 14冊, 463쪽 ;《中宗實錄》卷32, 中宗 13年 2月 庚寅, 15冊, 398쪽.

61)《中宗實錄》卷32, 中宗 13年 2月 庚寅, 15冊, 398쪽 ;《明宗實錄》卷7, 明宗 3年 3月 癸卯, 19冊, 579쪽.

62)《成宗實錄》卷93, 成宗 9年 6月 乙巳, 9冊, 612쪽 ;《成宗實錄》卷181, 成宗 16年 7月 丁丑, 11冊, 45쪽 ;《成宗實錄》卷182, 成宗 16年 8月 庚辰, 11冊, 46쪽 ;《中宗實錄》卷33, 中宗 13年 5月 乙丑, 15冊, 445쪽.

63) 奢侈風潮는 선초 이래의 현상이었지만, 성종 9년(1478) 朱溪副正 沈源의 다음 上書에서 보듯이 그것이 일반화하여 社會問題가 된 것은 성종대 이후의 일이다 (《成宗實錄》卷91, 成宗 9年 4月 己亥, 9冊, 576쪽).
　　"臣聞 在世宗祖 公卿大夫 富者甚鮮 俗尚儉素 民到于今稱之 今也 上自公卿大夫 下至閭巷 豪俠爭相殖貨 計盡錙銖 以華侈相高 歆羨於人 營營思齊 至於燕飲 則遍方珍味 狼籍於案 婚娶則先論臧獲財産 故不隨俗奢靡者 鮮矣."

之地[64]하는 형편으로 몰락하고 있었다. 중종 28년(1533) 鄭光弼은 이런
상황을 두고

　　百姓無有田地者 其有田地者 唯富商大賈 士族之家而已[65]

라고 표현하기까지 하였다. 이제 토지는 오직 일부의 商人과 士族에게
만 집중되어 간다는 형편이었다. 이런 정황에서 성종대에 이어 중종대
에 土地改革論議가 대대적으로 제기됨은 그 자연스런 歸結이었다.[66] 상
업의 발전과 확대를 배경으로 한 식화·축말의 풍조가 농업·토지문제와
연결되면서 이를 더욱 極大化시키고 있던 양상이었다.

---

64)《中宗實錄》卷32, 中宗 13年 2月 庚寅, 15冊, 398쪽 ;《中宗實錄》卷51, 中宗
　　19年 9月 壬申, 16冊, 338쪽 ;《明宗實錄》卷7, 明宗 3年 3月 癸卯, 19冊, 579쪽.
65)《中宗實錄》卷75, 中宗 28年 7月 乙卯, 17冊, 447쪽.
66) 李景植,〈朝鮮前期의 土地改革論議〉,《韓國史研究》61·62合輯(1988).

## 2. 商業論의 分岐와 '以末補本'論의 擡頭

조선전기, 양반 지주층의 商業參與와 獨占 그리고 민인 일반의 逐末風潮는 상업 분야에서 시전을 중심으로 한 도성상업의 발전, 장시의 성립과 확산, 민간상업의 발전, 사무역의 확대 등으로 이어지고 있었다. 抑末策 하에서 역설적으로 진행된 상인·교역기구·상품교역 등 상업의 여러 부문에서의 발전에 따라, 국내상업과 대외무역 어느 쪽에서도 새로운 活力이 나타나고 있었던 것이다. 아울러 이러한 상업발전은 결국 商業論과 商業政策을 둘러싼 논쟁을 불러일으키고, 나아가 그에 대한 再考와 인식의 변화를 촉구하기에 이르렀다.

식화·축말풍조의 확산과 이와 연관한 상업발전은 국초 이래 표방 강조되어 오던 '務本抑末', '利權在上'의 商業論과 이에 입각한 정부의 商業政策에 대해 再檢討를 요구하는 것이었다. 그러나 상업을 포함한 産業構造의 변동에도 불구하고 당시 官人·儒者들은, 우선은 그러한 현실의 전개방향을 부정하고 기왕의 抑末策을 유지하는 선에서 그 대응을 모색하여 갔다. 요컨대 '務本抑末'論의 강조였다.

15세기 중·후반 성종대 이후의 政局에서 특히 이러한 觀點에 서서 당대 상업을 포함한 경제문제의 해결을 모색하였던 관인·유자들은 이른바 '士林'系列이 그 主流를 차지하고 있었다.[67] 사림계열의 관인·유자들에 따르면 당대의 주요 경제문제, 예컨대 농업의 疲弊와 농민의 離散,

---

67) 이 시기 士林系列의 경제이념과 경제정책에 대한 기왕의 연구는 매우 소략한 형편이다. 단, 15·16세기 社會經濟 변동에서 이들이 수행한 역할과 그 의미에 대해서는 李泰鎭의 다음 논문이 참고된다.
　　李泰鎭, 〈15·6세기 新儒學 정착의 社會經濟的 배경〉, 《奎章閣》 5(1981 ; 《朝鮮儒教社會史論》, 지식산업사, 1989에 收錄).

식화·축말풍조의 확산, 국가재정의 궁핍과 사치풍조의 만연 등의 문제
는 모두 동일한 원인에서 齎來하는 바였다.《大學》의 경제운영의 이념
을 援用하여 수립하였던 '生財在於務本 裕財在於節用'이라는 원칙과 이
에 기반한 국가정책의 붕괴로부터 야기되는 문제라는 진단이었다. 따라
서 이러한 사태에 대한 대책은 의당 국초 이래 강조되어 오던 生財·財用
觀의 강조와 그 고수에서 제시되었다.

'務本'의 생재관과 '節用'의 재용관에 입각하였을 때, 민인의 務本과
安業을 방해하는 제반요소는 제거하지 않으면 안 되었다. 특히 사림계
열 관인·유자들이 우선 주목하여 문제 삼았던 것은 왕실을 포함한 중앙
권세가의 殖貨와 商業獨占 행태였다. 당시 이들의 식화양상은 土地兼幷
을 비롯하여 山林川澤의 私占이나 長利, 防納, 交易參與 등 경제영역 전
반에 걸쳐 추구하던 현상이었다. 더욱이 이러한 식화 행태는 이내 사치
풍조의 만연으로 연결되어 큰 사회문제를 불러일으키는 형편이었다.[68]

따라서 이는 '重義輕利'를 표방하는 性理學의 경제사상[69]에 沈潛해 있
던 관인·유자에겐 비판의 표적이 아닐 수 없었다. 財利를 俗務로 여겨
이에 대해 언급조차 하지 않는 자세를 견지하던 士林[70]에게 이러한 자세
는 당연한 處世였다. 성종 24년(1493) 權臣 尹殷老의 방납행위를 두고
'以宰相之尊 行商賈之術 士林不齒 臺諫論駁'[71]하였다 함은 그 대표적인
실례였다. 재상으로서 벌인 방납활동은 곧 사림의 不齒의 대상이었고
대간의 論駁을 피할 수 없었다. 尹殷老를 비롯하여 尹弼商·鄭崇祖·金安
老·尹元衡·鄭世虎 등 성종에서 명종대에 이르는 시기의 대표적인 권신
들의 식화행위를 두고 대간에서 이들을 '謀利宰相',[72] '殖貨宰相',[73] '市井

---

68) 本章 1절〈殖貨·逐末風潮의 擴散과 그 問題〉.
69) 李宗祐,《朝鮮時代의 經濟思想》(民俗苑, 1992) ; 李憲昶,〈朝鮮時代 國家의 再
    分配機能과 國內商業政策〉,《省谷論叢》 27-2(1996). 454~460쪽.
70)《中宗實錄》卷33, 中宗 13年 5月 乙卯, 15冊, 437쪽.
    "年少之臣 雖以財利俗務 而不言之."
71)《成宗實錄》卷279, 成宗 24年 6月 辛卯, 12冊, 350쪽.
72)《成宗實錄》卷280, 成宗 24年 7月 丁酉, 12冊, 354쪽.

宰相[74]으로 卑稱하여 彈劾함은 따라서 당연한 귀결이었다.

당시 농업의 축소와 농민의 피폐, 농촌사회의 동요는 한편에서는 民人 一般의 逐末風潮로부터도 또한 야기되는 것이었다. 민인의 축말에 따른 농업의 축소는 여기에 토대하여 身分·職業觀을 세우고, 이를 통해 鄕村社會를 장악 통치해 가던 兩班 士族에게는 큰 문제가 아닐 수 없었다. 명종 2년(1547) 弘文館 副提學 周世鵬의 다음 상소를 보자

> 敦諭八路 駈民於農 使小民 皆知務本業 而恥末利 革巧詐 而爲朴實 然後申之以孝悌之義 勵之以廉讓之風 以隆初服 大化之治[75]

민인의 축말풍조로 인해 야기된 사회문제는 이들로 하여금 本業에 힘쓰게 하고 末利의 부끄러움을 알게 하여 그 巧詐함을 제거하고 朴實함을 회복함으로써 해결이 가능한 일이었다. 그러한 연후에야 孝悌之義와 廉讓之風을 勸勵하여 이루어지는 大化之治, 곧 士族 中心의 性理學的 社會秩序가 구현될 수 있다는 인식이었다. '務本'과 이를 위한 '抑末'은 이러한 사회질서의 수립과 연관하여 시급하고도 절실히 요청되는 사항이었다. 이 시기 국가 차원에서 무본·역농론을 강조하고 또 정책으로 빈번하게 마련하여 시행하던 까닭은 바로 여기에 있었다.[76]

한편 사림계열 관인·유자들이 가지고 있던 이상과 같은 '務本抑末'의 商業論, 經濟理念은 당대 왕실과 국가에서 추구하던 殖貨·商業獨占이나 利權掌握의 노력과도 첨예하게 대립하는 것이었다. 국초 이래 왕실은 조선 최고 최대의 勢家로서 지위와 특권을 향유하던 세력이었다. 15세기 중반 이후 확산 심화되고 있던 지배층의 식화풍조에서도 왕실은 특권 지위를 활용하여 항시 그 先頭에 자리하고 있었다. 왕실의 식화활동은 장리, 방납, 회환, 납곡, 산림천택의 사점, 국내외의 교역참여 등 상업

---

73) 《燕山君日記》卷52, 燕山君 10年 4月 戊午, 13冊, 607쪽.
74) 《明宗實錄》卷15, 明宗 8年 12月 丙申, 20冊, 177쪽.
75) 《明宗實錄》卷5, 明宗 2年 2月 己丑, 19冊, 482쪽.
76) 李景植, 앞의 〈朝鮮前期의 力農論〉.

과 관련한 제분야에 걸쳐 이루어지는 것이었다. 연산군 5년(1499) 內需
司의 貿穀活動에 대하여 弘文館 副提學 崔璉 등은

　　與民爭利 乃市井商賈之事 雖士大夫之家 尙恥爲之 況國家乎[77]

라 하며 반대하였다. 내수사의 무곡행위는 곧 백성과 더불어 이익을 다
투는 행위로서 市井의 商賈에게나 합당한 일이라는 인식이다. 이는 '重
義輕利'의 경제사상에 투철한 당대 사림계열 관인들의 확고한 자세였
다. 諸宮家에서 선도하던 魚箭·山林·海澤 등 산림천택의 私占에 대해서
도 마찬가지였다. 왜냐하면 '山梁川澤 皆與之共者 三代帝王之政'[78]이었
기 때문이다. 산림천택의 사점이 가져올 민생의 불안이라는 결과와 더
불어, 그 産物의 처분을 통한 商業利益 독점 자체가 식리행위로서 비판
의 대상이었던 것이다.

　'利權在上'論에 입각한 국가의 利權掌握 경향 또한 이들 사림의 비판
대상이었다. 성리학적 義利觀에 비추어 볼 때 국가의 이권장악이 義를
실현하는 방안이 아닌 功利追求로 흐를 가능성이 크기 때문이었다. 中
宗初 趙光祖(1482~1519)의 다음과 같은 功利觀은 그러한 사림계열의 인
식을 잘 보여주고 있다.

　　利源一開 其害大矣 國家須絶功利之習 …… 利源 是國家之病 痛絶然後 可
　以永保其休矣[79]

利源이 한번 열리면 그 폐해가 막대하기 때문에 국가의 功利之習은
반드시 根絶되어야만 하였다. 功利追求를 통한 富國强兵이 覇道로 연결
됨에 대한 경계였다.

　국초 이래 조선 정부는 '利權在上'의 經濟理念 商業論에 의거하여 교
역을 직접 장악·운영하거나 또는 관리·통제함으로써 국가의 부족한 재

77) 《燕山君日記》 卷35, 燕山君 5年 9月 乙丑, 13冊, 376쪽.
78) 《明宗實錄》 卷25, 明宗 14年 2月 辛亥, 20冊, 501쪽.
79) 《靜菴集》 卷4, 復拜副提學時啓十一(《韓國文集叢刊》, 22冊, 39쪽).

원을 확보하고, 나아가 국가와 민인 전체의 公共의 이익을 실현시킨다
는 방침을 표방하고 이를 구체정책으로 시행하고 있었다.[80] 利權掌握을
통한 국가의 재정보충 시도는 燕山朝를 거치면서 국가재정이 한층 악화
된 현실[81]에서 더욱 자주 모색되는 실정이었다.[82]

그러나 사림은 국가재정의 궁핍문제가 국가 차원에서 本業에 힘쓰고
사치와 낭비를 제거하는 節用을 통해 해결되어야 함을 강조하였다. 《大
學》에서 표명된 生財·財用觀을 충실하게 원용하는 데서 나오는 인식이
자 대책이었다. 명종 7년(1552) 同知經筵事 安玹은 세종대 民富 國儲의
盛함과 성종대 國庫가 ‘充溢有餘’하였던 상황을 예로 들며, 당대 재정문
제의 해결방안으로 다음과 같은 견해를 표명하였다.

務本節用 行之以至誠 則必感動天心 而年穀登 邦本固矣[83]

務本과 節用을 지성으로 행하게 되면 天心도 반드시 감동하여 풍년이
들게 될 것이고, 이로써 邦本의 鞏固함을 달성할 수 있을 것이라는 견해
이다. 요컨대 務本과 節用만이 국가재정의 안정을 위한 유일한 방도라
는 인식이었다.

선조 5년(1572) 軍資三監과 司瞻寺의 재용부족이 문제되었을 때, 奇大
升이 밝힌 다음과 같은 재정운영의 방침 역시 사림의 재정문제에 대한
인식을 한층 분명하게 보여주고 있다.

一年經費 必計一年稅入而用之 稅入少而經費多 則幾何其不至於耗竭也
今當先節其冗食 然可支吾也[84]

稅入을 고려한 經費의 支出, 곧 ‘量入爲出’ 원칙의 강조였다. 財用節減

80) 朴平植, 〈朝鮮初期의 商業認識과 抑末策〉, 《東方學志》 104(1999 ; 本書 제1장 2절).
81) 김성우, 〈16세기 국가재정의 위기와 신분제의 변화〉, 《역사와 현실》 16(1995).
82) 이에 대해서는 本章 3절 〈抑末策의 衰退와 財政補用政策의 摸索〉에서 詳述.
83) 《明宗實錄》 卷13, 明宗 7年 3月 庚子, 20冊, 78쪽.
84) 《高峯集》 論思錄 卷下, 壬申 5月 1日(《韓國文集叢刊》, 40冊, 216쪽).

을 전제로 한 이러한 量入爲出의 재정운영 원칙은 이전에도 관인들에
의해 강조되던 것이었다.[85]

사림의 財用觀이 이러할 때, 利權在上에 근거하는 국가의 功利追求나
財源確保 노력은 이들의 주요 攻駁對象이 아닐 수 없었다. 15세기 후반
金時習(1435~1493)은 중국의 桑弘羊·劉晏·王安石 등이 財利를 추구하
여 聚錢推賣함으로써 '與民爭利'한 사실을 비판하면서, 군주가 재정을
운영하면서 가져야 할 자세를 다음과 같이 제시하고 있다.

> 人主苟能仁以生財 義以節用 則民之儲貯 卽吾之儲貯 吾之府庫 卽民之府
> 庫 上下相資 本末相持 而無匱乏之患 怨讟之嫌[86]

군주의 生財와 節用이 '仁義'에 기반하여 이루어지면 上下가 相資하여
국가가 匱乏하고 민인이 怨讟하는 근심이 없어질 것이라는 주장이다.
仁義의 王道政治에 기초한 재정운영의 강조였다.

명종 12년(1557) 奇大升 또한 국가의 財利·功利 追求를 이 같은 관점
에서 강력하게 비판하였다. 그에 따르면,

> 國不以利爲利 以義爲利也 利者 義之和 己安而人亦安矣 不求利而自無不
> 利 所謂 以義爲利者也[87]

라는 것이었다.《大學》의 가르침대로 국가는 利로써 利를 삼지 않고 義
로써 利를 삼아야 하였다. 국가가 義로써 財利에 임하게 되면 利를 추구
하지 않아도 스스로 利롭게 된다는 지적이다. 이어 그는 이러한 義利觀
을《大學》의 '德者本也 財者末也'라는 文句에 의거하여 부연 설명하고
있다. 즉 '食爲民天'하는 사정에서 財利가 민인의 生養에 관계되기 때문
에 聖人 또한 이를 중시하였지만, 이는 어디까지나 德을 근본으로 하여
야 한다는 것이다.[88] 특히 군주 국가의 財利追求에 대한 그의 다음과 같

---

85)《中宗實錄》卷12, 中宗 5年 8月 戊戌, 14冊, 457쪽.
86)《梅月堂集》卷20, 說, 生財說(《韓國文集叢刊》, 13冊, 381쪽).
87)《高峯集》論思錄 卷上, 丁卯, 12月 9日(《韓國文集叢刊》, 40冊, 155쪽).

은 인식에 주목할 필요가 있다.

> 人君不可專利 而必與百姓同其利可也 洪範八政 一曰食 二曰貨 食貨流通
> 然後足用矣 人君徒政而無愛民之心 則是無根本也 徒心而無均民之政 則澤
> 不下究矣 散財者 謂與民共之也 貨悖而入者 亦悖而出矣[89]

기대승은 《書經》〈洪範〉篇에서 八政 중 食과 貨를 우선한 데서 보듯이 食貨가 流通된 다음에야 財用이 풍족함을 인정하면서도, 이에 대한 군주와 국가의 專利 곧 利權獨占에는 분명하게 반대하였다. 오히려 그는 均民의 정치 실현을 위한 散財 즉 '財富民散'을 강조하고 있다. 다시 말해 財富를 '與民共之'하여야만 '愛民之心'을 근본으로 하는 '均民之政'이 가능하고 또 그 혜택이 민에게 미칠 수 있다는 논리였다. '貨悖而入者亦悖而出'이라는 《大學》의 警句는 바로 이를 경계함이라는 지적이다. 앞에서 살펴본 김시습의 '仁以生財 義以節用'의 논리와 부합하고 상통하는 經濟理念 商業論으로, 당대 사림계열 관인·유자들의 일반 인식이기도 하였다.

국가의 이권장악에 대한 사림의 견제와 비판은 '與民共之', '不可與民爭利'를 名分으로 하여 줄곧 이어지고 있었다. '利權 不在民則在官 不在官則在民'이라는 인식에 기반하여 국가의 鹽利掌握에 반대하는 견해는 이미 義鹽法의 실시와 관련하여 세종대에 제기된 바 있었다.[90] 이후에도 '財富民散'의 논리는 王室이나 戚里, 中央 權勢家의 산림천택 사점에 대한 비판에서,[91] 또 국가의 교역장악을 통한 재원확충에 대한 반대 논의[92]에서 항시 제기되는 것이었다.

---

88) 위의 책, 156쪽.
89) 위와 같유,
90) 《世宗實錄》 卷112, 世宗 28年 5月 庚午, 4冊, 669쪽.
91) 《燕山君日記》 卷40, 燕山君 7年 5月 壬申, 13冊, 444쪽 ;《明宗實錄》 卷25, 明宗 14年 2月 辛亥·己未, 20冊, 501~502쪽.
92) 《中宗實錄》 卷13, 中宗 6年 2月 乙巳, 14冊, 495쪽 ;《中宗實錄》 卷19, 中宗 8年 11月 壬申, 14冊, 695쪽.

그러나 이권장악을 통한 殖貨行態는 당대 왕실·척리를 비롯한 중앙의 권세가들에게서만 나타나는 것이 아니라, 사림을 포함하여 兩班士族支配層 전체에서 추구하던 경향이었다. 士·農과 工·商이 각기 '上·下', '貴·賤'으로 인식되고 규정되던 직업·신분관에 따라 그들 역시, 국초 이래 지주·대농으로서 '下'와 '賤'인 工商을 독점하여 지배하고 있었던 것이다.[93] 在地地主로서 그들의 토지경영이 船商이나 場市 등 상인 교역기구와 밀접한 연계 하에서 이루어짐은 그 단적인 모습이었다.[94] 따라서 사림의 이러한 財富民散의 논리는 왕실·척리 등 중앙 권세가들의 상업독점과 식화행위가 전국을 대상으로 펼쳐지던 현실에서, 향촌사회에 구축한 그들의 지배기반을 維持하고 保全하려는 목적에서 전면에 내세우던 주장이었다. 다시 말해 중앙 권세가의 상업독점과 식화로 인해 그들의 在地基盤인 농민과 농촌사회가 몰락·동요하는 상황을 개선함으로써, 국초 이래 수립해 왔던 지주·대농으로서 그들 士族 中心의 鄕村秩序, 나아가 國家體系[95]의 안정을 모색하려는 목적에서 강조하는 논리였다. 여기에 성리학의 '愛民', '仁政', '德政'의 정치이념과 '務本抑末'의 경제이념 상업론이 이를 실현하기 위한 논리기반으로 援用되는 셈이었다.

결국 재지지주로서 사림세력이 벌이던 국가나 중앙 권세가의 財利追求에 대한 비판은, '利權在上'論에서 최종 최고의 이권을 장악하는 '上'으로서 국가의 利權獨占과 이에 편승한 중앙 권세가의 脫法行爲에 대한 반발이었다. 그로 인해 왕조의 根幹이자 封建으로서 동일한 '上'인 자신들의 이권이 훼손되고, 이를 실현할 수 있는 향촌기반이 붕괴됨에 대한 우려였다.

이처럼 성종대를 전후로 중앙정계에 진출하여 진퇴를 거듭하면서 政局運營의 한 軸으로 성장하여 가던 사림계열의 관인·유자들을 중심으

---

93) 朴平植, 앞의 〈朝鮮初期의 商業認識과 抑末策〉(本書 제1장 2절).

94) 李景植, 앞의 〈16世紀 地主層의 動向〉.

95) 金駿錫, 〈朝鮮前期의 社會思想 ─ 《小學》의 분석을 중심으로〉, 《東方學志》 29(1981).

로 '무본억말'의 상업론이 여전히 강조되었음에도 불구하고, 同時期 다른 한편에서는 이와는 다른 새로운 상업론과 경제인식이 대두하여 자리잡아 가고 있었다. 그것은 요컨대 末業에 대한 인식의 변화, 그리고 이와 연관하여 재정확보를 위한 국가의 적극적인 재리·공리추구를 인정하는 흐름이었다.

상업론 나아가 경제이념의 변화는 그 기저로서 生財에 대한 관념과 인식의 전환으로부터 비롯하였다. 중종 13년(1518) 高荊山의 호조판서 薦望이 논의될 때 대간에서는 일찍이 그가 咸鏡監司 在職時에 벌인 官貿穀 행위를 문제 삼아 이에 반대하였다.[96] 이에 대해 領議政 鄭光弼은 고형산을 변호하면서 다음과 같은 견해를 표명하고 있다.

今也 年少之臣 雖以財利爲俗務 而不言之 然財利本也[97]

당시 年少之臣 곧 사림계열의 소장 관인들은 財利를 俗務로 여겨 이에 대해 언급하지 않는 분위기였고, 고형산의 관무곡은 바로 이 재리행위로서 비판받는 것이었다. 그런데 領相 정광필은 그 財利 또한 根本이라 斷言하고 있어 그들과는 전혀 다른 인식을 보여주고 있는 것이다.

'務本'과 '節用'의 생재·재용관에 기초하여 '무본억말'의 상업론을 국가정책으로 표방하던 조선에서 생재관의 이와 같은 전환은 곧바로 국가의 재정운영, 재원확보책과 관련한 새로운 인식과 대책을 낳고 있었다. 특히 연산조를 거치면서 어려워진 국가재정의 확보문제가 논의되면서, 이러한 새로운 생재관은 이른바 '勳舊'系列의 高位官人들에 의해 집중적으로 거론되기 시작하였다.[98]

중종 20년(1525) 5월 朝講에서 중국의 権鹽을 통한 재정확보 사례를

---

96) 高荊山은 한경감사로 재지하면서 軍資確保를 위해 監營 保有 綿布·魚鹽 등으로 1만 8천여 석을 貿穀하였다가 중종 6년(1511)에 대간의 탄핵을 받은 바 있다 (《中宗實錄》 卷13, 中宗 6年 2月 己亥, 14冊, 494쪽).
97)《中宗實錄》 卷33, 中宗 13年 5月 乙卯, 15冊, 437쪽.
98) 윤정,〈조선 중종대 훈구파의 산림천택(山林川澤) 운영과 재정확충책〉,《역사와 현실》29(1998).

환기시킨 바 있던[99] 領事 南袞은, 그해 10월에도 다시 한 번 중국의 예를
들며 국가의 鹽利掌握을 주장하였다. 그런데 이 자리에서 그가 행한 다
음 언급이 매우 주목된다.

> 大學曰 財聚則民散 以此觀之 財聚於上 則民散於下矣 而聖人曰 何以聚人
> 曰財也 此似相反矣 且財利 儒者所不言 而布穀有所蓄 民乃有所庇[100]

그는 《大學》에서 財聚 곧 국가의 財利追求가 民散으로 이어짐을 경
계한 데 비해, 《周易》에서는 聚人의 방도가 또한 財利에 있다고 하여
그 주장이 상반됨을 지적하고 있다. 또 財利는 비록 儒者가 언급할 바가
아니라고는 하지만, 그러나 布穀의 축적이 있고서야 민인이 의지할 데
가 있음을 강조하였다. 재리에 대한 유교 經典, 聖人의 상반된 인식을
원용하여 국가의 적극적인 生財方案 講究를 촉구하였던 것이다. 같은
자리에서 特進官 沈貞 또한 '儒者雖不言利 救荒軍資 將何所賴'[101]라 하
여, 救荒과 軍資 등 국가재원 확보를 위한 財利의 중요성을 강조함으로
써 남곤의 생재관에 적극 찬동하고 있다.

勳舊系列 관인들의 이러한 새로운 생재관은 당시 국왕에게도 이어지
고 있었다. 중종 28년(1533)의 採銀收稅 논의에서 중종은 傳旨를 통해
'生財之道 不可不爲'[102]라는 견해를 표명하였다. 아울러 이제까지 財利之
臣으로 비판받아 왔던 중국 唐代 劉晏의 鹽利掌握을 통한 재원확보 행
위가 국가의 재정운영을 위한 모범으로 인용되기도 하였다.[103] 生財觀의
전환, 나아가 商業論 經濟認識의 변화를 잘 보여주는 사례라 하겠다.

남곤·심정 등 중종대 훈구계열 高位官人들을 중심으로 나타나던 생
재관, 국가재정 운영에 대한 인식의 전환이 이러하고 보면, 그러한 生財

---

99)《中宗實錄》卷54, 中宗 20年 5月 甲子, 16冊, 415쪽.
100)《中宗實錄》卷55, 中宗 20年 10月 戊申, 16冊, 462쪽.
101) 위와 같음.
102)《中宗實錄》卷75, 中宗 28年 7月 壬寅, 17冊, 443쪽.
103)《宣祖實錄》卷162, 宣祖 36年 5月 戊寅, 24冊, 483쪽.

資源에 대한 국가의 장악은 지극히 당연한 바였다. 利權在上의 궁극의 주체가 國家 君主인 까닭이다. 적극적인 生財觀을 토대로 전개하는 국가의 利權掌握 논의는 중종 20년(1525) 특진관 심정의 다음 건의를 통해 분명하게 확인된다.

中原山澤鹽鐵 皆有主掌 以取其利 我國則不然 肥沃不墾者頗多 地有遺利 屯田及海邊鹽利 別以才智有餘者 掌之何如[104]

그는 중국이 山澤鹽鐵을 국가가 主掌하여 재정을 확보하는 데 비하여, 우리는 비옥한 땅마저도 개간하지 않은 곳이 많으니 屯田을 개발하고 해변의 鹽利를 국가가 장악하여 중국처럼 재정에 보충할 것을 주장하고 있다. 국가가 空閑地나 山林川澤의 利權을 장악함으로써 재원을 확보하자는 건의였다. 특히 국가의 이러한 이권장악이 결코 '與民爭利'의 행위가 아니라 '地有遺利'한 사정에서 이를 이용하는 것이라는 인식은, 사림계열 관인·유자들의 그것과 비교하여 매우 큰 차이를 갖는 것이었다.

국가의 利權掌握을 통한 적극적인 재원확보 주장은 물론 그 자체 富國强兵의 指向 속에서 나오는 것이었다. 중종초 훈구계열 주요 官人의 한 사람으로서 사림계열 臺諫들의 잦은 攻駁對象이 되었던 高荊山이 중종 7년(1512)에 강원감사로 재직하면서 올린 다음 상소를 검토해 보자.

詩曰 迺積迺倉 迺裹餱糧 書曰 詰爾戎兵 罔有不服 行斯二者 則國富而兵强矣 何患乎乏食 何憂乎外侮哉 自古有天下國家者 莫不重焉 故洪範八政 食貨爲先 周官設職 司馬爲重 其知道乎[105]

《詩經》과 《書經》의 典據에 의거하고 또 〈洪範〉의 八政과 〈周官〉의 職制를 例로 하여 그가 강조하고자 하였던 것은 요컨대 富國强兵이었

---

104)《中宗實錄》卷55, 中宗 20年 10月 戊申, 16冊, 462쪽.
105)《中宗實錄》卷15, 中宗 7年 5月 丁巳, 14冊, 575쪽.

다. 財利를 根本으로까지 여기면서 국가가 이권장악을 통해 적극적으로
財源確保에 나서야 하는 까닭이 바로 여기에 있었다. 그것이 富國과 强
兵을 통해 內憂外患을 막는 것이기에 自古로 천하의 국가를 경영하는
君主가 중시하여 왔다는 인식이었다.

훈구계열의 이상과 같은 商業論 經濟理念은 앞서 살펴본 사림계열의
그것과 비교하여 서로 對比가 분명하고 나아가 그 지향 역시 相異한
것이었다. 사림계열의 관인·유자들이 '重義輕利'의 전통적인 경제사상
에 입각하여 '務本抑末', '財富民散'의 商業論을 고수하며 국가의 적극적
인 財利追求를 비판하면서 仁義에 기초한 王道政治를 지향하였다면, 훈
구계열의 관인들은 적극적인 生財觀에 기초하여 利權掌握을 통한 국가
의 재원확보 노력을 강조함으로써 곧 富國强兵의 정치를 지향하고 있었
던 것이다. 이 시기 政治·思想史에서 전개되는 훈구·사림의 갈등과 政
局變動[106]의 基底에는 이상 兩系列 사이의 상업론과 경제이념의 相反 또
한 자리하고 있었다.[107]

양반 사대부와 민인의 경제생활, 지주·대농과 소농경영의 상업과의
연계와 관련이 더욱 밀접해지는 가운데 진전되고 있던 商業論의 分岐와
이에 대한 爭論 속에서, 16세기 후반에 이르면 이전과는 차원을 달리하
는 末業觀 商業論이 이제 士林系列 官人·儒者의 내부에서도 출현하고
있었다. 이를 대표하고 또 후대에 큰 영향을 미친 인물이 바로 土亭 李芝
函(1517~1578)이다.[108] 花潭 徐敬德에게서 잠시 受學한 외에 일정한 師

---

106) 李秉烋, 〈朝鮮前期 支配勢力의 葛藤과 士林政治의 成立〉, 《民族文化論叢》
    11(1990) ; 金駿錫, 〈朝鮮後期의 黨爭과 王權論의 推移〉, 《朝鮮後期 黨爭의 綜合
    的 檢討》(韓國精神文化研究院, 1991) ; 崔異敦, 《朝鮮中期士林政治構造研究》(一
    潮閣, 1994) ; 金宇基, 〈16世紀 戚臣政治의 展開와 基盤〉(慶北大 博士學位論文,
    1995) ; 金燉, 《朝鮮前期君臣權力關係研究》(서울대학교출판부, 1997).

107) 윤정, 〈조선 중종 전반기 정국구도와 정책론〉, 《역사와 현실》 25(1997).

108) 李芝函의 새로운 經濟思想에 대해서는 일찍이 金龍德이 주목을 한 바 있다(金龍
    德, 〈李芝函과 土亭集〉, 《韓國의 民俗 宗敎思想》, 三省出版社, 1981 ; 金龍德, 〈李
    芝函의 經濟思想〉, 《韓國의 思想》, 열음사, 1984). 한편 이지함에서 비롯하여 이
    후 光海君·仁祖代에 이르기까지 주로 南人·北人系 관인들을 중심으로 나타났던

承關係 없이 經學과 雜術을 연마하였으면서도 栗谷·南冥 등 당대의 名儒들과 교류하였던 그는,[109] 특히 60을 바라보는 晩年에 卓行之士로 특채되어 抱川과 牙山의 縣監을 지내면서 피폐한 농촌사회와 농민에 대한 대책을 밝히고 있다. 그런데 그가 두 차례의 상소를 통해 제시한 農村社會·農民安集策에서 주목되는 것은 이를 務本을 기조로 한 力農·勸農에서 찾던 기왕의 儒者들과 달리, 그 방안을 山林川澤의 可用資源을 국가 주도로 개발함으로써 해결하려 하였다는 점이다. 곧 利權在上에 기초하여 末業振興을 통해 민인의 생계와 국가재정의 해결을 모색하는 자세였다.

'務本抑末'의 전통적인 商業論 經濟思想의 극복을 의미하는 그의 經世認識은 종래의 '本末觀'에 대한 새로운 규정으로부터 비롯하였다. 그에 따르면

　　大抵 德者本也 財者末也 而本末 不可偏廢 以本制末 以末制本 然後人道 不窮[110]

하는 것이었다. 德을 本으로 財利를 末로 이해함에서는 그 역시 전통 유학의 범주에 포함되었지만, 여기에서 한걸음 나아간 그는 本末의 어느 하나를 偏廢함이 불가함을 강조함으로써 末로서의 재리를 긍정하고 있다. 本末은 相制하는 主體로서 對等한 것이고, 이러할 때 人道가 궁색하지 않을 수 있다는 인식이었다. 이지함의 이러한 本末認識은 生財觀 나아가 商業論 經濟思想에도 그대로 이어졌다.

---

商業觀의 변화와 末業振興政策 추진에 대해서는 다음 논문이 자세하다.
　韓明基, 〈柳夢寅의 經世論 연구 — 임진왜란 이후 사회경제 재건의 한 방향〉, 《韓國學報》 67(1992) ; 白承哲, 〈16世紀 末~17世紀 初 商業觀의 變化와 商業政策論〉, 《國史館論叢》 68(1996).
　특히 白承哲은 위 논문이 포함된 그의 博士學位論文(〈朝鮮後期 商業論과 商業政策 — 17세기 國家再造方略과 관련하여〉, 延世大, 1996)에서 17세기 국가재조방략의 일환으로 제기된 '務本補末'의 商業論 대두와 관련하여 이지함의 경제 사상에 대하여 치밀하게 분석하고 있다.
109) 李芝函의 生涯에 대해서는 金龍德, 앞의 〈李芝函과 土亭集〉, 309~312쪽 참조.
110) 《土亭遺稿》 卷上, 莅抱川時上疏(《韓國文集叢刊》, 36冊, 460쪽).

生財之道 亦有本末 稼穡爲本 鹽鐵爲末 以本制末 以末補本 然後百用不乏
…… 本旣不足 尤當取末以補之[111]

農業이 本業이고 鹽鐵이 末業임은 분명하지만 본업으로 말업을 制御
하고 말업으로 본업을 보충한 연후에야 百用이 궁핍하지 않을 것이라는
주장이다. 따라서 본업이 부족할 때 말업을 취하여 이를 보충함은 지극
히 당연한 바였다. 곧 '以末補本'論의 提起였다.

그의 이러한 '以末補本'의 상업론은 '重義輕利'를 강조하는 유교 전통
의 義利觀에 대한 새로운 인식태도와 짝하여 나오는 것이었다.

義與利 由人以判 若使凶人居之 所謂禮法者 皆爲利欲矣 昔者王莽誦六經
安石學周官 何有於義哉 若使吉人居之 所謂財利者 皆爲德義矣 昔者子思先
言利 朱子務糴糶 何有於利哉 或人妄爲之說 以沮救民之謀 天必厭之[112]

義와 利는 그 자체로서 이미 규정되어 있는 것이 아니라 이를 運用하
는 사람에 따라 判別되는 것이므로, 만약 吉人이 이를 主宰하면 財利라
하더라도 모두 德義가 될 수 있다는 주장이다. 때문에 子思가 먼저 利를
말하고 朱子 역시 糴糶에 힘썼음에도 불구하고 財利의 폐단이 되지 않
았다는 것이다. 오히려 妄靈된 說로서 재리를 통한 救民의 대책을 저해
하는 자가 있다면 하늘이 이를 반드시 厭惡하리라는 것이 그의 견해였
다. '君子言義 而不言利'로 표현되는 종래의 '重義輕利'觀은 부정되고, 재
리추구 곧 말업진흥을 통한 救民對策 추진은 자연 그 正當性을 획득하
는 셈이었다.

'以末補本'의 상업론에 기초하여 이지함은 민생의 안정을 위한 국가
의 적극적인 財利追求, 末業振興政策의 모색을 강력하게 건의하였다. 특
히 그는 銀·玉·魚·鹽 등 山林川澤 資源에 대한 국가 차원의 적극적인

---

111) 위와 같음.
112) 위와 같음.

개발을 강조하였다. 그리하여 抱川縣의 재원확보를 위해 公私에 모두 소속되지 않은 萬頃縣의 洋草洲와 豊天府의 椒島를 割屬시켜 주면, 여기에서 생산한 魚鹽으로 貿穀하여 수년 내에 수천 석을 얻을 수 있겠다고 건의하고 있다.[113] 한편 그는 萬民의 救命을 위한 국가의 산림천택 개발을 강조하는 데서 한걸음 더 나아가, 이에 대한 私人의 謀利 또한 금지할 바가 아니라는 견해를 보이기까지 하였다.[114] 그의 '以末補本'의 商業論이 국가만이 아니라, 개인의 私利追求마저도 인정하고 있음을 잘 보여주는 것이라 하겠다.

이지함의 이상과 같은 '以末補本' 인식에 입각한 새로운 상업론과 적극적인 말업진흥정책 건의는 당시 조정에 수용되지 못하여 결국 그의 辭任으로 마무리되었지만,[115] 이로써 전통의 경제사상을 극복한 그의 상업론이 斷絶된 것은 아니었다. 그와 家系와 學統으로 연결되면서 선조말~광해군대의 國家再造期에 말업진흥을 통해 국가재정의 보충을 시도하였던 南人·北人系列의 고위 관인, 곧 柳成龍·李德馨·李山海·柳夢寅 등에 의해 그의 상업론과 경제사상은 다시 구체의 정책방안으로 모색되었던 것이다.[116] 요컨대 '以末補本'論의 대두였다.[117]

---

113)《土亭遺稿》卷上, 莅抱川時上疏(《韓國文集叢刊》, 36冊, 459쪽).
　　　이러한 抱川縣의 재원확보 방안은 이지함이 일찍이 先考의 墓所 정비자금을 魚商·鹽商 활동을 통해 마련한 경험과, 窮民救濟를 위해 벌였다는 개간사업의 경험에 토대한 것으로 판단된다(金龍德, 앞의〈李芝函과 土亭集〉, 311쪽 참조). 아울러 그는 선조 3년(1570) 큰 흉년을 당하였을 때, 流民을 모아 수공업 기술을 전수시켜 짚신 등의 상품을 제조하여 판매하게 함으로써 몇 달 만에 이들의 의식을 具足하게 한 적도 있다(《增補文獻備考》卷 169, 市糴考 7, 賑恤 1).
　　　"宣祖三年 嶺南大饑 … 時有李芝函者 世稱異人 哀流民弊衣乞食 爲作巨室以館之 誨之以手業 各周其衣食 而其中最無能者 與之禾藁 使作藁鞋 董其役 一日能成十對 販之 一日之工 無不辦米斗 推其剩以成其衣 數月之間 衣食具足."
114) 위의 글 같음.
　　　"私人之謀利者禁之 亦云不可."
115)《宣祖修正實錄》卷8, 宣祖 7年 8月 壬寅, 25冊, 449쪽.
116) 韓明基, 앞의〈柳夢寅의 經世論 연구〉; 白承哲, 앞의〈16世紀 末~17世紀 初 商業觀의 變化와 商業政策論〉.
117) 17세기의 '以末補本'論에 토대한 상업론과 상업정책에 대해서는 白承哲, 앞의

따라서 16세기에 집권 훈구계열 관인들과 이지함으로 대표되는 일부의 사림계열 관인·유자들이 제기하고 있던 적극적인 生財觀 商業論은, 유교 성리학의 전통적인 '務本抑末'論이 17세기 '以末補本' 단계의 商業論으로 연결되는 架橋로서 그 歷史的 位置를 자리매김할 수 있겠다.

---

〈朝鮮後期 商業論과 商業政策〉 참조.

## 3. 抑末策의 衰退와 財政補用政策의 摸索

16세기에 들어 그간의 상업발전과 식화·축말풍조의 확산을 기반으로 하여 적극적인 生財觀, '以末補本'의 商業論이 제기되었음에도 불구하고 그것이 아직 '務本抑末'의 전통적인 상업론과 상업정책을 代替하는 단계에 이른 것은 아니었다. 조선 정부의 상업정책은 여전히 '무본억말'로서 표방되었고, 이러한 政策標榜은 조선후기에도 그대로 이어지는 것이었다. 그러나 이상에서 살펴본 바와 같은 상업론의 分岐와 그에 대한 爭論 속에서 정부의 표방과는 달리 현실의 抑末策은 이전에 비해 衰退하고 調整되어 갔다. 그리고 이와 軌를 같이하여 부족한 국가재정과 민생의 안정을 이들 末業의 振興을 통해 달성하려는 정책 또한 자주 모색되고 있었다.

국초 이래 강조하던 '務本抑末'의 상업정책은 四民의 職業觀을 바탕으로 상업과 상인을 용인하되 국가가 이를 관장하고 통제하려는 것이지만, 그 상업의 增大가 소농과 전호농민의 逐末로 이어져 본업인 농업을 縮小시키게 될 때 이는 당연 抑制의 대상이었다. 곧 소농·전호농의 소경영에 입각하여 편성되어 있는 지주·대농 중심의 농업체계를 유지하고 보전하기 위한 '抑末'이었고, 국가정책상의 상업 인정은 이를 한계로 하는 것이었다.[118] 따라서 지주제의 발달과 이에 따른 농촌·농민분화의 추세 속에서 성종대 이후 확산되고 있던 민인 일반의 逐末風潮[119]는 이러한 상업정책의 基調上에선 더욱 억제와 금지의 대상이 아닐 수 없었다.

그런데 同時期 상업발전에 편승하여 선개되던 상인들의 交易活動이

---

118) 朴平植, 앞의 〈朝鮮初期의 商業認識과 抑末策〉(本書 제1장 2절).
119) 本章 1절 〈殖貨·逐末風潮의 擴散과 그 問題〉.

나 민인의 交易參與에 대한 정부의 방침은 '抑末' 그 자체로 일관된 것이
아니었다. 務本을 통한 農民安集, 農村社會安定은 여전히 그리고 더욱
강조되었지만,[120] 한편에서는 현실에서 전개되던 민인의 교역참여를 인
정하는 조처 또한 빈번하게 내려지고 있었다. 상업에 대한 國家方針의
轉換은 이미 15세기 후반에 그 端緒가 나타나고 있다. 성종 20년(1489)
刑曹는 평안도를 비롯하여 전국에서 벌어지던 僧徒들의 興販行爲를 문
제 삼아 이의 금지를 강력하게 요구하였다. 그러나 성종은 이에 대해

  絶衣食之源 則未免窮而爲盜 其興販之中 或有爲親而營養 不宜一切禁斷[121]

이라 하여 반대하였다. 승도들의 상업행위를 衣食의 資源으로 이해하
고 더욱이 부모의 奉養과 관련하여 일절 禁斷하는 것이 부당하다는 견
해였다.

  이후 抑佛의 이념을 내세우며 臺諫이 여기에 가세함으로써 승도들의
상업활동에 대한 비판 여론은 확산되고 있었다. 이들의 견해에 따르면
당시 상업에 종사하는 승도의 태반은 賦役을 기피할 목적으로 승도가
되고 行商을 통해 妻子를 거느리던 자들이었다.[122] 실제 應敎 閔師蹇이
충청도 槐山에서 목격한 승도는 牛馬를 10여 마리나 이끌고 행상에 종
사하던 인물이었다.[123] 생계를 위한 소규모의 행상이 아니라, 상당한 資
産을 이용하여 흥판하던 大商이었다. 그러나 계속되는 대간의 반대에도
불구하고 성종은 당초의 주장을 바꾸지 않았다. 그들 역시 임금의 백성
이고 또 흥판이 아니면 부모를 봉양할 수 없는 지경에서 이를 금지하면
이들은 곧 盜賊이 되고 말 것이라는 논리였다.[124] 四民의 職業觀에 따르

---

120) 李景植, 앞의 〈朝鮮前期의 力農論〉.
121) 《成宗實錄》 卷229, 成宗 20年 6月 壬辰, 11冊, 481쪽.
122) 《成宗實錄》 卷229, 成宗 20年 6月 丙辰, 11冊, 495쪽.
  "僧人逃賦避役 棄國捐親 而牽牛馬行商販 以育妻子."
123) 《成宗實錄》 卷229, 成宗 20年 6月 甲寅, 11冊, 493쪽.
124) 위와 같음.
  "僧獨非吾民乎 有父母者 貧乏無以養之 則非興販 何所賴哉 若嚴其禁防 則彼將

더라도 인정할 수 없던 승도들의 상업행위를 延命의 방도를 보장한다는 명분으로 묵인하고 있었던 것이다.

16세기 抑末策의 쇠퇴는 우선 都城商業 정비와 관련한 정부의 정책에서 드러나고 있다. 성종대 이후 도성인구는 商工人口를 중심으로 크게 증가하고 있었다. 농업·토지소유 관계의 변동과 소상품생산의 출현 및 그 진전에 따라 逐末人口가 도성에 집중하면서 나타나는 相對的인 人口 增加였다.[125] 그리하여 국초 이래의 市廛과는 다른 새로운 交換市場이 도성내에서 증가하여 '曲坊委巷 莫不出市'[126]하다는 지경이었다. 도성의 인구집중은 성내 住宅問題를 불러일으키고,[127] 나아가서는 국가차원의 務本政策과 背馳되는 것이었기에 이에 대한 대책이 중종 초반에 이르면 조정에서 크게 논란되기에 이르렀다.

중종 9년(1514) 大司諫 崔淑生의 新立市門 革罷 건의에서 나타나듯이 이에 대한 대책은 우선은 勸農·務本과 抑末에서 모색되었다.[128] 그런데 한편에서는 특히 국왕과 훈구계 관인들을 중심으로 이와는 다른 방안이 제기되고 있었다. 抑末方針의 쇠퇴, 바로 逐末의 認定 경향이었다. 중종은 대간의 抑商을 위한 立法 건의에 대해

> 背本逐末 禁之爲當 然一切禁止 民或失業 致其寃悶矣 該司自禁 不必立法[129]

이라 답하고 있다. 抑末의 當爲는 인정하면서도 一切禁止에 따른 失業의 문제를 들어 완곡한 반대 견해를 표명하고 있는 것이다. 그리고 이러한 주장은 중종 12년(1517) 檢討官 奇遵의 '以資生爲難 不可抑之'[130]라는 견

---

不堪其窮 起而爲盜矣."
125) 朴平植, 앞의 〈朝鮮前期 市廛의 發展과 市役 增大〉(本書 제2장 2절) 참조.
126) 《中宗實錄》 卷21, 中宗 9年 10月 甲寅, 15冊, 38쪽 ; 《中宗實錄》 卷21, 中宗 9年 11月 癸酉, 15冊, 42쪽 ; 《中宗實錄》 卷31, 中宗 13年 正月 壬子, 15冊, 387쪽.
127) 주 125와 같음.
128) 《中宗實錄》 卷21, 中宗 9年 10月 甲寅, 15冊, 38쪽.
129) 《中宗實錄》 卷21, 中宗 9年 11月 癸酉, 15冊, 42쪽.

해, 중종 13년(1518) 국왕의 '逐末之人 若一切禁止 則窮民 恐不得資生'[131] 이라는 인식으로 이어지고 있다. 이제 민인의 逐末傾向은 그 원인에 대한 진단과 관련하여 일방적으로 금지할 수만은 없다는 인식이 확산되어 가는 모습이었고, 현실에서 抑末策은 이를 바탕으로 퇴조하지 않을 수 없었다.

四民의 職業觀에 근거하는 商工業 認定은 이러한 추세를 더욱 강화시켜 갔다. 중종 7년(1512) 평안도에 출입하는 貿穀船商을 금지하자는 논의에 대해 평안감사는

四民各有其業 貿遷有無 古今通行 不可偏禁[132]

이라 하여, 상인의 무곡활동에 대한 허용을 강력하게 건의하고 있다. 당시 평안·황해 지역에 관인 사대부의 農莊이 늘어가던 형편에서,[133] 이들의 농장곡 처분과 관련하여서도 무곡선상의 활동은 불가피하였다. 그러므로 商賈는 '不可無者'[134]였고, 그들의 활동이 '以有易無'하는 것이기에 금지하는 것이 부당하다는 견해는 이후 중종에 의해서도 거듭 확인되고 있다.[135] 穀物商人을 중심으로 상인들의 교역활동이 활성화하고, 나아가 都城 中心의 交易網이 성립되어 가던 이 시기 商業發展의 樣相[136]은 이상과 같은 당대 정부의 抑末策 衰退를 그 한 기반으로 하여 가능한 현상이었다.

상업의 발달과 축말풍조의 확산과 더불어 현실에서 역설적으로 퇴조해 가던 抑末策의 衰退傾向은, 농민의 교역기구로서 대두하여 전국으로

130)《中宗實錄》卷29, 中宗 12年 8月 戊申, 15冊, 304쪽.
131)《中宗實錄》卷31, 中宗 13年 正月 壬子, 15冊, 387쪽.
132)《中宗實錄》卷16, 中宗 7年 7月 庚寅, 14冊, 600쪽.
133) 李景植, 앞의 〈16世紀 地主層의 動向〉; 李泰鎭, 〈16세기 沿海地域의 堰田 개발 — 戚臣政治의 經濟的 背景 一端〉,《韓國社會史研究》(지식산업사, 1986).
134)《中宗實錄》卷32, 中宗 13年 3月 丁巳, 15冊, 410쪽.
135)《中宗實錄》卷56, 中宗 20年 12月 辛亥, 16冊, 479쪽.
136) 朴平植, 〈朝鮮前期의 行商과 地方交易〉,《東方學志》77·78·79合輯(1993 ; 本書 제3장 1절) ; 朴平植, 앞의 〈朝鮮前期의 穀物交易과 參與層〉(本書 제4장 1절).

확산되고 있던 場市에 대한 정부의 방침에서 한층 분명하게 드러난
다.[137] 성종초 全羅道 務安 일대에서 場市가 처음 등장하였을 때 이에
대한 정부의 禁止方針은 확고하였다. 이로 인한 '捨本逐末 物價騰踴'의
폐단을 이유로 해서였다.[138] '務本抑末'의 정책표방 하에서 이러한 정부
의 대응은 당연한 것이었다.

정부의 禁斷 방침에도 불구하고 장시는 이내 전국으로 보급되고 그
出市日 또한 증가하여 갔다. '諸道 皆設場門'[139]하고 '一朔三十日內 無不
見市之日'[140]하다는 형편이었다. 이처럼 16세기에 들어 장시는 농민들의
교역기구로 확고히 자리 잡아 갔고, 그것의 交換機能은 도성의 市廛에
比肩되고 있었다.[141] 시전과 장시로 대표되는 이들 京外 交易機構의 성장
은 그것이 곧바로 축말풍조의 확산으로 연결되고 있었던 만큼 정부 당
국자에겐 심각한 문제가 아닐 수 없었다. 이에 대한 대책은 이제 정부의
당면과제였다.

장시의 보급 나아가 축말풍조의 확산은, 당대 토지겸병과 지주제의
확대라는 농업·토지소유 관계의 변동을 한 축으로 하고, 여기에 직접
생산자가 그들의 잉여생산물을 임의로 처분할 수 있는 여건이 조성된
데에서 근본적으로 기인하는 것이었다. 그리고 이러한 장시나 축말풍조
의 확산을 통해서 農民層 分化의 양상은 더욱 가속되는 형편이었다.[142]
따라서 場市問題에 대한 대책을 놓고 당시 관인들은 한편에서는 務本을
할 수 있는 여건의 조성 곧 賦稅制度의 개선을 포함한 農業振興策의 추
진을 건의하고, 또 한편에서는 務本을 위해 우선 末業을 금지하고 장시

---

137) 조선전기 場市와 관련한 농민의 동태와 정부의 대책은 李景植, 앞의 〈16世紀
   場市의 成立과 그 基盤〉에 잘 정리되어 있다. 이하의 장시 관계 서술은 여기에
   힘입은 바 크다.
138) 《成宗實錄》 卷20, 成宗 3年 7月 壬戌, 8冊 676쪽.
139) 《中宗實錄》 卷38, 中宗 15年 3月 己酉, 15冊, 635쪽.
140) 《宣祖實錄》 卷212, 宣祖 40年 6月 乙卯, 25冊, 345쪽.
141) 《中宗實錄》 卷8, 中宗 4年 6月 甲子, 14冊, 338쪽.
   "全羅道爲場門 猶京之市也."
142) 李景植, 앞의 〈16世紀 場市의 成立과 그 基盤〉, 59쪽.

는 폐지하여야 한다고 강조하고 있었다.[143] 어느 주장에 따르더라도 장
시의 확산은 더 이상 容認할 수 없는 것이었다. 국초 이래의 '무본억말'
의 상업정책 경제운영의 방침이 국가정책상에서 여전히 강조되고 있었
기 때문이다.

장시문제에 대한 이상과 같은 정부 관인들의 인식과 대응자세에도
불구하고, 그러나 현실에서 정부가 취하던 場市禁止 방침은 장시의 보
급·확산과 더불어 점차 쇠퇴하고 있었다. 장시가 갖는 '以有易無'의 교
환기능은 그 성립 초에 벌써 정부가 인정하는 바였고,[144] 申叔舟 같은
이는 15세기 후반 성종 4년(1473)에 이미 貨幣流通을 위한 장시의 기능
을 적극 평가하면서, 당시 戶曹가 이를 금지한 것이 千載一機를 놓친
것이라고까지 한탄하고 있다.[145] 務安 등지에서 장시가 출현한 이후 줄
곧 전라도 관찰사를 통해 그 嚴禁을 지시해 왔던 성종[146] 또한, 성종 18년
(1487)에 이르면 '場門 所以懋遷有無 不可廢也'[147]라 하여 장시의 교환기
능을 인정하면서 그 폐지에 반대함으로써 장시에 대한 인식의 轉換을
보여주고 있다. 당시 전라도 관찰사였던 金宗直은 豊年이 기대되는 금
년에 한해 盜賊興行을 이유로 장시의 權罷를 주청하였지만, 그 역시 '凶
年 則場門有益於救荒 不可廢也'라 하여 흉년의 경우 농민경제에서 장시
의 效用性을 인정하고 있다.[148] 성종대에 벌써 국왕과 관인들은 농민교
역기구로서 장시의 교환기능을 인정하였던 것이다.

15세기 말엽, 場市革罷 주장이 '무본억말'의 정책표방 아래 當爲로서

---

143) 위의 글, 58~72쪽.
144) 《成宗實錄》卷20, 成宗 3年 7月 壬戌, 8冊, 676쪽.
145) 《成宗實錄》卷27, 成宗 4年 2月 壬申, 9冊, 8쪽.
　　 "庚寅之荒 全羅一道人民 自相聚集 以開市鋪 號爲場門 人賴以全 此正外方設市
　　鋪之機 而戶曹訪問於守令 守令不審利害 以爲前日所無 皆欲禁之 此則循常之見
　　耳 獨羅州牧使 李永肩 請勿禁 戶曹固禁之 乃失千載一機 惜哉."
146) 《成宗實錄》卷20, 成宗 3年 7月 壬戌, 8冊, 676쪽 ;《成宗實錄》卷72, 成宗 7年
　　10月 癸巳, 9冊, 391쪽.
147) 《成宗實錄》卷204, 成宗 18年 6月 戊子, 11冊, 226쪽.
148) 위와 같음.

반복되는 가운데서 나타나던 국왕과 관인들의 이러한 認識轉換은 16세기 중종대에 이르면 좀 더 분명하게 확인된다. 장시로 인한 축말풍조의 蔓延, 도적의 盛行 등이 누차 강조되면서 이에 대한 금지 건의는 계속되었지만, 국왕은 이를 정책상에서 그대로 수용하지 않았다. 당시 중종은 장시를 두고

> 民間交易有無之道也 若一切禁止 則恐亦有弊[149]

라든가, 혹은 '場市之事 或人以爲便'[150]이라 하면서 장시의 一切禁止를 주장하는 관인들의 요구를 물리치고 있다. 장시문제에 대한 관인들의 견해 또한 한편에서는 전면금지가 아니라 단지 새로 설립된 장시만을 혁파하자는 쪽으로 완화되어 가고 있었다.[151] 성종초 場市廢止에 앞장섰던 戶曹 역시 중종 11년(1516)에는 구황을 이유로 이를 모든 道에 설치할 것을 건의하고 있다.[152] 이제 장시문제는 축말·도적과 관련하여 贊反의 論難만 紛紛할 뿐이지, 이에 대한 政策上의 禁止措處는 현실에서 이루어지지 않았던 것이다. 장시에 대한 抑末策의 退潮·衰退였다.

결국 이후 장시대책은 그 지나친 발전을 견제함으로써 務本의 經濟政策을 유지하는 차원으로 조정되기에 이른다. 중종 28년(1533) 충청도 관찰사 蘇世讓이 취한 장시에 대한 다음 대책을 살펴보자.

> 臣欲一切禁罷 而但慮凶年 民或賴此爲生 故只許一月三日出市耳[153]

장시에 대한 일절 금지를 여전히 原則으로 천명하는 가운데, 실제에선 그 出市日數만을 제한하고자 하였던 것이다. 그러나 장시문제에 대한 이러한 대책 또한 이후 제대로 실효를 거두지는 못하였다. 때문에

---

149) 《中宗實錄》 卷30, 中宗 12年 11月 戊戌, 15冊, 363쪽.
150) 《中宗實錄》 卷38, 中宗 15年 3月 己酉, 15冊, 636쪽.
151) 《中宗實錄》 卷21, 中宗 9年 10月 甲寅, 15冊, 38쪽.
152) 《中宗實錄》 卷27, 中宗 11年 12月 丁未, 15冊, 241쪽.
153) 《中宗實錄》 卷74, 中宗 28年 4月 戊子, 17冊, 410쪽.

명종 원년(1546)에 이르러 三公은 다시금 장시의 出市日을 한 달 내 2~3
회로 정하고 또 一時에 開市하게 함으로써 도적이 흥행하는 폐단을 막
자고 건의하고 있다. 당시 이 조처는 文定王后에 의해 수용되어 그 내용
이 各官에 통보되었다.[154]

  16세기 중반에 이르면 장시의 全面禁止 주장은 이제 名分으로서도 제
기되지 않고, 단지 그 과도한 발전에 따른 폐단을 제거하는 차원에서
出市日을 固定하거나 制限하자는 논의만이 제기되는 실정이었다. 그러
나 이러한 조처에도 불구하고 壬亂 후인 선조 40년(1607)에 이르면,

> 列邑出場市者 小不下三四處 而今日 此邑出之 明日 隣邑出之 又明日 又他
> 邑出之 一朔三十日內 無不見市之日[155]

하게 되었다. 한달 내내 隣近에서 장시가 열리고, 이를 통한 교역이 가능
한 상황의 造成이었다. 30~40里 지점마다 장시가 설치되고 그것이 5日
場으로 진전되면서, 數個의 場市가 하나의 場市圈으로 형성되어 가는
端初의 모습이었다.[156]

  장시의 성립과 확산에 대응하여 정부 관인들이 취하던 抑末策은 '務
本抑末'의 정책표방에도 불구하고 현실에서는 완연 쇠퇴하여 갔고, 그
추세는 16세기 중반에 들어 더욱 분명하였다. 애초의 一切禁斷 방침이
新設場市만을 폐지하자는 의견으로, 나아가서는 단지 出市日만을 제한
하자는 방침으로 변경되고 있었던 것이다. 장시의 대두와 보급이 사회
경제상의 체제변동의 산물이자, 아울러 이를 촉진하던 데에서 나오는
불가항력의 대응이었다. 그리고 이러한 抑末策의 衰退傾向은 비단 장시
대책에만 국한된 것이 아니라 여타의 국내외 상업 전 분야에서도 나타

---

154)《明宗實錄》卷3, 明宗 元年 2月 庚戌, 19冊, 394쪽.
    "三公啓曰 … 場市 … 出市之日或異 故互相遷貿 以此盜賊興行 若於一朔之內 或
    二度三度 永爲恒式 一時出市 則庶無其弊矣 … 答曰 … 場市 則定其出市之日 各
    官一時齊出事 下諭."
155)《宣祖實錄》卷212, 宣祖 40年 6月 乙卯, 25冊, 345쪽.
156) 李景植, 앞의 〈16世紀 場市의 成立과 그 基盤〉, 53~56쪽.

나는 현상이었다. 이 시기 사회경제의 변동과 진전에 따라 정부의 商業政策·經濟政策 또한 여기에 조응하여 바뀌어 가고 있음을 실증하는 것이라 하겠다.

16세기 조선 정부의 商業政策의 변동은 抑末策의 쇠퇴에 그치는 것이 아니었다. 특히 그간의 상업발전을 바탕으로 적극적인 生財觀 商業論이 제기되면서,[157] 이제 부족한 국가의 財政問題와 민생의 困乏을 국가 차원의 末業振興策을 통해 해결하려는 논의 또한 등장하고 있었다. 곧 '利權在上', '以末補本'論에 입각한 財政補用政策의 摸索이었다.

'務本'과 '節用'이 경제정책과 운영의 지침으로 설정되어 있던 시기에 이러한 새로운 재원확보정책이 모색되는 배경에는 燕山朝를 거치면서 더욱 심화되고 있던 국가재정의 枯渴狀態가 자리하고 있었다. 연산조의 재정운영은 특히 국왕의 奢侈·浪費와 맞물리면서 跛行으로 치달았다. 연산군 7년(1501) 貢案詳定廳을 설치하여 이른바 '辛酉貢案'을 마련하고,[158] 이를 통해 세조·성종대의 貢案改定을 거치면서 세종대에 비해 3분의 1로 줄어든 貢額을 다시 增額시킨 것은 이 때문이었다.[159] 그러나 연산조의 방만한 재정운영의 결과 이것으로도 부족하여 加定·引納·市廛責辦 등이 일상화하였다.[160] 反正 직후인 중종 2년(1507) 조정 관인들은 이러한 연산조의 사정을 두고 다음과 같이 묘사하고 있다.

　　燕山朝 恃府庫之盈 忽先王之財 …… 民間徵斂日加 而府庫所入日減 倉無半歲之儲 庫乏一時之用[161]

성종대의 절용에 기초한 재정운영이 무너지면서 국가재정이 날로 減縮되어 半年의 儲藏과 일시의 用度도 부족하게 되었다는 견해였다. 이

---

157) 本章 2절 〈商業論의 分岐와 '以末補本'論의 擡頭〉.
158) 김성우, 앞의 〈16세기 국가재정의 위기와 신분제의 변화〉, 160쪽.
159) 《燕山君日記》 卷28, 燕山君 3年 10月 戊子, 13冊, 290쪽.
160) 김성우, 앞의 〈16세기 국가재정의 위기와 신분제의 변화〉, 159~164쪽.
161) 《中宗實錄》 卷3, 中宗 2年 6月 壬午, 14冊, 155쪽.

러한 재정운영이 收取의 증대로 이어지면서 궁극에 가서 民人의 생존기
반을 위협하였음은 물론이다. 따라서 국가의 재정확보와 민생안정을 위
한 方案의 講究는 中宗反正 이후 焦眉의 懸案이 아닐 수 없었다. 執權
勳舊系列 官人들을 중심으로 적극적인 생재관 상업론이 대두하고, 말업
진흥을 통해 재정을 보충하고 민생의 안정을 도모하려는 각종 정책이
모색되는 배경은 이러하였다.

　말업 특히 상업을 이용한 국가의 財政補充 기도가 물론 중종대에 이
르러 처음으로 모색된 것은 아니었다. 건국 이후 조선 정부는 '務本抑末'
의 상업정책을 표방하면서도 한편으로는 '利權在上'論에 입각하여 교역
을 직접 장악하거나 관리·통제함으로써 국가나 민인 전체의 公共의 利
益을 실현하는 방침을 세우고, 이를 정책으로 실시하고 있었다.[162] 세종
대 잠시 실시된 바 있는 義鹽法,[163] 국초 이래 수시로 전개하던 官貿穀,[164]
回換[165] 등은 그 대표적인 운영사례였다. 그런데 16세기에 들면서 이러
한 정책경험이 새로운 상업론과 서로 결부되면서, 末業振興을 통한 국
가의 財政補充 民生安定 시도가 본격 모색되기 시작하였던 것이다.

　中宗反正 이후, 훈구계열 관인들은 利權掌握에 기초한 국가의 적극적
인 財利追求 곧 富國강병의 정책지향 아래 연산조에 焚蕩된 국가재정을
보충하고 민생의 안정을 도모하는 각종 시책을 모색하여 갔다. 이때 이
들이 우선 주목한 분야가 바로 山林川澤 자원의 개발과 이의 장악을
통한 재원확보 방안이었다.[166] 중종 5년(1510) 황해도 관찰사 南袞의 다
음 狀啓는 이 시기 훈구계 관인들이 제기하던 재원확보 민생안정책의

---

162) 朴平植, 앞의 〈朝鮮初期의 商業認識과 抑末策〉(本書 제1장 2절).

163) 劉承源, 〈朝鮮初期의 鹽干〉, 《韓國學報》 17(1979), 37~42쪽(《朝鮮初期身分
　　　制研究》, 乙酉文化社, 1984에 收錄) ; 金勳埴, 〈朝鮮初期 義倉制度研究〉(서울大
　　　博士學位論文, 1993), 139~148쪽.

164) 朴平植, 앞의 〈朝鮮前期의 穀物交易과 參與層〉(本書 제4장 1절).

165) 朴平植, 〈朝鮮前期 兩界地方의 '回換制'와 穀物流通〉, 《學林》 14(延世大,
　　　1992).

166) 이에 대해서는 윤정, 앞의 〈조선 중종대 훈구파의 산림천택(山林川澤) 운영과
　　　재정확충책〉에서 魚箭·鹽盆·採銀 문제를 중심으로 검토된 바 있다.

大綱을 잘 보여주고 있다.

> 往年還上 並皆蠲免 沿海各邑船軍鎭軍 量數抄定 加設鹽盆 煮鹽貿穀 逋欠
> 穀數 盡令充足 其利無窮 此實推鹽收布 以贍用度 歷代通行之利 便民足用之
> 策 請廣議施行[167]

남곤은 往年의 還上을 모두 蠲免하더라도 船軍과 鎭軍을 동원하여 官
鹽盆을 설치하고 여기에서 煮鹽貿穀하면, 逋欠穀數를 충족할 수 있을
뿐만 아니라 그 이익이 무궁할 것이라고 보았다. 아울러 그는 이처럼
국가가 鹽利를 확보하여 財用에 보태는 방안이 歷代에 通行하는 정책이
자, 곧 '便民足用'의 시책임을 들어 그 시행을 강력하게 주청하고 있다.
'重義輕利', '與民共之'의 이념 하에서 국가의 재리추구 이권장악에 극력
반대하던 당시 사림계열 관인들의 經濟認識과 비교하여 볼 때, 국가재
정 보충과 민생안정을 동시에 도모하고자 하는 이러한 정책건의는 매우
주목되는 것이었다.

　船軍煮鹽을 통한 재정보충은 선초 이래 이미 국가정책으로 시행해 오
던 바였다.[168] 남곤의 건의는 선군자염을 국가 차원에서 더욱 확대 실시
하자는 것이었다. 그의 장계 내용 중 '加設鹽盆'하자는 주장은 바로 이런
사정에서 나오는 표현이었다. 15~16세기에 걸친 인구증가가 食鹽의 수
요증대를 가져오고 이에 따라 私鹽의 생산과 교역이 확대되던 사정[169]에
서, 국가가 직접 鹽을 生産·貿穀하여 이를 還上의 財源으로 삼음으로써
민생의 안정을 도모하고자 하는 방안이었다. 그의 건의는 당시 대신들
의 논의를 거쳐 중종에게 수용되어 그해 황해도에서 시험적인 운영이
있게 되었다.[170]

---

167) 《中宗實錄》 卷10, 中宗 5年 2月 丁酉, 14冊, 411쪽.
　　權橃(1478~1548)의 《冲齋集》 卷5, 日記, 庚午 2月에도 동일한 내용이 실려 있
　　다(《韓國文集叢刊》, 19冊, 417쪽).
168) 朴平植, 〈朝鮮前期 鹽의 生産과 交易〉, 《國史館論叢》 76(1997 ; 本書 제4장
　　2절).
169) 위의 글, 3)항 '私鹽의 生産과 交易擴大'.

한편 남곤은 이후 중종 20년(1525)에 가서도 중국이 生財之道로서 古今에 모두 權鹽을 운용하고 있음에 비해 우리는 단지 土田의 所出로만 재용을 삼는다며, 국가의 鹽利掌握을 통한 재정보충을 다시금 강조하고 있다.[171] 국가의 염리장악에 대한 그의 이러한 지속적이며 확고한 견해는, 같은 해 10월 朝講에서 特進官 沈貞에 의해서도 뒷받침되었다.[172] 요컨대 官鹽盆 增設策은 당시 훈구계열 관인 일반이 적극적인 生財觀에 기초하여 모색하던 국가의 재원확보방안이었던 것이다. 상품으로서 鹽의 생산과 교역에서 보장되던 이익을 국가에 歸屬시킴으로써 국가재원의 확충을 기도하는 財政補用政策의 한 사례였다.

商業을 통한 재원의 마련은 官貿穀 정책에서도 강구되었다. 중종 6년(1511) 대간에서 크게 문제 삼았던 高荊山의 관무곡은 그 대표적인 경우였다. 당시 호조판서로 훈구계열 관인의 한 사람이었던 고형산은 일찍이 咸鏡監司로 재직하면서 감영 소재의 縣布·魚鹽·紙地·鷄豚 등을 이용하여 1만 8천여 석을 무곡하여 이를 軍資에 보충한 바 있었다.[173] 양계지방의 군자확보를 위한 관무곡은 선초 이래 실시하던 정책이었지만,[174] 그의 관무곡은 이전의 관무곡 사례와 비교하여 두드러지게 많은 액수였고[175] 그에 따른 强制交易의 폐단 또한 적지 않았다. 대간에서 그의 행위를 '與民爭利'[176]라 하여 비판하고, 나아가 그를 중국의 桑弘羊·孔僅 등의 財利之臣에 비유하였던 것[177]은 바로 이 때문이었다.

---

170) 주 167과 같음.
　　"大臣等議啓曰 今年 則以道內當領船軍及鎭軍 煮鹽貿穀 啓聞後 觀其官民便利
　　與否 更議施行 上從之."
171)《中宗實錄》卷54, 中宗 20年 5月 甲子, 16冊, 415쪽.
172)《中宗實錄》卷55, 中宗 20年 10月 戊申, 16冊, 462쪽.
　　"中原山澤鹽鐵 皆有主掌 以取其利 我國則不然 肥沃不墾者頗多 地有遺利 屯田
　　及海邊鹽利 別以才智有餘者 掌之何如."
173)《中宗實錄》卷13, 中宗 6年 2月 己亥, 14冊, 494쪽.
174) 朴平植, 앞의〈朝鮮前期의 穀物交易과 參與層〉(本書 제4장 1절).
175) 위의 글, [표 3] '朝鮮前期의 兩界地方 官貿穀 事例' 참조.
176)《中宗實錄》卷13, 中宗 6年 2月 乙巳, 14冊, 495쪽.
177)《中宗實錄》卷13, 中宗 6年 2月 庚戌, 14冊, 497쪽.

그러나 정부의 官貿穀 방침은 그것이 부족한 군자보충을 위한 방도로 운용되는 까닭에 이를 '與民爭利' 행위로 인식하여 반대하는 사림계열 관인들의 반발에도 불구하고 이후 큰 변동 없이 지속되었다. 중종 20년 (1525)에도 '官爲貿納 非私相買賣之事 不能無弊'[178]라는 우려가 제기되었음에도 불구하고, 남곤은

聞今年北道大稔 縣布民用之最切者 以有易無 似不至於有弊[179]

라 하여, 면포를 이용한 양계지방 관무곡의 불가피함을 강조하였다. 중종 역시 남곤의 의견에 따르면서, 관무곡을 둘러싼 守令과 奸吏들의 作弊禁止를 아울러 지시하고 있다.[180] 결국 관무곡 곧 곡물교역을 통한 군자확보 방안은 이처럼 이를 적극 추진하려는 훈구계열 執權 官人들과, 이를 재리추구로 보아 여기에 반대하는 사림계열 臺諫들의 異見이 국왕에 의해 조정되는 선에서 이후 큰 변동 없이 지속될 수 있었다.

한편 16세기 정부의 末業을 이용한 財政補用 노력은 採銀政策에서도 적극 모색되었다. 국초 중국의 과중한 貢銀 요구에 시달리던 조선 정부는 세종 11년(1429) 金과 銀을 朝貢品에서 제외시킨 후, 그 再開의 빌미를 주지 않기 위해 銀鑛의 개발이나 銀 유통을 엄격하게 통제하고 있었다.[181] 그러나 성종대 이후 사치품을 중심으로 한 對中國 私貿易이 크게 번성하면서 決濟品으로 銀의 수요가 크게 증대하는 사태가 빚어졌다.[182] 결국 富商大賈를 비롯한 私貿易業者들은 국가의 禁令에도 불구하고 이를 潛採의 형태로 조달하고 있었다.

---

178)《中宗實錄》卷55, 中宗 20年 10月 戊子, 16冊, 458쪽.
179) 위와 같음.
180) 위와 같음.
181) 申奭鎬, 〈朝鮮中宗時代の禁銀問題〉,《稻葉博士還曆記念滿鮮史論叢》(1938);
    柳承宙, 〈朝鮮前期後半의 銀鑛業 硏究 — 敎差官制下의 官·民營實態를 中心으로〉,《震檀學報》55(1983).
182) 韓相權, 앞의 〈16세기 對中國 私貿易의 展開〉; 李泰鎭, 〈16세기 東아시아 경제 변동과 정치·사회적 동향〉,《朝鮮儒教社會史論》(지식산업사, 1989).

특히 연산군 9년(1503) 鉛銀分離法이 개발되면서,[183] 端川을 중심으로 은의 잠채가 크게 성행하기 시작하였다. 銀産處인 端川·江界·豊川 등지에서는 '採銀爲利 或有富侈者'[184]한다 하였고, 이러한 추세는 이후 더욱 확대되었다.

我國産銀處多 而市價踴貴者 以其全販於中原耳 故中朝之人 亦知我國端川産銀 貿販者 由端川以達平安 故遂成大路 而唐物之歸於端川 與京無異[185]

중종 11년(1516)에 이르면 銀의 유출경로인 단천과 평안도 사이에 大路가 만들어질 정도였으며, 産銀으로 인해 부유해진 단천에 모이는 唐物의 규모가 도성의 그것과 차이가 없다는 정도로 은의 私採는 대량으로 이루어졌다.

이에 따라 15세기 내내 禁銀政策을 고집하던 정부는 연산군 10년 (1504) 무렵 採銀納稅制를 채택하여 採銀收益의 國家還收를 기도하였다.[186] 端川銀에 대한 官採 건의가 제기된 것도 이 무렵이었다.[187] 중종대에 들어서 채은에 대한 정부 관인의 관심은 더욱 증폭되었다. 중종 3년 (1508) 領事 朴元宗은 국가의 端川採銀을 다시 건의하고 있다. 吹練한 銀을 市人에게 면포로 무역하여 이를 외방군사의 月俸이나 官貿穀 지불수단으로 삼자는 견해였다.[188]

이후 産銀事情이 중국에 알려져 貢銀 요구가 재개될까 하는 우려 속에서도 훈구계열 관인들을 중심으로 納穀採銀制 실시 건의가 계속되었고,[189] 마침내 중종 10년(1515) 民間의 採銀을 허용하는 事目이 제정되기

---

183) 《燕山君日記》卷49, 燕山君 9年 5月 癸未·戊子, 13冊, 563쪽.
184) 《中宗實錄》卷9, 中宗 4年 8月 戊子, 14冊, 360쪽.
185) 《中宗實錄》卷26, 中宗 11年 8月 丙子, 15冊, 211쪽.
186) 《燕山君日記》卷52, 燕山君 10年 正月 丙戌, 13冊, 590쪽.
    "端川鉛鐵 許人採之 而收其稅 已立法 公私兩便."
187) 《燕山君日記》卷54, 燕山君 10年 7月 辛亥, 13冊, 649쪽.
188) 《中宗實錄》卷7, 中宗 3年 11月 庚子, 14冊, 287쪽.
189) 《中宗實錄》卷7, 中宗 3年 11月 壬寅, 14冊, 287~288쪽 ;《中宗實錄》卷14, 中宗 6年 8月 甲辰, 14冊, 530쪽 ;《中宗實錄》卷21, 中宗 10年 2月 己亥, 15冊, 57

에 이르렀다.[190] 私採를 허락하고 대신 納穀하게 하여 軍資를 비롯한 국가재정에 보충하는 방안이었다. 納穀採銀 정책은 이후 대간을 중심으로 한 반대의견이 개진되면서 施行과 中斷을 반복하게 되지만,[191] 명종 16년(1561) '辛酉事目'으로 採銀納稅制가 다시 실시되는 데서 알 수 있듯이 재정보용의 방침으로 이후 지속되었다.[192] 부상대고 등 상인의 은 생산에 따른 對中 私貿易, 특히 사치품 무역이 크게 번성하게 될 것을 예견하면서도, 財政確保策의 일환으로 이를 인정하였던 것이다. 이 시기 末業 商業에 대한 정부의 認識轉換의 한 모습이라 하겠다.

그런데 이러한 納穀採銀制 실시의 한편에서, 아예 官採銀의 주장이 제기되고 또 그것이 정책으로 시행되고 있었다. 중종 16년(1521) 特進官 高荆山의 다음 건의는 이에 대한 대표적인 견해였다.

> 臣意 令産銀各處 公賤採貢 以爲不時之需何如 臣曾爲戶曹判書時 常欲啓之 而恐言者 以言財利爲非 故未敢請 遣官監採藏儲 以爲國用何如[193]

국가의 財利追求에 대한 비난을 염려하면서도 고형산은 단천을 비롯한 産銀各處에서 公賤을 동원, 採銀하여 國用으로 삼을 것을 주장하고 있다. 公賤採銀制의 요구였다. 그의 정책건의는 남곤의 적극적인 찬동과 국왕의 허가를 받음으로써 시행에 들어갔다.[194] 국가에서 직접 公賤

---

쪽 ;《中宗實錄》卷21, 中宗 10年 2月 辛丑·壬寅, 15冊, 58쪽.

190) 중종 10년에 納穀採銀에 관한 事目이 제정된 사실은 憲府의 다음과 같은 啓文에서 알 수 있다(《中宗實錄》卷21, 中宗 10年 3月 癸酉, 15冊, 65쪽).
"採銀事 觀其事目 則於傍近平安道黃海道江原道 貿穀以納事 著在法令."

191)《中宗實錄》卷25, 中宗 11年 5月 己酉, 15冊, 181쪽 ;《中宗實錄》卷26, 中宗 11年 8月 丙子, 15冊, 211쪽 ;《中宗實錄》卷26, 中宗 11年 9月 己卯, 15冊, 212쪽 ;《中宗實錄》卷40, 中宗 15年 9月 辛未, 15冊, 690쪽 ;《中宗實錄》卷75, 中宗 28年 7月 壬寅, 17冊, 443쪽 ,《中宗實錄》卷75, 中宗 28年 7月 丙午, 17冊, 445쪽 ;《明宗實錄》卷2, 明宗 卽位年 11月 丙子, 19冊, 366쪽.

192)《明宗實錄》卷32, 明宗 21年 4月 丙戌, 21冊, 88쪽 ;《明宗實錄》卷32, 明宗 21年 4月 戊子, 21冊, 89쪽.

193)《中宗實錄》卷42, 中宗 16年 8月 丙午, 16冊, 60~61쪽.

194) 위와 같음.

또는 産銀地의 民人을 동원하여 채은하는 정책은 이후 앞서 언급한 採銀納稅制, 納穀採銀制와 함께 흉년이나 군자부족 등 국가재정의 보충이 논의될 때마다 斷續的으로 시행됨으로써,[195] 국가의 末業을 이용한 財政補用의 한 방안으로 자리 잡게 된다.

어느 형태이든 종전까지의 禁銀政策을 수정하여 은의 생산과 유통에 따른 상업발전 특히 대외무역의 성행을 묵인하는 바탕에서 國家財政의 補用을 기도함이었다. 연산군대의 재정고갈 상태가 중종대에 들어 현저하게 개선되어, 국가의 豫備財政인 三監의 保有穀이 100만여 石을 넘을 수 있을 수 있었던 것[196]은 이와 같이 반정 후 執權 勳舊系列 官人들이 추진하였던 적극적인 재원확보 노력의 결과라 여겨진다. 상업·말업을 운용한 財政補用政策이 이러한 재정확보에 큰 기여를 하였음은 물론이다.

이처럼 중종대 이후 훈구관인들의 집권기에 집중 추진된 국가의 상업 말업을 이용한 재정보용정책은, 적극적인 생재관에 바탕하여 재리추구를 통한 富國强兵을 지향하는 것이었다. 하지만 중종 후반 이후 정권을 大尹·小尹 등 이른바 戚臣들이 장악하게 되면서,[197] 국가가 추구하는 이상과 같은 이권장악의 한편에서는 이에 편승한 王室이나 戚臣家의 불법·탈법의 殖貨·致富風潮가 또한 만연하고 있었다. 당시 수조권에 기반한 토지분급체계가 마비되면서 지배층 전체에 확산되던 식화풍조[198]는 특히 이들에게서 대규모로 그리고 광범하게 나타나고 있었다. 戚里와 權臣들의 식화는 산림천택의 사점·방납·사무역 등 상업과 연관한 제분야에서 이루어졌고,[199] 명종대의 권신 尹元衡 같은 이는 그 정도가 '家富於

---

195) 柳承宙, 앞의 〈朝鮮前期後半의 銀鑛業 硏究〉.
196) 《明宗實錄》 卷33, 明宗 21年 10月 己巳, 21冊, 123쪽.
   "中廟朝 … 三監之穀 一監所儲 至於三四十萬."
   《宣祖修正實錄》 卷35, 宣祖 34年 8月 丙寅, 25冊, 682쪽.
   "中廟朝 三倉所儲 至於二百三萬石之多."
197) 金宇基, 앞의 〈16世紀 戚臣政治의 展開와 基盤〉.
198) 本章 1절 〈殖貨·逐末風潮의 擴散과 그 問題〉.

有國 身侈於王'[200]하다고 云謂될 정도였다. 그리하여 국가가 公的인 처지에서 도모하던 財利追求와, 권력을 이용한 척리 권신들의 각종 私的인 利益追求가 맞물리면서 당대 基層社會는 동요하고 분해되었고, 그로 인한 갈등이 극단으로 표출되기에 이르렀다. 명종 14년(1559)부터 17년(1662)까지 황해도를 근거로 평안·강원·경기도 일대에서 펼쳐졌던 林巨正의 亂은 그 대표적인 모습이었다.[201]

한편 士禍를 경과하는 浮沈을 겪으면서도 사림계열 관인들의 政局進出은 명종대 이후 더욱 분명해졌다.[202] 이 과정에서 중종대 훈구관인들이 추진하던 말업을 통한 재정보용정책은 이제 이전과 같은 지향과 뒷받침 속에서 계속될 수는 없었다. 사림의 처지에서 국가의 재리추구 또는 이권독점은 '重義輕利', '與民共之'의 이념에 비추어 수용할 수 없는 바였고, 이에 편승하여 전개되던 척리·권세가들의 불법적인 식화행위는 더욱 용인할 수 없는 것이었다. 性理學的 義利觀에서만이 아니라, 국가·중앙 권세가의 상업을 비롯한 利權獨占이 결과적으로 재지지주로서 생활해 가던 자신들의 利權을 훼손하고 나아가 향촌사회의 동요를 가져와 그들 士族 中心으로 수립되어 있는 鄕村秩序를 근저에서 위협하였기 때문이다. 이런 사정에서 국가의 재정보용정책 또한 그 추진력을 상실하게 되었다. 兩界의 군자확보를 위한 관무곡이 이 시기에 들어 현저하게 그 빈도가 줄어들고 있음은 그 단적인 예였다.[203] 중종대 한때 100여

---

199) 金燉, 앞의 《朝鮮前期君臣權力關係研究》, 273~276쪽 ; 金宇基, 앞의 〈16世紀 戚臣政治의 展開와 基盤〉, 117~147쪽.
200) 《明宗實錄》 卷31, 明宗 20年 8月 丁卯, 21冊, 25쪽.
201) 한희숙, 〈16세기 임꺽정 난의 성격〉, 《韓國史研究》 89(1995) ; 李正守, 〈16세기 黃海道의 米穀生産과 商品流通 ― 임꺽정 난과 관련하여〉, 《釜大史學》 19(1995).
202) 李樹健, 《嶺南士林派의 形成》(嶺南大學校出版部, 1079) ; 李秉休, 《朝鮮前期畿湖士林派研究》(一潮閣, 1984) ; 李泰鎭, 《韓國社會史研究》(지식산업사, 1986) ; 崔異敦, 앞의 《朝鮮中期士林政治構造研究》 ; 金燉, 앞의 《朝鮮前期君臣權力關係研究》.
203) 朴平植, 앞의 〈朝鮮前期의 穀物交易과 參與層〉(本書 제4장 1절)의 [표 3] '朝鮮前期의 兩界地方 官貿穀 事例' 참조.

만 석 이상이었던 軍資三監穀이 명종 21년(1566)에 들어 26만여 석 이하로 축소되었던 것[204]도, 우선은 文定王后 執權期에 잦은 佛事 등으로 인해 재정을 낭비한 결과이겠지만, 근본에서는 사림의 진출과 확대라는 정국변동 속에서 국가의 재정보용책 또한 비판받고 퇴조하면서 초래된 결과라 하겠다.

그러나 16세기에 들어 두드러지던 국가정책상의 抑末策의 쇠퇴와 상업 말업을 이용한 財政補用의 정책방향이 이로써 중단될 수는 없었다. 中央政界에 진출하여 政局運營의 한 축으로 성장함으로써 政權을 分擔하게 된 사림의 처지에서도, 국가의 재원확보와 민생안정은 훈구와 마찬가지로 시급한 과제였기 때문이다. 특히 사림의 일부에서도 16세기 후반에 들어서면 전혀 새로운 商業論 經濟認識이 대두하고 있었다. 李芝函의 末業開發을 통한 재정보용 민생안정의 주장, 곧 '以末補本'論의 제기는, 이제 사림계열의 관인·유자들 내부에서조차 전개되고 있던 상업 말업, 나아가 경제전반에 대한 認識의 分岐와 그 轉換을 잘 보여주는 것이었다.[205]

여기에 未曾有의 戰亂이었던 壬辰倭亂은 국가재정의 극심한 파탄을 가져왔고, 이 과정에서 조선 정부는 末業振興을 통한 재원확충 노력을 다시 적극 모색하게 된다. 鹽專賣·貢物作米·行錢·採銀 등의 방안이었다.[206] 당시 조정에서 이를 적극 추진하던 관인들은 16세기 후반에 '以末補本'論을 주창했던 이지함과 학통·가계상으로 연결되는 柳成龍·李德馨·尹承勳 등이었다.[207] 이 시기 사림계열 내부에서 진행되던 경제인식

---

204)《明宗實錄》卷33, 明宗 21年 10月 己巳, 21冊, 123쪽.
　　"今則通三監會計 只有二十六萬 而偸竊所欠 又何止十萬碩乎."
205) 本章 2절〈商業論의 分岐와 '以末補本'論의 擡頭〉.
206) 壬亂으로 인한 국가의 財政破綻, 이에 따라 제기된 財源確保方案으로서 鹽專賣·貢物作米·行錢 논의 등에 대해서는 白承哲, 앞의〈16世紀 末~17世紀 初 商業觀의 變化와 商業政策論〉에 잘 정리되어 있다.
207) 韓明基, 앞의〈柳夢寅의 經世論 연구〉; 白承哲, 앞의〈16世紀 末~17世紀 初 商業觀의 變化와 商業政策論〉.

상업론의 분기가 임란이라는 非常의 상황에서 구체의 政策論을 통해 나타나고 있었던 것이다. 그것은 상업 말업에 대한 새로운 관념 곧 '以末補本'論의 대두였고, 이는 장차 兩亂 이후 國家再造期에 상업정책 경제정책을 둘러싸고 관인·유자들 사이에서 전개되는 政策葛藤[208]에서 그 한 세력이 형성되어 가는 端初의 모습이었다.

성종대 후반, 구체적으로는 16세기 이후 국가정책상에서 나타났던 抑末策의 쇠퇴와 상업 말업을 이용한 財政補用政策의 추이를 정리하면 이상과 같다. '務本抑末'의 상업정책 경제이념이 여전히 표방되는 한편에서 전개된 관인·유자들의 인식 전환과 국가정책의 변동은, 지주·대농이나 소농·전호농의 生活과 農業經營이 상업과 더욱 밀접하게 연계되면서 이루어지던 국내외의 商業發展에서 齎來하는 것이었다. 아울러 17세기 양란 이후 國家再造의 方略이 논의되는 과정에서 제기된 '以末補本'論에 기초한 새로운 상업론 상업정책 또한 이러한 기반 위에서 그 전개가 가능한 것이었다. 15세기 중반 이후의 상업발전과 그에 따른 상업론 상업정책의 변동이 갖는 商業史上의 위치·의미는 바로 여기에 있었다.

---

208) 白承哲, 앞의 〈朝鮮後期 商業論과 商業政策〉.

# 결 론

　이상에서 朝鮮前期의 商業을 정부의 商業認識과 政策 그리고 이와 연관하여 진전되고 있던 국내상업의 展開·發達相과 그 變動을 중심으로 검토하였다. 이제 이 책의 내용을 종합하여 요약하고, 이 시기 상업의 歷史的 性格과 段階를 음미하는 것으로 작업을 마무리하고자 한다.

　고려시기 商業은 農業과 더불어 경제구성의 주요영역으로 간주되었고, 抑末策이 정책상에서 체계적으로 추진되지는 않았다. 고려후기의 상업발전은 被支配層 交換經濟의 영역에서보다 왕실·권세가·사원 등으로 구성되는 支配層 交換經濟의 영역에서 두드러졌다. 田柴科 제도가 제 기능을 상실하고 국가재정이 파탄에 직면한 실정에서 諸특권세력이 農莊의 조성과 확대만이 아니라, 상업에 대한 投資와 獨占을 통해서도 시저인 경제기반을 확보해 갔던 것이다. 특권세력의 상업투자와 독점, 그에 수반한 상업발달은 고려말기 상업의 안팎에서 수나간 문제들을 노정시키고 있었다. 우선 都城에서는 권세가들의 市廛投資 증대와 함께 국가의 市廛運營體系가 혼선에 빠졌고, 국가기구·권호의 시전침탈이 상인들의 撤市 투쟁을 불러일으키고 있었다. 특권층의 상업독점은 外方에서는 高利貸的 抑買賣인 '反同'으로 나타나 더욱 크게 문제되고 있었다. 한편 왕실과 권세가의 대외무역은 金銀의 대외유출과 국가재정의 고갈을 초래하였고, 주요 수출품의 조달이 反同과 같은 불법적인 강압에 의해 이루어짐으로써 소농민층의 몰락을 가져왔다. 이와 같이 고려말기 특권층의 독점·지배하에 전개되고 있던 상업발달은 국가재정의 악화와 농민·수공업자층의 몰락을 양면으로 하면서 진행되고 있었다. 이 과정에서 피지배층의 교환경제는 오히려 萎縮·制約받고 있었으며, 생존기반을 박탈당한 농민층의 광범한 沒落과 流亡 그리고 逐末風潮가 확산됨으로써, 농업 중심의 사회경제구조를 근저에서 위협하는 요소로 발전하고 있었다.

고려말, 이들 상업문제에 대한 捄弊方案은 우선 상업발달에 편승하여 성장하고 있던 상인층에 대한 국가의 통제와 장악을 강화함으로써 商業上의 제반 문제를 바로잡는 방향에서 마련되어 갔다. 그리하여 시전상인을 市籍을 통해 파악하여 관리하고 그들의 시전 내에서의 不法 商行爲를 엄단하는 방침이 천명되었다. 특히 대외무역에서는 密貿易에 종사하던 巨商을 斬首하는 등 특단의 조처가 강구되기까지 하였다. 그러나 이들의 商活動이 특권세력을 代理하고 또 그 주요고객이 귀족층인 현실에서, 이러한 조처는 自家撞着이 아닐 수 없었다. 결국 고려 정부의 상인 통제책은 상업에서 특권세력이 누리고 있던 독점적 이익을 잠식하며 성장해 가던 大商人을 견제함으로써 執權貴族層의 商權을 保全하려는 조처에 다름 아니었다.

그런데 고려말기, 改革派 士大夫들은 상업에 대한 인식을 종래의 고려 정부나 불교와는 달리하고 있었다. 性理學의 상업인식 상업론으로서 抑末論 抑末策의 제기였다. 四民의 하나로서 商人의 所業은 인정하였지만, 民生의 안정과 국가재정의 충실을 務本 곧 농업의 발전에서 추구하고 이를 저해하는 末業 특히 상업의 발달과 민인의 逐末風潮를 통제하자는 것이 개혁파 사대부들의 견해였다. 또 이러한 구상에 따라 경제운영에서 國家·君主의 처지나 역할이 강조되었다. 특히 抑末의 대상은 상

인만이 아니라 당시 국내외 교역을 독점·지배하고 있던 고려의 舊執權
勢力에게도 동일하게 적용되어, 이들의 反同 행태나 사무역 활동이 사
대부들의 주요 攻駁대상이 되고 있었다. 私田革罷와 科田法의 제정에서
추구되던 舊執權勢力의 경제기반 瓦解·解體 시도는 상업에서도 동일하
게 추진되고 있었던 것이다. 이처럼 고려말기 개혁파 사대부들 사이에
서 대두하고 있던 抑末論 抑末策은 그들이 모색하던 새로운 정치사회체
제와 연결되어 있는 경제이념이자 정책이었고, 그것은 이후 朝鮮 건국
과 더불어 이제 新國家의 經濟理念으로 승화되면서 구체의 政策으로 본
격 구현되기 시작하였다.

　조선 건국 이후, 정부는 農業을 진흥하고 商業이나 手工業을 국가가
장악·통제하기 위해 '務本抑末'의 경제정책을 표방하였다. 그리고 이는
生財·産業觀, 職業·身分觀과 상호 연계를 맺으면서 구체 정책으로 마련
되어 갔다. 生財의 근본을 農業에서 찾아 이를 本業으로 여타 工·商業을
末業으로 인식하면서, 그 所業의 담당자인 士·農과 工·商을 각기 '上·
下', '貴·賤'의 관계로 배치함이었다. 그러므로 抑末策은 語義 그대로 상
업을 抑壓하고 抑制하는 정책은 아니었다. 四民觀에 따라 상업의 사회
적 기능을 인정한 위에서, 一面으로는 이를 장악하여 국가의 干與와 調
整을 강화하고, 다른 한편에서는 농업의 축소와 농업인구의 감소를 초
래하는 일반 民人의 逐末傾向을 억제하고 단속하려는 정책이었다.

　이러한 政策構想에 따라 조선 정부는 상업을 실제의 專擔者를 指定하
고 育成하여 이들에게 맡기고, 그 활동을 국가에서 파악한다는 방침을
견지하였다. 도성의 市廛商人과 지방의 선상·육상 등 行商은 바로 국가
가 허용하고 또 장악·통제하는 상인이었다. 이들 專業商人 이외의 일반
민인, 특히 농민의 商業從事는 당연히 금지와 억제의 대상이었다. 小經
營 農民의 逐末과 末業增大가 결과적으로 이들의 土地緊縛에 도대하여
이루어지는 地主·大農의 土地·農業經營을 근저에서 위협할 것이기 때
문이다. 조선 정부는 도성에서는 市廛, 지방에서는 行狀制度를 통해 농
민의 축말경향을 단속하고 있었다. 商稅徵收나 場市에 대한 금지방침

역시 동일한 목적에서 취하는 조처였다. 결국 조선초기 抑末論 抑末策은 상업과 상인의 활동을 허용하고 인정하되, 이를 국가의 경제운영과 관련하여 放任하지 않고 관장·통제하려는 商業政策임과 동시에, 한편으로 지주·대농을 基幹으로 하여 구성된 조선의 정치사회체제를 유지하고 보전하기 위한 政治經濟思想이었다.

한편 '務本抑末'論과 짝하여 상업정책의 이념으로 표방되던 '利權在上'論은 국가의 상업에 대한 통제와 관리 방침을 담고 있는 이념이었다. '利權在上'은 '上'으로서 士·農이 '下'인 工·商에 대해 上位에 위치하면서 利權을 독점·지배함을 의미하였다. 현실에서 진행되는 士大夫·地主의 工·商支配는 이로써 합리화하는 것이었다. 그리고 이들 사대부·지주·대농의 最上位에 國家와 君主가 위치하는 만큼, 그 이권에 대한 최종 최고의 '上'은 자연 국가·군주에 귀속되는 것이었다. 이에 따라 貴賤·上下의 논리에서 우선은 양반 지주의 이권이 인정되고, 국가의 상업정책 역시 이들 위주로 펼쳐지고 있었다. 그러나 상업을 포함하여 경제운영 전반에 대한 運用과 管掌의 權限은 최종에는 국가·군주에 속하는 권리였다. 상업에 대한 국가의 적극적인 干與와 調整, 그리고 統制는 이로써 그 정당성을 보장받았다.

국초 정부의 화폐유통 시도에서 구체적으로 표명된 '利權在上'의 이념은 山林川澤으로 일컫는 可用資源 전체, 그리고 全産業에 두루 적용되었다. 商業에서 '이권재상'은 정부가 재정운영의 일환으로 상업을 직접 運用하거나, 아니면 管理 統制하는 정책을 통해 실현되었다. 재정보충과 민생을 위한 再分配政策으로 실시된 官貿穀·納穀·回換·常平·官鹽의 확보와 교역 등이 前者의 형태였다면, 市廛再編·行商統制 등은 後者 형태의 이권장악이었다. 어느 경우이든 상업의 이권을 국가가 장악함으로써, 양반 지주층의 상업이익을 전제한 위에서 국가나 민인 전체의 公共의 利益을 도모한다는 '이권재상'론에 근거한 상업정책의 구체 實例였다. 요컨대 직업과 신분을 일관된 체계에 의거하여 편성·고정하려는 정치경제사상으로서의 '務本抑末', '利權在上'論은 고려말의 모색기를 거처, 이처럼 조선 건국과 함께 商業論의 이념 형태로 정리되면서 이후 각종 경제정책을 통해 실현되어 갔던 것이다.

건국과 함께 조선 정부는 도성인 漢陽에 市廛을 조성하고 운영하였다. 官許商業인 시전을 통해 도성상업과 이를 거점으로 펼쳐지는 전국의 교환과정을 통제하고 관리하면서, 동시에 都城民의 日常需要를 조달하고 국가의 需要物을 마련하려는 목적이었다. 도성의 行廊建設工事는 태종 12년(1412) 2월부터 14년(1414) 말까지 세 차례에 걸쳐 진행되었다. 당시 행랑이 건설된 구간은 鐘樓를 중심으로 서쪽으로는 혜정교, 동쪽으로는 동대문, 그리고 남쪽으로는 남대문에 이르는 지역이었다. 이 가운데 시전의 店鋪가 배치되어 市廛區域으로 설정된 구간은 오늘날의 종로 1~3가와 남대문로 1가 일대였다.

정부는 이와 같이 조성한 시전에 舊都인 開京의 市廛商人과 富商大賈들을 강제로 이주시켰다. 大商人인 이들을 매개로 하여 도성과 전국의 상업을 파악하고 관장하기 위한 조처였다. 한편 시전에는 다수의 '工商' 즉 상품의 제조와 판매를 겸하는 사람들도 입주하였다. 시전은 각각의 販賣物種에 따라 시전 내 일정구역에 類分되어 배치되었다. 이러한 원칙 아래에서 개점·영업한 시전으로는 鐵物廛·緜紬廛·木花廛·綿子廛·毛廛 등이 확인된다. 물론 生必品을 중심으로 다수의 여타 시전도 존재하였을 것이다. 官設 公廊에서 영업하던 시전상인들에게는 市役이 부과되었다. 商稅·責辦·雜役 등의 의무였다.《經國大典》에 규정된 시전상인의 상세는, 工商은 등급에 따라 매월 저화 3~9장, 坐賈는 4장, 그리고 公廊稅가 每間當 연간 40장이었다. 責辦은 국가의 臨時 需要物이나 외국 사신의 支待物 調達, 또는 그들과의 무역에 응해야 하는 의무였다. 어느 경우이든 貿易의 형식이기 때문에 給償가 원칙이었으나, 현실에서는 抑買·給價遲延 등의 현상이 일반이었다. 國葬이나 山陵의 造成工事에 出役해야 하는 雜役 또한 시역의 하나였다.

국가의 보호와 육성의 대상이기도 하였던 시전상인의 상업활동은 도

374

성내 상품의 유통과 政府需要의 조달, 國庫剩餘品의 처분을 獨占하면서
전개되었다. 대외 사무역 분야에서도 마찬가지였다. 정부는 市廛商人의
활동과 市廛監督을 위해 京市署를 설치하였고, 漢城府·司憲府 역시 시
전 감독을 담당하였다. 선초 시전상업계내의 諸問題는 정부에 의해 '禁
亂' 차원에서 단속되었다. 시전상인의 도량형 사기, 물가 조종, 억매매
등의 불법적인 상행위를 금지하는 형태였다. 따라서 선초의 市廛禁亂은
시전상인을 보호하기 위해 亂廛商人들을 규제하던 후대의 '禁亂廛' 조처
와는 성격을 달리하는 것이었다. 非市廛系 영세 소상인은 있었으나, 그
들이 아직 시전의 商權을 위협할 정도는 아니었던 것이다.

도성의 시전은 15세기 후반에 이르면서 두드러진 팽창과 발전을 보였
다. 종래의 市廛區域을 동서로 확장하자는 논의가 제기되고, 마침내 오
늘날의 종로 4가 일대가 시전구역으로 편입된 시기가 성종 3년(1472)이
었다. 나아가 성종 16년(1485)에는 移住에 따르는 商權損失을 우려한 일
부 시전의 강력한 반대를 무릅쓰고, 대규모의 市肆類分·市廛再編 사업
이 後續되었다. 각처에 混在한 同一物種의 市肆들을 업종별로 재배치함
으로써 국가의 관리와 통제를 용이하게 하려는 목적이었다.

이처럼 성종대 이후 시전이 확대 발전하는 기저에는 당시 도성의 인
구증가와 상업도시로서의 성격 강화가 자리하고 있었다. 선초에 이미
11만여에 달했던 도성인구는 15세기 중·후반을 거치면서 더욱 증가하
여 갔다. 당시 외방인구의 도성유입은 糊口之策 마련이나 避役 때문에
도 유발되고 있었으나, 근본으로는 지주제의 발달과 소상품 생산의 진
전에 따른 逐末風潮에서 비롯하는 사태였다. 시전 확대의 또 다른 배경
은 賦稅體系의 변동, 특히 貢納制의 변동과 관련하여 조성되고 있었다.
공물의 代納·防納, 京中貿納이 일반화하면서 도성이 이들 각종 공물의
공급처로 기능하고 있었던 것이다.

시전의 발전에 조응하여 시전상인의 조직 또한 정돈되어 갔다. 同業
市廛商人들의 조직은 그들의 商權保護를 위해서도, 국가에 대한 부담의
조정과 분배를 위해서도 요구되었다. 그리하여 개별물종을 취급하는 시

전은 동업조합을 조직하고 그 대표자로서 '座主', 실무직임자로서 '有司' 등을 두고 이를 통해 조합원 통제와 상권의 보호를 도모하였다. 당시 시전상인의 商圈은 도성에 국한되지 않았다. 정부의 수요와 도성민의 생필품을 공급하는 외에도, 그들은 전국에 걸친 상업활동을 통해 商圈을 국내외로 확장시켜 나갔다. 권력과 유착하여 전개하던 시전상인의 활동은 대외무역 분야에서 더욱 두드러졌다.

시전상업이 발전하고 시전상인의 이익이 커지게 되자, 국가는 이들의 市役負擔을 증대시켜 갔다. 특히 責辦과 雜役 부담에서 그러하였다. 官匠體制가 동요 붕괴하고 방납·무납의 추세가 일반화하는 사정 하에서 국가는 應急한 現物需要를 시전책판에 의존함이 일반이었다. 國喪·大禮 및 使臣支待品은 일상으로 시전에서 抑買 責辦되었고, 이로 인해 壬亂을 전후해서는 시전이 '往往破業'하는 사태까지 빚어지고 있었다. 중국사신과의 사무역 역시 시전에겐 억매에 다름 아니었고, 임란은 이러한 사정을 더욱 심화시키고 있었다. 그간의 시전상업의 발전에 토대하여 강제되고 또 가능한 시역부담의 증대였다.

시전 위주의 상업질서가 수립되어 있던 도성에도 국초부터 이미 非市廛系 私商人들이 활동하고 있었다. 市廛體制의 外廓에서 활동하던 巷市의 零細小商人이 바로 그들이다. 都城民의 朝夕 마련과 관련한 교환영역에서 이루어지던 이들의 상활동은, 아직 시전의 商權을 위협할 정도는 아니었다. 그런데 15세기 중반 이후, 특히 16세기에 접어들면서 비시전계의 사상인들이 크게 성장하고 있었다. 도성인구의 증가와 상업발전에 따라 도성의 상업도시로서의 면모가 강화되면서 수반되던 현상이었다. 정부의 금지조처에도 불구하고 성내에 비시전계의 市場이 增設되어 '坊坊曲曲 無不出市'하다는 형편이었다. 이들 사상인 중에는 그 자본의 규모나 영업활동 면에서 시전상인의 그것에 필적하니, 시전 중심의 도성 상업질서를 교란시킬 정도로 성장한 세력이 등장하였다. 이른바 '奸民之亂市者'로서 후대의 '亂廛'에 해당하는 상인이었다.

시전상인의 商權을 위협할 정도로 성장한 사상인은 당시 '富商大賈',

‘京中富商大賈’로 지칭되었다. 그들은 ‘同財殖貨’ 형태로 조성한 대규모 자본과 조직기반을 바탕으로 전국의 상품교역에 진출해 가기 시작하였다. 국내외에 걸친 상업활동을 통해 부상대고로 성장한 도성의 사상인들은, 이제 그들의 자본과 조직력을 바탕으로 官許 獨占商人인 시전의 商權을 위협해 갔다. 市廛商圈의 外廓에서 벌이던 이들의 買占 행위는 후대의 ‘都賈’ 활동의 선행형태였다. 사상인들은 도성의 곡물을 매집·운반하여 외방에서 納穀하기도 하였으며, 시전이 마련해야 하는 責辦物貨의 가격을 폭등시킴으로써 시전상인들을 궁지에 몰아넣기도 하였다.

도성 사상인의 성장과 市廛商權의 蠶食현상에 대해 조선 정부는 그 대책을 마련하지 않으면 안 되었다. 시전을 위주로 도성과 전국 상업을 관리해 왔던 국초 이래의 방침을 유지하기 위해서였다. 정부의 대책은 두 방향에서 마련되었다. 우선은 시전의 市役負擔을 줄임으로써 시전의 존립기반을 보장하는 방안이었다. 市廛責辦에 대한 ‘准給其價’, 긴급한 國用物 이외의 責辦禁止 등이 그 주요 내용이었다. 정부의 또 다른 대책은 사상인의 활동을 규제하여 시전을 보호하는 방향에서 마련되었다. ‘禁亂廛’ 조치나 都城搬入 物貨에 대한 買占禁止는 그러한 대책의 일환이었다. 그러나 비시전계 상인의 성장과 그들에 의한 시전상권 잠식현상은 이후에도 계속되고 있었다. 그리하여 결국, 임란 직후에는 이들 성장하는 亂廛勢力의 일부를 市廛에 편입시켜 市廛體制를 再編하자는 논의가 제기되기에 이른다. 양란 이후 國家再造期에 정부가 취하는 도성상업 대책은 바로 이를 계승한 것이었다.

조선전기의 상업은 국가의 公的 體系와 밀접하게 연관된 시전 및 도성상업과 함께, 地方商業을 또 한 부문으로 하고 있었다. 조선전기 지방상업은 行商이 주로 담당하고 있었다. 행상은 민인의 필수품 교역과 관련하여서도 필요하였지만, 특히 船商·大商은 在地 兩班士大夫의 지주경영과 그 자본의 回轉을 위해서도 반드시 요구되는 상인이었다. 조선 정부는 행상을 陸商과 船商으로 구별하여 파악하였다. 陸商은 그 취급물품이 주로 **輕量 少量**의 농촌사회 필수품이었다. 이들 중 **京商**이나 **開城 商人**은 대상인으로서 전국을 무대로 활동하였지만, 대부분의 **地方商人** 은 소상인으로서 거주지역을 교역권으로 하여 활동하였다. **船商**이 취급 하던 물품은 **重量 多量**의 것으로 **穀物**이나 **水産物**, 소금(**鹽**) 등이었다. 이들 선상은 **隔地間交易**에 따른 **交換利益**을 도모하던 상인이었다. 한편 **行商**은 교역수단으로 주로 **米·布**를 이용하였다. 아직 **共用**의 **名目貨幣** 가 유통되지 않는 상황에서 **米·布**는 **現物貨幣**로서의 기능과 함께, 이차 적인 유통이익을 보장하는 상품으로서의 가치도 지니고 있었다.

　**陸商**은 **行商團**을 조직하고 교통체계로서 **院**을 이용하며 성장해 갔다. 이들의 활동은 **場市**가 성립되기 이전에 벌써 전국에 미치고 있었다. 육 상의 교역대상은 주로는 지방의 농민이었으나, 그들 중 **大商人**은 **兩界 回換**에 참가하는 등 정부를 상대로 교역을 하기도 하였다. **船商**은 곡물 을 주된 상품으로 하여 상활동을 전개하였다. **地主制**가 확대되고 **在地 地主**의 수중에 집적된 **地主資本**이 늘어감에 따라 그 **回轉**과 **增殖**을 매 개하면서 선상의 활동은 확대되었다. 특히 15세기 후반 이후 전국적인 곡물교역망이 갖추어지면서 그들의 성장은 더욱 두드러졌다. 정부의 **行 商政策**은 **行狀** 발급과 **行商稅** 과세의 형태로 마련되었다. **行狀**을 통해 **專業商人**인 행상의 활동을 통제·관리하고, **商稅**를 통해 그 이익의 일부 를 국가에서 환수하는 차원이었다. **抑末策**의 **基調** 위에서 시행되는 방 안이었다.

　농민적 교역기구로서 장시의 성립 이후, 행상은 장시에서 이루어지는 상품교역을 주도하면서 넓어진 **商活動**의 공간을 최대한 이용하고 있었 다. 장시 내에서만이 아니라 장시의 **流通圈域**을 매개하면서 지방교역의 담당자로서 일층 성장하여 갔던 것이다. 한편 **船商**의 교역활동은 거래 의 규모나 영역이 확대되면서 중간 교역기구로서 **主人層**을 싱립시기고 있었다. 평안도의 **海岸浦口**에서 등장했던 **貿穀主人**이 그들로서, 이들은 무곡선상과 지방민의 거래를 중개하면서 후대의 **江主人**이나 **浦口主人** 의 선행형태로 자리 잡아 갔다. 이처럼 행상이 성장하고 지방의 교역기구가 형성·정비되면서 도성을 정점으로 하는 전국적인 流通體系가 수립되어 갔다. 국초 이래 도성은 集權國家의 首都로서 이미 전국 교역의 거점 기능을 수행하고 있었다. 15세기 후반 선상에 의해 西海 南北海路의 安全이 확보되어 감과 함께 도성을 중심으로 한 상품교역은 더욱 확대되어 갔다. 여기에 도성의 상업도시로서의 面貌가 강해지고 국내외의 상업발전이 수반되면서, 도성 중심의 유통체계는 적어도 穀物과 같은 몇몇 商品에서는 이제 구조로서 안정되어 가는 단계에 접어들기 시작하였다. 이 시기 도성 사상인 중의 일부가 富商大賈로 성장할 수 있던 조건도 여기에 있었다.

한편 조선 건국 당시, 開城은 高麗朝의 수도로서 시전을 비롯한 각종 상업시설을 갖추고 國內外交易의 球心으로서 기능하던 상업도시였다. 건국과 함께 조선 정부는 도성 시전을 基幹으로 전국의 상업과 상인을 파악·통제함으로써 '務本抑末'의 경제정책을 실현하고, 아울러 前朝 지배층의 경제기반을 제거하기 위해 개경 시전에 대한 정비와 재편을 단행하였다. 태조 원년(1392)에서 3년(1394) 사이에 취해진 시전의 業種別 區劃·整備 조처는 그 첫 시도였다. 그런데 태종 5년(1405) 10월의 2차 漢陽遷都는 시전을 비롯한 개성상업 전체에 큰 타격과 위축을 가져왔다. 태종은 舊都의 시전상인과 부상대고들을 新都인 한양으로 강제 이주시켜 이들을 기반으로 도성 시전을 정비하면서, 한편으로 개성에서의 開市를 일절 금지하였다. 더욱이 천도 이후 부세·재정운영과 관련한 國家的 物流가 한양으로 集中되어 가면서 상업도시로서 개성의 위축은 불가피하였다.

그러나 태종 9년(1409) 3월 개성인의 요청에 따라 開市가 허용되면서, 개성에는 다시 市廛이 개설되고 상공업이 부흥해 갔다. 조선 정부 또한 도성의 시전에 준하여 개성 시전을 관장해 갔다. 그리하여 개성 시전은 市案을 통해 관리되면서 商稅·責辦 등의 市役을 부담하는 한편, 同業組合을 이용하여 그들의 商權을 유지하고 보전해 갈 수 있었다. 市役의 代償으로 국가의 商權保護 역시 뒤따랐다. 국초의 일시적인 위축에도 불구하고 이내 개성상업이 복구될 수 있었던 가장 큰 기반은 고려 이래의 商業傳統에 있었다. 천도에 따른 인구격감에도 불구하고 조선전기 개성은 3만여 이상의 인구를 보유하고 있어 평양과 함께 당시 최대의 지방도시였고, 이들 개성인은 대부분 그 生業을 상공업에서 구하고 있었던 것이다. 한편 개성에서는 정치적 顯達을 기대할 수 없었던 兩班·儒者 계층이 儒業 외에도 상공업에 종사하여 경제적인 번영을 이룸으로써 다른 지역과는 다른 독특한 社會環境을 조성하고 있었다. 선조대의 韓舜繼는 그 대표적인 인물이었다. 이후 개성은 국가의 재정운용이나 使臣支待 또는 경제정책의 운영과 관련하여 이루어지던 國家需要의 조달이나 剩餘品의 처분과정에서 도성과 그 기능을 같이하였다. 이러한 사정을 기반으로 개성은 상공업 부면에서는 도성과 비견되는 '兩京', '兩都'의 名實이 相符하는 상업도시로서 발전해 갔다.

개성상인의 국내외 교역활동은 개성을 거점으로 하여 확대와 발전을 지속하였다. 개성인의 行商從事는 국가에 대한 供役을 항상 타인을 사서 대신시킬 정도로 일반적이었다. 自己資本이나 혹은 富商·錢主로부터 貸借한 자본을 토대로 국내교역을 전개하던 개성상인은 거개가 大商人이거나 그들의 差人이었다. 牛馬 혹은 선박을 이용하는 이들의 상활동이 行商團의 조직체계를 구성하고, 나아가 전국 각지에 松房과 같은 商業網을 구축하게 될 것임은 따라서 충분히 예견되는 바였다. 한편 정부의 대외 사무역 통제 방침에도 불구하고 개성상인의 대외무역은 京商과 함께 국초 이래 지속적으로 전개되었다. 특히 임란을 전후로 對中 人蔘貿易이 성행하면서 개성상인의 자본집적은 더욱 확대되어 갔고, 그 규모가 京商과 雙璧을 이루고 있었다. 이런 資産을 보전하고 또 상활동을 보호받기 위해 개성상인들은 권력과의 私的인 連繫를 적극 도모하기도 하였다. 요컨대 조선전기 개성은 도성에 이은 최내의 商業都市였고, 개성상인은 京商에 필적하는 대상인으로 성장하고 있었다. 유구한 전통 속에서 형성된 개성상인의 組織과 商業網이 商業의 영역에서 集權化를 강력하게 추진해 가던 조선 정부의 정책에도 불구하고 여전히 건재하였던 것이다. 이는 '抑末'에 정책기조를 둔 集權國家의 상업통제 노력에도 불구하고, 조선전기 현실 商業界내에서 정부의 간여를 극복하는 상인들의 활동이 전개되고 그에 따른 상업망이 확대·정비되어 가고 있던 사정을 잘 보여주는 사례이기도 하였다.

조선전기, 상인들은 다양한 物貨들을 商品으로서 유통시키고 있었다. 이들 물화 중에서 가장 먼저 상품화하고 또 교역에서 차지하는 비중이 컸던 것은 穀物과 鹽이었다. 우선 조선전기에는 軍資나 賑恤, 常平, 貨幣流通 등과 연관해서 정부가 주도하는 곡물거래가 항상적으로 이루어지고 있었다. 주로 양계지방에서 시행되었던 '官貿穀'은 부족한 軍資를 보충하기 위해 백성들의 곡물을 매입하는 거래형태였다. 관무곡은 일반적으로 等價交易이 아닌 抑賣, 不等價交換의 형태로 이루어졌다. 강제교역은 진휼곡 확보를 위한 거래에서도 마찬가지였다. '官封'은 富實者의 곡물을 借押하여 진휼곡으로 사용한 후에 이를 상환하는 형태였으나, 그 상환이 제대로 이루어지지 않았다. 이러한 폐단을 시정하기 위해 穀主에게 綿布나 魚箭, 銅鐵 등을 지급하던 제도가 '納穀受價'였으나, 이 또한 給價가 제대로 되지 않아 강제교역에 다름 아니었다. 政府 保有穀의 放出은 화폐유통이나 진휼, 상평 등을 목적으로 하여 단속적으로 전개되었다. 그러나 정부의 放出米가 '陳腐' 또는 '塵土相雜'하거나 그 지급이 제때에 이루어지지 않는 경우가 다반사였고, 그나마 勢家와 富商大賈의 매점대상이 되고 있었다. 이처럼 국가가 재정운영의 일환으로 운용하던 곡물거래는 대부분의 민인들에게 손해를 강요하였지만, 한편으로 왕실·관료·양반 사대부 등은 관교역에 따른 이익을 옹호·보장받기도 하였다. 곡물의 교역과정에서 나타난 封建商業의 한 단면이자, 상품교역에서 실현되는 利權在上의 실제였다.

조선전기에는 민간의 곡물교역 또한 전개되면서 확대되고 있었다. 곡물상품화의 전제조건들이 형성되면서 시장을 매개로 商利를 확보하기 위한 교역이 활발하게 이루어졌던 것이다. 선초 도성의 미곡소비량은

1년에 대략 53만여 석에 이를 것으로 추산되고, 이 중 20여만 석 이상을 상인이 공급하였을 것으로 추정된다. 15세기 후반 이후 西海 南北海路가 안정되고 아울러 도성의 인구증가에 따라 곡물시장이 확대되면서 외방과 도성, 또는 외방과 외방을 연결하는 穀物의 交易網이 형성되어 갔다. 특히 당시 중소지주나 농민들이 정부와의 官交易에서 손실을 강요당하게 되면서 상인이 주도하던 민간의 곡물교역은 더욱 확대되고 있었다. 그리하여 삼남지방만이 아니라 황해·평안도의 곡물까지도 그것의 搬入 여부가 도성의 饑饉克服과 穀價調節에 큰 영향을 주기에 이르렀다. 전국적인 穀物市場의 형성을 지향하는 한 과정이었다.

조선전기 곡물교역을 주도하는 세력은 다양하였다. 먼저 왕실·고위관인·양반 사대부 등 특권세력은 그들의 특권을 최대한 보장받을 수 있는 거래에 치중하였다. 回換·納穀 등의 형태였다. 그들은 각지의 農莊穀이나 때로는 抑買의 형태로 매집한 곡물을 군자곡이나 진휼곡으로 納官하고, 課外의 代價를 수령함으로써 교역이익을 확보하였다. 이들은 농장곡이나 買集穀을 민간 곡물시장을 통해서도 대량으로 처분하고 있었다. 곡물의 교역과정을 주도하는 또 한 세력은 상인이었다. 富商大賈의 곡물교역은 정부나 민간시장, 어느 쪽을 상대로 하여서도 전개되었다. 회환·납곡에 참여하던 부상대고들은 곡물의 買集에서부터 處分(納官)에 이르기까지 대부분 특권세력의 권력에 寄生하여 商利益을 확보하였다. 민간의 곡물시장을 주도하면서 전국적인 교역망을 형성시켜 가던 세력 역시 이들이었다. 이 과정에서 買占·賣惜의 投機方法 또한 곧잘 이용되었다. 곡물교역을 주도하던 특권세력·부상대고들의 상활동은 이처럼 주로 ‘特權性’, ‘寄生性’, ‘投機性’ 등에 기반하여 전개되고 있었다. 이는 곧 特權交易의 형태로서, 상품의 교역과정에서 나타나는 封建商業의 일면이었다.

국초 조선 정부는 權鹽制를 혁파하고 私鹽의 생산과 교역을 민간에게 허용하였다. 아울러 염간 이외 권세가나 양반 사대부 등의 鹽盆 소유를 원칙으로 금지하였다. 한편 정부는 前朝 이래 염 생산에 종사해 오던

鹽戶를 貢鹽干으로 차정하여 연해에 설정한 鹽場에 소속시켰다. 이제 定役戶인 貢鹽干은 身役으로서 貢鹽을, 私鹽干은 私鹽稅만 부담하면 그만이었다. 그들이 物力을 투자하여 설치한 염분에 대한 소유권은 공·사간 모두에게 인정되었고, 생산한 염 역시 貢·稅鹽을 제외하고는 자유로운 판매가 보장되었다. 국초 鹽政의 기본방향은 이후 염업 발전에 따라 사찰·양반 사대부·토호 등의 私置鹽盆이 증가하면서, 이들의 염분 소유를 인정하는 대신 수세하는 방향으로 수정되었다.

　각염제의 폐지에도 불구하고 조선전기 염의 생산과 교역에 대한 국가의 관심은 지대하였고, 그에 대한 干與 정도 역시 높았다. 이를 통해 국가의 재정을 보충한다는 목적 외에도 그것이 民生에 직결되는 문제였기 때문이다. 利權在上의 관점에서였다. 조선 정부는 염 생산과 교역에 대한 간여를 官鹽의 확보와 그 운용을 통해 기도하였다. 정부가 장악하는 官鹽에는 우선 공염간이 납부하는 貢鹽과 사염간의 稅鹽이 있었다. 관염에는 水軍(船軍)이 煮鹽하는 염과 地方官이 설치한 官盆에서 생산하는 염도 포함되었다. 관염은 염분의 소유관계, 귀속의 계통에 따라 그 所用處를 달리하였다. 국가는 공·사염간의 貢·稅鹽 중 도성과 가까운 경기·충청·황해도의 것만을 國用鹽으로 이용하였다. 여타 諸道의 공·사염간의 세염은 지방 각관에 설치한 鹽倉으로 수송하여 '貿穀布'의 형태로 轉移 運用하였다. 그리하여 곡물은 軍資를 보충하는 데에, 布貨는 '鹽稅布'의 형태로 중앙재정에 충당하였다. 이른바 '戶曹案付'의 염분에서 거두는 염분세였다. 반면 水軍煮鹽盆이나 官盆에서 생산된 염은 지방재정의 형태로 구황이나 여타 용도로 이용하고 나머지를 군자에 보충하였다.

　국용염과 구황염을 제외하면, 정부는 확보한 관염을 貿穀布의 형태로 民과의 교역을 통해 처분하였다. 官鹽이자 商品으로서 유통시키는 염이었다. 도성에서 정부가 방출하는 義鹽은 '優價放賣' 원칙에도 불구하고 유통과정상의 폐단으로 인해 민간의 염 교역보다 기피되고 있었다. 지방 각처에서 전개하던 관염의 교역도 통상 抑賣가 일반적인 형태였다. 특히 교통 사정으로 인해 관염 의존도가 높은 내륙지방일수록 抑賣는

더욱 큰 폐단이 되고 있었다. 곡물의 官交易에서 나타나던 폐단과 함께,
국가가 商品流通이나 이에 대한 干與를 통해 중앙과 지방재정을 보충하
려는 이상 당연히 뒤따르는 현상이었다. 利權在上이 상품교역에서 실현
되는 實際의 모습이었다.

　私鹽은 염간이 생산한 염 중에서 공·세염을 제외한 부분이었다. 도성
에는 국초 이래 內鹽廛과 龍山鹽廛이 각기 성 내외에 설치되어 都城民
의 식염을 공급하였다. 지방에서는 鹽商이 육상과 선상의 형태로 각기
활동하였다. 관염이 抑賣의 형태로 강제되는 상황에서 鹽商의 사염 교
역은 선초에 이미 전국에 걸친 염의 안정적인 供給을 낳을 정도로 활발
하였다. 15~16세기의 지속적이고 급격한 인구증가는 食鹽의 수요증대
를 유발하여, 사염의 생산과 교역의 확대를 가져왔다. 그리하여 연해의
주요 염 생산처에서는 鹽戶의 柴木斫伐과 국가의 禁松政策이 충돌하고
있었다. 이 과정에서 왕실·양반 사대부 등 지배층은 그들 소유의 사염분
을 늘려가는 한편, 염분이 소재한 鹽田面을 折受받아 私占하기도 하였
다. 사염의 생산증대는 곧바로 염의 交易擴大를 가져와 鹽商들은 그들
의 활동영역을 점차 넓혀 갔다. 특히 鹽 船商들은 海路를 내륙의 水路와
연결시킴으로써 鹽價가 높은 전국의 내륙지방을 무대로 상활동을 펼치
고 있었다. 조선전기 상업의 발전은 곡물과 염을 비롯한 이러한 商品의
交易擴大에 근거하여 전개되던 변화이고 발전인 셈이었다.

　조선전기 정부의 抑末策 하에서도 商業은 상인·교역기구·상품교역
등 그 諸分野에서 더욱 발전하여 갔다. 지주·대농과 소농경제의 상업과
의 관련은 더욱 밀접해져 갔고, 이에 따른 分化 역시 격심해졌다. 이런
사정에서 上下를 막론하고 각 계층의 逐末風潮는 더욱 확산되고 심화되
는 추세였다. 당시 관인 사대부 등 지배층은 所有土地를 늘려가는 한편
으로, 殖貨의 수단으로 納穀·回換·對外 私貿易 등 상업활동에 참여하여
이를 독점해 갔다. 이런 商業獨占, 殖貨를 통해 그들 중의 일부는 王室이
나 國王에 버금가는 富를 축적하기도 하였다. 民人들의 逐末風潮 또한

384

확산되었다. 場市가 출현하여 정부의 금지방침에도 불구하고 이내 전국으로 확산되었던 사정이나, 외방의 末業人口가 도성에 집중하여 도처에 새로운 市場이 들어서던 모습은 민인의 逐末傾向이 가져온 직접적인 결과였다. 수조권적 토지·인신지배의 소멸과 함께 小商品生産과 그 交換을 위한 여건이 조성되면서 더욱 진전되던 경향이었다.

15세기 중반 이후에 확산되고 16세기에 들어 더욱 심화된 殖貨·逐末風潮와 國內外의 商業發展은 결국 상업정책을 둘러싼 論爭을 불러일으키고, 그에 대한 再考와 인식의 변화를 촉구하기에 이르렀다. '務本抑末'의 정책이념과 억말책은 16세기에도 士林系列 관인·유자들을 중심으로 여전히 強調되고 있었다. '重義輕利' 사상에 투철한 이들에게 당시 權勢家의 상업참여와 독점, 민인 일반의 축말경향은 큰 문제가 아닐 수 없었다. '利權在上'論에 근거한 국가의 利權獨占 交易掌握 방침 또한 사림의 비판대상이었다. 대신 이들은 국가의 財用節減 곧 '量入爲出'의 원칙과, 均民의 정치 실현을 위한 散財 즉 '財富民散'을 강조하였다. 국가 내지 중앙 권세가들의 商業獨占과 殖貨에 따르는 향촌침탈을 막음으로써 그들 士族 中心의 性理學的 社會秩序를 보장하고자 하는 논리였다. 그런데 16세기, 다른 한편에서는 이와는 系統을 달리하는 새로운 상업론과 경제인식이 자리 잡아 갔다. 상업 말업에 대한 인식의 轉換 그리고 재정확보를 위한 국가의 적극적인 財利·功利追求를 인정하는 흐름이었다. 당시 이러한 입장은 中宗反正 직후 주로 勳舊系列 관인들이 견지하던 바였다. 그들은 財利 또한 根本으로 인식하여, 국가의 적극적인 利權掌握과 상업 등 말업을 이용한 財源確保를 주장하였다. 곧 富國强兵의 지향이었고, 이는 사림계열의 '務本抑末', '財富民散'의 상업론 정책이념과의 대립을 피할 수 없었다. 이 시기 정치·사상사에서 전개되는 政局變動의 基底에는 이러한 양 계열 사이의 상업론과 경제이념의 相反이 또한 자리하고 있었다.

商業論의 分岐와 爭論의 와중에서 16세기 후반에 이르면 이전과는 차원을 달리하는 末業觀 商業論이 이제 사림계열 관인·유자의 내부에서도 출현하고 있었다. 土亭 李芝函은 그 대표 論者였다. 그는 전통 유학의 本末觀에서 한걸음 나아가, 本末을 相制하는 대등한 主體로 인식함으로써 末業을 통한 本業의 보충 곧 '以末補本'論을 제기하였다. 더욱이 그는 義와 利가 이를 主宰하는 者에 따라 判別되는 것으로 보아, 民生의 안정을 위한 국가의 적극적인 財利追求 末業振興策의 摸索을 긍정하였다. 그의 새로운 상업론과 말업진흥정책은 당시 조정에 수용되지는 못하였지만, 이후 그와 家系와 學統으로 연결되는 관인·유자들에 의해 선조말~광해군대에 구체적인 정책방안으로 모색된다.

국내외의 상업이 발전하고 逐末의 풍조가 확산되는 현실에서 정부의 抑末策은 쇠퇴하여 갔다. 적극적인 生財觀에 기초한 새로운 商業論의 대두는 이의 최종 확인인 셈이었다. 그리하여 도성에 집중한 상업인구의 활동공간이 인정되었고, 그 성립 초기에 禁斷으로 일관하였던 場市 對策 또한 16세기에 들어 新設場市만의 혁파로, 나아가선 開市日數만을 제한하자는 쪽으로 완화되고 있었다. 반면 연산조의 財政枯渴 상태를 겪고 난 후 중종 초반에 이르면, 상업 말업을 이용한 財政補用政策이 적극 모색되었다. 훈구계열 관인들이 중심이 되어 추진한 재정보용책은 官貿穀·回換·官鹽의 生産과 交易·採銀政策 등을 통해 구체의 방침으로 실시되었고, 한때 국가의 豫備財源인 三監의 保有穀이 100여 만 석을 넘기에 이르렀다. 이후 사림계열이 중앙정계에 再進出하게 되면서 이러한 적극적인 財政補用政策이 그대로 유지되지는 못하였지만, 이제 政權을 分擔하는 그들에게도 국가재정의 확보, 민생의 안정은 마찬가지로 중요한 懸案이었다. 16세기 후반에 들어 사림계열 관인·유자의 내부에서 商業論 經濟認識이 分岐하고 이윽고 '以末補本'의 새로운 상업론이 대두하는 까닭은 여기에 있었다. 商業 末業 나아가 經濟 전반에 대한 관인·유자들의 인식의 전환이었다. 양란 이후 國家卅造期에 '以末補本' 단계의 상업론과 상업정책이 출현할 수 있는 기반은 이로써 조성된 셈이었다.

조선전기의 商業과 商業政策을 이와 같이 정리하고 보면, 이는 商業史 上 '務本抑末'의 단계에서 나타나는 모습이었다. 국가나 농민경제에서 상업의 필요 불가결함은 인정하되, 국가가 제반 商業과 商人의 활동을 抑末의 이념 정책에 근거하여 파악하고 관장하는 구조였다. 대상인인 도성의 市廛을 중심으로 전국의 상업을 편제하고, '利權在上'論에 의거 하여 이를 장악하려는 국가정책은 여기에서 마련되고 있었다. 요컨대 抑末策은 상업을 전업상인에게 맡겨 이를 국가에서 관장하고, 지주·대 농경영의 위축을 초래하는 소농·전호농민의 逐末傾向을 단속함으로써, 지주·대농에 根幹을 두고 편성되어 있는 사회경제체제를 유지하고 보 전하기 위한 集權的 封建國家의 상업정책·경제정책이었다.

이런 원리 하에 편성된 상업은 따라서 그와 상관된 農業體制 經濟構 造가 동요하면 변동하지 않을 수 없는 것이었고, 또 그 발전이 이들 경 제구조의 동요와 재편을 촉진하고도 있었다. 실제 抑末策 하에서 역설 적으로 商業은 발전해 갔으며, 지주·대농 및 소농경제 어느 쪽의 經理 에서도 상업과의 연관은 더욱 밀접해지고 있었다. 시기적으로 15세기 중반 이후에 시작되고, 16세기에 들어 더욱 구체화하던 현상이었다. 그 리하여 도성에서는 市廛이 확대 발전하고 非市廛系의 私商人이 성장하 고 있었으며, 지방에서는 場市가 출현하여 확산 보급되고 船商의 활동 에 기반하여 도성 중심의 流通體系가 형성되어 갔다. 이러한 상업발전 의 한편에서 16세기에 들어가면, 관인·유자들 사이에 새로운 生財觀이 등장하여 '利權在上'의 이념에 근거한 국가의 적극적인 商業掌握과 末 業을 통한 財政補用政策이 모색되었고, 나아가 일부에서는 '以末補本' 의 商業論이 대두하기도 하였다. '務本抑末'로 표방된 조선 정부의 상업 론과 상업정책 또한 현실의 상업발전에 조응하여 변화하고 있었던 것 이다.

따라서 조선 정부는 저와 같은 발전을 토대로 經濟構成上의 位置와 比重이 달라진 상업을 다시금 재편하여 새로운 商業秩序를 마련하지 않으면 안 되었다. 이는 국초 이래 지향하여 왔던 집권적 국가체제의 유지를 위해서도 시급한 과제였다. 그리하여 兩亂 이후에는 상업재편의 방향을 둘러싼 商業論의 分岐가 본격적으로 전개되었고, 國家再造의 方略과 관련한 商業政策이 정부 차원에서 새롭게 모색되고 추진되기에 이르렀다. 이른바 '以末補本' 단계의 商業論과 商業政策으로의 전환이었다.

# 참고문헌

## 1. 資 料

### 1) 年代記類
《高麗史》,《高麗史節要》,《太祖實錄》,《定宗實錄》,《太宗實錄》,《世宗實錄》,《文宗實錄》,《端宗實錄》,《世祖實錄》,《睿宗實錄》,《成宗實錄》,《燕山君日記》,《中宗實錄》,《仁宗實錄》,《明宗實錄》,《宣祖實錄》,《宣祖修正實錄》,《仁祖實錄》,《顯宗實錄》,《顯宗改修實錄》,《備邊司謄錄》,《承政院日記》,《日省錄》

### 2) 法典類
《經國大典》,《大典註解》,《大典續錄》,《大典後續錄》,《受敎輯錄》,《各司受敎》,《續大典》,《經濟六典輯錄》

### 3) 文 集
《稼亭集》,《高峯集》,《訥齋集》,《德溪集》,《梅月堂集》,《三峯集》,《西厓集》,《嘯皐文集》,《謏聞瑣錄》,《松營日記》,《松川遺集》,《瑣尾錄》,《市隱集》,《慵齋叢話》,《牛溪集》,《栗谷全書》,《益齋亂藁》,《靜菴集》,《冲齋集》,《土亭遺稿》,《鶴峯集》,《磻溪隨錄》,《高麗名賢集》,《韓國文集叢刊》

### 4) 其 他
《各廛記事》,《慶尙道地理志》,《貢弊》,《金鰲新話》,《內需司庄土文績》,《大東野乘》, 《萬機要覽》, 《松都志》, 《市民謄錄》, 《市弊》, 《新增東國輿地勝覽》, 《中京志》, 《重編韓代崧陽耆舊傳》, 《增補文獻備考》, 《度支志》, 《稗林》, 《訓局事例撮要》, 《漢陽歌》

## 2. 著 書

姜萬吉, 《朝鮮後期 商業資本의 發達》, 高麗大學校 出版部, 1973.

姜萬吉, 《李朝의 商人》, 한국일보사 춘추문고, 1975.

姜萬吉, 《한국상업의 역사》, 세종대왕기념사업회, 1975.

姜萬吉, 《朝鮮時代商工業史硏究》, 한길사, 1987.

高東煥, 《朝鮮後期 서울商業發達史硏究》, 지식산업사, 1998.

高承濟, 《近世韓國産業史硏究》, 大東文化社, 1959.

金大吉, 《朝鮮後期 場市硏究》, 國學資料院, 1997.

金 燉, 《朝鮮前期君臣勸力關係硏究》, 서울대학교출판부, 1997.

金東哲, 《朝鮮後期 貢人硏究》, 韓國硏究院, 1993.

金柄夏, 《朝鮮前期 對日貿易 硏究》, 韓國硏究院, 1969.

金容燮, 《朝鮮後期農學史硏究》, 一潮閣, 1988.

金容燮, 《增補版 朝鮮後期農業史硏究》[II], 一潮閣, 1990.

金容燮, 《增補版 朝鮮後期農業史硏究》[I], 지식산업사, 1995.

金載珍, 《韓國의 戶口와 經濟發展》, 博英社, 1967.

金泰永, 《朝鮮前期土地制度史硏究》, 知識産業社, 1983.

朴九秉, 《韓國水産業史》, 太和出版社, 1966.

朴元善, 《負褓商》, 韓國硏究院, 1965.

朴平植, 《朝鮮前期 交換經濟와 商人 硏究》, 지식산업사, 2009.

朴平植, 《朝鮮前期 對外貿易과 貨幣 硏究》, 지식산업사, 2018.

白南雲, 《朝鮮封建社會經濟史》(上), 改造社, 1937.

서울特別市史編纂委員會, 《서울六百年史》, 1977.

서울特別市史編纂委員會, 《漢江史》, 1985.

孫禎睦, 《朝鮮時代都市社會硏究》, 一志社, 1977.

吳 星, 《朝鮮後期商人硏究》, 一潮閣, 1989.

吳 星, 《韓國近代商業都市硏究》, 國學資料院, 1997.

元裕漢, 《朝鮮後期貨幣史硏究》, 韓國硏究院, 1975.

柳承宙, 《朝鮮時代鑛業史硏究》, 고려대학교 출판부, 1993.

劉元東, 《韓國近代經濟史硏究》, 一志社, 1977.

柳子厚,《朝鮮貨幣考》, 理文社, 1940.

李景植,《朝鮮前期土地制度研究》, 一潮閣, 1986.

李景植,《朝鮮前期土地制度研究》[Ⅱ], 지식산업사, 1998.

李秉烋,《朝鮮前期畿湖士林派研究》, 一潮閣, 1984.

李成珪,《中國古代帝國成立史研究》, 一潮閣, 1984.

李樹健,《嶺南士林派의 形成》, 嶺南大學校 出版部, 1979.

李樹健,《嶺南學派의 形成과 展開》, 一潮閣, 1995.

李載昌,《高麗寺院經濟의 研究》, 亞細亞文化社, 1976.

李存熙,《朝鮮時代地方行政制度研究》, 一志社, 1990.

李宗祐,《朝鮮時代의 經濟思想》, 民俗苑, 1993.

李泰鎭,《韓國社會史研究》, 지식산업사, 1986.

李泰鎭,《朝鮮儒敎社會史論》, 지식산업사, 1989.

이태진 외,《서울상업사연구》, 서울시립대 부설 서울학연구소, 1998.

정승모,《시장의 사회사》, 웅진출판, 1992.

崔完基,《朝鮮後期船運業史研究》, 一潮閣, 1989.

최완기,《조선시대 서울의 경제생활》, 서울학연구소, 1994.

河炫綱,《韓國中世史研究》, 一潮閣, 1988.

韓永愚,《鄭道傳思想의 研究》, 서울大學校出版部, 1973.

許英桓,《定都 600年 서울地圖》, 汎友社, 1994.

홍희유,《조선중세수공업사연구》, 과학백과사전종합출판사, 1979.

홍희유,《조선상업사》(고대·중세), 과학백과사전종합출판사, 1989.


蔣建平 外 編著,《中國商業經濟思想史》, 中國財政經濟出版社, 1990.

趙靖 主編,《中國經濟管理思想史教程》, 北京大學出版社, 1993.

李普國,《周禮的經濟制度與經濟思想》, 中州古籍出版社, 1987.

胡寄窗,《中國經濟思想史》(上·中·下), 上海人民出版社, 1962.

文定昌,《朝鮮の市場》, 日本評論社, 1941.

上野直明,《中國經濟思想史》, 恒星社厚生閣, 1971.

善生永助,《朝鮮の市場》, 朝鮮總督府, 1924.

善生永助,《朝鮮人の商業》, 朝鮮總督府, 1925.

善生永助,《朝鮮の市場經濟》, 朝鮮總督府, 1929.

須川英德,《李朝商業政策史研究》, 東京大學出版會, 1994.

安秉珆,《朝鮮近代經濟史研究》, 日本評論社, 1975.

田川孝三,《李朝貢納制の研究》, 東洋文庫, 1964.

## 3. 論 文

姜萬吉, 〈16世紀史의 변화〉,《分斷時代의 歷史認識》, 創作과批評社, 1978.

강성조, 〈土亭 李芝函 硏究〉,《仁川大論文集》5, 1983.

姜順吉, 〈忠宣王의 鹽法改革과 鹽戶〉,《韓國史硏究》48, 1985.

高東煥, 〈18·19세기 外方浦口의 商品流通 발달〉,《韓國史論》 13, 서울大, 1985.

高東煥, 〈상품유통경제의 발전〉,《한국역사연구입문》②, 풀빛, 1994.

權寧國, 〈14세기 權鹽制의 成立과 運用〉,《韓國史論》13, 서울大, 1985.

權仁赫, 〈朝鮮初期 貨幣流通 硏究 ― 特히 太宗代 楮貨를 中心으로〉,《歷史敎育》32, 1982.

權仁赫, 〈15세기 후반 저화제 동요와 포화유통〉,《朴永錫敎授華甲紀念韓國史學論叢》, 探求堂, 1992.

權仁赫, 〈16세기의 저화 유통론과 그 배경〉,《建大史學》8, 1993.

權泰煥·愼鏞廈, 〈朝鮮王朝時代 人口推定에 關한 一試論〉,《東亞文化》 14, 1977.

김건태, 〈16세기 양반지주층의 경제활동〉,《역사와 현실》16, 1995.

金東哲, 〈고려말의 流通構造와 상인〉,《釜大史學》9, 1985.

金東哲, 〈상업과 화폐〉,《한국사》14, 국사편찬위원회, 1993.

金柄夏, 〈褓負商에 관한 考察〉,《經濟學論集》3-1, 中央大, 1959.

金柄夏, 〈李朝前期의 貨幣流通 ― 布貨의 貨幣機能을 中心으로〉,《慶熙史學》2, 1970.

金三顯, 〈朝鮮初期 商業政策 硏究〉, 檀國大 碩士學位論文, 1985.

金三顯, 〈고려후기 場市에 관한 연구〉,《明知史論》4, 1992.

金三顯, 〈고려후기 상업의 변화〉,《明知史論》8, 1997.

김선경, 〈朝鮮前期의 山林制度 ― 조선국가의 山林政策과 인민지배〉,《國史館論叢》56, 1994.

김선경, 〈조선후기 山林川澤 私占에 관한 연구〉, 慶熙大 博士學位論文, 1999.

金盛祐, 〈朝鮮'前期'의 사회경제사 연구현황과 과제〉,《韓國史論》24, 國史編纂委員會, 1994.

김성우, 〈16세기 국가재정의 위기와 신분제의 변화〉,《역사와 현실》16, 1995.

金鎔坤, 〈朝鮮前期 軍糧米의 確保와 運送〉,《韓國史論》7, 國史編纂委員會, 1981.

金龍國, 〈朝鮮王朝의 開創과 漢陽奠都〉,《서울六百年史》1卷, 1977.

金龍德, 〈李芝函과 土亭集〉,《韓國의 民俗 宗敎思想》, 三省出版社, 1981.

金龍德,〈李芝函의 經濟思想〉,《韓國의 思想》, 열음사, 1984.

金容晩,〈朝鮮時代 私奴婢의 存在形態 一研究 ― 身分上 地位와 使役形態를 中心으로〉,《民族文化論叢》11, 嶺南大, 1990.

金容燮,〈朝鮮初期의 勸農政策〉,《東方學志》42, 1984.

金宇基,〈16世紀 戚臣政治의 展開와 基盤〉, 慶北大 博士學位論文, 1995.

金鍾洙,〈17세기 訓練都監 軍制와 都監軍의 활동〉,《서울학연구》2, 서울시 립대 부설 서울학연구소, 1994.

金駿錫,〈朝鮮前期의 社會思想 ―《小學》의 분석을 중심으로〉,《東方學志》 29, 1981.

金駿錫,〈朝鮮後期 國家再造論의 擡頭와 展開〉, 延世大 博士學位論文, 1990.

金駿錫,〈朝鮮後期의 黨爭과 王權論의 推移〉,《朝鮮後期 黨爭의 綜合的 檢討》, 韓國精神文化研究院, 1991.

金鎭鳳,〈朝鮮初期의 貢物代納制〉,《史學研究》22, 1973.

金鎭鳳,〈朝鮮前期의 貢物防納에 대하여〉,《史學研究》26, 1975.

金昊鍾,〈朝鮮後期 製鹽에 있어서 燃料問題〉,《大丘史學》26, 1984.

金勳埴,〈朝鮮初期 義倉制度研究〉, 서울大 博士學位論文, 1993.

남원우,〈16世紀 ‘山林川澤’의 折受에 대한 研究〉, 延世大 碩士學位論文, 1988.

남원우,〈15세기 유통경제와 농민〉,《역사와 현실》5, 1991.

朴祥鎬,〈高麗時期의 國內商業〉, 建國大 碩士學位論文, 1987.

朴容淑,〈朝鮮初期의 鹽業考〉,《釜山大文理大論文集》16, 1977.

朴鍾進,〈忠宣王代의 財政改革策과 그 性格〉,《韓國史論》9, 서울大, 1983.

朴鍾進,〈高麗時代 賦稅制度 研究〉, 서울大 博士學位論文, 1993.

朴平植,〈朝鮮前期 兩界地方의 ‘回換制’와 穀物流通〉,《學林》14, 延世大, 1992.

朴平植,〈朝鮮前期의 行商과 地方交易〉,《東方學志》77·78·79合輯, 1993.

朴平植,〈朝鮮前期의 穀物交易과 參與層〉,《韓國史研究》85, 1994.

朴平植,〈朝鮮初期 市廛의 成立과 ‘禁亂’問題〉,《韓國史研究》93, 1996.

朴平植,〈朝鮮前期 市廛의 發展과 市役 增大〉,《歷史教育》60, 1996.

朴平植,〈朝鮮前期 鹽의 生産과 交易〉,《國史館論叢》76, 1997.

朴平植,〈朝鮮前期의 開城商業과 開城商人〉,《韓國史研究》102, 1998.

朴平植,〈高麗末期의 商業問題와 抹弊論議〉,《歷史教育》68, 1998.

朴平植,〈朝鮮初期의 商業認識과 抑末策〉,《東方學志》104, 1999.

백승철,〈16세기 부상대고(富商大賈)의 성장과 상업활동〉,《역사와 현실》 13, 1994.

白承哲,〈16世紀 地主 剩餘物의 商品化와 流通經濟의 變化〉,《東方學志》86, 1994.

白承哲, 〈16世紀 末~17世紀 初 商業觀의 變化와 商業政策論〉, 《國史館論叢》 68, 1996.

白承哲, 〈朝鮮後期 商業論과 商業政策 ― 17세기 國家再造方略과 관련하여〉, 延世大 博士學位論文, 1996.

白承哲, 〈16세기 商業 발달과 流通構造의 변동〉, 《韓國 古代·中世의 支配體制와 農民》(金容燮敎授停年紀念韓國史學論叢 2), 지식산업사, 1997.

徐明禧, 〈高麗時代 '鐵所'에 대한 硏究〉, 《韓國史硏究》 69, 1990.

徐聖鎬, 〈高麗 武臣執權期 商工業의 전개〉, 《國史館論叢》 37, 1992.

徐聖鎬, 〈15세기 서울 都城의 商業〉, 《서울상업사연구》, 서울시립대 부설 서울학연구소, 1998.

孫禎睦, 〈市街와 行廊〉, 《서울六百年史》 1卷, 1977.

孫弘烈, 〈高麗時代의 鹽業制度〉, 《淸大史林》 3, 1979.

宋在璇, 〈16세기 綿布의 貨幣機能〉, 《邊太燮博士華甲紀念史學論叢》, 三英社, 1985.

宋正炫, 〈李朝의 貢物防納制〉, 《歷史學硏究》 1, 全南大, 1962.

申芝鉉, 〈鹽業〉, 《한국사》 10, 국사편찬위원회, 1977.

申芝鉉, 〈염업〉, 《한국사》 24, 국사편찬위원회, 1994.

吳美一, 〈조선후기 상품유통 연구현황〉, 《韓國中世社會 解體期의 諸問題》 (下), 한울, 1987.

吳 星, 〈朝鮮初期 商人의 活動에 대한 一考察〉, 《國史館論叢》 12, 1989.

위은숙, 〈원간섭기 對元貿易 ― '老乞大'를 중심으로〉, 《지역과 역사》 4, 부산경남역사연구소, 1997.

유봉학, 〈朝鮮後期 開城知識人의 동향과 北學思想 수용 ― 崔漢綺와 金澤榮을 중심으로〉, 《奎章閣》 16, 서울大, 1993.

劉承源, 〈朝鮮初期의 鹽干〉, 《韓國學報》 17, 1979.

柳承宙, 〈朝鮮前期後半의 銀鑛業 硏究 ― 敬差官制下의 官·民營實態를 中心으로〉, 《震檀學報》 55, 1983.

劉元東, 〈李朝時代 서울의 商業槪觀〉, 《鄕土서울》 6, 1959.

柳昌圭, 〈高麗末 趙浚과 鄭道傳의 改革 방안〉, 《國史館論叢》 46, 1993.

兪泌朝, 〈17 18세기 전반 鹽業 발전과 鹽盆私占〉, 《韓國史論》 36, 서울大, 1996.

尹 晶, 〈朝鮮 中宗前半期 '勳舊'系列의 經濟政策〉, 延世大 碩士學位論文, 1997.

윤 정, 〈조선 중종 전반기 정국구도와 정책론〉, 《역사와 현실》 25, 1997.

윤 정, 〈조선 중종대 훈구파의 산림천택(山林川澤) 운영과 재정확충책〉, 《역사와 현실》 29, 1998.

李景植,〈16世紀 地主層의 動向〉,《歷史敎育》19, 1976.

李景植,〈16世紀 場市의 成立과 그 基盤〉,《韓國史硏究》57, 1987.

李景植,〈朝鮮初期의 農地開墾과 大農經營〉,《韓國史硏究》75, 1991.

李景植,〈朝鮮初期의 北方開拓과 農業開發〉,《歷史敎育》52, 1992.

李景植,〈朝鮮前期 土地의 私的 所有問題〉,《東方學志》85, 1994.

李景植,〈朝鮮前期의 力農論〉,《歷史敎育》56, 1994.

李景植,〈朝鮮前期 兩班의 土地所有와 封建〉,《東方學志》94, 1996.

李能植,〈麗末鮮初의 貨幣制度〉,《震檀學報》16, 1949.

李明花,〈朝鮮初期 軍資政策과 運營實態〉, 延世大 碩士學位論文, 1984.

李炳天,〈朝鮮後期 商品流通과 旅客主人〉,《經濟史學》6, 1983.

李秉然,〈朝鮮前期 支配勢力의 葛藤과 士林政治의 成立〉,《民族文化論叢》
    11, 1990.

李炳熙,〈高麗後期 寺院經濟의 硏究〉, 서울大 博士學位論文, 1992.

李相栻,〈서울의 都市 形成 ― 朝鮮時代 서울의 都市立地·都市構造·都市組織
    의 形成 背景〉,《東洋 都市史 속의 서울》, 서울市政開發硏究院, 1994.

李相瑄,〈高麗 寺院의 商行爲 考〉,《誠信史學》9, 1991.

李世永,〈18·9세기 穀物市場의 형성과 流通構造의 변동〉,《韓國史論》9, 서
    울大, 1983.

李樹健,〈朝鮮初期 戶口硏究〉,《嶺南大論文集 ― 人文科學篇》5, 1972.

李榮昊,〈19세기 恩津 江景浦의 商品流通構造〉,《韓國史論》15, 서울大,
    1986.

李載龒,〈朝鮮前期의 水軍〉,《韓國史硏究》5, 1970.

李正守,〈朝鮮前期의 米價變動〉,《釜大史學》17, 1993.

李正守,〈朝鮮前期 常平倉의 展開와 機能 ― 物價變動과 관련하여〉,《釜山史
    學》27, 1994.

李正守,〈16세기 黃海道의 米穀生産과 商品流通 ― 임꺽정 난과 관련하여〉,
    《釜大史學》19, 1995.

李正守,〈16세기 物價變動과 民의 動向〉, 釜山大 博士學位論文, 1997.

李正浩,〈高麗前期 勸農策에 관한 一考察〉,《史學硏究》46, 1993.

李貞信,〈고려시대의 상업 ― 상인의 존재형태를 중심으로〉,《國史館論叢》
    59, 1994.

李宗峯,〈高麗後期 勸農政策과 土地開墾〉,《釜大史學》15·16合輯, 1992.

李鍾英,〈朝鮮初 貨幣制의 變遷〉,《人文科學》7, 延世大, 1962.

李鍾英,〈安興梁對策으로서의 泰安漕渠 및 安民倉問題〉,《東方學志》7, 1963.

李鍾英,〈李朝人의 貨幣觀〉,《史學會誌》2, 延世大, 1964.

李重華, 〈京城市廛의 變遷〉, 《別乾坤》 4卷 6號(통권 23호), 1929.

이지원, 〈16·17세기 前半 貢物防納의 構造와 流通經濟的 性格〉, 《李載龒博士
　　還曆紀念韓國史學論叢》, 한울, 1990.

李泰鎭, 〈15·6세기 韓國 사회경제의 새로운 동향 : 低地 개간과 인구 증가〉,
　　《東方學志》 64, 1989.

李憲昶, 〈朝鮮時代 國家의 再分配機能과 國內商業政策〉, 《省谷論叢》 27-2,
　　1996.

李鉉淙, 〈對明關係〉, 《한국사》 9, 국사편찬위원회, 1973.

林基形, 〈朝鮮前期 救恤制度研究〉, 《歷史學研究》 3, 全南大, 1967.

任明姬, 〈高麗後期의 貢物代納〉, 서울大 碩士學位論文, 1995.

田炳武, 〈高麗時代 銀流通과 銀所〉, 《韓國史研究》 78, 1992.

전병무, 〈고려 충혜왕의 상업활동과 재정정책〉, 《역사와 현실》 10, 1993.

田壽炳, 〈朝鮮 太宗代의 貨幣政策 ― 流通構造를 中心으로〉, 《韓國史研究》
　　40, 1983.

田壽炳, 〈高麗時代의 商業政策〉, 《東洋文化研究》 創刊號, 大田大, 1986.

田壽炳, 〈15세기 전반기의 商業政策 ― 抑商政策을 中心으로〉, 《重山鄭德基
　　博士華甲紀念韓國史學論叢》, 景仁文化社, 1996.

蔡雄錫, 〈高麗前期 貨幣流通의 基盤〉, 《韓國文化》 9, 서울大, 1988.

蔡雄錫, 〈高麗後期 流通經濟의 조건과 양상〉, 《韓國 古代·中世의 支配體制와
　　農民》(金容燮教授停年紀念韓國史學論叢 2), 지식산업사, 1997.

崔完基, 〈朝鮮中期의 貿穀船商 ― 穀物의 買集活動을 中心으로〉, 《韓國學報》
　　30, 1983.

崔完基, 〈朝鮮中期의 穀物去來와 그 類型 ― 賣出活動을 중심으로〉, 《韓國史
　　研究》 76, 1992.

崔在京, 〈朝鮮時代 '院'에 대하여〉, 《嶺南史學》 4, 1975.

韓明基, 〈柳夢寅의 經世論 연구 ― 임진왜란 이후 사회경제 재건의 한 방향〉,
　　《韓國學報》 67, 1992.

韓相權, 〈16世紀 對中國 私貿易의 展開 ― 銀貿易을 중심으로〉, 《金哲埈博士
　　華甲紀念史學論叢》, 知識産業社, 1983.

韓永愚, 〈朝鮮前期 戶口總數에 대하여〉, 《인구와 생활환경》, 서울대학교 인
　　구 및 발전문제연구소, 1977.

한희숙, 〈16세기 임꺽정 난의 성격〉, 《韓國史研究》 89, 1995.

허영록, 〈조선시대 도시계획의 기본요소로서 시전(市廛)에 대한 연구〉, 《서
　　울학연구》 6, 1995.

홍희유, 〈송도 사개문서(四介文書)에 반영된 송상(松商)들의 도가(都賈)활동〉,

396

《력사과학》 6호, 1962.

傅筑夫, 〈抑商政策的生産根源, 貫徹抑商政策的三項制度及其對商品經濟發展 的影響〉, 《中國經濟史論叢》 上, 三聯書店, 1980.
宮原兎一, 〈朝鮮初期の楮貨について〉, 《東洋史學論集》 3, 1954.
宮原兎一, 〈15·6世紀における地方市〉, 《朝鮮學報》 9, 1956.
內藤雋輔, 〈高麗時代の鹽法について〉, 《漢文學紀要羽田論叢》, 1950.
北村秀人, 〈高麗時代の京市の基礎的考察 ― 位置·形態を中心に〉, 《人文研究》 42-4, 大阪市立大, 1990.
北村秀人, 〈崔氏政權の成立と京市〉, 《人文研究》 44-12, 大阪市立大, 1992.
北村秀人, 〈高麗時代の京市の機能について〉, 《朝鮮史研究會論文集》 31, 1993.
善生永助, 〈開城の商業と商業慣習〉, 《朝鮮學報》 46, 1968.
須川英德, 〈高麗から朝鮮初における諸貨幣 ― 銀·錢·楮貨〉, 《歷史評論》 516, 1993.
須川英德, 〈高麗後期における商業政策の展開 ― 對外關係を中心に〉, 《朝鮮文 化研究》 4, 東京大, 1997.
須川英德, 〈高麗末から朝鮮初における貨幣論の展開 ― 專制國家の財政運用 と楮貨〉, 武田幸男 編, 《朝鮮社會の史的展開と東アジア》, 山川出版社, 1997.
申奭鎬, 〈朝鮮中宗時代の禁銀問題〉, 《稻葉博士還曆記念滿鮮史論叢》, 1938.
田村專之助, 〈高麗末期における楮貨制採用問題〉, 《歷史學研究》 第7卷 3號, 1937.
田村專之助, 〈高麗朝における米價の變動について〉, 《東方學報》 13-3, 1942.
田村專之助, 〈高麗朝における米穀の生産と供給とについて〉(上)(下), 《東方學 報》 14-3·15-1, 1943·1944.

# Studies on the Commercial History
# of Early Chosŏn Dynasty

*by*

Park Pyeong-Sik

This book is a part of studies on the commercial history of early Chosŏn(朝鮮), from fifteenth to sixteenth century. Will be studied mainly, the commercial theories and policies of Chosŏn government, and evolution, development, transition of commercial activities, which were related with these theories and policies.

## I

From the early years, Chosŏn government manifested economic policy of 'restraining commerce(抑末)'. The theory and policy of restraining commerce had grown up with the rising of literati officialdom, who were clung to the cause of *Sŏnglihak*(性理學) since the last years of Koryŏ(高麗). But this commercial policy was not so much to check and suppress commercial activities as the words' meaning appears. 'Restraining commerce' policy, admitting the necessity of commerce and merchants' activities, was, on the one hand, to increase intervention and regulation of state by controlling commercial activities, and, on the other, to restrain peasants from inclining to participate in commercial activities, which might menace agricultural management of gentry landowners. According to this point of view, government

398

made it a rule to give an authorization to some merchants, and to control commercial activities through these merchants. They should form chartered-markets(市廛) or other organizations and take charge of the trade. Chartered-merchants(市廛商人) in the capital and travel-ing merchants(行商) in the provinces, such as shipping tradesmen(船商) and peddlers(陸商), were those who had an authorization from and controlled by the government.

Also there was another commercial theory, 'Being of benefit to the upper(利權在上)'. Upon this theory, state should try to administer and monopolize commerce in favor of gentry landowners, who had higher prestige. Also state, as the uppermost, should intervene commerce and trade to have last words in the profit of commerce. According to this theory, Chosŏn government supported and provided landowners' interests thoroughly and maintained policies by which government managed commerce directly or controlled commerce indirectly, as a means of financial operation.

## II

Chosŏn government organized and administered chartered-markets. Through these markets, the government aimed to control circulation of products between those in the capital and in the provinces, and to supply day-to-day commodities of the people in the capital and demands from court and government offices. Big merchants such as those from *Gaesŏng*(開城), who had been moved by force, resided and operated their enterprise at the authorized stores, which were built under the reign of *Taejong*(太宗). These authorized stores were under the protection of and support from state, and also had the guarantee of monopoly in the capital. In return, they bore the chartered-obligation(市役) such as commercial tax(商稅), tax in kind(責辦), labor obligation(雜役).

The chartered-markets developed in accordance with the growth of population in the capital and the generalization of enforcement of purchasing tributary goods in the capital(京中防納, 貿納). Under the reign of *Sŏngjong*(成宗), the area of chartered-markets was expanded, and followed full-scale rearrangement of the chartered-markets, which allotted places according to items treated. During this expansion and rearrangement, the chartered-markets improved organization through institution of executive body, such as 'chief of the trade(座主)', 'agent in charge(有司)', and enlarged the scope of trade in and out of the country. It was also by this development of the chartered-markets that state could increase amount of chartered-obligation in this period.

However, new traders who were not incorporated in the chartered-markets had grown by the fifteenth century. They encroached on the commercial activities in the capital, and dispute over the commercial right was brought out. This dispute was the result of the growth of private traders(私商), who would be called 'unauthorized-markets(亂廛)' later. The government tried to maintain commercial order in the capital by suppressing private traders' activities through Suppressing unauthorized trade within the chartered-markets' privilege(市廛禁亂), but also imposed chartered-obligation to some of these private traders and incorporated them in chartered-markets.

### III

Besides the chartered-markets and traders in the capital which were related closely to official structure, provincial commerce was another part of commercial system in the early era of Chosŏn. Traveling merchants played main role in the provincial commerce in this period. They were essential not only for supplying peoples' necessities but also, especially shipping tradesmen and big merchants in the provinces, for selling products and capital circulating of gentry land-owners who managed farmland through tenancy on a large scale. There were peddlers who treated small amount of light rural necessities through land route, and shipping tradesmen who transacted large amount of heavy products through river and sea. Especially by the shipping commercial activities of big merchant, the nation-wide products circulation system was shaped and operated around the capital.

Next to the capital, *Gaesŏng*(開城) was the bigger commercial city in Chosŏn in this period. The powerful commercial tradition of *Gaesŏng*, which had to undergo temporary decline by the reorganization of commercial system around the capital after the foundation of Chosŏn, soon recovered their vigor. Chartered-markets were authorized again at *Gaesŏng*. Resumed also, commercial activities of *Gaesŏng* merchants at the range of all over the country.

The commercial activities of *Gaesŏng* merchants, who became the bigger commercial capitalists only to next the merchants of the capital, therefore showed well the extent and the reality of provincial commerce in this period. As shown from the case of *Gaesŏng*, there were commercial activities which overcame government intervention in the real world of commerce, in the early era of Chosŏn, and also was on going expansion and adjustment of commercial network, in spite of the efforts of the centralized state(集權國家) to control commercial activities on the principle of 'restraining commerce'.

IV

Various items were circulated as commodity. Among these, grain and salt were the first items that became products to sell. Also, grain and salt, in this period, were the most important items for quality as well as for quantity. Regarding these as a state concerns, the government made efforts to control these goods. Various measures were taken as a means of financial operation like grain trade by the authorities(官貿穀), enforced grain selling at the price of government(納穀, 回換), enforced grain gathering by the authorities(官封) and holding and managing salt by the authorities(官鹽).

The state intervened to control and utilize the process of trade for supplement of state finance and realization of 'being of benefit to the upper'. After all, trade by the authorities generally meant enforced trade and loss for those concerned with selling and buying, except for gentry landowners. That was why the proportion of trade by the authorities decreased gradually despite of the will of state. And private merchants grew up to shape commercial network around the capital. The commercial development in this period was, by and large, the consequence of the enlargement of trade in various products, especially grain and salt.

V

In spite of government policy of restraining, commercial activities in this period increased and improved for all standpoints, number of merchants, enlargement of trade mechanism, sum of the products... Agricultural society, including landowners and tenants, big farmer and small peasants, had much more contacts with commercial world, and differentiation of rural society became much more advanced. Under this circumstance, among all the social strata, not to speak of their height, there was strong tendency toward commerce.

Besides this development of commerce, now arose new notion on economy among bureaucrats who formed a party of *Hungu*(勳舊). They tried to elaborate a policy, on the base of theory 'being of benefit to the upper', to increase state's active control on commerce and to supplement state finance. Bureaucrats and literati who formed a party of *Sarim*(士林) still laid stress on the economic policy of 'rightness better than interest(重義輕利)' and 'encouraging agriculture and restraining commerce(務本抑末)', though later at the end of sixteenth century some of *Sarim* presented commercial theory of 'supplementing agriculture by commerce(以末補本)'. By this transition of ideas on commerce, the policy of restraining commerce, which tried to ban peoples' tendency toward commerce, waned and became useless on the level of administration. This meant that the traditional commercial theory and policy, which had manifested 'encouraging agriculture and restraining commerce(務本抑末)', transformed according to actual development of commerce.

Therefore, Chosŏn government searched a new state-oriented commercial order to keep up with commercial development. After Two Wars(兩亂), the distinction of commercial theories among literati, of which symptoms already appeared in sixteenth century, headed their own ways obviously. Advanced also, the search for new commercial policy on the level of government in order to achieve national reconstitution. And this became the turning point toward commercial theory and policy of 'encouraging agriculture and supplementing commerce(以末補本)'.

# 찾아보기

414